MADATREK

DU MÊME AUTEUR

Aux éditions Robert Laffont

Alexandre Poussin
On a roulé sur la Terre (avec Sylvain Tesson), 1996
La Marche dans le ciel (avec Sylvain Tesson), 1998
Marche avant, 2011

Sonia et Alexandre Poussin
Africa Trek I, 2004
Africa Trek II, 2005

Aux éditions Transboréal

Himalaya, visions de marcheurs des cimes
(avec Sylvain Tesson), 1998

Aux éditions Actes Sud

Afrika Trek, l'album, (avec Sonia), 2006

SONIA ET ALEXANDRE POUSSIN

MADATREK

De Tana à Tuléar

Robert
Laffont

Éditions Robert Laffont, S.A.S., Paris 2021
ISBN 978-2-221-14610-1
Dépôt légal : janvier 2021
Éditions Robert Laffont – 92, avenue de France 75013 Paris

À Teza

À tous ces paysans anonymes qui nous ont aidés
à pousser notre charrette dans les montées,
à ces piroguiers héroïques
qui nous ont tractés à travers les fleuves,
à ces forestiers coriaces
qui nous ont ouvert un passage dans la brousse épineuse
et sans lesquels nous n'aurions jamais pu accomplir
ce tour de Madagascar

À nos zébus : Babord, Tribord et Mainty-Mainty.

« Unis, nous sommes comme les rayons d'une roue qui tourne. Désunis, nous sommes immobiles comme une roue cassée. »

(*Miaraka isika, dia ohatran'ny mpitondra tenin'ny kodiara mihodina. Misaraka isika, dia ohatran'ny kodiara vaky tafajanona.*)

Rakoto, le charron d'Arivonimamo, août 2014

Propos liminaires et phonétiques

Malgaches de France qui me lisez, soyez indulgents, j'écris principalement pour un public qui dans sa grande majorité ne connaît pas Madagascar, ou n'en a entendu que des histoires nostalgiques radotées par un vieil oncle qui y avait passé deux ans dans les années 1960.

Avant toute chose, il me paraît important de vous faire une révélation, enfin ce qui a été une révélation pour moi : votre langue, si douce, si belle, si poétique. Si peu pratiquée par nos concitoyens, si facilement apprise par les Anglais ou les Américains qu'elle semble avoir été écrite pour eux... Elle est une clef indispensable pour pénétrer les richesses et la subtilité de votre culture. Et à cause de leur paresse intellectuelle ou linguistique actuellement, et peut-être à cause de leur « mission civilisatrice » ou de leur complexe de supériorité colonial dans le passé, les visiteurs français n'ont pas assez fait l'effort d'apprendre le malgache, hormis les quelques missionnaires ou professeurs remarquables. C'est regrettable.

Dès notre premier mois à Tana, je me suis cassé les dents sur votre langue. Pourtant, j'en ai appris (et oublié...) de nombreuses en trente ans de voyages au long cours autour du monde. L'évidence qui frappe tous les visiteurs francophones c'est que la vôtre ne se prononce pas comme elle s'écrit. M. de La Palice n'aurait sans doute pas mieux dit, mais il fallait tout de même mener l'enquête ! Ce que bien peu d'observateurs ont fait. D'où pouvait provenir ce hiatus phonétique ?

C'est une rencontre avec un jeune coopérant Peace Corps, un Américain de dix-huit ans, débarqué depuis deux mois du Middle West, qui m'a mis la puce à l'oreille. C'était son premier voyage à l'étranger, il n'était pas passé par la case université, et pourtant il se débrouillait déjà bien en *malagasy*, car c'est ainsi qu'on appelle cette langue en anglais... et en malgache, comme vous le savez. Et vous verrez plus loin pourquoi ce petit détail a son importance. Alors, avais-je affaire à un génie des langues ? Avait-il suivi une méthode d'apprentissage spéciale à Mantasoa, le camp d'entraînement qu'ils ont au bord d'un beau lac de barrage à l'est de la capitale ?

Non. Il avait la clef ! du simple fait de sa naissance ! Une clef historique que vous connaissez sans doute, mais qui est avant tout une clef phonétique. Avant de vous la donner, laissez-moi m'adresser à mes compatriotes.

Imerina. Bien sûr, cela ne vous dit rien. C'est pourtant fondamental. Aussi important qu'Anjou, Valois, ou Francs, pour des Français. C'est à la fois un territoire, un royaume, et l'identité d'un peuple : les Merina. Cela ne vous dit rien parce que dans le meilleur des cas vous avez entendu parler des « mernes », sauf qu'à l'époque coloniale, nous autres Français les appelions les *hova* que nous prononcions « houves ». Ce qui était impropre, soit dit en passant, car les *hova* n'étaient qu'une caste des Merina, celle des bourgeois, entre les aristocrates *andriana* et les prolétaires *andevo* quand ils n'étaient pas esclaves *mainty*. Mais je m'éloigne du sujet.

L'Imerina, prononcer « Imerne », était vanté et chanté dans nos récits romantiques fin de siècle par des explorateurs et d'éminents géographes sous le nom d'Émyrne. Émyrne, Imerina : l'inverse, quoi ! Comment un tel travestissement était-il possible ? Une fourberie anglaise bien sûr ! Car, parmi les nombreux malentendus entre nos deux peuples, il existe un « mal-entendu » fondateur : le malgache a été écrit par deux Anglais, les révérends David Griffiths et David Jones, entre 1820 et 1823. Ils ont su les premiers convaincre le roi Radama Ier d'écrire le malgache. Depuis la nuit des temps, cette civilisation orale s'en était passée. Très pratique pour conserver le pouvoir et rester inconnu du monde entier, c'était une protection. Des Arabes avaient déjà tenté de retranscrire la langue sur les côtes, car il fallait tenir les registres de commerce et de la traite négrière – ce qui avait donné le sourabé – mais il était resté localisé à quelques comptoirs.

Comment les Anglais avaient-ils procédé ? Ils avaient retranscrit en phonétique anglaise les mots prononcés par les sages et les érudits de la cour.

Ainsi le soleil, *masoandro*, par exemple, s'entend pour nos oreilles françaises : « massoandj ». Mais comment diable Griffiths et Jones ont-ils pu à ce point transformer ce mot ? C'est simple, nous n'avons résolument pas la même oreille ! Donc il suffit d'être prévenu et de le lire comme si nous étions anglais : *maso-andro* (« massou-andjou »). Et de le dire vite. Un Italien, un Espagnol ou un Français auraient écrit la langue différemment.

Par ailleurs, la traduction du mot soleil en français est « œil » (*maso*) du « jour » (*andro*), ce qui augure des trésors de poésie que renferme cette langue. L'œil de Dieu qui vous observe tout le jour. Et Dieu dans tout ça ? Dieu : *Andriamanitra*. Devinez comment cela se prononce : « Andiamandj » !

Et tout est à l'avenant. « Merci » ? *Misaotra*, qui se prononce pour nos oreilles françaises : « missotche » ! Comment opérer cette étonnante métamorphose ? En prononçant le mot en anglais et en avalant bien sur la dernière syllabe. C'est pourquoi il est bien plus facile pour un Anglais d'apprendre le malgache : il a été écrit non pour eux, mais par eux. C'est aussi pourquoi les Français s'y sont toujours cassé les dents et froissé les neurones. Ils n'avaient pas cette clef. C'est pourquoi enfin il est difficile pour les enfants malgaches d'apprendre simultanément leur langue et le français, langue qui est en voie de disparition à Madagascar, sauf bien sûr parmi les élites.

Là où les choses se compliquent encore un peu, c'est que par souci d'équité et parce que les Anglais ont abandonné politiquement le pays aux Français au cours du XIXe siècle, le roi Radama II, pour plaire à tout le monde, rétrocéda la prononciation des voyelles aux jésuites français, *a*, *e*, *i*, *y*, sauf le *o* qui se prononce « ou », et donna les consonnes aux pasteurs anglais. Par exemple, le *j* se prononce « dz », *tr* se prononce « tch », mais surtout la fin des mots s'avale et ne se prononce pas.

Bref, lisez le malgache en « franglais » : cela vous aidera à découvrir les trésors de sagesse et de philosophie qu'il recèle. J'espère, en levant ce lièvre phonétique, contribuer à ouvrir les oreilles et stimuler la curiosité des amoureux de ce pays, de sa culture et de sa langue.

Alexandre Poussin,
le 23 septembre 2020

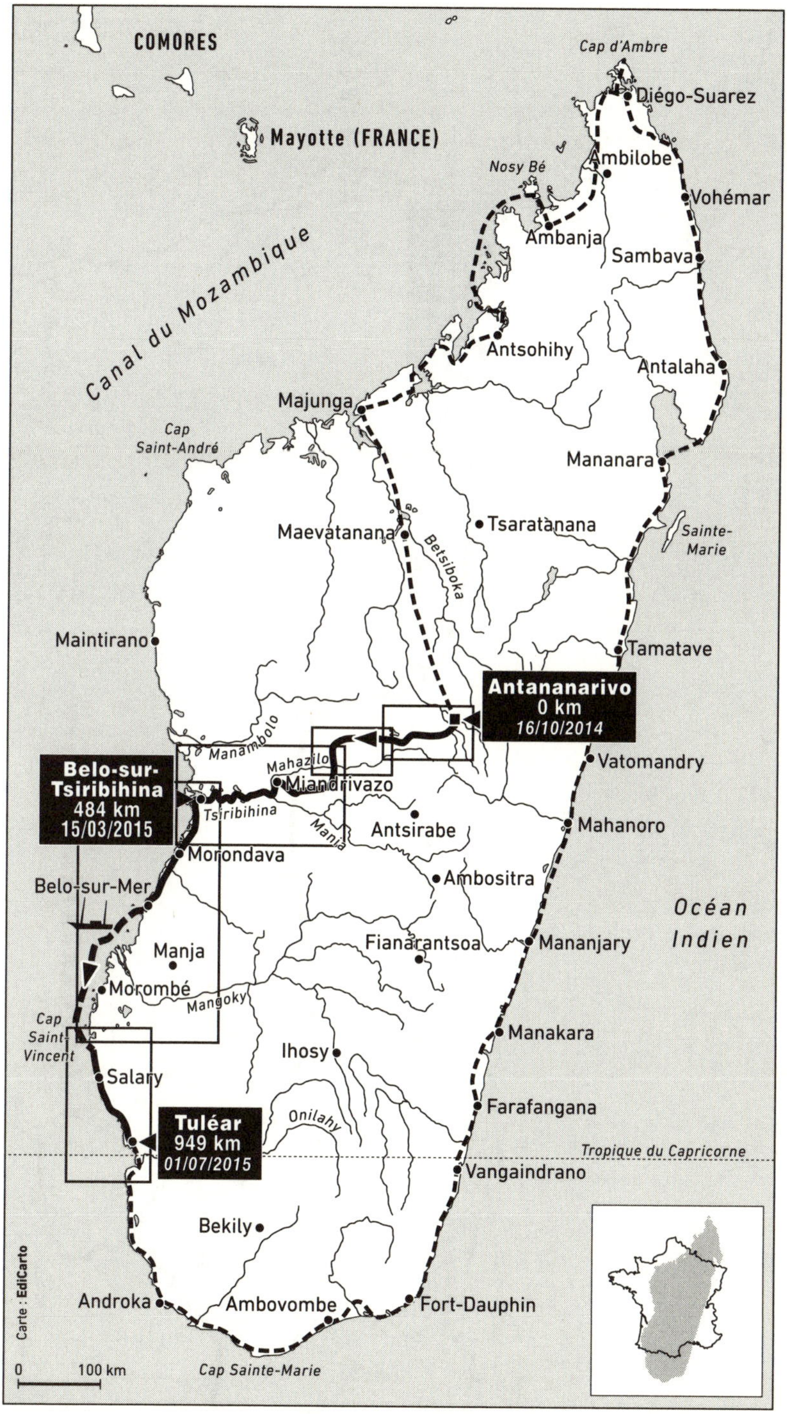

Tour de Madagascar

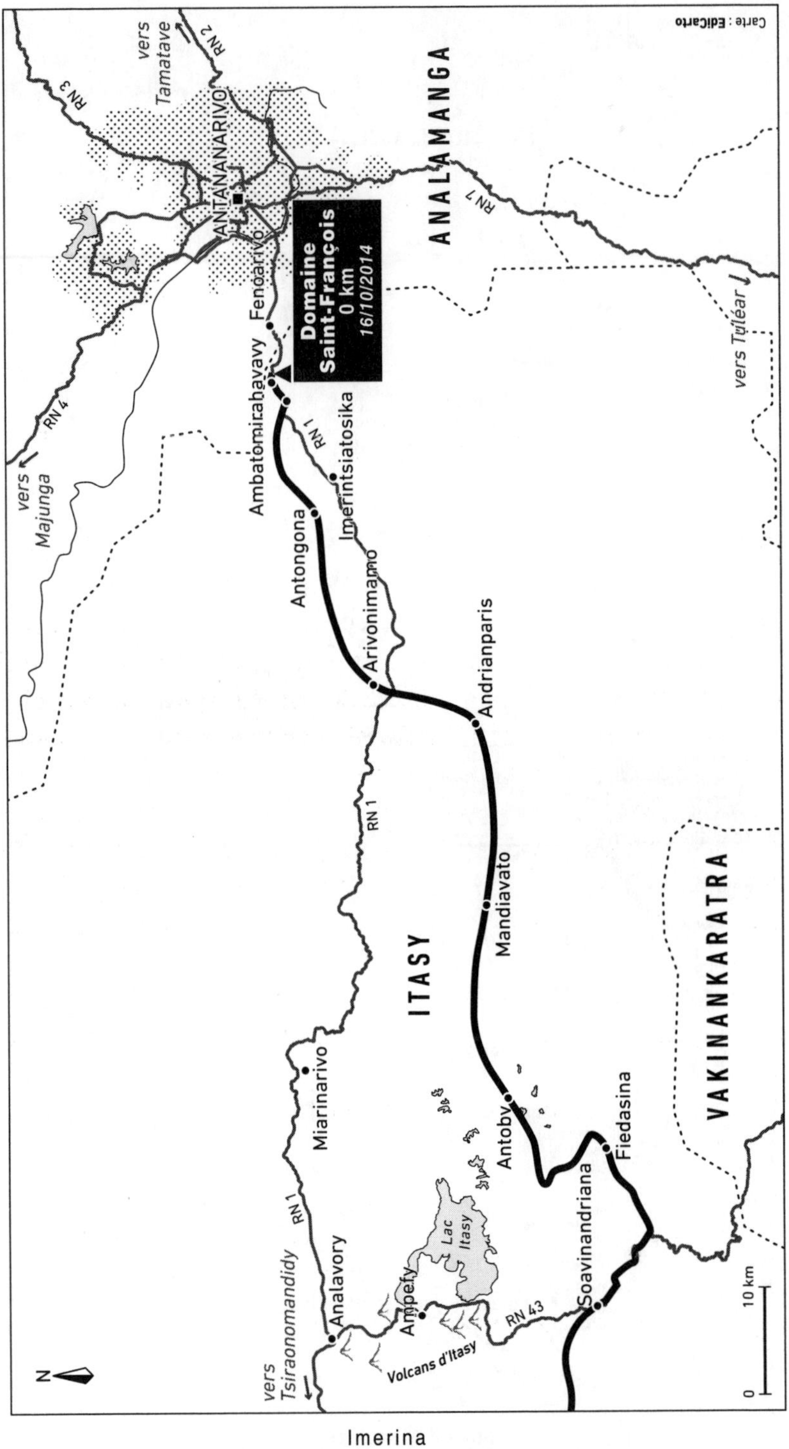

Domaine Saint-François
0 km
16/10/2014
ANTANANARIVO
ANALAMANGA
ITASY
VAKINANKARATRA
Fenoarivo
Ambatomirabavavy
Imerintsiatosika
Antongona
Arivonimamo
Andrianparis
Mandiavato
Antoby
Fiedasina
Soavinandriana
Miarinarivo
Analavory
Ampefy
Lac Itasy
Volcans d'Itasy
RN 1
RN 2
RN 3
RN 4
RN 7
RN 43
vers Majunga
vers Tamatave
vers Tuléar
vers Tsiraonomandidy
N
0
10 km
Carte : EdiCarto

Imerina

1

Imerina[1]. Le premier jour

(et les cinq mois qui ont précédé)

16 octobre 2014, domaine Saint-François,
maison d'hôte de l'ASA[2], Pk 0[3]

Je regarde mes pieds. Ils ne m'ont jamais trahi. Je les ai promenés partout sur terre. Ils ont connu toutes les poussières, tous les sables, toutes les boues. Je suis debout une tasse de thé à la main, derrière ma charrette, entouré des miens. Le cœur noué. Celui des grands départs. Sans fanfare, discrètement, car nous l'avons choisi ainsi. Nous partons faire le tour de Madagascar à pied et en famille. Tout notre futur tient dans ces mots : tour de Madagascar, à pied, en famille. Accompagnés d'une charrette tirée par des zébus pour porter nos bagages. Cela paraît simple. Pourtant tout le monde nous répète depuis cinq mois que c'est impossible. Les Malgaches, les expatriés installés à Madagascar et les *Zanatany*, cette espèce en voie de disparition que sont les Français nés ici. Nous faisons la sourde oreille. Tant que nous n'avons pas commencé, tant que nous n'avons pas fait le premier pas, tout reste possible. Cette incertitude nous stimule, fertilise notre imagination : ce sillon dans lequel semer notre projet, notre énergie. N'empêche, je n'en mène pas large au

1. Nom du royaume et du territoire des Merina, ethnie des Hautes Terres, dominante dans la capitale, Antananarivo. Vous trouverez la traduction des mots malgaches dans des notes en bas de page ou dans le lexique en fin d'ouvrage.

2. Ankohonana Sahirana Arenina (Aide aux familles en détresse), ONG qui reloge à la campagne des populations vivant dans des bidonvilles après trois ans de formation aux métiers de la terre.

3. Point kilométrique : usage malgache de compter les kilomètres à partir du point de départ.

cours de ce dernier petit déjeuner frugal, où thé et gâteaux ont le goût du confort et de la sécurité, alors que nous allons nous en priver sciemment pendant une durée indéterminée. Je fais bonne figure, ne suis-je pas le *pater familias* ? Je ne dois pas faillir à l'heure de faire le premier pas. Le soleil est déjà à une empaumure de l'horizon, soulignant notre retard. Je suis en réalité rongé par l'angoisse. Je me sens responsable. Sonia et moi, en fait, sommes responsables : partager, ça divise le fardeau… C'est nouveau cette fragilité, venue avec la paternité. Je n'avais pas ce talon d'Achille au départ de mes précédents voyages au long cours.

Nous avons hâte d'en découdre cependant, hâte de sauter dans l'aventure, de le faire ce premier pas, inaugural d'une nouvelle vie, d'une renaissance. Séance photos, bons mots, tergiversations masochistes, les minutes s'égrènent, les secondes. Ce serait plus facile avec un compte à rebours. Il y a des témoins : un groupe de retraités français en goguette qui mitraillent avec leurs appareils. Ça y va de son commentaire, de sa petite blague. Fanja, notre hôtesse, qui a été si bonne avec nous, ne va pas « nous laisser partir comme ça », sans un *kabary*, un discours pour respecter la tradition : il faut nous placer sous la protection des ancêtres, les *razany*, les prévenir par oral du projet. Les zébus s'impatientent sur les pavés de la cour. Fanja nous souhaite enfin bonne chance et nous lance avec émotion la formule consacrée : « *Soava dia ! O tahina Andriamanitra*[1] *!* » Je croise le regard de Sonia, celui de Tovo, notre bouvier. Le moment est venu : départ ! Nous nous mettons en branle sous les applaudissements.

Au portail nous tournons à droite. Nous connaissons la piste par cœur. Nos zébus aussi. Nous nous sommes beaucoup entraînés avant le jour J pour être au point. Cela fait cinq mois que nous sommes arrivés dans le pays. Je laisse la charrette rouler et déroule mentalement toutes ces semaines durant lesquelles rien ne semblait avancer. Elles étaient pourtant fort occupés : toutes tournées vers ce premier pas. Cinq mois à prendre le pouls du pays, à rencontrer des gens, apprendre, comprendre, à peaufiner notre projet. Cinq mois à fignoler notre charrette, à la remplir du strict nécessaire en abandonnant le superflu. Cinq mois pour lâcher prise et accoucher de ce nouveau rêve.

Nous avons atterri à Madagascar le 16 mai 2014. Quelques jours avant notre départ, une amie d'enfance de Sonia, Tamara, dont

1. « Bon voyage ! Que Dieu vous bénisse ! »

j'avais souvent entendu parler, mais dont nous n'avions plus de nouvelles depuis des années, nous avait écrit cette invite poétique : « Le vent du web a porté à mes oreilles votre projet. Figurez-vous que j'habite à Tana[1] avec mon mari et ma fille Philaé, et nous serions ravis de vous accueillir ! » La magie de la vie. Sa trame mystérieuse. Double coïncidence : cette amie, sa présence dans la capitale malgache d'où nous avions prévu de partir mais où nous n'avions pas encore de point de chute et le prénom de sa fille, le même que celui de notre premier enfant. Prénom qui ne court pourtant pas les rues.

Nous ne savions presque rien de Madagascar, n'y avions jamais mis les pieds, n'y avions aucune racine familiale, ni coloniale, n'avions aucune autre raison que la curiosité d'y aller. Lorsque nous avions précédemment remonté intégralement l'Afrique à pied du cap de Bonne-Espérance au mont des Béatitudes[2], nous étions passés à la hauteur de cette grande île, entre le Mozambique et le Malawi, et nous avions hésité à y faire une digression. Finalement, la force gravitationnelle du continent africain l'avait emporté. Nous arpentions le Grand Rift, aux origines de notre humanité, et Madagascar n'était pas dans cette fracture. La paléontologie n'y avait pas trouvé de fossiles humains très anciens – rien que du *sapiens* – et nous avions passé notre chemin. Mais avec ce petit regret de n'être pas allés nous pencher sur son endémisme exceptionnel dû à son insularité.

Et là, nous y sommes enfin. À seulement 17 kilomètres à l'ouest de la capitale. Aux confins de cet immense glacis de rizières qui entoure comme une mère nourricière le grand rocher sur lequel est perché Tananarive. Après avoir parcouru des montées et des descentes sinuant au travers de propriétés périurbaines nous voilà au débouché d'une large vallée plate où dans chaque parcelle des riziculteurs préparent laborieusement la terre pour ses noces avec la fertilité. La saison des pluies approche, il y a du travail ! Les gens que nous croisons sont bienveillants. Nous les saluons avec l'enthousiasme des débutants. Depuis leurs rizières, ils s'arrêtent un instant pour regarder cette étrange charrette et nous saluent de

1. Antananarivo, capitale du pays, que nous appellerons souvent Tana par commodité, comme le font la plupart des Malgaches et des visiteurs.

2. Africa Trek, voyage précédent de trois ans et 14 000 kilomètres à pied à travers douze pays d'Afrique entre 2001 et 2004.

la main avant de se remettre à retourner la terre avec la charrue ou la herse.

La charrette roule bien, rien ne grince, les réglages sont parfaits, les zébus vont leur train de sénateur, le ciel est bleu, notre rêve est en marche ! J'interroge les enfants. Philaé est assise sur la selle, sorte de margelle juste derrière les zébus à l'avant de la charrette, d'où l'on peut la conduire.

« Alors Philaé tu es contente d'être enfin partie ?

— Oh oui ! Ça fait dix ans que vous dites qu'on part et c'est enfin arrivé ! »

Elle n'a que neuf ans..., et déjà de la repartie ! Ulysse, juché sur des caisses en aluminium à l'arrière, est plus dubitatif.

« Et toi, tu es content ?

— Moui !

— Tu vas bien ? Tu n'as pas faim ? Tu n'as pas soif ? Tu es bien installé ?

— Moui... »

Il est surtout triste de quitter nos bons Samaritains tananariviens, la famille Stollsteiner et leurs trois enfants. Ils nous ont accueillis pendant quatre mois après Tamara et Sylvain, tandis que je fabriquais notre charrette, et une pièce entière de leur maison était dévolue aux Lego et aux Playmobil. Quitter ce fabuleux terrain de jeux pour l'inconnu ne doit pas lui sembler raisonnable... Mais place à l'école buissonnière ! Il ne connaît pas encore son bonheur ! Il avait six ans à notre arrivée et a atteint l'âge de raison depuis, en fêtant son septième anniversaire chez nos nouveaux amis. Il est temps de passer de la charrette Playmobil en plastique à celle grandeur nature ! À la vie grandeur nature !

D'imposants fours à briques fument le long de la piste. Ce sont des tours carrées hautes et larges comme des maisonnettes, constituées de briques crues empilées savamment pour que l'air brûlant circule de bas en haut à partir d'entrées d'air à la base.

« Regarde, Ulysse ! On dirait des tours de Lego ! »

Dans les interstices des briques, de la balle de riz ; ces petites coques fines qui entourent les grains et que l'on vanne dans le vent se consument lentement, assurant la cuisson. À côté des fours se trouve l'atelier en plein air où s'affairent des hommes secs comme des sarments de vigne, dont la sueur fait luire la peau au soleil. Ils coulent les briques en jetant à toute volée la boue agrémentée de paille de riz dans un petit moule en bois perché sur un pieu fiché en terre. Rudimentaire mais efficace. Un coup de raclette, démoulage, et le lingot de glaise est aligné à même le sol pour un premier séchage au soleil. Ulysse est fasciné. L'occasion d'une première leçon de choses.

« C'est comme ça qu'on fait les maisons ?

— Oui, tu vois, c'est la méthode traditionnelle qui existe ici depuis le XIXe siècle. Figure-toi que c'est un Anglais, James Cameron, qui était missionnaire et conseiller du roi malgache Radama Ier, qui, en 1826, fabriqua les premières briques ici. Et deux Français, Louis Gros et Jean Laborde, ont développé une nouvelle architecture de maisons, avec des varangues supportées par des piliers. Mais c'est Cameron encore, lors d'un second voyage, qui répandra ce style dans toute la région.

— Comment tu sais tout ça ?

— C'est Philippe Girard qui me l'a raconté, tu sais, celui qui a fabriqué toutes les villas du quartier du Waterfront[1] ! »

Comme pour illustrer mon propos sur l'architecture, nous longeons de belles maisons traditionnelles dans le premier bourg que nous traversons. Dotées d'un étage, elles alignent leurs coursives sécurisées par des rambardes aux barreaux plats, joliment ouvragés comme ceux des balcons des chalets suisses. Ces coursives abritent les escaliers extérieurs en bois. Des oignons, des gousses d'ail ou des grappes d'épis de maïs y sont suspendus à l'ombre. Les piliers ont de petits chapiteaux de briques saillantes, les tympans des maisons ont des fenestrons ronds frangés de briques rouges. La corniche est ornée de frises soignées. La toiture, assez pentue pour lutter contre les pluies torrentielles des orages de mousson, est recouverte de tuiles en écailles de poisson, modèle dont Jean Laborde, qui venait du centre de la France, avait copié les moules.

« Tu te rends compte ? Ces maisons ont plus d'un siècle !

— Et avant, leurs maisons étaient comment ? reprend Ulysse.

— Celles des aristocrates étaient en bois, mais ce matériau était devenu tellement rare du fait de la déforestation – déjà au XIXe siècle – qu'ils étaient les seuls à avoir le droit de l'utiliser. Le peuple avait des cases en paille ou des huttes en roseau. Mais de terribles incendies ont ravagé la ville royale, alors quand les

1. Nous avons eu la chance de passer quatre mois à fabriquer notre charrette dans son garage, hébergés juste à côté chez les Stollsteiner, dans une de ces splendides maisons du Waterfront, répliques de maisons traditionnelles de la grande bourgeoisie merina.

premiers voyageurs européens ont pu approcher le pouvoir, à partir de 1820, ils ont proposé la solution des maisons en briques, comme en Angleterre.

— Mais pourquoi ne pas les avoir construites en pierre comme chez nous ?

— Parce que selon un édit royal, les pierres étaient réservées aux tombeaux, à la demeure éternelle. »

Sonia et moi avons appris tout cela en visitant souvent la haute ville au cours des cinq derniers mois, une ville qui nous a tout de suite séduits.

Notre première vision de Tana, au sortir de l'aéroport, depuis les digues qui courent au milieu des rizières, a été une révélation, une surprise et un choc esthétique sans précédent. Nulle part ailleurs en Afrique subsaharienne nous n'avions vu une telle architecture, si structurée, si ancienne, si culturellement enracinée, si belle, sauf peut-être, les ruines de Great Zimbabwe, mais c'était une ville morte. Ici, le *rova*[1] de Manjakamiadana, ou palais de la Reine, surplombait de toute sa superbe la plaine et les grappes de constructions agrippées aux pentes abruptes de l'immense rocher au sommet duquel il est construit. Sonia en était restée bouche bée :

« Waouh ! C'est quelque chose ! On sent qu'il y a de l'histoire ici et une culture de la beauté… »

Tous les styles et toutes les époques architecturales qui se mêlent dans la ville nous ont également sauté aux yeux ; reliquats quasi haussmanniens en pierre de taille, béton moulé des années 1930, modernisme des années 1950, sans parler des déclinaisons 1970 au doux parfum des soviets, les horreurs du carrelage chinois ou des fers à béton indiens griffant le ciel… Malgré toute l'anarchie de cette urbanisation débridée, ressortait la forte impression d'un style malgache unique, inattendu, avec ses maisons traditionnelles en briques. Et les rues pavées ! De gros pavés luisants et lustrés par le dernier siècle et sur lesquels les suspensions de norias de 2CV et de 4L beiges font merveille.

Pavés et voitures, panneaux écrits partout en français, gendarmes dans le même uniforme que ceux de l'Hexagone nous ont interpellés. Nous tombions des nues. Pourquoi ne savions-nous pas que nos deux pays étaient à ce point liés ? Pourquoi ne parlait-on pas plus de Madagascar en France ? Ce sont les premières questions qui nous

1. Prononcer « rouve ».

sont venues à l'esprit, suscitées par tout ce que nous reconnaissions au milieu du grouillement des rues, avec les colporteurs de légumes ou d'œufs, les enfants jouant sur les trottoirs, et les charrettes à bras d'hommes suant sous le soleil, pieds nus sur la chaussée brûlante, les parterres mauves de jacinthes d'eau sur des rizières abandonnées. Nous avons eu le sentiment de toucher à un monde ancien, riche de traditions, d'aborder une culture forte, unique au monde mais métissée de signaux familiers.

À notre arrivée chez Tamara, passé les premières embrassades, nous lui avons fait part de notre enthousiasme exalté.

« En général, la première chose dont parlent ceux qui viennent à Madagascar pour la première fois, c'est la misère noire qui les a saisis à l'arrivée, ces mendiants, ces amoncellements de poubelles et ces chiffonniers en guenilles… et non pas d'un choc esthétique !

— En fait quand tu as connu l'Inde ou l'Afrique, la vraie, pas celle des parcs animaliers et des beaux hôtels, cette misère ne te surprend pas. Ce n'est d'ailleurs pas la misère que nous avons vue. Plutôt de la pauvreté et de la résilience. On sent qu'il y a ici une volonté de se battre et de travailler, comme une effervescence. On a aussi été très surpris de voir de petits couples romantiques se tenir par la main, aller librement dans les rues, les filles habillées d'un rien… Ils ont l'air détendu de ce côté-là… »

Tamara et Sylvain nous écoutaient, amusés par ce regard neuf.

J'ai poursuivi :

« J'adore les premières impressions, l'adage veut qu'elles soient trompeuses, je pense plutôt que c'est l'inverse. Et au premier coup d'œil, on a l'impression ici que les gens bossent dur pour survivre mais qu'ils ne sont pas aidés, qu'ils ne peuvent compter que sur eux-mêmes. Les mendiants en guenilles et les grappes d'enfants morveux qui tendent la main sur les trottoirs ou entre les voitures dans les embouteillages, cela choque bien sûr, et on réalise tout de suite que l'État-providence n'existe pas ou que les éventuels systèmes pour venir en aide à ces gens sont moins efficaces que la mendicité. »

Tamara a eu un petit sourire en coin signifiant qu'elle ne se prononcerait pas, mais qu'elle n'en pensait pas moins. Elle travaille pour la coopération de la région Île-de-France, qui a le plus gros budget de coopération décentralisée du pays. C'est son travail de tenter d'améliorer la gestion de la ville et d'aider la commune urbaine d'Antananarivo.

« On voit que vous avez roulé votre bosse, vous ! Mais vous verrez, à Mada les choses ne sont pas ce qu'on croit qu'elles sont. Tout est subtil, trompeur, aimable, fait de faux-semblants et de nuances. Les signaux ne sont pas les mêmes. Il faut quand même s'y méfier des apparences… »

Son mari Sylvain, fondateur d'une agence de voyages, a abondé dans son sens.

« Quand tu crois avoir compris quelque chose ici, tu peux prendre l'exact opposé, et tu seras peut-être plus proche de la vérité. Il faut être très prudent. Ce pays est particulièrement respectueux des traditions. Elles ne sont pas là pour le folklore, elles structurent toute la société. En fait, on est beaucoup plus en Asie qu'en Afrique ici. Et malgré le sentiment de familiarité qu'on peut avoir en venant de France, ce ne sont que des apparences, nous sommes très loin de chez nous, crois-moi !

— C'est vrai qu'on a tout de suite eu le sentiment d'être plus en Asie ! a confirmé Sonia. C'est comme si tout le continent s'était mélangé ici : on a croisé des militaires qui ressemblaient à des Gurkhas du Népal, des vendeurs de canards qui ressemblaient à des paysans philippins, des porteurs d'eau qui auraient pu être cambodgiens, des pousse-pousse vietnamiens, des vendeurs d'oranges indonésiens, mais aussi des groupes de jeunes filles aux cheveux raides et longs comme les Marquisiennes de Gauguin ! Elle est où l'Afrique ?

— Oui mais vous verrez, en vous approchant de la côte, vous rencontrerez les Vezo, les Sakalava, les Bara, les Masikoro, des ethnies très différentes des populations des Hautes Terres, bien plus africaines, même dans leurs comportements. Et en même temps tout le monde est aussi très malgache ! Ce n'est ni l'Asie ni l'Afrique, c'est Madagascar, un mélange des deux, unique au monde, avec un ciment français, car tout le système législatif, administratif et constitutionnel est copié-collé sur le nôtre. Un héritage dont l'élite se passerait volontiers, mais en même temps ils en profitent bien, c'est comme ça. C'est ça qui est passionnant ! Les héritages de l'histoire ! J'essaie de mettre en pratique ce précepte de Bernard Werber : “L'important ce n'est pas de convaincre mais de donner à réfléchir”… »

Sur ces bons conseils nous avons passé cinq mois à nous initier à l'histoire du pays, avec des livres et des manuels, à tenter de comprendre les enjeux de pouvoir, les luttes interethniques, le trafic d'esclaves, la rivalité franco-anglaise, le carrefour des influences. Nous nous sommes dotés de l'incroyable livre de Pierre Sogno, *Jean*

Laborde. Pour l'amour d'une reine, racontant la vie rocambolesque de l'aventurier-inventeur-industriel-diplomate Jean Laborde, personnage comme notre pays en produit un par siècle. Mais nous avons consulté aussi l'incontournable recueil *Madagascar, une culture en péril* du jésuite Sylvain Urfer, fin connaisseur de l'âme malgache, que nous avons eu la chance de rencontrer à deux reprises. Nous ne sommes donc pas totalement étrangers aux mystères de ce pays à l'heure où nous nous enfonçons dans son tissu profond : nous avons une grande soif d'en savoir plus et de le découvrir par nous-mêmes.

En quittant le petit bourg, nous pénétrons un paysage nouveau. C'est avec l'inconnu que commence vraiment le voyage. Je n'aime rien tant que d'avoir le regard rivé à l'horizon pour tenter de découvrir la suite, la page de paysage à ouvrir et à tourner lentement ! Sonia marche devant en laissant ses bras libres, la tête légèrement penchée, avec sa longue natte blonde. De loin je la sens heureuse, comme libérée de cette attente. Cette femme est exceptionnelle, elle a déjà marché 14 000 kilomètres dans des conditions sanitaires extrêmes, en se privant de tout, dormant par terre, se contentant de soupes aux nouilles chinoises et de la fortune du pot africain pendant trois ans, sans chemise de rechange, sans intimité, sans broncher ! C'est ma GI Jane déguisée en jeune femme romantique et ultra-féminine, une force spéciale, un rêve de femme !

Nous croisons nos premières charrettes chargées de tombereaux de briques, de monceaux de paille, de glaise en vrac ou de cageots de tomates odorantes. Vraiment multi-usages. Notre belle charrette de voyage, flambant neuve, fait forte impression. Elle roule des mécaniques. Les charretiers se dévissent la tête à son passage. Nous ne sommes pas peu fiers !

Nous avons rendez-vous pour le déjeuner avec Monsieur Paul. Je l'ai rencontré au cours d'un de mes nombreux allers-retours en taxi-brousse entre Tana et le domaine Saint-François. D'abord mutique et circonspect à l'énoncé de notre projet, il s'était peu à peu réchauffé face à ma motivation et aux preuves tangibles que je lui donnais de l'imminence de notre départ. On se méfie des histoires de *vazaha* ici. Le *vazaha*, c'est l'étranger européen. Il a toujours un projet original qui va se casser les dents sur les réalités du terrain. Les Malgaches écoutent poliment. Opinent du chef. Ne contredisent jamais. Ils en ont vu défiler des excentriques, des allumés, des originaux, des fils de famille en rupture de ban avec un projet qui va « abolir la faim dans le monde » ou « lutter contre les inégalités » ou encore « développer le pays » ! À Tana, nous avons croisé un haut fonctionnaire international qui nous a dit, avec la morgue de ceux qui ont une situation prestigieuse, ce qu'il pensait des arrivages réguliers de *vazaha* :

« À Mada, c'est terrible, nous récupérons ceux qui ont échoué partout : dans leur mariage ou dans leur métier, souvent les deux, et les jeunes idéalistes qui n'ont encore rien fait mais qui ont des idées sur tout ! Vous verrez, ce pays est un cimetière de bonnes intentions où des éclopés de la vie, recyclés plusieurs fois, viennent noyer leur amertume et leur scepticisme dans la bière pas chère. »

Nous ne savions pas si c'était un message qui nous était indirectement adressé…

« Quant aux jeunes diplômés de Sciences-Po… Ah ? Vous aussi avez fait Sciences-Po ? Eh bien… disons qu'ils tiennent un discours, ont de belles intentions, mais ici plus qu'ailleurs l'enfer en est pavé, je veux dire par là que leurs interlocuteurs disent toujours oui, mais sur le terrain, concrètement, c'est une autre histoire. La coopération est un immense business qui profite à tous mais pas vraiment à ceux qui en ont besoin. Et ces jeunes repartent ravis du travail qu'ils pensent avoir fait. Depuis tant d'années, malgré tant d'aide et de coopération, tant de millions injectés, les choses ne font que se dégrader… »

Pendant cinq mois, ce genre de rencontres « optimistes » n'a fait que se reproduire pour doucher lentement notre enthousiasme. Nous avons donc fini par éviter de parler de notre projet en société et avons opté très vite pour un profil bas, sans fanfaronnade tant les oiseaux de mauvais augure tentaient de nous dissuader.

Donc ce rendez-vous avec M. Paul est très important pour nous. Coup de chance, il habite sur notre trajet. Il est notre premier hôte malgache. Ancien compagnon d'armes du président Ratsiraka, il était commando marine, puis a fait toute sa carrière au ministère des Finances. Nous devions partir hier. Je lui avais envoyé un sms pour repousser notre passage chez lui d'un jour. J'espère qu'il l'a reçu et qu'il ne nous a pas attendus.

Au bout d'une heure et demie de marche, à la hauteur d'un bosquet d'orangers, je suggère à Tovo une petite pause pour les zébus afin de les ménager. Nous nous entendons bien avec notre bouvier, un grand escogriffe qui parle correctement français. Notre rencontre est typique de la confiance que nous avons dans la faculté de l'existence à pourvoir à ce qu'il faut quand il faut. À condition de lui en laisser la possibilité. À condition de ne pas tout prévoir. C'est ce qu'on appelle une rencontre providentielle. Ces dernières s'enchaînent et se nourrissent les unes les autres, rendant notre vie possible.

« Tu te souviens, Tovo, comment on s'est rencontrés ?

— Oh oui ! J'étais tellement surpris de vous voir au village, comme tombés du ciel ! Je croyais que vous étiez américains, parce que c'est des baptistes américains qui nous avaient offert l'adduction d'eau et la fontaine. Alors je pensais que vous veniez la contrôler...

— Et aujourd'hui tu es là ! Tu ne regrettes pas ?

— Nooon ! Il est bien, votre projet ! C'est un honneur de vous aider, je suis fier de pouvoir vous montrer notre pays et notre culture. »

Nous avons rencontré Tovo par hasard, en pleine campagne, au moment où nous cherchions des zébus pour tirer notre charrette. Tout a commencé à Imerintsiatosika[1] chez le Pininfarina de la charrette malgache : Alfred Randrianarimanana (pas de panique, lisez-le en trois mots : Randria-nari-manana, vous voyez ce n'est pas si compliqué que ça, finalement, les noms malgaches), un fabricant reconnu pour le design et la robustesse de ses engins. Son atelier minuscule et innommable, au cœur du bourg, coincé entre une buvette et une boutique de téléphones, était encombré de planches, de sciure, de crasse et d'épaves. J'étais venu le consulter de nombreuses fois pour des conseils techniques de fabrication et sa fille, Oliva, m'avait bien aidé car elle parlait un peu français et jouait les interprètes.

J'avais mis aussi à contribution son gendre, Hery, pour me trouver deux zébus après que nous nous fûmes cassé les dents au marché mensuel de bovidés en périphérie de la ville. Les zébus à vendre, presque toujours destinés à la boucherie, étaient trop vieux, trop gros, fatigués, peu ou pas dressés et les maquignons ne voyaient en nous que des pigeons providentiels, donc la tentative avait fait long feu. Les zébus de trait pour charrette sont une denrée rare dont les Malgaches ne se départissent pas facilement, et ce n'était pas l'endroit où s'en procurer.

Hery était donc parti en quête d'une paire de zébus à vendre dans les villages alentour. Et il avait apparemment trouvé la perle rare ! Nous nous étions donné rendez-vous pour aller les voir au bord de la route nationale 1, celle qui file droit vers l'ouest jusqu'à Tsiroanomandidy en passant par Arivonimamo, et que nous avons l'intention de

1. Prononcer « Imernsiatousk ».

suivre par des pistes parallèles. Le rendez-vous était au Pk 25, après le petit pont de Katsoaka juste après le Lemurs Park où nous étions allés contempler pour la première fois ces gracieux primates. Nous avons embarqué Hery dans notre voiture et nous sommes engagés sur une petite piste ravinée, passant sur de nombreux rocs arrondis, au péril du carter et du pot d'échappement. Dans ces cas-là on roule au pas, c'est-à-dire à la vitesse d'une charrette. Nous avons laissé notre véhicule au pied d'une colline, au sommet duquel un groupe de maisons pelotonnées dominait une courbe de la rivière Ikopa.

Là, Hery ne trouva que des femmes en train de teindre de longues tiges de paille de riz qui servent à tisser des chapeaux. De grandes tresses multicolores séchaient au soleil, suspendues à une loggia, donnant un air de fête au hameau. Hery ne parlant que deux mots de français et moi à peine trois mots de malgache, j'avais du mal à comprendre où le fameux Michel, « propriétaire de zébus à vendre », était parti. Un voisin vint aux nouvelles, Tovo, qui sut m'expliquer que Michel était justement parti chercher auprès des autorités locales les papiers nécessaires à une éventuelle transaction. Et c'est ainsi que nous avions fait connaissance, Tovo et moi.

Universitaire en sociologie et en anthropologie, ayant même fait trois semestres à l'université de Montpellier et un semestre à l'université de Trois-Rivières au Québec, en bénéficiant d'une bourse gouvernementale, Tovo avait dû, faute d'emploi, reprendre cette ferme familiale afin d'éviter, en outre, qu'elle ne soit grignotée par les voisins. Car à Madagascar, la notion de propriété n'est pas la même qu'en France, comme il nous l'a expliqué : « La terre est rare et sacrée ici. Plus que partout ailleurs, possession de bien vaut titre ! Alors si on ne travaille pas sa terre les voisins peuvent discrètement se l'approprier en grappillant petit à petit. Et au bout de trois ans ce bout de terre est perdu si on n'y prend pas garde ! Mais c'est normal ! Le Seigneur nous a dit de faire fructifier la terre ! Alors si on ne le fait pas et que le voisin le fait, c'est lui qui a raison. »

Tovo, protestant réformé, est très croyant. Ce qui lui avait fait dire ensuite :

« C'est le ciel qui vous envoie, et il m'a choisi pour vous aider ! Jamais aucun *vazaha* n'est venu ici hormis ces missionnaires américains qui nous ont apporté l'eau. Et si vous êtes là, ce n'est pas un hasard. »

Mystère de la foi. Peut-être était-ce lui qui avait raison car deux mois plus tard, il était avec nous.

Ce jour-là, il nous avait aidés pour la transaction avec Michel à qui nous n'avions acheté finalement qu'un seul zébu, un beau *mena*[1]. J'avais trouvé le deuxième trop agressif, il avait donc fallu en chercher un autre dans un bourg voisin. Nous avions opté pour un *assada-assada*[2] et Tovo s'était décarcassé pour nous donner un coup de main dans les démarches : nous avions appris l'importance des *taratassy*, ces documents administratifs couverts de tampons rouges sans lesquels rien ne se fait à Madagascar, et qui donnent un cadre pour établir la confiance. Nous avions découvert que ce pays, bien que de tradition orale, n'était pas le pays du « tope là » en cinq minutes, et qu'une transaction prenait du temps, de longs palabres ponctués de silences éloquents. Justement pour établir la confiance.

En revanche, en dépit de ses efforts et malgré une offre salariale alléchante, Tovo n'avait pas trouvé de bouviers pour nous accompagner. Comme la confiance s'était établie entre nous, je lui avais finalement proposé de venir avec nous :

« Nous nous entendons bien ! C'est grâce à toi qu'on a les deux zébus, et comme tu l'as dit un jour, notre rencontre ne peut pas être le fruit du hasard !

— Mais je n'ai presque jamais conduit de charrette ! Et je ne connais pas la piste !

— Ce n'est pas grave ! Nous apprendrons ensemble et nous découvrirons plus facilement le chemin avec toi ! »

Il en était convenu et avait même convaincu son voisin Michel, qui était quant à lui un authentique bouvier-charretier, d'assurer le service après-vente de son zébu en nous accompagnant jusqu'à notre première étape, Ampasipotsy, à une vingtaine de jours à pied de là.

À peine avons-nous repris notre marche après cette courte pause que j'aperçois M. Paul venir à notre rencontre, souriant, portant fièrement un beau feutre noir :

« Il faut le voir pour le croire ! Jusqu'à la dernière minute votre histoire de tour de Madagascar en charrette me paraissait une folie. Pardonnez-moi mais je pensais que vous m'aviez fait une blague. Quelle joie de la voir apparaître au loin ! Elle est magnifique !

— C'est vrai que notre passage suscite beaucoup de joie. Il y a beaucoup de sourires dans son sillage. C'est assez prometteur ! »

1. « Rouge », c'est-à-dire à la robe fauve, rousse.

2. Blanc avec de grosses taches noires, comme nos vaches normandes.

2

Bon Samaritain *gasy*[1]

Nous ne tardons pas à rallier le petit village d'Avarabohitra, qui veut dire « banlieue » en malgache. Une belle campagne s'étend tout autour. Nous passons un portail et découvrons un pavillon, le premier que nous voyons ici, qui ne déparerait pas dans une banlieue française. Il fait cossu parmi les chaumières en torchis et les maisonnettes en briques : il est le fruit de trente-cinq ans de bons et loyaux services de M. Paul en tant qu'expert-comptable au ministère de l'Intérieur. Des bosquets de roses encadrés de rambardes blanches apportent la touche de soin et de couleur au jardin planté d'arbres fruitiers. Une femme modeste au large sourire et les cheveux noués en chignon se présente sur le pas de la porte. Les voisins accourent de toutes parts.

« Voici ma petite sœur, Marthe. Sans elle nous serions perdus. C'est elle qui s'occupe de nous et de nos roses car ma femme travaille toujours au ministère à plein temps, moi je suis en préretraite. »

Une petite foule s'est constituée. Respectueuse. Silencieuse. Curieuse. Qui s'assied sur un muret, comme au spectacle. À la manière d'un concessionnaire automobile, je me mue alors en démonstrateur de charrette « toutes options ». Le toit étanche grâce à sa bâche sur mesure, les panneaux solaires de 150 watts, la décoration intérieure avec les photos de nos familles et de nos amis, le bouquet de fleurs suspendu, la plume de paon pour l'excentricité,

1. Abréviation de « Malagasy », traduction anglaise du mot « Malgache » par laquelle les Malgaches préfèrent être appelés depuis quelques années. Tant que l'Académie française n'aura pas statué, nous nous en tiendrons à l'appellation historique, mais en faisant des exceptions à loisir.

le casier de bois pour les cahiers d'Ulysse à l'arrière et celui de Philaé à l'avant. Leurs bureaux pliants. Le filet dans lequel nous mettons les tapis de sol et les vestes polaires ; les capes de pluie et les parapluies à disposition, la boîte à pharmacie. Je fais l'inventaire des sacs contenant la vaisselle et les casseroles, la caisse du drone, le panier à shampoing, brosses et savon en haut à droite, à gauche un gousset à brosses à dents vissé verticalement entre deux tasseaux du toit, afin qu'elles soient disponibles à tout moment.

Sur le hayon, à l'arrière, une carte de Madagascar en marqueterie d'Ambositra[1], grande ville à mi-parcours entre Tana et Fianarantsoa sur les Hautes Terres centrales, qui s'est spécialisée dans la fabrication d'objets en bois et de souvenirs en marqueterie. Les vingt-deux régions du pays y figurent dans une essence de couleur différente avec leurs noms à rallonge. C'est une commande spéciale que j'ai faite après avoir vu une carte de ce type dans un magasin de souvenirs. Elle nous permet d'expliquer de façon très simple notre projet, en montrant du doigt en quelques secondes le parcours prévu que nous allons mettre plusieurs années à effectuer… À l'avant, sous la selle, de part et d'autre du timon, deux tiroirs à outils suscitent des soupirs d'admiration.

De part et d'autre de la charrette à l'arrière, des *sobika*[2], paniers en *tsi*, un jonc très résistant, sont comme des vide-poches. J'en retire comme un lapin d'un chapeau une vraie multiprise branchée sur notre batterie qui déclenche l'hilarité, je la pose sur le hayon, et comme un Dulcamara offrant son élixir miraculeux à la fin de son boniment, je propose à tout un chacun d'y planter le chargeur de son téléphone ! Je détends l'assistance, stupéfaite et soudain inquiète de devoir payer le spectacle, par un sésame magique : « *Maimam-poana*[3]. » Un de mes premiers mots de malgache qui déclenche une nouvelle salve de rires.

Je vois alors des hommes mûrs s'accroupir, intrigués par les lames-ressorts que j'ai installées sous la caisse pour apporter un peu d'amorti et de confort à notre véhicule. C'est en soi un non-sens, ces tombereaux étant censés charrier des charges agricoles très lourdes. Mais nous n'avons que des bagages et des enfants à transporter. J'ai dû échafauder un modèle de suspensions adaptées à partir des

1. Prononcer « Ambouchtre ».
2. Prononcer « soubik ».
3. « Gratuit », prononcer « maï maï pone » !

lames-ressorts d'une vieille Triumph qui traînaient dans l'atelier de Philippe Girard, et que j'avais fait ourler chez les forgerons de Besarety, un des quartiers ouvriers de Tana. Toutefois, les pièces maîtresses qui étaient l'objet de toute l'attention de ces admirateurs curieux étaient les jumelles : sorte de H mobile en métal, qui, tout en reliant les lames-ressorts à la caisse, s'écrase en pivotant sur deux axes, selon le débattement précis de la suspension. Je les avais dessinées, conçues, découpées dans de la tôle épaisse, soudées, et usinées avec soin. Je n'en étais pas peu fier et récoltais le fruit de mon travail par leurs petits hochements de tête et leurs silences approbateurs. Mais allaient-elles résister à l'usure et aux chocs ? Elles étaient le talon d'Achille de mon prototype !

Nous entrons ensuite chez M. Paul. Paul est l'aîné de dix enfants, et sa petite sœur, Marthe, la benjamine de la fratrie, est célibataire donc à la charge de son frère : elle se rend utile à la maisonnée.

Au mur, au-dessus du grand canapé moelleux en velours marron, trônent dans deux cadres distincts le décret de chevalier de l'ordre national, et celui d'officier, équivalents de ceux de notre Légion d'honneur. Un grand buffet recouvert d'une toile cirée rouge vif aligne une belle collection de rhums arrangés et de whisky bon marché dominant quelques bibelots et cadres disposés autour d'une grosse chaîne hi-fi chinoise, recouverte d'autocollants aux couleurs criardes. Les murs sont verts. Le plafond, comme tous les plafonds du monde, est blanc.

« Vous avez la fibre nationale ! Votre salon est aux couleurs du drapeau !

— Vous êtes observateur ! *Maintso, fotsy, mena, saini pirenena*[1] *!* Ça a valeur de slogan chez nous. Vous verrez partout des drapeaux ou des pierres peintes au centre des villages. Il y a une vraie fierté nationale à Madagascar.

— Oui, nous avons vu cela le 26 juin[2], nous avons pu assister au feu d'artifice pour la fête nationale de l'Indépendance sur le lac Anosy depuis la haute ville. Nous avons fait la procession aux lampions, allumé des pétards, mangé des *masikita*, ces délicieuses petites brochettes de viande ! »

M. Paul nous apprend que nous ne sommes pas les premiers à vouloir faire le tour de Madagascar. Un Malgache l'a fait en courant,

1. « Vert, blanc, rouge, couleurs nationales ! »
2. Fête de l'Indépendance. En mémoire du 26 juin 1960.

dans les années 1970. Zoto était professeur d'éducation physique, un peu gourou, un peu prophète, et a voulu ainsi prêcher l'unité nationale, la fraternité, ce qu'on appelle ici le *fihavanana*. « C'est une tradition malgache de solidarité dans les familles qui est battue en brèche par l'égoïsme et l'individualisme qui se répandent aujourd'hui. On était en pleine époque de la révolution rouge de Ratsiraka, sous l'influence des conseillers russes et cubains. Zoto allait prêcher dans les écoles un *fihavanana* social. Une notion très forte dans ma jeunesse : tout le monde partageait tout, les gens étaient généreux. Avec la pauvreté qui s'est abattue sur notre pays les Malgaches se sont fermés, préoccupés par leurs conditions de vie difficiles, et la compétition est devenue très forte. Aujourd'hui, c'est malheureusement de plus en plus le règne du chacun pour soi. »

En l'écoutant, profondément enfoncé dans le canapé, je fais un faux mouvement qui me tire un petit rictus de douleur.

« Vous vous êtes fait mal ?

— Oh ce n'est rien, je me suis fait un tour de reins en chargeant la charrette ! Il va falloir que je fasse attention car cela va être notre pain quotidien !

— Donnez-moi votre main, je suis masseur digito-puncteur à mes heures perdues, je vais vous soulager. »

Il me prend la main et enfonce d'un coup son pouce dans le muscle charnu du mien. La décharge électrique est fulgurante !

« Ah je comprends ! Vous me faites encore plus mal, pour que j'oublie l'autre douleur !

— Ha ha ha non ! J'agis sur les lignes énergétiques, vous allez voir, ça va aller mieux. »

Et de me fouiller les nerfs profondément entre les muscles, pour remonter jusqu'au pli du coude.

« Argghhh ! »

Je me tortille et grimace.

« Ici, c'est le point de longévité ! Il faut le masser régulièrement pour s'assurer de vieux jours ! Ça va, je ne vous fais pas trop mal ?

— Non ! Arghhhh ! Ça va ! Je me sens très vivaaannnt… ! »

M. Paul me masse avec application, et à un moment retrousse ses manches : je remarque alors en haut de son avant-bras droit, sur le muscle du tennisman, une belle cicatrice qui aurait pu bénéficier de points de suture. J'ai exactement la même au même endroit. Je retrousse alors ma manche sans dire un mot et M. Paul pense que je redemande un massage, mais je lui désigne ma marque, puis la sienne. Il fait des yeux ronds !

« Alors ça ! C'est extraordinaire ! *Mahagaga !* Comme on dit chez nous !

— Comment vous l'êtes-vous faite ?

— C'était lors d'un entraînement au couteau lors d'un stage commando. On ne m'a même pas recousu pour me punir de m'être blessé ! Et vous ?

— Oh ! Un week-end scout avec ma patrouille. Le fer de la hache utilisée par un de mes petits scouts s'est détaché, alors que je me baissais pour ramasser un fagot… Un ou deux points de suture n'auraient pas été inutiles ! Mais cela aurait été dommage, elle n'aurait pas ressemblé à la vôtre ! »

Et nous rions fraternellement de cette ressemblance.

Marthe prépare la table et nous y convie d'un geste élégant. Un plat de riz fumant accompagne des œufs frits et quelques fèves.

« *Vary mena !* Le riz rouge des hauts plateaux, vous m'en direz des nouvelles ! »

Les rideaux de dentelle diffusent une belle lumière. Marthe dévore des yeux les enfants qui bavardent entre eux. Elle pose une question à Paul qui se tourne vers nous :

« Marthe demande si vous n'avez pas peur pour vos enfants. Ils sont si petits !

— Je crois qu'ils sont mieux avec nous que sans nous, non ? »

Paul traduit. Marthe éclate de rire.

« *Marina !* Très juste ! »

Nous demandons à faire une sieste d'une demi-heure car la chaleur nous anéantit après le repas et nous nous sommes levés bien avant l'aurore ce matin. Nous allons dérouler nos tapis de sol dans une petite maison attenante où tout est calme. Les curieux se sont dispersés. Seul un coq fou chante en plein soleil. Nos bouchons d'oreilles le font taire. Au réveil, Paul nous déclare, le regard plein de malice :

« Je vais vous accompagner un bout de chemin ! Ah si je n'avais pas de responsabilités, je vous suivrais jusqu'à Ampasipotsy ! »

Après des embrassades avec Marthe tout attendrie de ce moment si sincère avec des *vazaha* de passage, nous repartons joyeusement avec une ribambelle d'enfants suiveurs sur une sorte de route-digue filant au milieu d'une immense plantation qui occupe tout le fond plat de la vallée jusqu'aux contreforts nébuleux de collines lointaines.

« Cette plantation appartenait à une ancienne ferme coloniale qui avait été donnée à Kadhafi il y a longtemps, à l'époque de Ratsiraka, nous précise M. Paul. En échange de pétrole je crois... Et comme ils ne l'exploitent plus, ils la louent à une société française, Bionexx, qui fait pousser de l'*Artemisia annua*. Ce qui suscite beaucoup de jalousie de la part des communautés villageoises aux alentours car les fonds de vallée sont traditionnellement dévolus au riz ou à une plante nourricière, ce qui n'est pas le cas de l'*Artemisia* qui sert à faire un médicament contre le paludisme. »

Mon sang ne fait qu'un tour. Nous connaissons très bien l'*Artemisia annua*. Elle m'a sauvé deux fois d'accès paludéens, alors que nous marchions en Afrique, en Tanzanie et en Éthiopie, la première fois sous forme de comprimés chinois, la seconde fois en tisane. Depuis dix ans, je me bats pour sa reconnaissance. Une amie, le docteur Lucile Cornet-Vernet a créé une association, la Maison de l'Artemisia, qui milite pour son autorisation de mise sur le marché, encourage la recherche et promeut son utilisation prophylactique et thérapeutique en Afrique, sous forme de tisane. En ouvrant des centres de formation et de distribution, Lucile apporte une solution à des populations qui, quand bien même elles en auraient les moyens, n'ont pas accès aux soins, alors qu'elles sont les premières concernées par ce fléau.

Mais cette plante est interdite en France, elle n'a pas son AMM[1], donc sa promotion aussi est interdite. Depuis dix ans, nous nous heurtons au principe de précaution des autorités sanitaires : il faut premièrement faire valider la thérapie par une étude au standard OMS en double aveugle, randomisée, qui coûte des centaines de milliers d'euros, deuxièmement la faire publier dans une revue scientifique soumise à la critique d'un collège de spécialistes. Par ailleurs, l'exacte teneur en principes actifs dans chaque tasse de tisane d'*Artemisia* n'étant pas garantie par ce mode d'administration, cela déroge aux règles de la galénique selon lesquelles chaque prise de médicament doit être rigoureusement identique que cela soit en cachet, en gélule ou en injection.

Notre association a pourtant réalisé avec le docteur Jérôme Munyangi une étude sur mille personnes au Katanga, et nos résul-

1. Autorisation de mise sur le marché.

tats ont dépassé nos espérances : 65 % de guérisons la première semaine, 30 % la seconde, 3 % la troisième, et l'éradication des gamétocytes, ces sortes d'œufs qui souvent font réémerger le parasite au bout de cette même troisième semaine avec les thérapies classiques. C'est bien supérieur aux traitements existants. Les patients que l'on a soignés avec notre tisane ont été durablement guéris. Et une prise régulière de cette même tisane prémunit du paludisme. Bref, une solution plus que prometteuse ! Mais gros handicap : elle est presque gratuite... Il suffit de faire pousser la plante. Ce que font nos quatre-vingt-cinq Maisons de l'Artemisia dans vingt-huit pays d'Afrique[1], qui font office à la fois de centre de formation et de diffusion de cette solution thérapeutique.

Le problème est que l'Organisation mondiale de la santé promeut des médicaments dont le principe actif principal est extrait de cette même plante, ce qui provoque un conflit d'intérêts, entre cette solution presque gratuite et la leur qui est bien plus coûteuse. Et ce médicament est et sera moins efficace à court terme que notre tisane, car il est justement celui qui développe à vitesse grand V, partout dans le monde, une résistance de la part du *Plasmodium*, ce petit parasite transmis par les moustiques qui est à l'origine du paludisme. Pourquoi ? Parce que face à un ou deux principes actifs le parasite mute plus rapidement pour trouver la parade que devant un cocktail de principes actifs beaucoup plus complexe. C'est aussi simple que ça. Aussi compliqué. Contre la tisane, le *Plasmodium* ne parviendra jamais à trouver la parade, car justement, le dosage n'est jamais exactement le même. Donc ce qui fait la force de ce traitement naturel est aussi sa faiblesse officielle : on ne peut pas y ajouter de la valeur, par conséquent il n'intéresse pas les industriels.

Je savais qu'il poussait beaucoup d'*Artemisia* à Madagascar, mais je ne m'attendais pas à trouver dès les contreforts de Tana cette immense plantation à perte de vue. Juste avant de partir, nous avions rencontré le docteur Robert Sebbag, le numéro trois de Sanofi-Aventis, à l'origine de la création d'une grosse usine au Maroc pour fabriquer l'ACT[2]-l'ASAQ (artésunate-amodiaquine) afin de le distribuer quasiment gratuitement aux Africains et il nous avait dit qu'il s'approvisionnait aussi à Madagascar, mais je pensais que

1. À la date du 1er septembre 2020.

2. Abréviation de *Artenusate Combined Treatment*. Il en existe d'autres, comme l'artéméther-luméfantrine, ou l'artésunate-méfloquine par exemple.

les plantations étaient beaucoup plus au sud. Je raconte rapidement à M. Paul notre projet :

« Figurez-vous que nous avons des graines d'*Artemisia* dans notre charrette et que nous souhaitons, dans les villages qui souffrent du paludisme et qui nous le demanderont, faire des "ateliers *Artemisia*", c'est-à-dire donner des graines, montrer comment faire pousser cette plante, comment la sécher, et l'administrer contre le paludisme.

— Ici dans les campagnes, les gens pensent que c'est un poison, comme un insecticide ! J'essaie de leur dire que c'est un médicament mais ils ne me croient pas. Mais il n'y a pas de paludisme sur les Hautes Terres, seulement sur les côtes.

— Nous avons rencontré à Tana le P-DG d'Homeopharma, Jean-Claude Ratsimivony, qui a été très réceptif à cette thérapie. Il est lui-même phytothérapeute spécialiste des plantes malgaches, mais comme celle-là vient de Chine il ne la connaissait pas. Je lui ai donné une clef usb avec des centaines de documents scientifiques prouvant ce que nous avançons. Il va les étudier et nous donnera bientôt des nouvelles !

— Vous êtes à peine partis que vous faites déjà quelque chose pour Madagascar ! J'espère de tout cœur que vous parviendrez à faire le tour de notre pays ! »

Nous arrivons dans un bois qui entoure l'ancienne ferme coloniale française. La vieille bâtisse au loin, cachée sous de grands arbres, ne nous laisse deviner que quelques colonnes soutenant des tôles rouillées, une éolienne, des persiennes, des frangipaniers dans le jardin. Plus loin des pépinières d'hybrides d'*Artemisia* qui tentent de concentrer sa teneur en artémisinine, le principe actif qui sera extrait dans l'usine de Fianarantsoa et revendu à Sanofi. Nous débouchons sur une grande retenue d'eau, qui avait été pensée pour fournir de l'eau à l'année à la ferme. C'est là que M. Paul décide de nous quitter, non sans s'enquérir de la route que nous allons emprunter.

« Je ne sais pas ! Par là ! Vers le soleil couchant ! »

Il est interloqué.

« Et où allez-vous dormir ?

— Aucune idée !

— Comment ? Vous ne savez pas ? Vous n'avez rien prévu ? »

Il se tourne vers Tovo. L'interroge. Ce dernier, d'un geste qui en dit long, retourne ses deux mains, lui signifiant qu'il ne connaît pas la piste et s'en remet à moi.

« Comme nous ne savons pas jusqu'où les zébus peuvent marcher, nous ne nous fixons aucune étape ! Nous dormirons là où le soir nous trouvera !

— Et vous n'avez pas peur ?

— Non ! Pas du tout ! Au contraire ! C'est justement ce qui nous excite, ne pas savoir ! »

Il se tourne vers une Sonia souriante.

« Vous aussi ?

— Surtout moi ! Nous avons tout ce qu'il nous faut ! Et nous partons pour une durée indéterminée, alors je ne veux surtout pas de pression. Ce n'est pas une course ! Le bonheur, pour moi, c'est d'être enfin partie.

— J'admire votre courage et votre foi dans les Malgaches ! Mais méfiez-vous tout de même. Nous ne sommes pas aussi gentils que nous en avons l'air ! »

Nous méditons cette mise en garde dans l'air doré de la fin d'après-midi. Une poussière pulvérulente comme de la poudre de cacao s'élève en panache autour de la charrette. Pas un souffle d'air. Nous prenons un peu de hauteur avec une de nos premières côtes. Nous remontons un fond de vallée aux cloisonnements soignés, révélant des couleurs et des textures de légumes différents alignés sur des superpositions de terrasses. Cette mise en culture relève du grand art ! Ici des massifs vert-bleu hirsutes, là des boules vert-jaune espacées, là des poireaux en rangs serrés, ici des haricots, des oignons ou des brèdes[1] – sortes de salades goûtues que l'on fait bouillir avec le riz. Des carrés ocre quadrillés de cupules à la manière des planches d'*awalé*[2] attendent en sages matrices leurs prochaines semences. Mais, au-dessus, les reliefs sont pelés, ratiboisés, le roc est à nu, la chair et la vie sont dans les fonds de vallée.

Le soleil décline vite. Il nous faut chercher un endroit où nous reposer. Nous sommes en pleine montée, je m'inquiète car ce n'est pas propice. Et c'est toujours plus dur de trouver de nuit. Nous poussons tous la charrette pour soulager nos zébus Bâbord et Tribord, puisque c'est ainsi que nous les avons baptisés. Le noir et blanc à gauche, et le rouge à droite. Philaé a jeté son dévolu sur

---

1. Du portugais *bredo* qui désignait à l'origine l'amarante : se dit d'une large variété de feuilles légumineuses cuites que l'on joint au riz sous toutes ses formes pour en relever le goût.

2. Jeu de société d'origine africaine, à base de graines et de cupules distribuées selon des règles de comptage et de capture.

Bâbord, Ulysse a soigné son Tribord toute la journée avec des gerbes d'herbe fraîche. J'attends impatiemment le haut de la pente pour commencer à chercher du regard notre lieu de camp. Au débouché du dernier virage avant le sommet j'aperçois au bout d'une allée de pins un poteau de bois qui, pas après pas, semble pousser du sol et se révèle être une croix. Sonia m'interpelle :

« Regarde ! Il y a un calvaire ! Il y a peut-être un village ou une église pas loin ? »

Nous approchons. L'endroit est étrange. Une barrière rouge et blanc à la manière des douanes d'antan barre la route, mais elle n'est pas bloquée. Nous la soulevons. Au bout de l'allée, deux grands anges agenouillés sur leur pilastre ouvrent la voie vers un escalier de pierre montant dans une pinède.

Je vais aux infos avec Tovo. Nous montons les marches entre deux haies d'« épines du Christ », une redoutable euphorbiacée couverte de fleurs rouge sang. Sur la première terrasse nous tombons sur un grand portrait de Jésus peint sur un mur : il domine comme un géant un paysage agreste au bout d'un chemin emprunté par une foule de petits personnages qui se dirigent vers lui. Il arbore une auréole solaire portant l'inscription : *Izaho no lalana, sy fahamarinana, ary fiainana !* Tovo me traduit :

« "Je suis le chemin, la vérité, et la vie !" Ça doit être un sanctuaire catholique ! »

En effet, sur la terrasse suivante figure la première station de la passion de Jésus. Un tableau représente la colonne d'*Ecce homo*, quand Jésus fut livré par Ponce Pilate et condamné à être crucifié. Cette colline est un chemin de croix. Nous nous épargnons les stations suivantes. En redescendant je suis troublé. « *Ecce homo* » sont les derniers mots de notre livre, *Africa Trek*, relatant notre précédente épopée finissant à Jérusalem et je les retrouve le premier soir de notre nouvelle aventure…

Au bas des marches un vieil homme nous attend. Il est le gardien du sanctuaire d'Antongona. C'est en effet un lieu de pèlerinage qui reçoit des groupes de temps à autre. Il ne voit pas d'inconvénient à ce que nous campions dans le pré au bas des terrasses. C'est fait pour ça. Nous n'aurions pas pu trouver un endroit plus idéal. Nous allons y garer la charrette, débâtons les zébus, sortons la tente que nous plantons à côté du grand portrait du Christ solaire. Le soleil s'est couché. Nous enfilons nos lampes frontales, cherchons nos affaires, hésitons, trébuchons, il va falloir retrouver nos automatismes d'aventuriers bien organisés. Les enfants donnent des câlins et de la paille à leurs zébus. Le cuiseur de riz ne tarde pas à chuinter. Nous ouvrons nos premières boîtes de sardines. Sonia me glisse à mi-voix avec amour :

« C'est merveilleux ce qu'on va vivre ! J'ai cru qu'on ne partirait jamais ! Mon Dieu qu'ils ont été longs pour nous ces cinq mois pendant que tu fabriquais la charrette, mais peut-être qu'ils ont été nécessaires… J'aimerais pouvoir rassurer M. Paul qui s'inquiétait tant pour nous tout à l'heure… mais il n'y a pas de signal ici.

— En tout cas, dis-je en riant, je ne sais pas si, pour notre premier soir, ce chemin de croix est un signe, mais j'espère que nous ne connaîtrons pas la même fin que Jésus, avec toutes les mises en garde que nous avons reçues !

— Arrête ! Déconne pas avec ça ! On est bien partis et c'est ce qui compte ! »

Madatrek a bien commencé, belle progression, belles rencontres, beaux enseignements, belle soirée sous les étoiles, magie au tournant. Que demander de plus ? Nous nous endormons pleins de gratitude envers l'univers. On nous avait prévenus : Madagascar est un pays de sortilèges !

3

Omby tsaretin d'Raleva[1]

Jeudi 17 octobre, Antongona, Pk 18

Ulysse a dormi sur un sac de riz en guise d'oreiller. Il n'a même pas enfilé son sac de couchage. Philaé est radieuse, elle joue avec son nounours blanc. Sonia, un brin échevelée, boutonne son chemisier. Nous avons bien dormi. Un peu trop ! Le jour s'est levé avant nous. Tovo et Michel bavardent avec le vieux gardien autour du feu. Les zébus ruminent gentiment. Le café chauffe. L'air embaume le café TAF, le café moulu de Madagascar, cet arabica dans son petit paquet rouge au bouquet irrésistible dont vous ne pouvez plus vous passer pour le restant de vos jours ! Ici pas de capsule ou d'instantané mais le café chaussette ! Le nom est pourtant mal porté, évoquant cet infâme jus du même nom des tranchées de 14-18. Mais il fait ici référence à l'épuisette conique en coton qui filtre le précieux nectar. Et l'important est bien sûr ce qu'on met dans la chaussette ! Les grains et leur torréfaction.

De tous les cafés que j'ai bus lors de mes voyages autour du monde, le meilleur est le café malgache. À Tana, les odeurs pestilentielles des bennes à ordures alternent avec les bouffées capiteuses dont les torréfacteurs ambulants embaument les rues, avec leurs tonneaux rouillés tournant à la broche sur un feu nourri. La plante fut importée dans l'île en 1710 par un corsaire malouin qui avait fait escale à Moka au Yémen, et qui se nommait M. de la Merveille : tout un programme ! Cet arabica a pris ici, dans la latérite et sous le soleil malgache, un caractère exceptionnel. Nous partons déjà avec ce fondamental en poche.

1. « La charrette à zébus de Raleva ».

Le panorama est grandiose. Un énorme batholite tout rond, montagne de granit d'une centaine de mètres de haut, domine le paysage. Il est coiffé de deux petites huttes en bois solitaires se découpant sur le ciel de l'aube. Les contreforts semblent ravinés par des fossés et des vestiges de murs effondrés. La vallée est calme. Le chant d'un outil métallique tinte dans l'air immobile. Le filet bleu d'un feu de paille s'élève en volute verticale.

« Qu'y a-t-il au sommet de ce rocher ? »

Tovo traduit ce que le vieil homme me répond :

« Ce sont des tombeaux royaux. C'est la citadelle d'Antongona. Un vieux fort qui servait de vigie aux temps anciens, pour prévenir la capitale de l'incursion des *fahavalo*, ces hordes de bandits qui couraient la campagne avant l'unification de l'Imerina par notre grand roi Andrianampoinimerina. »

Celui-là, nous avons fait sa connaissance très vite car il est souvent représenté avec sa toge blanche, sa lance et son allure de guerrier africain. Contemporain de Napoléon, il épousa pour consolider ses victoires les douze princesses des douze collines qui entourent les grandes plaines rizicoles de Tana et au sommet desquelles étaient bâties des *rova*, ces forteresses où les populations pouvaient trouver refuge derrière d'épais murs circulaires lors de razzias ennemies.

« Et Antongona était une de ces douze collines ?

— Oui, la plus à l'ouest, le dernier bastion face au péril sakalava, les tribus côtières de l'Ouest. »

Le vieil homme l'interrompt pour lui raconter une histoire. Le visage de Tovo s'illumine.

« Il y a même un dicton attaché à cet endroit : "*Efa ho lava ny afon'Antongona !*" qui veut dire à peu près : "On en a assez des feux d'Antongona !" Car à force d'allumer des feux tout le temps, à la moindre alerte, les gens n'y croyaient plus. Un peu comme on dirait : fausse alerte !

— Oui, chez nous, on dirait : "À force de crier au loup, on n'y croit plus !"

— Ici il n'y a pas de loups, mais beaucoup de bandits ! »

Et nous rions de ces marqueurs culturels. Le malgache est une langue très poétique dans laquelle on s'exprime souvent par métaphores ou périphrases. C'est pourquoi elle est difficile à traduire. Certains mots peuvent vouloir dire plusieurs choses selon le contexte. J'ai hâte de mieux la connaître et de pouvoir jouer de ses subtilités. J'ai un petit carnet dans ma poche près du cœur où je note tout ce que j'apprends dans la journée grâce à Tovo : dictons, proverbes, locutions, expressions et chansons.

Ce matin, alors que nous reprenons la piste, il nous apprend la chanson : « *Omby tsaretin d'Raleva* ». Nous répétons les couplets après lui, en nous égosillant.

« *Oh-oh oh ! Omby tsaretin d'Raleva iny io*
Mandalo maraina tanana izio... »

Les paysans que nous croisons s'arrêtent, posent leurs outils au sol et nous regardent passer hilares et hallucinés !

Philaé, curieuse, demande à Tovo :

« De quoi ça parle, la chanson ?

— C'est l'histoire d'un charretier qui s'appelle Raleva et qui monte à la capitale en partant avant l'aube pour vendre ses légumes afin de faire vivre sa famille. Et il traverse des villages endormis, les chiens aboient. C'est un homme modeste, mais il a une belle charrette et de beaux zébus et le courage de travailler la terre. Ça dit aussi : "N'oubliez pas que c'est lui qui nourrit les gens de la haute société !" »

Le chant de la fierté du peuple des campagnes.

Nous suivons une ligne de crête avec de part et d'autre des mosaïques de terrasses cultivées et de potagers. Je lance à Tovo :

« C'est ici le domaine de Raleva !

— *Marina*[1], il y a beaucoup de maraîchages autour de Tana pour fournir la capitale en légumes !

— Alors notre charrette, c'est un peu *omby tsaretin d'Ralex* ! »

Son rire aigu résonne dans la vallée et nous revient en écho.

Un peu plus loin, dans la pente, une paire de zébus est menée par un laboureur arc-bouté sur sa charrue. Son fouet claque comme un coup de fusil dans l'air cristallin du matin. Il peine dans le dévers à tracer un sillon droit. Il contourne çà et là quelques pins déplumés, survivants des feux de brûlis ou des haches vagabondes. L'homme grogne, fouette et siffle. Ses deux bêtes butent sur des rocs, qu'elles arrachent. Dur labeur que le labour pour ouvrir la terre et l'ensemencer.

Notre charrette en revanche semble glisser sans effort et avance fièrement et librement tel un *petit* vaisseau en ce frais matin. Je suis heureux, nous sommes vraiment partis, en route vers Ampasipotsy.

1. « C'est vrai », « Exactement ». Prononcer « marna ».

Depuis cinq mois ce nom résonne en nous ! Ampasipotsy ! Cette première destination s'est imposée à nous, à peine trois jours après notre arrivée. Pourtant ce n'était pas gagné. Quand nous avons débarqué chez Tamara et Sylvain, nous n'avions pas la moindre idée de ce que serait notre itinéraire ni même la direction que nous allions prendre. Tana étant au cœur du pays, les quatre points cardinaux étaient possibles. Il fallait avant tout déterminer un sens en fonction des saisons, pour optimiser le beau temps. Nous avions brainstormé avec nos amis pour tenter de trouver une direction de départ grâce à leur connaissance du pays.

« Qu'importe le flacon pourvu qu'il ne soit pas bu sous la pluie !

— De toute façon, si vous marchez plus d'un an, la pluie vous rattrapera quelque part, nous avait avertis Sylvain.

— Mais tout d'abord racontez-nous votre projet ! » avait demandé Tamara.

Je m'étais alors lancé, avec la timidité de celui qui sait qu'il va dire des énormités à des connaisseurs !

« Nous voulons faire le tour du pays avec une charrette à zébus, et relier par notre itinéraire des missions, des ONG, des entreprises qui œuvrent pour la reconstruction du pays, la restauration de son environnement et le mieux-être de populations éprouvées ou laissées pour compte. »

Et Sonia de poursuivre :

« Nous souhaitons par les documentaires que nous allons filmer donner un écho à leur action. Voilà l'idée !

— Et pourquoi la charrette ? avait malicieusement avancé Sylvain. Vous savez, ça ne va pas être facile.

— Mais la facilité ne fait pas partie de notre répertoire ! avais-je plastronné.

— Eh bien là, tu vas être servi !

— En fait, c'est parce que je crois que c'est le moyen usuel de se déplacer pour les gens des campagnes, avais-je repris plus sérieusement. C'est écologique, c'est pratique, on peut y mettre tout notre matériel et les enfants pourront s'y réfugier s'ils sont fatigués. C'est une façon de nous fondre dans la culture malgache pour mieux la comprendre de l'intérieur, de surprendre et d'enthousiasmer, de prendre le temps, de vivre sobrement… Et puis elle ne tombera pas en panne !

— A priori, sachez qu'il n'est pas possible de faire le tour du pays, car il n'y a tout simplement pas de route ni d'itinéraire qui fait le tour. J'ai l'habitude d'emmener des touristes presque partout avec des 4 x 4 très costauds mais il y a très peu de pistes carrossables. Je vais vous montrer. »

Il avait alors déployé une carte de la grande île.

« Figurez-vous Madagascar comme un corps : Tana est le cœur, il y a la colonne vertébrale, la RN 7 qui descend jusqu'à Fianarantsoa en passant par Antsirabé, le nombril, et continuant par la jambe droite jusqu'à Tuléar. La jambe gauche part de Fianarantsoa vers l'est, direction Manakara qui pourrait être le genou, et descend vers le sud en suivant la côte jusqu'à Vangaindrano. Plein ouest, partant de Tana, il y a le bras droit de la RN 1 qui va jusqu'à Tsiroanomandidy, et vers l'est le bras le plus court : celui de la RN 2 qui tombe littéralement vers Tamatave, le port le plus important du pays. C'est la route la plus dangereuse, encombrée de camions entre lesquels slaloment à tombeau ouvert des taxis-brousse surchargés, aux pneus usés jusqu'à la corde. Il y a des morts presque tous les jours. Et puis il y a la route du Nord, la RN 4, qui mène à l'épaule droite de Majunga et se transforme ensuite en RN 6 pour conduire à la tête, Diego, tout au nord. Pour faire simple, il n'y a que cinq routes dans ce pays et les charrettes y sont plutôt malvenues quand elles n'y sont pas interdites. »

Nous avions pu lire une seconde sur son visage sa terreur à nous imaginer sur ces routes qu'il emprunte avec sa Land Cruiser armée de pare-buffles ou sa Pajero apte à affronter les taxis-brousse et les camions.

« Là où j'emmène mes clients dans le Sud, vers le massif du Makay, on doit tout emporter, on ne trouve rien sur place, c'est une véritable expédition. Et la population de l'ethnie bara est très méfiante et farouche. Il n'y a pas la moindre piste pour les charrettes. Sur la côte est non plus, dans le nord très peu. Madagascar est plein d'endroits comme ça. En revanche, sur les hauts plateaux merina et betsileo le long de la RN 7, il existe des pistes charretières défoncées, mais elles ne sont pas cartographiées. Elles grimpent à l'assaut des collines et se fraient un chemin de façon erratique pour rallier des villages isolés, mais ne sont pas forcément reliées. Elles suivent parfois d'anciennes pistes coloniales mais dont les tracés ont beaucoup évolué à la faveur des cyclones, des éboulements et de l'érosion. »

Je l'avais interrompu :

« Mais est-ce qu'on ne peut pas imaginer qu'une communication existe entre les villages, même les plus reculés, puisqu'il y a du monde un peu partout ?

— Peut-être, mais d'après ce que je sais, les Malgaches se déplacent à pied, à bicyclette ou à moto. Les charrettes passent sans doute de temps en temps, mais pas partout. Il ne faut pas oublier qu'elles sont utilisées par les paysans pour aller de leur village à leur rizière et retour, mais pas vraiment pour voyager de façon transversale comme vous voulez le faire… enfin si peut-être, à certains endroits… Mais par des itinéraires et des détours connus seulement des bouviers et des locaux. Ce n'est pas pour rien que mon agence de voyages s'appelle "Détours Madagascar" : ce pays est un vrai labyrinthe ! Pour être sûrs de passer vous devriez faire un immense repérage à moto, mais ce serait déjà en soi un sacré périple… »

Nous avions été un peu refroidis. L'itinéraire est donc un pari sur l'inconnu. Je savais que ce ne serait pas un parcours de santé, mais je ne m'attendais pas à un verdict aussi dur. J'avais tenté de me rassurer en lui rappelant que nous avions fait 14 000 kilomètres à pied en Afrique, quasiment sans carte, en marchant vers le nord, tout simplement…

« Oui mais là, vous serez avec une charrette qui pèsera 800 kilos, avec des zébus, et vous devrez trouver votre passage à travers une mer de collines, de rizières et de zones enclavées où personne ne va jamais ! Vous ne pourrez pas faire de hors-piste comme avec vos sacs à dos. Vous risquez de vous retrouver souvent coincés dans des impasses. Je ne vous parle même pas des ponts qui sont tous plus ou moins détruits quand ils ont existé ! Vous allez devoir traverser un nombre incalculable de gués, et si les rivières sont en crue, vous serez pris au piège… »

Conjurant ce souvenir, je vois la charrette rouler dans la bonne direction, vers l'ouest, et cette vision me rassure un tantinet. Sonia fait réviser ses tables de multiplication à Philaé tout en marchant. À voix haute, elle ânonne : « 3 x 5 = 15, 6 x 7 = 42… » La scansion de l'arithmétique rythme bien la marche. De mon côté je me remémore ce qui nous a fait opter pour un itinéraire vers le soleil couchant. Tamara nous avait interrogés sur les ONG que nous connaissions et voulions rencontrer.

Là encore nous avions l'embarras du choix : il y a déjà près de mille associations, juste à Tana. Nous avions une liste mais n'en connaissions personnellement que deux : Aéropartage, fondée par un pilote de Corsair, notre partenaire aérien, finançant l'école de Tanjondroa, un petit village de la banlieue nord ; et Ar-Mada, créée par un ancien fusilier marin commando français, qui organise des missions médicales sur le fleuve Tsiribihina et sur le canal des Pangalanes à l'ouest et à l'est du pays. Nous pouvions donc partir dans toutes les directions.

« Vous connaissez frère Jacques ?

— Celui qui dort ? »

Je n'avais pas pu m'en empêcher…

« Non ! Idiot ! Jacques Tronchon, le fondateur de l'ASA.

— Non, que fait-il ? avais-je répondu en rigolant bêtement.

— Il reloge des familles déshéritées des bidonvilles à la campagne après trois ans de formation aux métiers de la terre. C'est un bon ami. Il n'habite pas très loin. Ça vous dirait d'aller le voir demain ? »

Et c'est ainsi que nous l'avions rencontré. Jovial et dégarni, le regard bleu et le verbe bien articulé, frère Jacques s'était enthousiasmé, presque incrédule, à l'énoncé de notre projet. Sa mission se trouvait à près de 250 kilomètres à l'ouest de la capitale, dans la région du Bongolava où il avait déjà construit dix-neuf villages pour ses dix-neuf premières promotions, d'une trentaine de diplômés chacune. Il lui fallait une bonne journée pour s'y rendre en 4 x 4. C'était pour nous une bonne étape probatoire et un premier objectif de taille. Nous avions notre direction, l'ouest ! Mais pourrions-nous poursuivre ensuite notre route ? Le frère Jacques resta évasif :

« Si vous ralliez Ampasipotsy en charrette avec vos deux enfants ce sera déjà une grande première ! »

Franciscain, il vit en communauté dans le quartier au-dessus de la prison d'Antanimora, au Foyer de Vie, une maison de retraite pour personnes âgées isolées, au sein de la maison mère de l'ASA, qui rassemble aussi des écoles, des centres de formation et d'accueil d'étudiants au cœur de la ville. Historien, Jacques Tronchon est célèbre pour avoir publié en 1973 un ouvrage qui fait toujours référence : *L'Insurrection malgache de 1947. Essai d'interprétation historique*. En plus de quarante ans de présence dans le pays il a acquis une profonde connaissance et un très grand respect de sa culture. Il ne s'en désole pas moins :

« Depuis que je suis là, le pays a été terrassé par une succession de crises dont il ne parvient pas à se relever, au contraire, il s'enfonce.

La dernière, la rivalité entre l'ex-président Marc Ravalomanana et l'autoproclamé président de la transition Andry Rajoelina, a laissé un champ de ruines. Vous arrivez à un moment critique avec ces nouvelles élections voulues par la communauté internationale pour clore le pathétique chapitre de la transition, et qui ont placé l'ex-ministre des Finances Hery Rajaonarimampianina à la tête du pays. Ne faites pas cette tête-là ! Il a beau être le président au nom le plus long, ce n'est pas si dur à prononcer, vous allez voir ! Découpez-le ! Rajaonari-mampia-nina ! Essayez ! Voilà ! Vous voyez ! C'est pas si dur ! N'empêche qu'on ne sait pas du tout ce qu'il va donner. On sait juste qu'il n'a pas beaucoup de caractère. Il a tout à reconstruire, et d'abord rétablir la confiance vis-à-vis des institutions internationales, celles qu'on appelle ici les “bailleurs de fonds” : l'Europe, la Banque mondiale, le FMI, qui surveillent de près ce pays, et que l'on accuse d'ingérence, mais qui essaient d'obtenir de la transparence sur la gestion des fonds qu'ils versent pour maintenir l'État à flot. Se surajoute l'influence grandissante des Chinois qui ne s'embarrassent pas de tous ces détails. Alors il va devoir jouer finement. Je vous dis ça parce que dans les campagnes il y a beaucoup de nouveaux pauvres qui finissent par débarquer un jour dans les bidonvilles de Tana, et que j'essaie de convaincre de retourner à la campagne où il fait meilleur vivre à condition d'être un peu aidé… »

Au cours de notre séjour dans la capitale, nous nous étions rendus, caméra au poing, dans le bidonville d'Ampefiloha, un lieu terrible le long d'un canal putride charriant des immondices. Nous y avions accompagné Sébastien, un des travailleurs sociaux de l'ASA, qui recrute de jeunes couples pour le programme d'éducation et y avions rencontré Rahery et Claudine. Ils vivaient dans un cube de bâches plastique avec leurs quatre bambins et aspiraient à quitter cet enfer et changer de vie. La plupart des jeunes qui vivent là sont nés dans ces décharges où ils trient des déchets pour les revendre et ne connaissent rien à la vie de la campagne. Mais certains en rêvent pour épargner à leurs jeunes enfants la misère urbaine. D'autres sont des enfants victimes des partages des terres au bénéfice des aînés, qui aspirent à retourner à leurs racines, à condition bien sûr d'avoir un lopin à cultiver. C'est ce que leur promet l'ASA à l'issue de trois ans de formation à Ambatomirahavavy, à 17 kilomètres à l'ouest de Tana, sur la RN 1. Le frère Jacques nous avait décrit sommairement leur parcours quand nous étions allés filmer ce centre :

« La première année, ils sont inscrits à l'état civil, car leur naissance a rarement été déclarée, puis ils passent chez le docteur et le dentiste pour un bilan de santé. On reprend les bases de la lecture et du calcul, tout en commençant un potager et un poulailler. La deuxième année, ils apprennent à conduire des zébus et une charrette, à élever des cochons, à travailler dans les rizières et à faire la comptabilité d'un ménage. La troisième année, ils apprennent à fabriquer des briques, et ils vont à la menuiserie pour confectionner leurs propres meubles. Enfin ils apprennent à labourer avec des zébus. Et tout ça en couple.

— Pourquoi cette condition ?

— ASA veut dire *Ankohonana Sahirana Arenina*, « Aide aux familles en détresse ». D'après mon expérience, un couple, c'est ce qu'il y a de plus solide pour affronter l'adversité contrairement à ce que l'on croit souvent de nos jours en Occident. Tous les célibataires qu'on a envoyés dans notre zone de migration ont échoué, et ont créé des problèmes en fréquentant les femmes des voisins... Vous imaginez le tableau ! Cela a provoqué des réactions en chaîne et on a eu des villages décimés à cause de ça ! Voilà pourquoi nous sélectionnons avec attention des couples stables, qui doivent déjà survivre aux trois ans de formation. Pour vous, par exemple, je ne suis pas inquiet ! Vous êtes bien armés pour votre folle équipée ! »

Sonia lui avait alors répondu :

« Oui mais nous, on doit apprendre à devenir des paysans malgaches en trois mois[1] ! Et en plus, ce fou d'Alex a décidé de fabriquer sa charrette lui-même ! »

Il en était resté bouche bée...

Nous étions ensuite allés nous restaurer à la maison d'hôte de l'ASA, le domaine Saint-François, aussi appelé le DSF, de l'autre côté de la route nationale, où nous avions été reçus chaleureusement par Fanja, la dame présente lors de notre départ. Trouvant ainsi le lieu idéal pour bien préparer notre aventure : chance, bonne étoile, circonstances... Les éléments s'étaient mis doucement en place, peut-être pour nous préparer à la lenteur de notre mode de déplacement et nous mettre au diapason du pays du *mora mora*[2], ce mélange de flegme et de patience, de lenteur appliquée et de prudence qui

1. Nous ne savions pas à l'époque que ces trois mois prévus en deviendraient cinq avant notre départ.

2. « Doucement, doucement ».

caractérise à peu près toutes les actions des Malgaches. Ici point d'empressement, d'impatience, de brutalité et d'expédients. Il fallait apprendre à prendre le temps, à en goûter toute la saveur.

Ce qui tombait bien, nous étions venus en partie pour ça : voir grandir nos enfants, participer à leur éducation, vivre en famille une aventure sur laquelle pourrait s'asseoir notre vie future. Se construire des souvenirs communs au-delà du tourbillon de week-ends que l'on vole à l'école, et pour échapper au cercle vicieux de la vie matérialiste obsédée par le toujours plus : gagner plus pour dépenser plus. Luxe absolu de faire le choix de vivre sobrement et de prendre son temps. Ce qui pouvait sembler rétrograde aux yeux d'Européens était en phase avec la culture de ce pays.

Au déjeuner, le frère Jacques, curieux, nous avait demandé :

« Comment pouvez-vous financièrement vous lancer ainsi à l'aventure pour une durée indéterminée ? Vous allez avoir beaucoup de dépenses, peut-être avez-vous vendu une entreprise, hérité d'une fortune ? »

« Ni l'un ni l'autre, nous avons juste loué la vieille maison que nous avons mis sept ans à retaper nous-mêmes en nous serrant la ceinture, et qui appartient toujours à la banque ! C'est une locataire américaine qui rend notre voyage possible, une certaine Mrs Robinson, que nous avions d'ailleurs accueillie en lui chantant : « *And here's to you Mrs Robinson, Jesus loves you more than you will know ! Stroll around the grounds until you feel at home*[1] *!* » Elle a craqué ! Quand nous sommes partis, les travaux étaient finis depuis un mois, nous n'en avons donc pas beaucoup profité ! La moitié de son loyer paie notre emprunt, l'autre devrait nous suffire pour vivre ici, enfin on espère ! Voilà le *business model* de notre aventure. »

Sonia avait enfoncé le clou :

« Et puis comme vous le savez, c'est notre métier : nous sommes réalisateurs de documentaires, écrivains, photographes… Nous allons aussi écrire des articles, un livre sur ce voyage.

— Vous me faites penser à ces premiers missionnaires anglais de la LMS, la London Missionary Society, qui sont venus ouvrir des écoles au début du XIXe siècle ! Surtout toi, Sonia, avec ta longue jupe beige, et tes longues tresses blondes ! Mais eux n'étaient pas assez fous pour vouloir partir en charrette. Remarquez, comme les

1. Référence à la célèbre chanson du groupe Simon and Garfunkel.

Malgaches sont très croyants, vous risquez d'être bien accueillis, attendez-vous à ce qu'ils vous prennent souvent pour des pasteurs en mission ! »

Nous avions ri à cette perspective.

L'entrée dans un bourg en fond de vallée me sort de ces souvenirs. Il est presque l'heure de déjeuner et nous devons faire le plein d'eau. Nous portons sous la charrette, dans deux coffres accessibles, deux bidons de 20 litres. Devant l'épicerie où nous nous sommes arrêtés, un attroupement se constitue, pas très bienveillant de prime abord. Le contact est assez froid. Les gens ont l'air de se demander ce que nous pouvons bien faire ici. Tovo demande où est le puits du village. On lui répond qu'il n'y a pas de puits. Qu'il faut aller à la rivière à 2 kilomètres de là.

« Un village sans puits ? C'est possible, Tovo ? Ou ils ne veulent pas nous donner d'eau ? »

Il fait une mine de six pieds de long.

« Je ne sais pas ! »

Il semble ne pas vouloir poser plus de questions, comme si cela ne se faisait pas.

« Et le puits de quelqu'un, d'une famille ? »

Il palabre avec quelques hommes.

« Non, vraiment, il n'y a pas de puits dans ce village. Ce vieux monsieur me dit aussi que vous êtes les premiers *vazaha* à vous arrêter ici, alors ils sont très étonnés. Ils se demandent ce que vous faites là ! »

Difficile à croire. Nous sommes à peine à une quarantaine de kilomètres de la capitale : ils n'ont pas de puits et n'ont jamais vu de Blancs ? Est-ce possible ? Les enfants autour de nous s'écartent en riant dès que nous les approchons, comme s'ils avaient un peu peur. Nous nous réfugions dans la mini-épicerie et nous contentons de biscuits Marie, sorte de petits-beurre sans beurre, rondelles de farine compressée qui aspirent aussitôt toute la salive de nos bouches assoiffées.

On ne va pas faire long feu dans le bourg. Dans le champ en contrebas du village, en plein cagnard, un homme seul s'attaque à la bêche à une surface qui doit bien faire un hectare. Je me tourne vers Tovo :

« Il ne va quand même pas retourner tout son champ tout seul à la bêche ! Il va se faire aider…

— Non, c'est comme ça qu'on fait ici, à l'*angady*[1], c'est notre bêche traditionnelle, c'est très efficace ! »

Et je vois l'homme, luisant de sueur, bêchant comme un automate, retournant proprement de beaux rectangles de terre rouge compacte. Méthodique, appliqué, il ne regarde que ses pieds et non l'immensité de la tâche qu'il doit accomplir : il incarne le courage et la solitude de ces forçats de la terre. Leur patience aussi. Le héros anonyme d'une journée ordinaire à Madagascar qui doit en compter des millions.

« Combien de temps ça va lui prendre ?

— Trois ou quatre jours, environ huit heures par jour. »

Devant ma fascination, le groupe d'hommes mûrs qui s'est rapproché de moi se met à interpeller le travailleur pour lui conter, sans doute, qu'il fait l'admiration de l'étranger de passage. Après une brève pause et un salut amical de la main, il reprend son labeur. Tovo me précise :

« En fait, ce n'est pas le propriétaire du champ. C'est juste un travailleur agricole.

— Waouh ! Et il va gagner combien par jour pour ce travail ?

— Environ 3 500 ariary[2]...

— Comment ? Un euro pour ce travail de fou ?

— Oui c'est normal, c'est comme ça ici... »

Nous repartons songeurs. Première expérience du pays réel. Dans l'épicerie il n'y avait rien, dans le village il n'y avait pas d'eau, les habitants n'avaient jamais vu de touristes, et cet homme bêchait seul en plein soleil comme un bagnard, pour un euro. Tout ça aux portes de la capitale. Nous sommes soudain bien loin du Waterfront, du train de vie des expatriés et de l'élite du pays.

Deux kilomètres plus loin, après une descente acrobatique, nous décidons de faire la pause déjeuner sur la petite rivière. En amont, des lavandières battent leur linge sur des pierres plates et l'étalent ensuite sur les rochers en un grand patchwork multicolore. Nous débâtons les zébus et j'accroche pour la première fois notre grande bâche kaki de 9 mètres carrés, commandée spécialement en Afrique du Sud : je la clippe d'un côté avec des mousquetons sur des anneaux fixés aux panneaux solaires sur le toit de notre charrette, et de

1. Bêche malgache, unique au monde, fine et droite, au bout arrondi, longue de 30 centimètres et large de 10.

2. Le cours actuel est autour de 4 000 ariary pour 1 euro. Mais il était de 3 500 en 2014.

l'autre, je la tends par de longues ficelles sur deux grandes gaules que nous portons à cet effet sur le flanc gauche de notre véhicule.

« Et voilà un ombrage impeccable pour pouvoir déjeuner au frais sous le soleil implacable de midi ! »

Sonia adore mon côté MacGyver et me gratifie d'une œillade admirative !

Les enfants ne tardent pas à batifoler dans l'eau pendant que celle de la soupe aux nouilles chauffe. Sonia sur la selle, les jambes pendantes afin de les reposer, coupe sur une planchette des oignons et des petites tomates pour agrémenter la soupe instantanée. À Tana, nous avons fait un test de dégustation à l'aveugle de toutes les marques disponibles, une quinzaine. L'une l'a emporté haut la main : la Sedaap suprême, disponible en goût poulet ou goût bœuf. Nous en avons un carton de quarante-cinq. Importé d'Indonésie. À midi nous n'aurons sans doute pas souvent le loisir de cuisiner et la soupe est pratique et réhydratante. Nous projetons quand même d'avoir une salade par jour, avec les légumes que nous pourrons trouver en chemin. Notre premier déjeuner se passe bien et nous ne sommes pas peu fiers sous notre belle bâche : les enfants sont assis sur la boîte à *sakafo*[1], et les zébus ruminent l'herbe verte qu'ils ont pu brouter sur les rives !

« Tovo ! Il faut qu'on trouve tous les jours une halte comme ça pour le déjeuner ! »

---

1. « Repas ». Prononcer « sakaf ». J'ai confectionné une malle en contreplaqué sur mesure contenant nos provisions.

4

Un château en terre rouge

Mais ça se corse à la remontée. Il faut franchir, dans un lacet, un petit canal menant de l'eau à une lointaine rizière. Et nous devons vider la charrette que nous venions de remplir à nouveau. À vide, elle franchit l'obstacle sans encombre grâce à ses grandes roues et ses suspensions. La suite est une montée interminable avec une piste sans cesse plus dégradée qui me rappelle les prévisions de Sylvain. Une dame entre deux âges qui s'est jointe à notre caravane nous aide à pousser. C'est le ciel qui nous l'a envoyée. Elle est en grande conversation avec Tovo à travers la charrette. Au fil de l'échange, ils se découvrent un cousinage.

Comme le soleil se couche vers 17 h 30 il nous faut trouver un endroit de campement au moins une demi-heure avant. Nous avons tardé à redécoller de la rivière tant il y faisait bon : nous n'avons plié bagage qu'à 15 heures, ce qui nous a pris trente minutes, et ne nous a donc laissé que deux heures de marche l'après-midi. Première leçon, la journée se joue le matin.

Après cette longue montée, Ulysse profite d'un moment sans dénivelé pour aller s'affaler dans la charrette et s'avaler une BD, tandis que Philaé, sur la selle, s'amuse à manier le fouet sous la gouverne de Tovo.

« Ici on n'appelle pas ça un fouet ! On dit un *karavassy* ! »

Un mot malgache qui provient d'une déformation du mot « cravache ». Il y a aussi le mot *zapy* ! J'ai appris tout le langage du charretier pendant nos longues séances d'entraînement. Ce qui est amusant, c'est que la plupart des mots ont des origines françaises. Une charrette se dit *sareti*, une roue se dit *laroue*, le joug se nomme le *zoug*, le timon, le *timon*. En disant « *Gôche ! Gôche ! Gôche !* »

pour faire avancer les zébus en leur faisant bien tenir la gauche en cas de croisement, les bouviers n'imaginent pas une seconde parler français. La marche arrière se dit « *Rière ! Rière !* » en roulant bien les *r*. Quant à la droite, étrangement, elle se dit « *Gôche tik* ». Sans doute « l'autre gauche », pour être sûr de ne pas se tromper ! Quant à notre porte arrière, les gens l'appellent alternativement le *hayon* ou la *ridelle*, en malgache dans le texte !

Le frère Jacques nous avait donné l'explication de cette énigme :

« Il n'y avait pas une seule charrette à Madagascar avant l'arrivée des Français en 1895, et pour cause, il n'y avait pas la moindre route. Seuls quelques chemins pédestres ralliaient les côtes aux Hautes Terres à travers des jungles impénétrables, infestées de moustiques vecteurs de paludisme, qui protégeaient le pays comme une forteresse. Le premier Occidental ayant pu rallier Tana, le Français Nicolas Mayeur, le fit seulement en 1777. Le royaume merina a été à l'abri pendant des siècles et sans aucune ouverture sur le monde. Il n'y trouvait aucun intérêt malgré la pression des Portugais, des Hollandais, des Français, puis des Anglais et enfin des Français à nouveau. Je ne vais pas vous faire un cours d'histoire, vous aurez le loisir de découvrir tout ça pendant votre long voyage.

— Mais comment les gens se déplaçaient-ils ?

— Il y avait très peu d'échanges, sinon ils se déplaçaient tous à pied comme les Incas : seuls les aristocrates ou les hauts fonctionnaires se faisaient porter dans des *filanzana*, sorte de chaises à porteurs semblables à des hamacs suspendus à un long bambou. »

La charrette que nous croyions malgache était en fait issue de la France des bocages et des chemins creux ; étonnant héritage colonial, si vivace encore aujourd'hui et structurant toute la culture paysanne.

Celle qui s'est révélée être la tante de Tovo nous conduit chez un de ses cousins dans l'or de la fin du jour. La terre est si rouge, la maison aussi, qu'il nous semble les voir à travers un filtre. La construction est grande et belle, à deux étages avec deux avancées latérales qui lui donnent un air de castelet. L'intérieur est fait de pièces sombres exiguës et encombrées. Nous n'y sommes pas conviés. Nous ne demandons rien qu'un espace plat pour planter la tente dans la cour, juste sous les trois balcons qui courent entre les colonnes de la façade.

D'angéliques fillettes en robe à smocks, les cheveux d'un noir de jais, babillent sur le pas de la porte. La plus âgée, coupe au carré bien tenue par une barrette, porte un beau chapeau de paille et arbore un large sourire, l'autre, plus menue, a les cheveux en bataille ornés de brins de paille, et nous regarde par en dessous, avec sa petite robe de velours violet au col Claudine : une princesse aux pieds nus. La troisième, haute comme trois pommes, porte emmailloté un petit frère coiffé d'un bonnet de laine. Joufflu, lippu, le front barré par une ride de contrariété, il a un petit poing menaçant sorti du *lamba*[1] qui le ceint et nous fait une mine patibulaire. Sonia s'exclame :

« Regarde ! On dirait Churchill !... Il ne lui manque qu'un cigare ! »

J'éclate de rire tant c'est vrai, ce qui le fait pleurer, ce qui fait rire tout le monde. Bourreaux d'enfants !

Tout redevient calme, Sonia se démêle longuement les cheveux dans les rayons du soleil qui enflamment sa longue chevelure blonde. Dieu que je l'aime cette belle femme courageuse et drôle en toutes circonstances ! Elle ne se plaint jamais, se contente de tout, gracieuse et forte à la fois. Elle a marché deux jours dans la poussière et reste propre comme une chatte.

À l'est, nous apercevons le rocher d'Antongona loin à l'horizon. Nous avons fait 20 kilomètres aujourd'hui, sanctionnés par le podomètre que je porte à la ceinture. Sans doute une quinzaine à vol d'oiseau, une page de paysage. L'objectif est de décrocher chaque jour l'horizon. Pas plus, pas moins. Nos hôtes sont discrets, chacun chez soi. Tovo et Michel ont disparu, je ne les cherche pas. Les zébus ruminent au paddock, nous avons tout ce qu'il nous faut et organisons notre petite vie, dans notre tente. La batterie de la charrette s'est bien regonflée sous le soleil de midi. Le riz a cuit sans problème dans notre cuiseur électrique. Ce soir il est mêlé à une boîte de thon et agrémenté de piment pour nous et d'huile d'olive pour les enfants.

Après le dîner, je consigne dans un cahier d'écolier toute la moisson du jour. Cela me prend trois quarts d'heure. Pendant ce temps-là les enfants font leurs devoirs, dictée, lecture et exercices. Les grillons se sont mis à chanter. Avant de s'endormir Philaé nous dit :

« Merci les parents d'être des aventuriers ! C'est trop bien la vie avec vous ! »

1. Linge souvent blanc, servant de châle, de porte-bébé, de besace, de linceul… Prononcer « lambe ».

Cet aveu venant du cœur me rassérène. Sonia en verse une larmette dans le noir et me serre la main – que nous avons l'habitude de nous tenir en nous endormant – de deux petits coups secs. Ce deuxième jour était riche et augure bien de la suite du parcours. Des journées comme celle-là, nous espérons en enfiler de nombreuses, comme les perles d'un magnifique collier d'aventures.

Samedi 18 octobre 2014, Arivonimamo,
10 kilomètres, Pk 50

Aujourd'hui nous retournons au bercail, pas notre point de départ mais le lieu de naissance de notre charrette. Nous allons retrouver Mme Vony à qui nous avons acheté le bois pour la fabriquer et nous allons enfin pouvoir lui présenter notre beau bébé. Cette perspective nous donne des ailes. Nous n'avons qu'une dizaine de kilomètres à faire, notre hôte nous a dit qu'il n'y avait pas d'obstacle en chemin, donc nous espérons y être pour le déjeuner. Nous avons avalé en vitesse quelques *mofo gasy*[1] tout chauds avec notre café, trempés dans une assiette de miel, un délice. Ce sont de petits beignets de riz, dont la pâte a fermenté pendant la nuit et que notre hôtesse a frits sous nos yeux sur une plaque de fer bien culottée, agrémentée d'une douzaine de cavités à peine plus grandes qu'un macaron.

La piste file droit, comme deux rails creusés par le passage des charrettes. Nous en profitons pour nous remémorer avec Sonia la façon dont nous avons connu Mme Vony ; là encore, ce fut une rencontre providentielle que l'on pourrait qualifier de coehlienne : « Quand on veut une chose, tout l'univers conspire à nous permettre de réaliser notre rêve[2]. »

Le lendemain de notre rencontre avec le frère Jacques, cinq mois auparavant, Tamara nous avait emmenés à une « vente à la maison » de pierres semi-précieuses, chez la femme d'un des directeurs de la représentation européenne, Philippe Dromard. Ces pierres dont le pays regorge à bas prix n'étaient qu'un prétexte : l'endroit était une mine de personnages hauts en couleur, gemmes autrement plus précieuses ! Ainsi Philippe, moustachu débonnaire, responsable des

1. Littéralement : « pain malgache ».
2. Paulo Coelho, *L'Alchimiste*.

programmes agricoles, qui essaie de relancer la production locale de riz comme il nous l'a expliqué de façon passionnante.

« Vous êtes ici au pays du riz, plante au cœur de toutes les problématiques. La moitié des terres arables sont des rizières, 65 % des ménages sont des riziculteurs. Pendant l'époque coloniale, et jusque dans les années 1960, ce pays exportait des centaines de milliers de tonnes de riz dans le monde entier. Il était vendu par de nombreuses marques – même Lustucru – et promu par des publicités dans de nombreux journaux en France comme *France-Soir*, *Le Figaro* ou *Paris-Match*. On a ici parmi les meilleurs riz du monde avec une grande variété : le *rojo mena*, le riz rouge des Hautes Terres, le *makalioka*, qui ressemble au basmati, le *mamieraka*, qui est parfumé… Aujourd'hui, c'est près de 3 millions de tonnes qui sont consommées par an à Madagascar, environ 200 kilos par habitant. Et malheureusement il est de plus en plus importé car beaucoup de gens y ont un intérêt plutôt que de soutenir la production locale : les importateurs indiens, les douanes, donc les recettes fiscales, donc l'État… En revanche relancer une politique agricole, des grands travaux d'irrigation et de mise en culture, c'est beaucoup plus dur et plus cher à mettre en place. Les rizières du lac Aloatra, vers l'est, qui étaient le grenier à riz du pays, ont perdu plus de la moitié de leur surface à cause de la négligence et de l'ensablement des canaux. Comme tout ça est abandonné, on a relancé le riz pluvial, sans irrigation, mais celui-là se fait sur brûlis en détruisant le peu de forêts qui restent et en lessivant les sols, donc en accélérant l'érosion, l'ensablement des canaux et la diminution de la surface agricole utile… alors ce n'est pas facile d'aller contre ces tendances lourdes. »

Quand nous lui avions expliqué la raison de notre présence, il nous avait tout de suite présenté Florent Colney, sorte d'Astérix plus vrai que nature, lui aussi moustachu. Depuis quarante ans à Mada, fermier-charcutier, producteur d'une succulente saucisse de Toulouse *vita gasy*[1], venu en ami et en traiteur pour les convives. Mais la botte secrète de Florent, c'est qu'en plus de ses nombreux talents, il est reconnu parmi la communauté *vazaha* comme le spécialiste de la charrette malgache !

« C'est vrai ! J'ai organisé de nombreux tournages pour TF1, Arte ou France Télévisions dans des coins paumés du pays où aucune

1. Label « Fait à Madagascar ».

voiture ne pouvait aller ! C'est moi qui, le premier, ai emmené Nicolas Hulot dans les Tsingy de Bemaraha, ou dans le Makay. Je me souviens, j'avais dû rassembler trois cents charrettes pour un des tournages, une véritable armée, alors vous pensez bien, j'm'y connais un peu en charrettes ! »

L'homme providentiel. Le troisième jour ! Après le frère Jacques qui la veille avait décidé de notre orientation ! Si l'univers ne conspire pas… Le hasard fait bien les choses. On se sentait pousser des ailes. Et il était plutôt encourageant :

« C'est une bonne idée votre histoire ! Oui, vous allez pouvoir vous débrouiller pour passer partout. Dans tout le pays il y a plein de modèles de charrettes adaptés à différents terrains, il vous suffira d'en changer quand vous changerez de région, et de changer de zébus. Car ils se fatiguent vite. Vous savez, les gens ne les utilisent que le matin, ou ne les font travailler que deux à quatre heures par jour. Ce sera très dur pour eux de tirer la charrette toute la journée, et surtout de le faire tous les jours. Ils ne tiendront jamais la distance, il vous faudra en changer régulièrement, comme les diligences changeaient de chevaux à l'étape…

— Aïe ! Notre projet est de faire le tour du pays avec la même charrette et les mêmes zébus.

— Alors ça, en revanche, c'est impossible ! Comme je vous l'ai dit les charrettes sont adaptées à leurs milieux, celles de l'Imerina sont lourdes et solides comme des tanks, elles sont faites pour transporter jusqu'à une tonne de riz ou de briques avec leurs grandes roues dotées d'un puissant débattement qui fait merveille sur terrain dur et dans les montées, mais qui sont très fines, à peine 6 centimètres, cerclées de fer, donc elles s'arrêtent dès les premières pluies : elles s'enfoncent dans la boue jusqu'aux essieux et défoncent les pistes de latérite transformées en bourbiers ! Sur la côte ouest, ils ont des charrettes ultralégères avec des caisses larges et basses montées sur roues de 2CV, et ils font galoper leurs zébus sur le sable. Dans le Sud, les charrettes ne ressemblent plus qu'à des chars égyptiens avec les types debout sur un axe en bois et des roues métalliques un peu plus grandes avec une bande de roulement plus large. Ils s'en servent pour transporter des sacs de manioc posés sur une planche, des bidons d'eau ou des cannes à sucre. Elles sont rustiques, celles-là, très basses, sans ridelles, et se faufilent sous les buissons épineux. »

Bon, nous avions affaire à un vrai connaisseur. Il avait marqué une pause dans sa démonstration passionnée et nous avait demandé :

« Mais au fait, pourquoi tenez-vous tant à conserver la même charrette et les mêmes zébus ?

— D'abord dans un souci pratique : en fait cette charrette sera comme notre maison et notre refuge pour les enfants et notre matériel. Nous comptons lui mettre un toit pour nous protéger de la pluie, nous allons la moderniser, lui ajouter un panneau solaire, l'adapter à nos besoins, on va aussi la décorer… Et puis j'imagine que les enfants vont s'attacher à leurs zébus, ils ne pourront pas admettre qu'on en change. Cette charrette pourra aussi être un symbole d'unification du pays puisqu'on nous dit que c'est une première.

— C'est bien beau tout ça, mais croyez-moi, d'expérience, une charrette merina s'enfoncera comme un soc de charrue dans le sable, elle est beaucoup trop lourde, et comme vous comptez en plus lui mettre un toit, elle ne passera plus nulle part dans la brousse où il y a partout des épineux qui font des voûtes basses sous lesquelles il faut se faufiler. Quant à vos zébus merina, eux non plus ne survivront pas sur les côtes, ils ne mangent pas la même chose, ils ne sont pas adaptés à la chaleur, à l'humidité. Les zébus côtiers traversent à la nage des fleuves larges comme l'Amazone depuis qu'ils sont tout petits, je ne sais même pas si un zébu merina saurait nager ! Toute leur vie ils ne traversent que des ruisseaux ou des petites rivières où ils ont pied. Non, vraiment ! Abandonnez cette idée ! C'est mon conseil. »

À la lumière de tous ces pronostics, nous n'avions cependant pas renoncé à notre idée mais avions décidé de fabriquer nous-mêmes un prototype combinant les qualités et particularités de toutes les charrettes malgaches, de faire une sorte d'hybride adapté à tous les milieux. Quant aux zébus, nous verrions bien ! Nous considérions que ces bovidés étaient des bêtes rustiques et résistantes, que nous en prendrions soin, que nous irions lentement, que nous les ménagerions…

Nous étions donc retournés chez Alfred Randrianarimanana d'Imerintsiatosika avec l'idée de lui acheter une de ses superbes charrettes afin de l'alléger et de l'adapter. Mais au moment de passer à l'acte je m'étais dit que cela serait un peu amoral de la démonter pour l'alléger, car ce serait réduire à néant des centaines d'heures de travail, puisqu'il mettait trois mois pour les fabriquer. Sa charrette est en effet très massive avec des bois très lourds, des planches incassables, des ferrures anti-dislocation partout et une magnifique décoration : bleu ciel aux montants noirs surlignés de rouge et des panneaux latéraux décorés de rosaces et autres motifs floraux. La Rolls locale !

Quand j'avais évoqué l'idée de la démonter pour l'alléger, il avait fait une drôle de grimace, et m'avait fait comprendre qu'il ne voudrait sans doute plus me la vendre. Ce que j'ai très bien compris, et ce qui m'a en définitive soulagé. De toute façon sa charrette n'était pas démontable...

Retour à la case départ !

Nous nous mîmes alors en quête d'une menuiserie qui fournissait le bois aux fabricants de charrettes. Et c'est ainsi que dans la ville suivante, sur la RN 1, nous trouvâmes celle de Mme Vony Rakotoarisoa, qui nous reçut fort poliment. En effet, elle avait tout ce qu'il fallait et fabriquait elle-même quelques charrettes en sus de meubles et d'huisseries. Derrière ses machines, dans un fatras de planches et de tables démontées, elle nous avait pointé du doigt une sorte de cadre en bois :

« Voilà c'est une charrette ! »

Après une seconde de stupeur – la chose ressemblait à une table – je m'exclamai :

« Une charrette ? Ah ouiii... C'est la structure de départ, comme un châssis !

— C'est ça ! »

C'était exactement ce qu'il nous fallait. Quelques jours plus tard nous revînmes avec une magnifique 403 bâchée de 1969, prêtée par notre ami Philippe Girard du Waterfront, et prîmes livraison de tout un stock de bouts de bois prétaillés, qu'il restait à assembler. J'avais alors demandé à Mme Vony :

« Avez-vous un plan de montage ? »

Elle se tourna vers son menuisier, un vieil homme buriné aux mains noueuses comme des ceps de vigne. Ce dernier fit un geste qui en disait long, il pointa son index sur son front : le plan était dans sa tête. Il faudrait improviser. Je pris donc en photo sous toutes ses coutures une charrette finie, exposée sur la place devant la menuiserie, et notai dans mon petit carnet une centaine de cotes.

Je jubile en ce beau matin car nous allons pouvoir montrer à Mme Vony le fruit de notre travail ! Elle va voir ce que nous avons fait de son tas de bouts de bois ! Tout le monde a participé : Ulysse au rabot et au montage, à la conception du hayon et des options, Philaé au ponçage et aux finitions, Sonia aux vernis !

Me reviennent en mémoire ces journées interminables, au coude à coude avec les ouvriers de chantier de Philippe, venant jeter un œil, donner un conseil, s'étonner d'une nouveauté « non académique », et prêter main-forte quand il s'agissait de retourner la caisse. Beaucoup parmi eux étaient tailleurs de pierre et façonnaient à la masselotte et au burin les moellons d'angle des maisons et des dallages de granit. L'incessant tic-tic des outils et le babil de leurs interminables conversations ponctuées de rires bercent déjà mes souvenirs. Mais tourne dans ma tête comme une ritournelle le tube envoûtant de l'été qui passait en boucle sur leur radio : « *Hanambady aho !* », de Gangsta Bab, sorte de complainte itérative et lancinante d'une jeune fille en réponse aux sermons de son père. Nous avions ainsi découvert avec stupéfaction la pop malgache, et y avions pris goût. Comment se faisait-il que nous n'en entendions jamais parler en France ? Puis vinrent « *Mahatsiaro* » de Stephanie et « *Fisarahagna* » de Rijade et Jior Shy, toujours dans des rythmes envoûtants avec des refrains entêtants. M. Jacques, le chef d'atelier, satisfaisait avec gourmandise ma curiosité quand je lui demandais la traduction des paroles : « *Hanambady aho !* » voulait dire « Je vais me marier ! »

« Et son père ne veut pas ! Il trouve qu'elle est trop jeune, qu'elle doit faire des études, mais elle est amoureuse et veut se marier tout de suite ! Alors ils se disputent ! Vous savez, la jeunesse ici est très romantique !

— Et "*Mahatsiaro*" ?

— Alors là, c'est une jeune femme qui a été quittée par son amoureux et ne s'en remet pas ! Elle miaule comme un chat le soir ! Elle se souvient en souffrant de tous les bons moments, les caresses mais aussi les disputes : surtout au coucher du soleil !

— Et "*Fisarahagna*" ?

— Ça parle aussi d'une rupture à cause de la trahison du garçon, mais la fille lui dit : "Je te bénis, restons amis, je ne t'en veux pas, sois heureux, tu es quelqu'un de bien !" »

L'amour, quoi ! Ces mélodies entraînantes m'accompagnent sous le soleil et initient la bande-son de ces grands paysages silencieux[1].

---

1. Dans les annexes, en fin d'ouvrage, vous trouverez la liste des cinquante-deux tubes qui nous ont bercés et accompagnés pendant nos cinquante-deux mois de voyage.

Après une heure et demie de marche sans encombre nous marquons une pause au pied d'un grand batholite granitique, arrondi comme un immense crâne enterré jusqu'à l'arcade sourcilière. Une petite source verdit ses abords d'un gazon où nous pouvons faire paître Bâbord et Tribord. Ulysse, qui s'est approché d'une mare, m'appelle :

« Papa, vient vite voir ! Regarde ! Il y a une grenouille magnifique ! »

Je scrute l'endroit qu'il me désigne et ne vois rien.

« Ben où ça ?

— Mais là ! Le brin d'herbe qui bouge !

— Incroyable ! Elle a un brin d'herbe peint sur le dos !

— Super camouflage ! »

De la pointe de son nez jusqu'à sa croupe, la grenouille a une ligne verte sur le dos qui imite à la perfection un brin d'herbe effilé. De part et d'autre, le corps est marron marbré de beige, l'exacte couleur des berges de la mare… Fascinant !

« Dis-moi, papa, qui a peint cette ligne verte ? »

Je rassemble mes souvenirs de biologie et toutes mes lectures sur Lamarck, Darwin et les évolutionnistes…

« C'est un phénomène d'adaptation et de sélection naturelle. Deux écoles s'affrontent pour expliquer ce phénomène. D'un côté, certains pensent qu'un organisme vivant peut s'adapter au milieu dans lequel il vit par de mystérieuses influences : ainsi la girafe allongerait son cou progressivement car elle en a besoin pour brouter les acacias. On dit alors que "le milieu crée l'organe", comme s'il avait le pouvoir d'influencer progressivement la génétique par transmission des caractères acquis. Mais on a du mal à le prouver. D'autres pensent que c'est de la pure sélection naturelle.

— C'est-à-dire ?

— Eh bien dans le cas présent par exemple, toutes les grenouilles qui n'avaient pas ce brin d'herbe sur le dos étaient plus visibles, donc elles ont été mangées par les prédateurs, et par conséquent il n'y a que cette espèce qui a survécu !

— Oui, mais ça ne dit pas qui a dessiné ce brin d'herbe.

— Les généticiens pensent que c'est d'abord par accident, puis par mutations génétiques successives. Un jour, il y a des milliers – sans doute des centaines de milliers – d'années, un léger défaut est apparu le long de la colonne vertébrale de cette grenouille : une fine ligne verte. Comme un bug ! Et ce défaut s'est révélé être un avantage, qui au fil des reproductions s'est transmis et s'est amplifié pour devenir ce beau brin d'herbe qui rend cette grenouille quasiment invisible ! »

Partout en chemin, nous faisons des leçons de choses, et des travaux pratiques : l'école buissonnière est aussi une école où l'on apprend. Question école plus académique, nous ne savons pas si nous allons pouvoir respecter le programme sur toute la longueur du voyage, car ce sera déjà un miracle si les enfants parviennent à travailler une heure par jour quand nous serons en mouvement. Mais il ne faut pas que le reste du temps soit une jachère : tout doit être apprentissage. Depuis hier, ils sont à l'école de la vie.

Nous sommes repartis. La ville apparaît au loin. Nous ne tardons pas à emprunter une petite route pavée bordée de belles maisons de ville avec jardinets et quelques beaux arbres fleuris. Certaines ressemblent même à celles que l'on peut voir à l'île de La Réunion, avec leurs frises en bois, leur style colonial et leurs varangues. Les badauds nous regardent passer mais sans enthousiasme particulier. Je suis un peu déçu. C'est une charrette bizarre mais cela reste une charrette. Alors pas de quoi fouetter un zébu. Je ne m'attendais pas à un triomphe avec haie d'honneur et petits drapeaux mais quand même à une pointe de curiosité, à un effet charrette ! Eh bien non. Raté ! Mon amour-propre en prend pour son grade. Les regards sont plutôt fermés et méfiants. Zut alors ! me dis-je. Ce n'est pas du tout l'effet escompté… Arivonimamo est notre première ville. Je marmonne à Sonia :

« Qu'est-ce qu'ils peuvent bien se raconter ?

— Tu te souviens de ce qu'avait dit le frère Jacques, que nous serions bien accueillis s'ils nous prenaient pour des missionnaires protestants ! Ça n'a pas l'air de marcher ! Ils doivent nous prendre pour des voyageurs du temps ? Des nostalgiques de la colonie ? Les figurants d'un film d'époque ? Des mormons ? »

Elle éclate de rire, et nous arrivons sur la place de la ville plutôt détendus. Devant la scierie RAKOTOARISOA et FILS des enfants jouent et se précipitent vers nous, apportant un peu de joie et de rires à notre cortège et annonçant notre arrivée :

« *Indro ! Tonga izy saretim bazaha*[1] *!* »

Mme Vony, toute de rose vêtue, sort alors suivie de ses ouvriers, la main à la bouche et l'autre à la hanche !

1. « Regardez ! Elle arrive la charrette, la charrette *vazaha* ! »

« *Manaona tompoko !* Bonjour madame Vony !
— *Andriamanitra*[1] *!* Qu'elle est belle votre charrette ! *Mahagaga*[2] *!* Vous avez bien travaillé ! »

Ses menuisiers la détaillent sous toutes les coutures, se plient en deux pour regarder en dessous, puis en quatre, remarquent tous nos apports, toutes les options, se dressent sur la pointe des pieds le nez en l'air, remarquent les panneaux solaires, glosent, se donnent des coups de coude dans les côtes en rigolant ! Voilà l'effet que nous escomptions. Il est plus lent à déclencher, c'est tout. Il faut savoir être patient. Ici on ne rigole qu'à propos. La vie, c'est quelque chose de sérieux. Mme Vony se tourne alors vers nous :

« *Mila sakafo ? Noana ve ianareo ?*
— … ?
— Vous ne parlez pas encore malgache ?!
— Nous apprenons doucement-doucement : *mora mora !* »

Elle rigole :

« Vous commencez par l'essentiel, c'est bien ! Je vous ai demandé : Voulez-vous déjeuner ? Avez-vous faim ? Car comme vous m'avez prévenue que vous passeriez nous voir, je vous ai préparé un repas malgache : *sakafo gasy !* »

Je remarque au-dessus de son bureau, calligraphié en malgache sur une longue planche, un verset de la Bible extrait du Deutéronome, 38,6.

« Et ça, qu'est-ce que ça veut dire ?
— Soyez béni quand vous entrerez, et soyez béni quand vous sortirez !
— En tout cas je crois que nous avons frappé à la bonne porte ! *Misaotra madama !*
— Vous n'avez pas fait encore beaucoup de kilomètres, mais vous avez déjà accompli un sacré chemin depuis la première fois qu'on s'est vus ! »

1. « Mon Dieu ! »
2. « Quelle surprise ! »

5

Arivonimamo

Au troisième étage d'un immeuble de béton des années 1950 dont le rez-de-chaussée sert de showroom à Mme Vony pour ses meubles et le second de stock, nous pénétrons dans un petit appartement : la salle à manger est installée dans une entrée-couloir desservant deux chambres à droite et la cuisine et la salle de bains à gauche. La table est mise sur un drap propre sous un tableau Velleda couvert de citations et de formules mathématiques. Jaomina, sa fille, est aux fourneaux, tandis que Misa, son mari, professeur de maths et d'éducation physique, ne tarde pas à apporter un cuiseur vapeur rempli à ras bord de riz fumant.

« Savez-vous ce que veut dire Arivonimamo ?

— On nous a appris que Tananarivo voulait dire « la ville des mille » et qu'un jour une armée de mille soldats était partie de Tana pour aller se battre contre les Sakalava et qu'ils sont arrivés ici complètement enivrés, *mamo*, comme on dit, non ?

— Ça, c'est ce que les Tanariviens racontent ! La vérité, c'est qu'il y avait ici mille soldats et que le petit royaume s'appelait l'Imamo, rival de l'Imerina fédéré par Andrianampoinimerina. Donc *arivo n'Imamo :* « les mille de l'Imamo ». C'est tout simple, c'est ce dernier qui a gagné la guerre et le nom est resté en mémoire de ces mille soldats, quand la ville a été annexée à l'Imerina. Vous verrez, toutes les villes vers l'ouest ont des noms de bataille ou d'aventures conduites par les armées de l'Imerina dans leur conquête de l'Ouest ! C'est comme une voie royale parcourue de citadelles, et de places fortes. »

Mme Vony rebondit :

« Mais savez-vous quelle est la fierté de la ville ? Nous avions ici l'aéroport international du pays. Ce n'est qu'au moment de l'indépendance qu'il a été transféré à Ivato, au nord de Tana. Mon père était le maire de la ville quand le général de Gaulle est venu à Madagascar en 1958 pour annoncer notre prochaine indépendance. C'est lui qui l'avait reçu à l'aéroport. Il paraît que c'était un géant ! Il avait dit dans le stade de Mahamasina en désignant le Rova : "Malgaches, vous n'êtes pas, et vous ne serez plus jamais, nos sujets. Vous êtes, et vous resterez toujours, nos frères. Demain vous serez de nouveau un État, comme vous l'étiez lorsque ce palais était habité !" »

Je sautai sur l'occasion pour vérifier une autre citation entendue chez les expatriés de Tana :

« Est-ce aussi à l'occasion de ce voyage qu'il aurait dit : "Madagascar est un pays d'avenir, et il le restera..." ? Prophétisant une prospérité potentielle mais qui ne se concrétise jamais ? »

Silence[1]. Je m'en veux de ma maladresse quand Misa vient à ma rescousse avec la légendaire politesse malgache :

« C'est vrai que nous avons beaucoup d'atouts mais que nous nous appliquons à les saboter nous-mêmes. Moi, par exemple, ce qui m'a fait rêver pendant toute ma jeunesse, c'est l'antenne satellite que la NASA avait installée ici en 1963 pour communiquer avec les missions lunaires en orbite autour de la Terre ! C'est sans doute ce qui a motivé ma passion pour les mathématiques : je rêvais de travailler pour eux. Malheureusement, quand j'ai été en âge de le faire, la révolution marxiste de 1975 a chassé les Américains, et mon rêve d'étoiles s'est envolé avec eux ! Le président Ratsiraka leur a demandé de payer 1 million de dollars par an pour leur installation, rétroactifs jusqu'en 1963. Ils ont préféré partir. Mais nous avons toujours cette immense antenne parabolique de 15 mètres de diamètre, qui n'écoute plus rien ! »

Bien décidée à revenir sur terre, Mme Vony nous a demandé :

« Qu'est-ce qui vous a fait choisir Madagascar ?

— En fait nous devions aller au Japon, mais le tsunami et l'accident de la centrale de Fukushima en ont décidé autrement. Nous avions depuis toujours envie de venir à Madagascar, mais n'en avions jamais eu l'occasion. Une succession de signes nous a orientés vers votre pays et un jour c'est devenu comme une évidence.

1. Fausse citation faisant partie du répertoire des phrases toutes faites répétées par les coopérants désenchantés, faisant à peu de frais du « Mada-bashing » autour d'un verre.

— Quels signes ?

— Oh ! des petites choses, des rencontres, des coïncidences répétitives. Ainsi, à l'issue d'une conférence sur notre précédent voyage en Afrique suivie par une majorité de retraités assoupis, il y avait au fond un jeune couple debout et rayonnant. Ils sont venus nous voir à la fin : ils rentraient de deux ans de coopération à Madagascar. Ils étaient passionnants. Nous avons partagé nos expériences, et l'air de rien ils ont planté une première graine. Puis nous avons reçu régulièrement les lettres d'un ami prêtre qui était parti un an dans une mission du Sud-Est, et chaque lettre arrosait un peu plus cette petite graine. L'idée a germé.

— Vous n'avez pas eu d'ancêtre dans la colonie, professeur, médecin, militaire ou administrateur ?

— Non, pas à notre connaissance. Pourquoi ?

— Parce que la plupart des Français qui visitent Madagascar ont eu quelqu'un dans leur famille qui y a vécu ! Une racine ! Et ils viennent pour essayer de retrouver des fantômes !

— Non, le clou a été enfoncé lors d'une série de conférences que nous avons données pour un grand laboratoire dermatologique quand nous avons rencontré Christian Gros, d'Ar-Mada, une association médicale qui soigne les gens au fin fond de la brousse, en descendant le fleuve Tsiribihina et sur le canal des Pangalanes. Il faisait, avant la projection de notre film, une courte présentation de son œuvre pour recruter des dermatos avec diapos à l'appui. Les images étaient inimaginables et l'humour carabin. Ça a été un déclic. Que tant de pathologies et de détresse existent toujours sur terre a motivé notre projet : nous voulions aussi mettre en lumière les travaux exceptionnels engagés au profit des plus démunis, abandonnés de tous. Nous avions trouvé la destination et le principe de notre voyage. Nous avons découvert aussi que Madagascar avait une longue histoire, une culture très forte et cela a stimulé notre curiosité. Mais ce qui a été vraiment à l'origine de notre venue, c'est la volonté de nous rendre utiles, de nous mettre au service du pays en quelque sorte.

— En allant vous promener ? nous pique Misa avec un petit clin d'œil…

— C'est ce que nous savons faire, et nous en avons fait notre métier ! Filmer, écrire, raconter, donner envie… et peut-être qu'on restera plus longtemps dans une mission, ou peut-être pour toujours ! Qui sait ce que la vie nous réserve ? »

Je m'applique alors à lire le dicton sur le tableau Velleda au-dessus de leurs têtes :

« *Lehibe ny fihasan Andriamanitra hovinao, fa mahereza indrindra !* Qu'est-ce que ça veut dire ?

— Dieu a de grands projets pour toi, alors persévère avec courage ! »

Nous rions. Nous sommes sans cesse rattrapés par la même question.

« Sérieusement, madame Vony, vous l'avez choisi exprès pour nous ?

— Non ! Chaque semaine je choisis un verset de psaume ou de la Bible pour me donner du courage avant d'aller au travail. C'est vrai que cette semaine, ça tombe bien pour vous ! Vous savez, nous autres Malgaches, nous croyons qu'il n'y a pas de hasard. Moi, par exemple, je n'aurais jamais le courage de faire ce que vous allez faire ! Vous, vous ne vous rendez pas compte ! J'ai interrogé mes ouvriers, et personne ne connaît les pistes par lesquelles vous avez l'intention de passer. Êtes-vous sûrs qu'elles existent ? Vous feriez mieux de prendre la RN 1.

— La RN 1 ? Ce n'est pas possible ! Cela nous imposerait de ferrer les sabots de nos zébus, afin qu'ils ne s'usent pas sur le goudron. Ça voudrait aussi dire que lorsque nous serons sur des pistes, les fers risqueraient de s'arracher sur les pierres. Il faudrait apprendre à les ferrer nous-mêmes, et comme vous le savez, il y a deux sabots par patte et la corne des zébus est bien plus fine que celle des chevaux, cela demande beaucoup d'adresse. Cela fait donc seize fers, à raison de dix clous chacun... Je ne préfère même pas y penser ! »

Nous avons pu voir sur la RN 1, au cours de nos nombreuses allées et venues vers Imerintsiatosika, ces « trains » de charrettes à la queue leu leu, dotées d'un toit bâché, convoyant vers la capitale le riz d'Itasy et de Sakay à la tonne. Mais pas question pour nous de prendre la nationale. Nous aurons l'incertitude de l'itinéraire et la certitude qu'il sera plus long, voilà tout. Ça tombe bien, nous avons tout notre temps.

« Croyez-vous que je puisse aller bricoler à la menuiserie, j'ai des petits réglages et des améliorations à effectuer sur la charrette !

— Vous êtes les bienvenus ! Faites comme chez vous ! »

L'après-midi je fabrique des supports en bois pour maintenir les paniers latéraux qui ont eu tendance à s'affaisser sous la charge des sacs de paille de riz, le fameux *mololo*[1] dont nous renouvelons quotidiennement la provision au cas où nous ne trouverions rien pour les zébus le soir. Ces deux grands sacs de 100 litres accrochés verticalement à l'arrière de part et d'autre de la charrette sont comme des réservoirs de carburant. Les plumeaux blonds qui en débordent allègrement lui donnent un petit côté charrette de fenaison, de bon aloi.

Je dois aussi raccourcir la tige de serrage de frein. Une sorte de manivelle fixée à l'avant gauche et dont l'axe court jusqu'à l'arrière où elle tire un bras sur lequel, par un système de répartition des forces, sont fixés les deux patins de frein en bois doublé de pneu. C'est mon poste. Dans les descentes, quand Tovo et Michel s'appliquent à maintenir les zébus dans l'axe de la piste, je suis au frein pour doser la vitesse. Pour gagner de la course et de la puissance de freinage, il faut que la tige soit plus courte.

Je retrouve, sur la place, Belesy le soudeur. C'est lui qui avait, avec une maestria dont je ne me remets pas, soudé les épais cerclages de nos roues, solides bandes de fer, larges de 6 centimètres et de 2 centimètres d'épaisseur avec un poste à soudure fait maison – un enroulement suspect de fils de cuivre enrobé de chatterton hors d'âge. Et cela avait fonctionné à merveille.

« *Zavatra sinois, ratsy !* » La camelote chinoise, ça ne vaut rien, avait-il dit ! « Avec mon bobinage j'ai bien plus de puissance, j'ai 45 ampères directs sur la ligne de la ville ! *Ady gasy !* » avait-il conclu avec un sourire de fierté.

La débrouille malgache ! Tout un art !

C'est dans cette même menuiserie que nous avions filmé la fabrication de nos roues par le célèbre M. Rakoto, charron de son état, mais aussi circonciseur de renom ! Il était très demandé car juillet est la pleine saison des rituels. Le matin même, il avait officié sur six prépuces avant de pouvoir se libérer…

« Mais comment fait-on une roue ? » avait demandé Ulysse. Il avait appris que c'était un assemblage de pièces de bois qui tenaient ensemble grâce au cerclage de fer, d'où l'importance de la soudure. Mais cela n'expliquait rien. Nous avions passé toutes ces pièces en revue. D'abord le moyeu, que les paysans appellent le *chouleil*, en malgache – logique, car c'est le cœur d'où les rayons… rayonnent ! Il est tourné en bois jaune, souple et tendre, le *varongo* dégageant

1. Prononcer « mouloul ».

une forte odeur citronnée. Ce cylindre est perforé en son milieu de quatorze trous carrés, bien réguliers, dans lesquels viennent se planter les quatorze rayons d'un bois rouge, dur et fibreux, le *vintana*[1]. À l'autre extrémité, les pointes divergentes des rayons sont insérées deux par deux dans sept tronçons de jante, larges et épais, du même bois tendre, qui sont ajustés les uns dans l'alignement des autres à grands renforts de coups de maillet et de plane. Ces pièces se tiennent comme les pierres d'une voûte. Cette alternance d'essences de bois assure souplesse, amorti et robustesse à la roue.

Ainsi assemblés, ces vingt-deux éléments ne sont maintenus ensemble que par le lourd cerclage en fer, sans la moindre cheville, ni la moindre broche. Mais le cercle est légèrement plus petit que la roue assemblée. Comment était-il alors possible d'introduire tout ce bois dans le cercle ? s'était interrogé Ulysse. Fallait-il encore tailler ? Nous n'avons pas tardé à lever ce mystère !

En plein cœur de la scierie, au milieu des planches, de la poussière et des tas de sciure, à même la terre battue, M. Rakoto avait monté autour des deux cerclages de nos roues posés l'un sur l'autre, un mur de briques circulaire. Il avait ensuite dressé un autre cercle de briques à l'intérieur. En fait, il constituait un four ! Entre les deux espaces il avait répandu le contenu d'un sac de charbon et, sous nos yeux ébahis, avait mis le feu. Des ouvertures pratiquées entre les briques permettaient à l'air d'entretenir une combustion qui devint vite une fournaise. Nous nous étions inquiétés auprès de Mme Vony de l'environnement hautement inflammable de sa menuiserie, mais cela la faisait rire. M. Rakoto était taiseux, entièrement concentré sur sa tâche. Il ne fallait pas le déranger. La menuiserie était à deux doigts de s'enflammer quand deux ouvriers munis de deux grandes pinces en fer forgé longues d'un mètre fourragèrent un peu dans les braises avant d'en extraire, d'un coup d'un seul, un cerclage rouge feu, incandescent comme un soleil couchant.

D'une course preste ils le posèrent sur la jante de la roue couchée au sol et aussitôt se saisirent de grands leviers avec lesquels, dans un mouvement alternatif et tournant ils le sertirent en force, aidés par les coups de masse bien ajustés de M. Rakoto. Le bois de la jante s'enflamma aussitôt. Il fallait faire vite ! Bing ! Clang ! Tchac ! Et encore : Bing ! Clang ! Tchac ! Il nous semblait que ces hommes affrontaient au sol une sorte de dragon à l'agonie, se

1. « Chance » en malgache.

débattant, crachant ses flammes, éructant, quand soudain Rakoto acheva le combat en tournant autour de la roue avec un seau d'eau dont il aspergea le métal chuintant : la bête fut domptée. En refroidissant, le cerclage se contracta, et l'on entendit les bois craquer et se mettre en place dans des nuages de vapeur. C'était ça le secret. Mais le feu rongeait toujours le bois… La roue fut enlevée sur un axe et posée sur deux pieux fichés à même le sol de la menuiserie, entre lesquels un trou rempli d'eau avait été aménagé à la hâte. La seconde d'après, notre roue tournait comme celle d'un moulin dans cette mare où elle pouvait refroidir à loisir. Il avait alors fallu répéter l'opération pour la seconde roue. Quand tout fut fini, Rakoto était épuisé, flageolant, ruisselant de sueur. Il avait accouché de deux nouvelles roues.

« Combien en avez-vous fabriqué dans votre vie ?

— Oh ! Je crois que j'ai dépassé les trois cents !

— Et combien de circoncisions ?

— Oh ! Bien plus ! Cela fait longtemps que je ne compte plus !

— Et quel est le travail le plus difficile ?

— L'effort physique n'est pas le même, mais il faut être aussi précis ! Sinon la roue ne tourne pas droit et le… »

Sans finir sa phrase il avait joint le geste à la parole et nous avions tous ri.

Dernière touche à la charrette. Au tour à bois, je fais façonner une belle poignée en bois pour ma manivelle. Le modèle traditionnel est un bout de métal fixe, pas très maniable. Mon freinage sera plus efficace si la poignée tourne. Je fais souder par Belesy un gros boulon sur une lame de fer, un écrou vient contenir ma poignée qui se voit fixée sur l'axe de l'étrier de frein et le tour est joué en faisant l'admiration de tous ! Les témoins, d'abord circonspects, répètent à l'envi :

« *Vazaha mahay*[1] *!* »

Ce qui me fait rougir de fierté.

Le soir, Mme Vony nous installe dans son showroom du premier étage rempli jusqu'au plafond de meubles à vendre. Nous y étrennons un grand lit double de jeunes mariés. Les enfants sont relégués dans le stock au second. À l'aube, après une bonne nuit, Ulysse vient nous rejoindre dans notre lit. Sonia ouvre un œil et pousse un cri horrifié ! Je sursaute :

1. « Il est capable le Blanc ! »

« Qu'est-ce que tu as ? Regarde ! Il a des trous partout sur le visage ! Et sur tout le corps ! Quelle horreur ! Une araignée ? La varicelle ? Tu as de la fièvre ?

— Non ! Je ne sens rien..., répond notre fils avec une moue endormie en se frottant le visage.

— Les boutons de varicelle sont en relief, pas en creux, non ? »

Il a des trous partout, bien rouges, mais qui ne saignent pas. Nous montons voir son lit pour en savoir plus.

« Tu as dormi là ?

— Oui !

— Mais il n'y a pas de matelas ! »

Dans le noir, avec sa lampe frontale, Ulysse s'est trouvé un grabat et s'y est endormi comme une masse. Mais les têtes de clous des lattes n'étaient que partiellement enfoncées. Sous l'inconfort térébrant il avait passé la nuit à se retourner sur sa planche à clous, d'où la répartition régulière des marques sur son corps. Ulysse a le sommeil tellement profond qu'il est capable de s'endormir en toutes circonstances. Il gagne ce matin le sobriquet de « planche à clous », qui nous fait rire tout en nous rappelant honteusement le confort de notre nuit. Le pauvret avait en effet tenté de squatter notre lit nuptial pendant la nuit mais je l'avais envoyé paître ailleurs.

Ce matin, Mme Vony nous fait traverser la rue pour aller voir sa sœur Esther qui tisse de la soie sauvage.

« Entre le Vakinankaratra et la région Itasy, vous allez traverser des forêts de tapias, ce sont des arbres endémiques de notre région qui portent un ver à soie différent du bombyx que vous avez chez vous sur les mûriers platanes. Il fait une soie plus robuste, regardez ! »

Elle nous présente une écharpe beige aux reflets dorés bordée de franges. C'est la couleur naturelle. Le toucher est moelleux et soyeux, mais plus rustique et moins précieux que la soie de Chine. Sonia s'extasie :

« Incroyable ! Personne ne nous a jamais parlé de la soie malgache ! C'est absolument magnifique ! Et elle a l'air solide !

— Oui, c'est une très vieille tradition. C'est avec ça que l'on fait les *lamba mena*, les linceuls rouges sacrés pour les enterrements. Mais l'hiver pour les vivants, c'est aussi très utile ! »

Esther vend aussi des articles de raphia, de la vannerie et, à ses heures perdues, est coiffeuse ! Ulysse et moi passons entre ses mains, amusés de tous ces talents.

« Vous savez, la vie est dure ici, alors nous avons plusieurs métiers, nous faisons un peu de tout. Comme on dit chez nous : *Izao zai Madagascar !* C'est comme ça, Madagascar ! »

Nous avions ainsi découvert cette expression passe-partout, mélange de fatalisme et de fierté, de résilience et de débrouillardise face aux difficultés de la vie, à son imprescriptible solitude et à la nécessité de se lever tôt le matin.

Le surlendemain, à l'heure de partir, la place est noire de monde. Belesy le soudeur a sorti son accordéon pour une petite fête. La foule est inquiète pour nous. La rumeur des *dahalo* a couru les rues. Ils sévissent en ce moment dans les campagnes alentour.

« Comme vous le savez, la saison des circoncisions ou des retournements des morts est finie, alors les gens ont besoin d'argent pour rembourser les grands banquets qu'ils ont offerts, c'est pourquoi les voleurs de zébus sortent la nuit… Faites bien attention à vous ! »

Mme Vony serre fort Sonia contre son cœur, écrabouille les enfants l'un après l'autre, comme s'ils étaient les siens. Misa est plus réservé. La pudeur masculine est très forte ici. On ne montre pas facilement ses sentiments. Une centaine d'enfants nous fait une haie d'honneur. L'ambiance n'est pas la même que lorsque nous sommes entrés en ville. Tout le monde semble nous connaître. La confiance, ça se gagne. La charrette est chargée à bloc et roule sur les pavés.

Devant une large maison coloniale à colonnes, ombragée par un immense jacaranda en fleur, un obélisque se dresse avec cette inscription :

À la mémoire de W. Johnson et de sa femme, missionnaires de la FFMA[1]*, assassinés en ce lieu par les* fahavalo[2] *de l'Imamo, le 22 novembre 1895, et en témoignage des regrets causés par ce crime à la population.*

« Tu te rappelles de ce que tu disais hier ? J'espère qu'ils ne nous prendront pas pour des missionnaires !

— Au contraire ! C'était il y a plus d'un siècle et ils regrettent cette bavure, c'est plutôt rassurant. Il y a beaucoup de mémoire ici ! Le passé et le présent sont très liés, on dirait. Tu as remarqué comme les références chrétiennes étaient omniprésentes dans leur vie ? Ça sera sûrement un atout s'ils nous prennent pour des presbytériens en goguette ! On dirait une jolie petite mormone avec

1. Friends Foreign Mission Association.
2. Insurgés contre la colonisation.

tes tresses de Gretchen et ta jupe longue ! Tu ferais fureur à Salt Lake City !

— *Manguina*[1] *!* »

Ce look, hérité d'Africa Trek et de notre marche himalayenne, est un choix éprouvé par l'expérience. Il peut paraître suspect et rétrograde aux yeux d'Européens équipés en fibres techniques aux couleurs criardes, mais il est dicté par un souci de discrétion et de mimétisme. Nous préférons nous fondre dans le paysage avec des teintes naturelles, notamment à la campagne.

Comme nous voulons aller vers l'ouest en longeant la RN 1, c'est soit par le nord, soit par le sud. J'ai opté pour le sud. Tovo ne s'est pas engagé et n'a pas émis d'opinion. Quand je lui ai demandé son avis, il n'a pas voulu répondre. À force d'insistance de ma part, il a fini par dire :

« S'il y a un problème, je ne veux pas être responsable, je m'en voudrais toujours d'avoir choisi le mauvais chemin ! C'est vous qui décidez, moi je vous aide à conduire la charrette. »

Fascinant ! Prudent, ça me va. Ainsi, aussi étrange que cela puisse paraître, tout repose sur moi. Je ne connais pas du tout ce pays, je n'ai aucune information précise et je dois prendre les décisions. L'aventure est encore possible. C'est une question d'information. Depuis le départ j'essaie de convaincre Tovo de me tutoyer. Rien à faire. C'est aussi plus fort que lui.

Je dispose des fameuses cartes FTM au 1/100 000, publiées en 1964, héritées des cartes coloniales de 1954, et révisées un petit peu en 1986. Autant dire, pas à la page. Mais elles ont les courbes de niveau, ce qui est un avantage considérable. Je me dis que les toponymes n'auront pas changé, et qu'un village qui existait en 1954 existe toujours. S'il en est apparu d'autres depuis, cela ne pourra qu'augmenter le nombre de pistes et d'itinéraires potentiels. Il y a onze cartes pour tout le pays. J'ai les trois premières. De quoi aller jusqu'à Tuléar, à près de 1 000 kilomètres au sud-ouest. Le temps de voir venir…

Deux centimètres sur la carte représentent à vol d'oiseau 10 kilomètres, soit environ 15 kilomètres à pied compte tenu des tournants. L'espace moyen que nous comptons parcourir en une journée. Je dispose aussi d'un podomètre qui me permet d'évaluer la distance

1. « La ferme ! » « Silence ! » « Ta g… ! » ; pour être plus gentil on dit : *manguine-guine*.

arpentée, et de recouper les deux informations. Je compte m'orienter de village en village. Notre objectif du jour est Morafeno. Il suffit de demander à la cantonade où est la piste pour Morafeno et d'un geste de la main les paysans croisés nous indiquent la direction. Nous vérifions deux ou trois fois l'information et nous voilà lancés. À Morafeno, nous demanderons le chemin de Mandiavato, et ainsi de suite : nous comptons de cette façon faire le tour du pays.

Et là, le chemin pour Morafeno passe par l'ancien aéroport international. Nous enquillons une longue piste de latérite rectiligne perpendiculaire à celle des avions en suivant des cyclistes qui s'y rendent aussi. Un petit avion de tourisme fait des *touch-and-go*. Nous marquons un temps d'arrêt pour le laisser passer et traversons la piste goudronnée. Ici sont passés Breguet, Dakota, Caravelle et Super Constellation, n'ouvrant le pays au monde par la voie des airs qu'à partir de 1935. Sinon, il fallait pour venir dans cette île un bateau via Suez et Aden.

En quittant cette piste pour retrouver l'autre, nous avons le sentiment de franchir un seuil, de quitter ce siècle et le précédent, de pénétrer le pays immémorial, où rien n'a vraiment changé, le pays réel. Le sentiment de partir à l'aventure.

Sonia me fait remarquer :

« Tu ne trouves pas ça étrange ? Ça manque d'oiseaux depuis le départ !

— C'est vrai ! Je n'y avais pas pensé ! Et même à Tana !

— Dans toutes les villes du monde il y a des oiseaux nettoyeurs : les pigeons à Venise, les milans noirs à Dakar, les corbeaux à Delhi, les marabouts à Kampala, les merles des Moluques à La Réunion, mais ici pas un seul oiseau dans le ciel !

— C'est vrai ! Il faudra tirer au clair ce mystère ! Quel silence ! »

Depuis ce matin, nous sommes accompagnés par Virginie, une infirmière d'Ar-Mada que nous avons rencontrée lors d'un briefing de Christian Gros avant une de ses dix missions annuelles, dans un hôtel de Tana. Elle était venue marcher avec nous dans le désert marocain lors de voyages à thèmes que nous organisions, et nous lui avions suggéré de s'engager dans une mission humanitaire. C'est chose faite, pour son plus grand bonheur. Elle est épanouie, transfigurée. Il n'y a rien de plus valorisant que de s'engager. Elle s'est réalisée. Par de petites tresses africaines elle s'est mise au diapason de la culture du pays. De retour de Morondava, à l'ouest du pays, elle va pouvoir nous raconter ses aventures car nous avons nous aussi prévu de nous joindre à une équipe de médecins dans quelques mois. Et puis c'est toujours rassurant d'avoir une infirmière à bord !

La matinée se passe à remonter cette interminable piste. Le vent soufflant de droite lève un panache de poussière rouge à gauche de la charrette qui ne tarde pas à prendre la même couleur. Nous savons où marcher ! Pas un arbre à l'horizon, pas une ombre. Quitter une ville est toujours plus long que prévu, et nous avons tardé. Le cagnard est impitoyable. Au premier drapeau malgache que nous voyons, nous marquons la pause déjeuner. C'est une école. Nous nous y réfugions groggy de soleil. Waouh ! Ça commence bien. Les enfants sont au bord du pétage de durite, rubiconds, déjà crasseux comme des peignes. Le vent nous a déshydratés comme des bouts de *biltong*[1] sans que nous nous en rendions compte. Les zébus aussi. Tovo tente de faire boire Tribord-Mena, notre zébu rouge, dans notre bassine verte. Il ne veut pas. Quel idiot ! Bâbord, moins difficile, siffle tout. Le professeur en poste nous en prête une grise : le bovin récalcitrant daigne approcher son museau, et se met à boire à grandes succions sonores.

« V'là aut' chose ! Les zébus ont des goûts et des couleurs maintenant ! »

La cour d'école, carrée, est bordée d'arbres. Nous avons mis la charrette à l'ombre d'une allée de pins. Le cuiseur à riz ne tarde pas à entonner sa ritournelle asiatique kitschissime… Ce qui fait marrer les petits écoliers qui ne sont pas rentrés chez eux déjeuner. Hoby est prof vacataire. Le titulaire n'est pas revenu à la suite de problèmes personnels. Elle est payée en riz par les parents d'élèves et reçoit 110 000 ariary[2] par mois de la part de l'Unicef.

« Pendant la période de transition[3], les fonctionnaires du pays n'étaient pour ainsi dire plus payés, alors l'Unicef a mis en place ce moyen afin que les enfants continuent d'aller à l'école. Certains professeurs n'ont pas reçu de solde pendant plus d'un an, alors ils ont changé de métier, sont devenus chauffeurs de taxi ou autre…

---

1. Viande séchée sud-africaine, disponible à Madagascar dans les supermarchés Shoprite.

2. Une petite trentaine d'euros.

3. Entre 2009 et 2013, entre la fuite de Marc Ravalomanana et l'élection de Hery Rajaonarimampianina, le pouvoir a été tenu par Andry Rajoelina, non reconnu par la communauté internationale, qui lui a coupé les vivres. Ce dernier n'a donc plus pu rémunérer ses fonctionnaires qui ont développé des stratégies de survie fondées souvent sur la corruption.

— Mais cela fait dix mois que le nouveau président Hery Rajaonarimampianina a été élu...

— Oui mais rien n'a encore changé... »

L'après-midi nous voit pousser la charrette dans des montées interminables, enchaîner les lacets ravinés dans la poussière. Il n'est plus question pour les enfants d'être assis sur la selle. Ils ne peuvent pas rester autour de la charrette car les grandes roues sont un péril permanent. Imperturbables, ce sont de grandes broyeuses de chevilles, de tibias et de genoux. Le parage des zébus n'est pas plus rassurant. Dans l'effort, ils peuvent donner des coups de tête imprévisibles et crever les yeux des étourdis. En prévision, nous avons scié le bout des cornes de nos bêtes, mais, tout de même, les enfants sont priés d'aller gambader loin devant, en éclaireurs.

Toutes les collines aux alentours sont pelées avec des plumeaux d'arbres étiques. Les fonds de vallée sont aplanis pour constituer de petites rizières. Des hameaux de maisons de terre se pelotonnent sur des épaulements avec vue dégagée, comme pour pouvoir apercevoir quiconque s'en approcherait. En prenant de la hauteur, on réalise que le pays réel est ainsi constitué de petits groupes familiaux éloignés les uns des autres – un par colline – séparés par des rizières dans les fonds. Maillage de la campagne. Aucun véhicule aujourd'hui.

« Il n'y a que les collecteurs de riz ou de légumes qui passent par ici ! » nous dit Tovo.

Les paysans se déplacent à pied, à bicyclette et, pour les plus riches, en charrette. Nous croisons celles-ci qui descendent des sacs de charbon vers la ville, en dépassons encore plus chargées que nous, qui remontent avec du matériel de construction, tôles ondulées enroulées, sacs de ciment et camelote chinoise. Toutes les heures environ, nous passons devant des cases tenues en général par une jeune fille proposant du café aux voyageurs. Nous la hélons parfois !

« *Misy café ? Sotro café mety ?*

— *Mety*[1] *!* »

Elle dispose d'un thermos et de quelques petites tasses. Parfois d'un présentoir vitré dans lequel sont empilés les *mofo gasy* du matin qui n'ont pas trouvé preneurs. La pause est toujours très tentante. Un troisième larron s'est joint à Tovo et Michel. Tanjona. Débarqué du ciel sans crier gare. Nous avions juste cru qu'il nous avait prêté main-forte dans une montée et continuait un bout de chemin avec

1. « Il y a du café ? Est-il possible d'en boire ? – Oui c'est possible ! »

nous, comme cela arrive souvent. C'est un neveu de Michel d'après ce que je parviens à comprendre, enfin, un cousin d'une nièce qui est aussi sa tante, bref, quelqu'un de la famille. Il va vraiment falloir améliorer notre malgache ! Nous sommes donc huit. Et la jeune fille est débordée avec toutes ces tasses à servir. Son thermos y passe. Tout excitée, elle pense qu'elle va avoir le temps de relancer une autre tournée pour nous. Espoir vite déçu. Ces haltes nous fauchent les pattes et celles de nos zébus qui pendant ce temps ne broutent pas, donc nous devons repartir.

Le soir nous trouve aux abords du bourg d'Andrianparis, accroché à un lacet. Le toponyme m'amuse : les Andriana constituent la caste la plus élevée dans l'ethnie merina, le sang royal. Associé au nom de Paris pour un petit groupe de maisons de terre rouge, la chose est cocasse. La première maison sera la bonne. Enfin, doit être la bonne. Le jour tombe comme une pierre sous ces latitudes. L'occasion de découvrir que dans les rapports interpersonnels il est très difficile de savoir si un oui est un oui et un non un non. Le jeune homme qui palabre pendant dix minutes avec Tovo ne dit ni oui ni non sur le fait que nous plantions notre tente à l'entrée du village à côté de sa maison. Un vrai Normand ! Accepter, c'est prendre un risque. Décliner, c'est perdre une occasion, c'est sans doute avoir à regretter, ce pourrait être mal perçu, blessant. Ce qui n'est aucunement souhaité. Alors rien ne se passe. On discute sans en venir vraiment au fait car ce ne serait pas poli.

Dans un monde très religieux, la venue inopinée de tels voyageurs étrangers est peut-être un signe ? Positif ou négatif ? La conversation entre Tovo et ce jeune homme semble en décider. Je me dis en regardant Tovo que les choses ne vont pas être faciles quand il sera rentré chez lui : le projet est en effet de pouvoir voler de nos propres ailes après avoir été formés par nos amis bouviers… Comment d'ailleurs aurions-nous fait aussi sans eux dans les montées d'aujourd'hui ? Entre-temps le soleil a bien rougi la campagne et nous laissons Tovo à sa négociation et profitons de la lumière pour aller faire une séance photo avec Sonia, les enfants et Virginie, notre infirmière. Le cadre est idyllique, le moment doré : dix minutes pendant lesquelles tout est enluminé. Nous trouvons, pour une photo de famille, un joli petit mur de terre près d'une meule de *mololo*, sur fond de maison traditionnelle soignée.

« Merci Virginie ! Tu m'épargnes le retardateur et le montage du trépied !

— Faut bien que je me rende utile ! »

Sonia en profite :

« Eh bien super, c'est toi qui vas faire l'école ce soir ! »

Le cri de joie des enfants fait rire jaune Sonia, sacrifiée sur l'autel pédagogique ! Quand nous sommes de retour, Tovo semble en être au même point. Cependant les zébus piaffent et plaident en notre faveur. Eux aussi sentent que la journée est finie et s'impatientent de ne pas être débâtés. Michel et Tanjona peinent à les retenir. Mais la confiance, cela se mérite vraiment ici. Il faut palabrer, parler de sa famille, de son village, rassurer. C'est comme ça. Tovo finit par me faire signe par un sourire soulagé que c'est oui :

« Il m'a demandé si nous avions des outils pour réparer sa bicyclette. Ça l'a décidé. En revanche pour l'herbe et pour l'eau ça va être compliqué...

— Je te laisse t'en occuper pendant qu'on monte le camp. Tu me diras... »

Il reste planté là, embarrassé, à ne rien dire... Je lui tire les vers du nez :

« Non mais dis-moi franchement, c'est quoi le problème ?

— En fait, il n'y a pas d'eau ici, ils sont obligés de la remonter des rizières donc il voulait bien nous en vendre avec du *mololo*. C'est de cela qu'on parlait... »

Les jours suivants, nous progressons dans ces paysages et rencontrons nombre de ces paysans qui s'accrochent à des vies ardues et tendues, sans puits dans leur village. Les dernières récoltes de riz sont bien loin. Les économies ont fondu en achetant des produits de première nécessité, les fameux PPN, dont les prix ne font qu'augmenter. La terre et les hommes attendent maintenant désespérément que la pluie relance les espoirs de prospérité, de profits, de promesses, de vie, tout simplement. Les rituels du retournement des morts et des circoncisions ont ruiné tout le monde. Ce n'est pas la saison des largesses.

Un matin nous sommes dépassés par une ribambelle d'adorables porcelets roses mouchetés de noir. Un homme conduit à la baguette trois truies épuisées autour desquelles gravitent une vingtaine de ces petites bombes craquantes. Les enfants deviennent fous ! Se saisissent de houssines et se mettent en tête de mener les cochons à la baguette. Ça fait des vacances au propriétaire des animaux, qui en profite pour nous en proposer.

« Mais oui ! Bien sûr, on va vous en prendre une demi-douzaine », rigole Sonia en français dans le texte !

Que n'avait-elle pas dit ! « Oh oui, maman ! Dis oui ! » s'exclament les petits saligauds à l'unisson !

Le gars commence à négocier. Tovo me dit alors :

« Il croit que vous êtes des marchands de provende avec votre charrette. Vous savez, la farine qu'on donne aux cochons ! Quand je lui réponds non, il me demande ce que l'on transporte comme produits ! »

Car il faut que nous soyons colporteurs de quelque chose…

« Ils sont vraiment à vendre ses porcelets ?

— Oui, ce sont des vendeurs itinérants ! Ils partent avec leur portée, et ne rentrent chez eux que lorsqu'ils ont tout vendu.

— Et là ils viennent d'où ? Ils en ont vendu combien ? Et combien ça coûte un porcelet ?

— Ils en ont déjà vendu six. Ils viennent d'Imerintsiatosika, donc ils ont déjà fait à peu près 20 kilomètres. Ils sont à 30 000 ariary pièce, c'est pas cher ! À la revente, après les avoir engraissés pendant six mois, on peut les revendre 150 000 ariary. Il n'y a pas de meilleur rendement !

— 120 000 de marge ! Attends voir ! C'est dingue ! Je ne connais pas beaucoup d'actions qui font du 400 % de bénéfice en six mois !

— Moi, chaque année j'essaie d'en acheter un ou deux…

— Avec ton salaire tu pourras en acheter une douzaine ! »

Sonia profite de cette scène pour nous rappeler « La laitière et le pot au lait », et c'est parti pour une séance de poésie ! Vache, veau, cochon, couvée, au rapport !

6

Voie royale

Dans tous les villages, ce qui fascine le plus les badauds dans notre charrette, c'est la peinture que nous avons fait faire par un artiste de Tana répondant au doux nom de Riri. Il s'agit d'un panorama hyperbolique du Rova, le « Versailles » malgache, dominant un paysage de rizières où barbotent des canards, et où divaguent trois zébus. De nombreuses maisons à colonnes parsèment les pentes de la colline sacrée, l'église de Faravohitra se détache sur la crête et un *ravinala*, l'arbre du voyageur, étale son ombre majestueuse sur les rochers. Bien rares sont ceux qui ont vu le Rova en vrai. Mais un détail intrigue les plus curieux. Un cortège de petites figurines en *lamba* blanc suit le *filanzana* de la reine Ranavalona Ire, toute de rouge vêtue, protégée du soleil par une large ombrelle de la même couleur qu'elle seule était habilitée à porter. Ce rappel de leur histoire sur une charrette de *vazaha* ne laisse pas de les faire gloser avec perplexité.

À l'heure de décorer notre charrette comme le veut la tradition, nous avons eu l'idée de faire de ce véhicule une œuvre d'art itinérante et évolutive, porteuse des talents artistiques du pays. Les six cartouches encadrés par les montants latéraux se rempliront au fur et à mesure des grandes étapes de notre progression. Quelles seront-elles, ces étapes ? Nous l'ignorons. Que seront ces tableaux ? Mystère ! Œuvre en devenir ! À tout seigneur tout honneur, le premier cadre est rempli par le plus impressionnant monument malgache que nous avions admiré dès notre arrivée dans la capitale.

Tana n'est vraiment pas une ville comme les autres. Non seulement les vestiges historiques n'ont pas été détruits par les premiers étrangers, mais ils ont été suggérés, inspirés, construits, entretenus et réparés par eux dans un contexte de rivalité exacerbée entre la France et l'Angleterre au cours du XIXe siècle. Occupées ailleurs, en Inde pour l'une et en Afrique du Nord pour l'autre, ces deux puissances n'avaient pas les moyens d'une aventure militaire. C'était donc à celui qui flatterait le plus le pouvoir en lui offrant de plus beaux cadeaux. Ici un château, là une résidence d'été, ici des canons et des fusils, là, encore mieux, une fonderie de canons et toute une batterie d'ateliers. Tout cela afin de s'attirer les faveurs de Radama Ier – fils du grand roi Andrianampoinimerina –, puis de la reine Ranavalona la féroce. Cette dernière régna soixante ans et referma subitement son pays comme le firent les Japonais de l'ère Edo, pour le protéger des intrigues religieuses et diplomatiques anglo-françaises. Elle persécuta massivement les chrétiens fraîchement convertis – les historiens parlent tout de même de plus de trente mille morts –, et fit expulser de son pays les aventuriers français, les missionnaires anglais et les jésuites catholiques.

Lors de notre séjour chez nos premiers hôtes à Tananarive, sur les hauteurs d'Ambohipo, au-dessus du lac de Mandroseza, nous jouissions d'une vue exceptionnelle sur ce *rova manjakamiadana* qui se découpait sur l'horizon. Encadré de quatre tours, ce château fort, entièrement en pierre de taille, est doté de trois grands étages percés de vingt et une arcades en façade et de quinze pour les côtés. Tamara nous avait donné quelques éléments sur ce bâtiment avant que nous en fassions la visite :

« Au départ cette structure en pierre avait été bâtie pour protéger et recouvrir l'ancien palais de bois avec un unique pilier central haut comme un mât de bateau construit par Jean Laborde. Elle a été construite par James Cameron qui s'est inspiré du château de Murthly en Écosse, où il avait grandi, et fonctionne un peu comme une poupée gigogne. Cependant, le château que vous voyez aujourd'hui a été reconstruit en 2009 par la Colas car l'original a été victime d'un incendie en 1995, en plein combat électoral entre le président Zafy et l'amiral rouge Ratsiraka qu'il venait de remplacer… Pas pour longtemps car ce dernier est revenu ensuite au pouvoir. Comme il n'a rien fait pour la restauration du monument, la rumeur l'a alors accusé d'avoir été à l'origine du drame. Le monument que vous voyez est donc le troisième Rova, reconstruit sous le mandat du président suivant, Marc Ravalomanana, en quête de légitimité et de reconnaissance de la part de la classe des aristocrates à laquelle il n'appartient pas. Sous son impulsion, l'Unesco a financé les travaux, entre 2006 et 2009. La région Île-de-France pour laquelle je travaille a d'ailleurs participé. Et les ardoises du toit viennent d'Angers ! »

En contrebas de la crête que nous voyions depuis chez Tamara, le palais de Rainilaiarivony, Premier ministre et vice-roi au XIXe siècle, semble plus moderne avec son corps principal en pierre et ses tours en crépi rouge et blanc coiffées de toitures légèrement bulbées : un grand dôme de verre apporte abri et lumière à la cour intérieure.

Les deux châteaux, similaires quant à leur forme vus de loin, sont en fait très dissemblables. Le premier a la finesse de l'épure aristocratique, le second l'arrogance démonstrative du parvenu.

« Rainilaiarivony est sans doute le personnage le plus important de l'histoire malgache ! Il a eu un destin incroyable, issu d'un milieu bourgeois qu'on appelait les *hova*, il a épousé successivement trois reines, Rasoherina, Ranavalona II et Ranavalona III, en éliminant, parfois physiquement, les autres prétendants. C'est lui qui a été défait par les Français dont il était l'ennemi farouche. Il a favorisé les Anglais pendant tout son règne. Son palais a d'ailleurs été construit par l'architecte William Pool en 1873.

— En fait j'ai l'impression que les Français et les Anglais se sont tirés la bourre tout au long du XIXe siècle pour s'attirer les faveurs du royaume.

— C'est exactement ça, et les Anglais, encore une fois, ont été plus habiles que nous. Ce sont eux qui ont réussi à noyauter le pouvoir. Cela partait d'une bonne intention : supprimer la traite négrière qui était la première ressource de la monarchie, et remplacer ce manque à gagner par des armes et des formations militaires afin d'asseoir la puissance des Merina sur les autres ethnies sakalava, betsileo, betsimisaraka... Les missionnaires anglicans et presbytériens de la LMS, la London Missionary Society, sont arrivés très tôt, dès 1813. Leur but était de former des artisans et de les christianiser par la même occasion. Quant aux monarques qui préféraient les Français, et qui soutenaient les jésuites, ils ont été assassinés ou écartés. La conquête militaire française de 1895, avec l'assentiment des Anglais qui étaient occupés en Inde et en Afrique du Sud, a mis un terme à cette rivalité. Vous verrez, certains Merina, surtout les protestants, nous font bien sentir qu'ils regrettent que ce ne soient pas les Anglais qui les aient colonisés. »

Sylvain avait complété ce bref aperçu historique par une mise en garde :

« Dès la sortie de la ville il n'y a presque plus de vestige historique : les places militaires qui étaient construites en terre ont fondu sous les pluies de mousson. L'histoire est cependant présente partout même si elle est discrète : elle est très intériorisée, elle se révèle dans la culture. Tout ce que vous vivrez sera une émanation de l'histoire, c'est pour ça qu'il faut être très prudent et respecter tout ce qu'on vous dira, même si les Malgaches ne parviennent pas à vous l'expliquer, ou le justifier. Si on vous dit de ne pas planter votre tente là, vous ne le faites pas. Si on vous dit de ne pas passer par là, vous ne passez pas. C'est comme ça. On ne discute pas. Faites aussi très attention où vous voulez faire vos besoins ! Demandez toujours avant à vos accompagnateurs. Tout est mystérieux – les *fady*[1], les traditions, les rituels – mais tout a une signification ancrée dans l'histoire et la permanence. Celle-ci n'est pas tant dans les monuments – qui sont une obsession occidentale et orientale – que dans l'oralité, la spiritualité et la religiosité. Vous allez voir, c'est un peuple de philosophes, de poètes et de sorciers aux pieds nus. »

Nous nous remémorons ces conversations, alors que tout le jour nous suivons une ligne de crête jalonnée de *vato lahy*[2], des pierres dressées comme des menhirs le long des routes royales merina ralliant les citadelles aux confins du royaume. Ces dernières, logiquement, se plaçaient au sommet des nombreuses collines. Il n'en reste aujourd'hui que de profonds fossés qui semblent isoler tous leurs plateaux comme des calottes. Le paysage est ainsi profondément façonné par l'homme, entre les montagnes déforestées, les collines fortifiées et les rizières sculptées avec soin. Quand je pointe du doigt tel ou tel vestige que je pressens

1. *Fady* signifie « tabou », « proscrit », « péché », « interdit ». Héritage spirituel explicable ou non, mais indiscutable. Il faut le respecter. Pierre angulaire « des » cultures malgaches, les *fady* peuvent être communs à tous les Malgaches, mais certains sont différents selon les régions et d'autres propres à une seule région, un village, parfois même une seule famille. Tout voyageur se doit de les respecter, de les appliquer et surtout de ne pas les tourner en dérision. Un *fady* transgressé innocemment sera pardonné, un *fady* transgressé sciemment peut mettre votre vie en danger.

2. Littéralement : « pierre homme », « pierre virile », par opposition aux *vato vavy*, « pierre féminine », « pierre couchée », sur laquelle on accomplit des sacrifices.

dans une étrange formation géologique, Tovo me reprend, avec un brin d'effroi dans le regard :

« Il ne faut jamais montrer du doigt ! C'est *fady* ! Si vous voulez me montrer quelque chose, il faut replier l'index ! Sinon ça porte malheur… »

J'avais bien remarqué cette façon de désigner les directions, mais n'y avais vu qu'une pratique, pas une croyance. En effet, tout a du sens ici.

L'homme, les dieux et les esprits sont partout, en revanche il y a bien peu de gens sur cette voie royale. J'en profite pour lancer enfin mon drone qui dort sagement dans sa caisse depuis le départ. J'étais si préoccupé par la charrette, la logistique et l'apprentissage de la conduite que je ne m'étais pas encore essayé au vol. J'ai effectué le dernier dans mon jardin plusieurs mois auparavant. Il s'élève comme un bourdon blanc dans le ciel bleu. Je filme au jugé car je n'ai pas d'écran de retour[1]. Survols de la charrette pour l'inscrire dans le paysage, prendre de la distance, rendre compte de l'immensité des espaces ouverts, de la lenteur de notre progression, de la folie de notre ambition. Des paysans accourent de toutes parts, attirés par l'étrange bourdonnement et viennent assister à l'atterrissage. La bête est docile et je l'attrape, à la grande joie des témoins pour lesquels cette nouveauté technologique est magique. Heureusement, prendre des images depuis le ciel n'est pas *fady* !

Un *vato lahy* aux allures de mégalithe nous arrête en plein élan ce matin. Long fuseau de granit, il dresse vers le ciel un doigt mystérieux. Philaé s'interroge :

« Combien de kilos il peut peser ? Comment ils ont fait pour l'apporter ici ?

— Pas des kilos ma chérie, des tonnes ! Moi je dirais cinq ou six ! Et pour le transport, ça s'est fait sans doute avec des zébus en le roulant sur un tapis de billots de bois. En prenant son temps on peut tout faire ! Regarde, nous on prétend même faire le tour du pays ! »

Dans ce paysage désolé et ouvert à tous les vents, cette pierre nous fait l'effet d'un manifeste. Elle est presque intimidante. La ligne de crête, bordée de précipices, nous fait profiter d'incroyables panoramas à perte de vue. Nous avançons sur un fil ! Curieusement, certains versants sont arborés. Les troncs ne sont pas mutilés, les

1. En 2014, la technologie des drones était balbutiante. Nous étions partis avec un Phantom 2.

arbres noueux aux petites feuilles vernissées ressemblent à des oliviers, mais n'en sont pas. Tovo nous les désigne :

« Ce sont des tapias, nous dit Tovo.

— Souviens-toi, Alex ! Ce sont les arbres dont nous a parlé Mme Vony, ceux qui portent les vers à soie sauvage ! me précise Sonia.

— Ah ! Je comprends pourquoi la forêt est indemne !

— Oui, c'est *fady* de couper les tapias, comme de ramasser leurs fruits sur l'arbre. On doit attendre qu'ils soient mûrs et qu'ils tombent tout seuls.

— Ils sont comestibles ?

— Oui, c'est le bonbon des enfants sur le chemin de l'école ! Quand ils sont trop mûrs on les donne aux cochons ou à l'alambic : on fait un très bon *toaka gasy*[1] avec ! »

Des sacs sont d'ailleurs empilés sur le bord de la route, remplis de fruits à ras bord, sans surveillance.

« Tu ne nous as pas dit que tout ce qui restait dehors était volé ?

— Oui, les objets, pas les récoltes ! On ne touche pas, c'est *fady*, car c'est du travail ! Tu vois il y a un cercle protecteur tracé autour du sac sur le sol : ça veut dire ce sac m'appartient ! Et puis c'est impossible de passer inaperçu avec un sac de tapias sur l'épaule ! C'est très très lourd !

— Et si quelqu'un se débrouille pour voler un sac ?

— Nous croyons qu'il sera persécuté et puni par ses ancêtres ou les ancêtres du propriétaire. La nuit, il va faire des cauchemars, il va lui arriver des malheurs ! Il va regretter, alors il ne le fait pas !

— Bien mal acquis ne profite jamais !

— C'est ça ! »

Notre conversation s'interrompt car nous sommes emportés par une forte descente. Le frein serré à bloc ne suffit pas à ralentir la charrette : panique à bord, il faut accompagner le mouvement ! Nous accélérons le pas, et tâchons surtout de maintenir les zébus dans l'axe : s'ils prenaient la tangente, ils partiraient dans les tapias du versant où la charrette s'écraserait. Tanjona court sur l'amont et saute devant Tribord : je rattrape de mon côté le mufle de Bâbord pour tenter de le faire ralentir. Heureusement, un ressaut nous freine et les bêtes n'ont pas dévié. La charrette s'arrête. Tout est allé très vite. Nous nous sommes bien coordonnés.

1. Alcool extrait de la distillation domestique de plusieurs types de fruits.

Nous marquons une pause. Essoufflés et choqués.

« Tu imagines si un zébu trébuche à ce moment-là ?

— *Andriamanitra !* Ça ! C'est très grave ! Il casse le joug et la charrette s'écrase sur lui... *Maty*[1] *!* »

Il joint le geste à la parole en faisant claquer ses mains comme des cymbales. Peur rétrospective. La charrette est si chargée que les freins, même serrés à bloc, ne tiennent pas dans les fortes déclivités quand les zébus s'emballent. Il faut alors freiner le moteur bovin en passant devant les zébus, et en se retournant pour leur faire face, au risque de se faire piétiner en cas de chute ! Les pièges sont en fait omniprésents dans ce gai paysage. Nous devons anticiper, penser à tout en permanence, observer les zébus, prévoir où passeront les roues de la charrette... Conduire mobilise tout l'intellect. Nous sommes sur le qui-vive en permanence. Si nous étions seuls, nous ne pourrions pas filmer, pas nous intéresser au paysage, aux gens, aux enfants, ni prendre de photos : nous passerions à côté de notre voyage. De plus en plus, je pressens que nous ne pourrons pas nous passer de coéquipiers.

À chaque inflexion de terrain, la piste est profondément ravinée. Charrettes et zébus y ont creusé de profonds passages. Il faut choisir le bon. La charrette se penche alors souvent dangereusement dans un des sillons. Je me précipite chaque fois pour l'empêcher de basculer quand la poignée de frein est bien serrée. À ce moment-là, c'est Tovo qui reprend la main. Je suis tout à la fois : le Sisyphe, le singe et le postillon. Celui qui pousse, celui qui équilibre et celui qui court en tous sens. La mouche du coche en somme ! Nous formons une bonne équipe.

Parfois le chemin est creusé si profondément dans la colline que nous sinuons entre deux parois taillées à l'*angady* dans la latérite. On imagine aisément des lieux d'embuscade au débouché de ces défilés car ils donnent souvent sur des *lavaka*[2], d'impressionnantes crevasses d'érosion : nulle part où fuir. On comprend ici les caractéristiques géologiques de cette région. La latérite est une très épaisse couche d'anciennes cendres volcaniques homogène que seule la végétation retient. Elle n'est pas stratifiée, ni sédimentée. Si la croûte du tapis herbeux est percée, la pluie va creuser indéfiniment,

---

1. *Andriamanitra !* : « Dieu ! » *Maty !* : « La mort ! » Prononcer « mat ». Facile à retenir, comme « échec et mat ».

2. Littéralement : « trou », « crevasse », causé par l'érosion. Prononcer « lavaque ».

jusqu'au socle de granit, bien en dessous. Quand elle est chargée d'eau, elle s'effondre en glissements de terrain.

Lors d'une pause sur le débouché d'un profond *lavaka*, Tanjona repère un beau caméléon vert dans un eucalyptus. Philaé et Ulysse se précipitent. Le vallon résonne soudain de cris de joie et de rires. La chose est encore nouvelle et les enfants sont fascinés : les yeux coniques dissociés dans de drôles de strabismes, les quatre doigts opposés comme des pinces, la démarche saccadée, la queue enroulée… La bête est comique et a trouvé son public !

Tout d'un coup, sans prévenir, Philaé présente le caméléon à son zébu chéri.

Ce dernier, d'abord lymphatique, écarquille soudain les yeux et se met à bondir dans le joug en poussant Tribord vers le précipice et en faisant reculer la charrette vers le vide. Panique à bord ! Tovo crie. Tanjona saute du talus. Je me précipite pour bloquer la roue droite, la gauche est au bord du vide. Bâbord piaffe et éructe ! Les coups de *karavassy* pleuvent pour le faire avancer. Il faut nous sortir de là. Philaé a filé avec son reptile, paniquée. Tribord tire enfin vers l'avant et une bonne torsion de la queue de Bâbord le décide à avancer. Mais il botte au passage Tovo qui pousse un cri de douleur. Nous sommes en état de choc. Tout allait si bien la seconde d'avant. Nous avons frôlé le drame. Failli perdre la charrette et les zébus dans le précipice. Cela se serait fait au ralenti, d'abord la roue qui bascule, le terrain qui s'affaisse peu à peu, la charrette qui se penche, les zébus qui ripent et l'attelage qui disparaît soudain dans le vide. Madatrek s'arrêtait au huitième jour… Je chasse ce cauchemar d'un clignement d'œil, le cœur battant, la sueur froide au front. Philaé tremble de peur au loin en serrant le caméléon contre elle. La colère de Tovo éclate. Heureusement il n'est pas blessé. Le sabot lui a griffé le mollet.

« Philaé ! Il ne faut pas faire ça ! Les caméléons, c'est *fady* ! Il ne faut pas jouer avec ! Ça porte malheur ! »

Je tente de calmer le jeu.

« Vas-y Philou, trouve un arbre pour le relâcher ! Tu as vu ! Ça lui a fait le même effet que quand un éléphant voit une souris ! »

Après quelques tours de roues, comme si rien ne s'était passé, Tovo, qui a retrouvé ses esprits nous explique :

« Dans notre croyance, les caméléons sont des esprits très forts et très puissants, certains croient que ce sont des ancêtres maudits réincarnés qui se seraient vu refuser une place au ciel : c'est pour ça qu'ils ont un œil toujours vers la terre et l'autre vers le ciel ! Même si, en tant que chrétien, je refuse cette superstition, j'ai quand même peur des caméléons, moi je ne les toucherai jamais… »

Quand je suis un moment à part avec Philaé, je tente de lui donner encore un autre élément de réponse.

« Tu vois, Philaé, toutes les croyances sont généralement fondées sur quelque chose de rationnel. Si un si petit animal peut faire peur à un gros zébu, il est facile d'interpréter que c'est un esprit redoutable. C'est juste un reptile, et les bovins ont sans doute cet instinct antédiluvien de les craindre à cause des serpents venimeux !

— Mais tu m'as dit qu'il n'y avait pas de serpents venimeux ici, et puis les caméléons ça ne mord pas !

— L'instinct, ça ne se raisonne pas, c'est inscrit dans l'animal. En Inde ou en Afrique, d'où sont venus les zébus de Madagascar il y a très longtemps, il y a des serpents très venimeux, et tu as dû réveiller ce vieux souvenir ! »

Cet épisode aura cette vertu de nous rappeler qu'il faut rester vigilant, ne pas prendre confiance trop vite.

À l'issue d'une séquence très acrobatique de descente dans une rivière et de remontée d'un talus nous passons à la hauteur de deux maisons isolées. Je consulte le podomètre : 20 kilomètres. C'est bien assez pour aujourd'hui, surtout après les émotions que nous venons de vivre ! Je me dirige vers les maisons en répétant les phrases simplifiées que Tovo m'a apprises. Du malgache pour *vazaha* comme il existe un latin de cuisine. Notre bouvier se dit qu'avec un *vazaha*, il y aura peut-être moins de palabres, et je suis ravi d'apprendre au plus vite des rudiments de survie. Mais il n'y a personne. Je m'annonce comme il faut le faire :

« *Hody ! Hody ô !* »

Pas de réponse. Je vais à la porte. Je toque en hésitant, est-ce *fady* ?

« *Hody !* »

J'entends du bruit. On vient. Je me recule et me courbe en deux comme Tovo m'a conseillé de le faire. Une jeune femme ouvre la porte, craintive. Toute la famille est derrière, apeurée.

« *Manoana tompoko ! Asafady ! Vahiny isahay tsanganatsangana ! Mety matory eto ve ? Misy sakafo, manana ny zavaratra rehetra isyka, toile de tente, tsy hisy olana*[1] *!* »

1. « Bonsoir ! Pardonnez-nous ! Nous sommes des voyageurs étrangers ! Pouvons-nous dormir ici ? Nous avons tout ce qu'il nous faut, de la nourriture, une tente, il n'y aura pas de problèmes ! »

Ils nous avaient vus approcher et s'étaient réfugiés en courant dans leur maison. Ils sortent tous : une femme, ses vieux parents et ses enfants. Elle me répond d'un bref « *Mety !* » timide et bienveillant en faisant une petite révérence. Je fais signe à la charrette d'approcher. C'est en effet allé plus vite qu'avec Tovo... Je suis content. Un peu honteux tout de même. J'espère ne pas avoir forcé l'accueil car on n'ose pas dire non à un *vazaha*. Un ami malgache, Michel Domenichini Ramiaramanana, nous a mis en garde à ce sujet à Tana : « Ce n'est pas parce qu'on vous dit oui que cela veut dire oui ! Les choses ne sont pas binaires ici, c'est beaucoup plus subtil. Quantité de oui veulent dire non. Car le non affirmatif n'existe pas en malgache. C'est un héritage historique : si on disait non au roi, on se faisait décapiter. Et à l'époque coloniale, on ne disait pas non à un contremaître, ni aujourd'hui à son employeur. Alors, nous avons appris à moduler. Soyez bien à l'écoute ! Par exemple si le oui est suivi d'un long silence, c'est un non ! Les *vazaha* prennent souvent leurs désirs pour des réalités à Madagascar. »

J'ai cela en tête quand je scrute le visage de la jeune femme pour savoir si son oui est un oui, ou un non. Je n'ai pas le loisir d'apporter une réponse car elle pose aussitôt des questions. Mon instinct me dit qu'elle est plutôt heureuse de nous recevoir. Question de flair. Ça se passe tout de suite bien entre les enfants. Deux adorables fillettes de l'âge de Philaé sortent avec leur corde à sauter et un long élastique avec lequel elles veulent jouer. Comme il faut être au moins trois, cela tombe bien. Et les voilà parties à enchaîner des entrechats emberlificotés et à se faire des nœuds autour des chevilles.

Pour nous, le boulot ne manque pas : il faut dresser la tente, vider intégralement la charrette et transférer son contenu dans l'abside[1]. Déroulage, déploiement des piquets d'aluminium, qui cliquettent en s'emboîtant automatiquement grâce au long élastique qui les retient ensemble – cela fait toujours son petit effet –, puis insertion dans les fourreaux croisés de la coupole, et dans les œillets du tapis de sol afin de les courber en tension. Recouvrement de l'ensemble par la toile de tente étanche, dotée elle aussi de sa nervure d'alu, et plantage des sardines au marteau dans la dure latérite. Et hop ! le

1. Entrée de la tente, comme un sas, avant la moustiquaire, où l'on peut entreposer du matériel et laisser ses chaussures ou chaussettes odorantes...

tour est joué. Moins rapide que la tente automatique qu'on balance en l'air, mais nous nous améliorons de jour en jour.

S'ensuit la noria des sacs, cartables et bagages. Ulysse est mis à contribution car il n'a pas besoin de se plier en deux pour pénétrer dans l'abside. Pendant ce temps-là, Tanjona débâte les zébus, déballe un sac de *mololo*, et Tovo fait la conversation à ces dames : il raconte la journée, les aventures, le temps, il « met de l'huile » dans les rouages ! Nous nous rodons. Les enfants jouent. Le soleil dore tout. Le bonheur du soir s'installe doucement, moisson de nos kilomètres, rançon de nos efforts et de nos incertitudes. Tovo vient me voir souriant :

« La dame accepte que nous cuisions notre riz sur son feu ! »

Il m'a fait comprendre avec beaucoup de tact et de délicatesse que mon riz cuit au cuiseur électrique était fade (sans *y* cette fois !), et qu'il préférait quand celui-ci avait le bon goût fumé par le feu et le goût de brûlé par le fond de casserole qui attache. En outre, sans fond de riz perdu, on ne peut pas faire le *ranon'apango*, l'eau de riz brûlé, que l'on appelle aussi *rano vola*, l'eau dorée, que l'on réchauffe sur cette croûte une fois le riz servi et que l'on boit comme un thé fumé. Avec charbon et amidon, plus de problème de digestion ! Michel, le même ami malgache, nous avait dit à ce propos : « Le *vazaha* qui boit du *rano vola* dans une gargote, dans un verre suspect et malgré des choses suspectes qui y nagent en tournant, est un *vazaha* fraternel et avisé. Il n'aura jamais la tourista ! »

Le soleil s'est couché dans une coulée de lave rougeoyante. L'école a commencé dans la charrette. Sonia à l'avant avec Ulysse sous leur plafonnier, Virginie et Philaé à l'arrière sous le leur, leurs tablettes en bois déployées et couvertes de cahiers. Je les laisse à leur grammaire et leur arithmétique et vais dans la tente au calme consigner les aventures du jour dans mon cahier. J'y relate les choses vues, les détails culturels, les considérations, les blagues ainsi que les agacements. Ce cahier est à la fois mon tuteur et mon confident. Le carnet de bord et le journal. Il justifie toutes les épreuves du jour. Si je ne pouvais pas écrire, je crois que j'aurais moins de courage pour les affronter, j'en aurais en tout cas moins envie. J'y recueille le sel de l'aventure, comme un paludier le ratisse tous les jours dans l'œillet de son marais salant. Ce cahier est cathartique et maïeutique à la fois. Il est parfois plein de doutes, de questionnements, d'outrances et de colères, mais il me permet de les apaiser, de les raisonner, de leur donner le temps de grandir ou de s'éteindre.

Écrire est peut-être une thérapie… Je suis écrivain-voyageur : écrivain passe en premier. L'inverse serait différent. Sur un coude, la paume rouge et poisseuse de crasse tachant le papier, un Bic à la main, dans le rond blanc diffusé par la led de ma lampe frontale, je m'exécute pendant trois quarts d'heure. Tous les jours. J'en ai besoin. C'est ce qui me fait marcher. Sur ce fil, qui a failli casser aujourd'hui… Parques, épargnez-nous ! Muses, inspirez-nous ! Esprits de nos aïeux, anges et tous les saints, protégez-nous !

7

Vols et tombeaux

Des bruits de casseroles et de bébé qui pleure nous ont réveillés avant le jour. La mise en branle n'en est que plus rapide.

« Ça sent le fauve dans la tente ! Il y a comme un doux fumet de chaussettes sales et de saumon fumé ! »

Sonia nous fait glousser de rire dès le réveil. Ce qui libère un petit concert de flatulences enfantines mettant le feu aux poudres… Hier soir nous avons été conviés autour du feu dans la maison de terre pour manger notre *vary soasoa*, riz trempé dans le *rano vola* et accompagné de brèdes bouillies tronçonnées en petits dés, un plat formidablement réhydratant après les efforts du jour. Le feu, à même le sol en terre battue de la pièce, n'était pas doté de cheminée d'évacuation. Ulysse en avait demandé la raison à Tovo qui lui avait répondu qu'avec les toits de chaume, les cheminées mettent le feu aux maisons. Énigme que je gardai pour moi : comment faisait-on alors en Normandie ? Sans doute y pleut-il plus…

On ne pouvait donc se tenir qu'accroupis ou assis sur des nattes pour pouvoir respirer. Ça piquait les yeux, mais on s'y est faits. Je m'étais écarté vers le coin de la pièce en quête d'un peu de fraîcheur quand un grognement suspect m'a soudainement arrêté. Une petite truie y dormait, pelotonnée avec ses mini-porcelets de la taille de chatons. Philaé entra en transes sous les rires de nos hôtes. Il n'en fallut pas davantage pour animer l'atmosphère. J'en profitai pour demander à Tovo :

« C'est drôle d'avoir des cochons dans la maison ! Ils n'ont pas de porcherie ?

— Impossible, sinon ils se les feraient voler pendant la nuit ! On ne laisse rien dehors ! »

C'est vrai que nous avons été souvent surpris : les abords des fermes malgaches sont vides de tout mobilier, de tout matériel, ce qui fait souvent croire qu'elles sont inoccupées. Et, contrairement à l'Afrique, pas le moindre petit tabouret qui traîne, rien pour s'asseoir, sauf parfois un lourd pilon de granit, pas d'outils posés contre le mur, pas de débarras où confiner les ustensiles agricoles, ni de porcherie, ni de poulailler : tout est entassé à l'intérieur. Il avait conclu :

« Le vol est la première religion dans notre pays ! Tout le monde vole tout le monde pendant la nuit. On ne peut faire confiance à personne ! C'est pour ça qu'on ne sort jamais après le coucher du soleil. Seuls les voleurs se déplacent comme des ombres. »

Au risque d'être indiscret, je demandai à la jeune femme, via le truchement de Tovo, si son mari était en voyage. Je fus aussitôt payé de ma double maladresse. Son mari était en prison. Tovo parla longtemps avec elle, et dans la conversation revenait souvent la locution française « abus de pouvoir ». Triste héritage linguistique...

« En fait, il est emprisonné depuis trois ans par le maire du village, sans jugement, ni chef d'inculpation précis, soi-disant pour des vols qui n'ont jamais été commis, et sans la moindre preuve. Ils suspectent un voisin, qui est de la famille du maire, de vouloir récupérer leur rizière pour la rajouter à la sienne. On vient sans cesse leur proposer de la leur racheter à bas prix. Face à leur refus, ils les épuisent, les tuent à petit feu, et à la longue ils espèrent les voir partir. »

Tout le drame de cette malheureuse famille nous a sauté à la gorge. Victime de l'arbitraire ordinaire des gens de pouvoir en ces campagnes enclavées, loin de tout recours, dépourvue de moyens, elle lutte pour sa survie. Les yeux rougis et remplis de larmes des deux parents de la jeune femme à l'évocation de cette tragédie permanente en disent long sur l'injustice fatale de la situation : sans homme, cette famille est condamnée à la misère.

Après un bol dc porridgc matinal avalé au lance-pierre, nous saluons notre hôtesse en lui souhaitant bon courage. Elle nous souhaite bon voyage en nous rappelant le nom de son mari, Roland Ranaivo Arivelo, et le nom du maire véreux, Aina Bé, comme on jette une bouteille à la mer. Sans doute pense-t-elle que nous sommes puissants, influents, envoyés par le ciel pour l'aider...

« Ça ne veut pas dire quelque chose *aina bé* ? »

— Si ! Ça veut dire "en pleine forme" ! »

Nous marchons en silence ce matin, en méditant les malheurs de cette famille, sa gentillesse aussi. L'avenir de ces petites filles privées de père. La dureté de la vie. La résilience des honnêtes gens. Et ce ciel imperturbable qui reste si bleu ! Cette histoire tristement banale fait mentir la chanson d'Aznavour que nous reprenons avec Sonia : « Emmenez-moi au bout de la terre, emmenez-moi au pays des merveilles, il me semble que la misère serait moins pénible au soleil. » Quoique. Sous un ciel gris, ce serait encore plus triste.

Comme un écho à nos pensées, Tovo chantonne lui aussi une douce comptine :

« *Lanitra mangamanga ! Ohohoho ! Saronan'itony rahona…* »

Nous nous laissons bercer par les paroles que nous ne comprenons pas, mais qui répondent aux petits grincements de la charrette à peine réveillée, se dérouillant sur ses premières longueurs. Quand il a fini, Philaé se tourne vers lui :

« Elle est belle ta chanson ! Ça veut dire quoi ?

— *Dans le ciel bleu où vont donc les nuages ?*
Ils vont dans le sanctuaire des saints,
Où nous nous retrouverons un jour !
Les conflits qu'on provoque, il faut les pardonner :
Ils sont comme les feuilles qui tombent
Et ne reviennent plus sur les arbres.
Il faut penser à l'avenir.
Toi et moi, nous sommes des visiteurs sur la Terre,
Nous n'habitons pas ici pour longtemps
Il faut pardonner aux autres. »

Nous avons repris notre marche sur cette ligne de crête royale où la piste s'est creusé un profond sillon. J'ai visionné mes images de drone d'hier. Nous y avons encore vu ces vestiges des citadelles en haut des collines qui jalonnaient la voie royale : ce sont de très nombreux fossés circulaires qu'on ne peut voir que du ciel. Chaque sommet, mais aussi chaque hameau ou presque en est entouré, partiellement comblé ou non, témoin d'une très ancienne insécurité, d'une époque où il était naturel de se protéger par des remparts, les fameux *tamboho*[1] ! Murs d'enceinte en terre crue, doublés de fossés qui servaient aussi d'enclos à zébus contre les vols. Réminiscences d'un passé féodal, de campagnes parcourues de bandes armées,

1. Prononcer « tambou ».

de chasseurs d'esclaves et de pillards. Et le pardon hier comme aujourd'hui comme seule solution.

Demain, un jour, peut-être, la justice…

Ce matin, ce sont des tombeaux qui s'égrènent comme les perles d'un chapelet de part et d'autre de la piste. Ils ne sont pas en enfilade, mais isolés, au détour d'une courbe, aux premières loges d'un sublime paysage. Chacun le sien, afin d'en jouir tranquillement pour l'éternité. Un tombeau par tournant, une sépulture par panorama, avec une croix blanchie à la chaux tranchant sur le ciel d'azur. D'autres, plus anciens, en sont dépourvus. Beaucoup sont en construction, en pierre de taille. Façonnés sur place. Les ouvriers sont déjà au travail au burin et à la masselotte. Ting ! Ting ! Ting ! chante le granit, équarri en gros blocs parfaitement ajustés pour la demeure éternelle. Le travail est titanesque. Pour résister au temps tout en le prenant. Ce sont de vraies maisons, avec une porte et de fausses fenêtres sur la vue.

« Pourquoi ne construit-on pas les maisons en pierre alors ? interroge Ulysse.

— Dans notre culture, nous croyons que la vie après la mort dure beaucoup plus longtemps que la vie, alors, pour reposer en paix, on fait des sépultures très solides, car si on est dérangé, on reviendra tourmenter les vivants ! C'est pourquoi les tombeaux sont plus sacrés que tout ! Ils sont très *fady* ! On ne doit pas s'en approcher ! Sauf pour le retournement des morts ! Le *famadihana*[1]. Tu en as déjà vu un ?

— Oh non ! Nos parents n'ont pas voulu nous y emmener quand ils y sont allés quand on était à Tana. »

Tovo se tourne alors vers nous, interloqué :

« Mais pourquoi ? La mort, c'est notre seule certitude à tous, *vazaha* comme Malgaches ! Il y a plein d'enfants lors de nos cérémonies !

— C'est vrai ! On a regretté après coup de ne pas les avoir emmenés. On a eu peur qu'ils soient traumatisés. Tu sais, la mort chez nous, c'est un peu *fady* ! On préfère ne pas y penser, on la redoute, on la cache !

— Et il a eu lieu où votre *famadihana* ?

— À Antanifotsy[2], dans une famille andriana qui a son tombeau là-bas.

1. Prononcer « famadine ».

2. Ville des Hautes Terres, à 130 kilomètres au sud de Tana sur la route d'Antsirabé.

— Et quelle impression cela vous a fait ?

— Nous avons trouvé ça très beau, émouvant et respectueux, lui répond Sonia. Un moment de recueillement et de souvenir autour de la personne aimée et regrettée.

— Oui, nous redoutions une cérémonie un peu morbide, ajouté-je, échappant à tout contrôle. On nous avait parlé de gens qui dansaient avec des os, de foules en délire, d'excès d'alcools, c'est pour ça que nous avions laissé les enfants à Tana. En fait, cela s'est très bien passé. C'était très bien organisé. Il y a d'abord eu la musique à la maison, puis le banquet avec le *vary mena*[1] et le *hena kisoa*[2] ! Puis les *kabary*. Tout le monde a parlé de cette grande dame qui était vénérée.

— C'était la mère de notre ami Gino. Nous étions reçus par la petite soeur de la défunte, adorable et très accueillante. On nous a habillés aux couleurs de la famille. Il y avait un orchestre de flûtes et de violons traditionnels entraînés par une caisse claire. Ça pulsait bien ! Quand les discours ont été terminés, nous sommes tous partis en cortège vers le tombeau en portant de nouvelles nattes et de nouveaux *lamba* pour les deux défunts de la famille qui étaient célébrés ce jour-là.

— En tête de cortège, les plus jeunes portaient à bout de bras, dans de beaux cadres en bois, les portraits des défunts, en les faisant danser au rythme de l'orchestre. C'était très fort !

— D'autres familles convergeaient aussi avec des morts enroulés dans des nattes, précédés de leur propre orchestre. La fusion des cortèges est vite devenue cacophonique. Comme des rivières se jetant dans un lac. Il y avait une sorte de tension dans l'air. La foule se pressait, les gens s'appelaient. On se tenait par la main pour ne pas être séparés. Et sur un coup de sifflet un silence assourdissant s'est abattu d'un coup !

— Au grand tombeau il y avait les autorités locales, le président du *fokontany*[3], les gendarmes, et la liste des défunts qui pouvaient être sortis et dans quel ordre ! Le président, avec son chapeau noir, a fait un dernier discours afin que tout se passe bien et, sur un autre coup de sifflet, s'est découvert ainsi que toutes les personnes

1. « Riz rouge ».

2. « Viande de porc ».

3. Littéralement le président de « la terre du peuple ». Chef de la plus petite circonscription administrative. Comme un chef de quartier, élu tous les cinq ans, parfois nommé par le maire ou le député. Il joue un rôle fondamental à Madagascar où il est respecté par la population. Prononcer « fouktane ».

présentes. C'était le signal pour l'ouverture de la lourde porte du tombeau qui a produit un grondement sourd. Il y avait plus de mille personnes !

— C'est là qu'il y a eu un peu de bousculade, chaque famille voulait faire sortir son mort en premier. On a commencé à avoir un peu peur que cela parte en vrille !

— Mais le premier linceul est sorti, porté par deux personnes à bout de bras, bien emballé, tout propre, et a fendu la foule pour être déposé un peu à l'écart. Ça fait quand même un choc de voir les morts sortir du tombeau les uns après les autres ! Ça avait un petit côté biblique !

— Ce qui m'a le plus surpris, moi, c'est la finesse de ce qui reste d'un corps enveloppé : comme un traversin de plumes, retenu par deux nœuds aux extrémités.

— Nous avons retrouvé notre famille Andrianjara auprès des deux corps. On était tous debout autour, et la tante de notre ami Gino s'est agenouillée et s'est mise à caresser le premier linceul en pleurant. C'était un de ses fils, tué dans un accident de la route dans les années 1980. C'était poignant. On avait tous la gorge nouée. Une jolie jeune femme était là : le mort était son père. Elle ne l'a pas beaucoup connu car il est mort quand elle avait quatre ans. Elle pleurait aussi.

— Gino, tout en consolant sa tante, a alors déployé un nouveau linceul blanc et y a enroulé le défunt avec l'aide de ses frères. On a alors compris d'où venait le mot retournement. Ils ont refait des nœuds avec des bandelettes blanches et lui ont remis son coussin préféré sous la tête. Et ils ont fait une chose inattendue : ils ont versé de la limonade à l'endroit supposé de la bouche du mort. Ils ont fait la même chose ensuite avec la mère de Gino.

— Avant, c'était plutôt du rhum qu'on offrait aux morts ! a réagi Tovo.

— Ce qui a été très émouvant ensuite c'est la danse des familles qui ont porté à bout de bras leurs morts en les faisant swinguer au rythme de la musique. Ils ont fait sept fois le tour du tombeau en se suivant à la queue leu leu. Il y a eu quelques embouteillages, des carambolages et quelques chutes, mais tout le monde a fini par rentrer en un seul morceau !

— Moi, je n'oublierai jamais cette jeune femme qui portait son père qu'elle n'a pas connu. Je me suis mise à sa place et je pleurais aussi…

— Moi, ce qui m'a le plus marqué, c'est qu'à côté du tombeau, il y avait des gens qui creusaient à la pelle. Ils ont fini par déterrer le corps d'un tout petit enfant, afin qu'il puisse rejoindre ses ancêtres au tombeau. Il attendait là depuis trois ans. On nous a expliqué que cette cérémonie n'avait lieu que tous les cinq, sept ou neuf ans, selon le conseil des anciens et la consultation des *ombiasy*, les devins de la communauté.

— Quand la porte s'est refermée, tout est devenu calme, la foule s'est dispersée sans problème. On était un peu sonnés : on avait en tête le rappel de la vie de ces personnes et celui du fait que nous les rejoindrions un jour.

— Tu sais, chez nous aussi on a une fête des morts, la Toussaint, où on apporte des fleurs sur la tombe de nos parents décédés. Mais on fait ça en silence, on prie chacun de son côté, il fait souvent gris. C'est plutôt triste et expéditif, moins festif !

— Là, on a trouvé que c'était un moment très fort, un bel hommage aux morts qu'on a aimés, une sorte de Toussaint XXL ! On devrait s'en inspirer un peu en France, faire un discours, célébrer leur vie plutôt que de pleurer leur mort ! On a vu aussi que ces *famadihana* étaient un moyen pour les familles ou les voisins de se parler, de régler des problèmes d'héritage, de terrains, de se draguer, de parler mariage, sous la protection du regard des ancêtres ; qu'il y avait un fort rôle de cohésion sociale, car il n'y a pas beaucoup d'autres occasions de se rassembler, je crois. »

Et Sonia de conclure :

« En Slovaquie, le pays de ma maman, les tombes sont couvertes de bougies à la Toussaint et on va pique-niquer autour en famille en partageant des souvenirs. C'est magnifique le soir, les collines miroitent de lampions multicolores, les cimetières sont remplis d'une foule bigarrée, qui chante, qui prie, parmi ces étoiles tombées du ciel. Jusque tard dans la nuit, les verres sont levés à la mémoire de nos morts, c'est un hymne à la vie. »

Ce matin, ce partage de souvenirs en roue libre n'est pas interrompu par un quelconque obstacle. Nous sommes redescendus en pente douce au niveau des rizières inondées qui nous éclaboussent de tout leur vert cru après des jours de poussière rouge et de collines jaunes. Nous nous sommes coulés doucement dans une couche d'air moite et humide, beaucoup plus chaude. Environnés par cette nappe sirupeuse, la transpiration est instantanée. Un joli village s'annonce par un beau panneau peint à la main : Antanetibé. Un long pont de fer au-dessus d'une large rivière à sec nous en permet l'accès. Son tablier est impeccable, la structure n'a pas bougé depuis un siècle. Ulysse est fasciné :

« Regarde, papa ! C'est fabriqué comme la tour Eiffel ! Avec de grosses plaques rivetées ensemble comme un Meccano. Et là, il y a un écriteau ! *Joseph Paris et fils, constructeurs à Nantes.* Hein ? Il a été fait à Nantes ?

— Oui, c'est un pont colonial. Tu imagines le chemin qu'il a dû faire pour arriver jusqu'ici ? Il a dû être riveté en éléments préfabriqués à Nantes, envoyé par bateau jusqu'à Tamatave, de là, il a dû prendre le train jusqu'à Tana en montant sur les hauts plateaux, puis a été chargé sur des camions pour venir jusqu'ici afin d'être monté ! Ça a dû être une sacrée aventure, sans doute au début du siècle, et grâce à ça, on en profite aujourd'hui !

— C'est incroyable ! Il a peut-être une centaine d'années et il n'a pas bougé !

— Tu vois l'importance de ces ouvrages ? Sans eux, pas de route, pas d'échanges, pas d'économie. Tu sais, il y a même une école d'ingénieurs en France qui s'appelle "Ponts et Chaussées".

— Hein ? Ponts et Chaussées ? fait-il en rigolant. C'est le nom d'une école ?

— Oui, tu sais, c'est très compliqué un pont, la résistance des matériaux, les fondations, l'installation, c'est plein de calculs mathématiques ! Tu vois, celui-là, s'il n'a pas bougé, c'est qu'il a été bien pensé. En France on a des ponts romains qui ont plus de deux mille ans ! Bon, ils étaient en pierre, pas en fer ! »

Une foule nous attend dans le village d'Antanetibé. Notre première foule. Elle s'est constituée pendant que nous faisions paître les zébus aux abords du pont. Notre vaisseau tracté la fend comme un flot joyeux et bruyant. Une foule, on s'y noie tant qu'on n'accroche pas du regard quelqu'un à qui s'adresser. Nous tentons de le faire auprès d'enfants et cela suscite des déferlantes de rires. Comme des piquets parmi eux on finit par distinguer des adultes. Et Tovo engage la conversation avec l'un d'eux comme on jette une aussière à un quai pour s'y amarrer.

D'observateurs, nous sommes devenus observés. Le paradigme a changé, nous ne savons plus que faire. Nous n'avions pas prévu de nous arrêter ici, il est encore trop tôt, mais nous n'avons pas le choix. La curiosité de la foule a besoin d'être satisfaite. Ulysse et Philaé se sont retranchés dans la charrette, toutes bâches fermées. Ce qui redouble la curiosité de la centaine de marmots autour de nous. Mais d'où sont-ils donc sortis tous ces enfants ? Nous prétextons une envie subite de café. L'occasion d'envahir une mini-gargote non loin de là.

Virginie hallucine :

« Ah oui ! C'est pas de tout repos votre histoire ; quand on s'arrête, c'est encore plus fatigant que lorsqu'on marche ! »

L'extraction d'Ulysse et de Philaé de la charrette déclenche une vive réaction. Ce ne sont pas les cris idiots, les rafales de flashs et les forêts de selfies autour des limousines s'arrêtant au pied de l'escalier du Festival de Cannes, mais presque. Les enfants sont tous mignons et bienveillants, mais une foule reste une foule. Il faut apprendre à lui parler et me revient à l'esprit une citation de *La Psychologie des foules* de Gustave Le Bon, étudié à Sciences-Po : « Quels que soient les sentiments, bons ou mauvais, d'une foule, elle a besoin de réponses ! » Je protège d'abord la retraite des enfants et des filles dans la gargote, puis me retourne en écartant les bras pour réclamer le calme à l'aide de Tovo et d'un monsieur qui s'est présenté comme l'instituteur : notre sauveur ! Un silence instantané s'abat sur toutes ces petites têtes. Ce qui est surréaliste, c'est qu'ils semblent tous avoir à peu près le même âge, celui de nos enfants. Pas ou peu d'ados. En quelques mots traduits instantanément par Tovo, leur curiosité est satisfaite. Nous sommes juste de drôles de touristes, cependant, comme il n'en est jamais venu ici, ils voulaient savoir à quoi ça ressemble. Mais alors, de la foule s'élèvent quelques cris :

« On veut voir les enfants. »

Repris en échos affirmatifs. Je ne peux que botter en touche.

« *Asafady reraka izy ireo*[1] *!* »

Ils ne peuvent pas jouer avec une foule à laquelle ils seraient jetés en pâture.

À l'intérieur, je retrouve Ulysse et Philaé assis par terre et jouant avec deux horribles chiots couverts de boue séchée et de puces. Heureusement, la gargote est si petite qu'elle ne peut contenir qu'une dizaine de personnes. Mais la tôle sous le soleil ne fait qu'accentuer la chaleur. De mini-cafés ne tardent pas. Sonia en rit :

« C'est pas comme si on avait besoin de se réchauffer… »

Tovo est resté dehors pour surveiller la charrette pendant que Tanjona a débâté les zébus, tout contents d'être reconduits à leur pâture.

1. « Désolé ! Ils sont fatigués ! »

Un homme digne et mince se faufile jusqu'à nous et s'assied d'autorité à notre table.

« Bonjour messieurs dames, je suis M. Samuel, le maire du village : on m'a prévenu qu'une équipe des travaux publics était venue inspecter notre pont ? »

Je ris de cette charmante interprétation et rassure l'édile.

« Non, nous sommes juste des voyageurs, nous allons à Soavinandriana et je montrais à mon fils la solidité de ce vieux pont colonial.

— Vous avez raison ! Il date de 1916, c'est le seul de toute la région qui ait résisté aux inondations. Les autres, en béton, plus récents, ont systématiquement été emportés, déchaussés, renversés par le courant ! Ce sont souvent les vieilles recettes qui marchent ! Mais pourquoi ne voyagez-vous pas en voiture ?

— Ce sont souvent les vieilles recettes qui marchent ! »

Il se fend d'un large sourire et nous parle alors de son amour de l'histoire de France, pays où il n'a jamais pu se rendre.

« Vous savez, c'est pour nous une immense frustration : nous apprenons toujours la langue du colonisateur à l'école, nous sommes très influencés par la culture française, mais nous ne pourrons jamais aller à Paris ! Nous sommes condamnés à rêver, bénir et maudire en même temps cet héritage, c'est compliqué pour nous ! »

Nous ne savons pas quoi dire. Nous l'écoutons dans ce four. Il y a de l'amour et de la rancœur mélangés dans ses propos. Comme une passion inassouvie et contrariée. Il enchaîne d'ailleurs :

« J'ai trois passions dans la vie : Francis Cabrel, Aznavour et les fables de La Fontaine ! Je les connais presque toutes !

— Comme c'est drôle ! Depuis quelques jours nous apprenons "La laitière et le pot au lait" ! Philaé, tu veux bien réciter à M. Samuel ce que tu sais ? »

Philaé s'exécute à contrecœur, bien plus intéressée par l'épouillage des chiots galeux que par La Fontaine, et elle trébuche bien avant le caillou fatal, sur la triple couvée. M. Samuel en est trop heureux, qui enchaîne sans sourciller jusqu'au « Gros-Jean comme devant » en passant par les porcs à engraisser et les vaches à l'étable !

Et nous voilà partis sur les promesses déçues des hommes politiques malgaches et du développement.

« Il y avait ici un Grec qui s'était installé après la guerre, il avait deux mille cochons et cela faisait vivre beaucoup de monde au village, mais en 1972, quand toutes les fermes ont été réquisitionnées ou nationalisées, il est parti. Il y a eu une épidémie peu après, et tout s'est écroulé ; résultat, il n'y a plus de cochons ici. Mais le plus grave, c'est que c'est lui qui entretenait la route… Vous avez vu dans quel état elle est ? Les camions ne peuvent plus venir jusqu'ici. Seules les promesses des travaux publics parviennent à nos oreilles ! »

Un ange passe, pressé d'aller se rafraîchir dehors où la foule s'est dissipée.

« Mais vous m'avez parlé de Soavinandriana ?

— Oui !

— Je crois que la route-digue de Mahatsinjo est coupée, cela passe en saison sèche avec une bicyclette, mais là ! Avec votre charrette, moi je vous conseillerais de faire demi-tour et de rejoindre Mandiavato puis la RN 1 !

— Mandiavato ? Nous y étions il y a deux jours ! Je crois que nous allons essayer de passer quand même, nous n'avons pas l'option marche arrière sur notre charrette ! »

M. Samuel répond par un large sourire :

« Ha ha ha ! Je reconnais bien là un Français *mafy loha*[1] ! Nous avons un proverbe malgache qui dit : *Lava ny dia, mamela antsika hisaintsaina.* "Long est le voyage, ce qui permet de réfléchir." Si vous repassez par ici, ce dont je ne doute pas, j'aurai le plaisir de vous recevoir chez moi… »

Nous le remercions dehors, aveuglés par la lumière, et quittons Antanetibé affamés, sans avoir déjeuné. La foule, ça creuse !

En quittant le village nous reprenons un peu de hauteur. Les rizières s'étendent vers le nord-ouest à perte de vue jusqu'à une large étendue d'eau miroitante enchâssée entre des volcans.

« C'est le lac Itasy ! »

Nous poussons tous un cri.

« Regardez, les enfants ! Ce lac est considéré comme le barycentre du pays ! Vous savez ce que ça veut dire ? »

Ulysse, plus à l'aise en maths, saute sur l'occasion de briller :

« Le milieu ? Le cœur ?

— C'est ça ! Ça veut dire aussi que nous avons pénétré dans notre troisième région depuis le départ : l'Analamanga, le Vakinankaratra, et maintenant l'Itasy ! La prochaine sera le Bongolava ! On avance ! »

À la vue de tant de fertilité et de richesse nous comprenons l'attraction que pouvait avoir la région pour les voleurs et les bandes de pillards sakalava des temps anciens. De part et d'autre de la piste,

---

1. « Têtu », prononcer « maflou ».

de nombreux fossés circulaires, visibles du sol cette fois, sont comme autant de refuges et de forteresses qui témoignent encore de la nécessité historique de protéger les ressources de l'Imerina par cette voie royale jalonnée de garnisons protégeant ces greniers naturels.

Aujourd'hui le péril qui menace la région est acridien : les sauterelles ! Elles déboulent sans crier gare des prairies herbeuses de l'Ouest en de noirs nuages et s'abattent avec avidité sur cette mosaïque de rizières. Malheur aux propriétaires qui ne surveilleraient pas leurs parcelles. Ils le font avec des ustensiles de cuisine, outils dérisoires pour chasser chez le voisin les voraces parasites. Ainsi, partout dans la campagne, assis sur leurs murets de boue séchée, des enfants armés d'un couvercle de marmite au bras gauche en guise de bouclier et d'une louche en guise d'épée à la main droite, attendent l'occasion d'assourdir les insectes maudits. Ils ont aussi, suspendu autour du cou, un lance-pierre pour effaroucher les essaims de foudis, ces passereaux granivores amateurs de riz, dont le mâle, rouge vif, s'offre en cible bien visible pour épargner ses nombreuses femelles plus ternes. Tchac ! Une pierre bien ajustée, et le vol de foudis s'abat sur la rizière du voisin. Une règle semble générale : il faut surveiller son bien à Madagascar, sinon il s'envole. Ulysse pose la question qui fâche :

« Et les enfants ne vont pas à l'école ?

— Si, sûrement… mais pas tous ! Ou seulement le matin… ou à tour de rôle… Les familles ont besoin de leurs enfants pour surveiller les champs, les rizières ou les zébus aux pâturages. C'est une des raisons pour lesquelles ils ont beaucoup d'enfants ! On dit souvent que c'est pour assurer leurs retraites, pour leurs vieux jours, mais c'est aussi pour mieux vivre au jour le jour, car ces enfants travaillent pour la famille !

— Comme nous quand on pousse la charrette et que tu nous fais dire des textes à la caméra ? »

Il n'en rate pas une, le petit saligaud !

« Oui, mais nous on vous fait l'école quand même ! Enfin on essaie… »

Virginie titube derrière nous.

« Il faut que je m'arrête, je suis complètement en hypoglycémie… »

Un terre-plein herbeux nous accueille pour une soupe aux nouilles express.

Aussitôt une foule de paysans accourt et se reforme autour de la charrette. Hagarde, Virginie ironise :

« Je suis sûre qu'il y a un dicton malgache qui dit que les enfants naissent dans les rizières et pas dans les choux ! D'où est-ce qu'ils sortent, tous ? C'est dingue ! »

L'eau ne tarde pas à bouillir sur un feu que Tovo a improvisé sur le bord de la piste avec des déchets végétaux et un morceau de charbon. Nous emportons avec nous un ustensile indispensable acheté sur un marché : un trépied en fer à béton torsadé. Il s'agit d'un petit triangle sur lequel on peut poser la gamelle sur un feu en toutes circonstances. Car ici, trouver trois pierres relève de l'exploit ! Cinq minutes après, la soupe est prête, puis engloutie. Le tout nous a pris vingt minutes. Nous repartons regonflés, avec le petit troupeau d'enfants curieux accroché à nos basques.

Après d'interminables méandres longeant les rizières qui nous donnent l'impression de tourner en rond comme sur une route côtière, nous débouchons bientôt sur une immensité verte où s'affairent des bataillons de travailleurs. Nous nous engageons sur la route-digue qui semble vouloir la traverser. Au deuxième pont passant au-dessus de petits canaux, elle s'interrompt, éboulée. Tovo part en éclaireur pour repérer la suite du parcours. Je reste au frein. Il suffit juste de remonter sur la digue en face. De toutes parts des gens accourent pour voir cette drôle de charrette qui a la prétention de traverser cet océan de rizières. Philaé peste et se réfugie dans la charrette, suivie d'Ulysse. Sonia filme la scène.

Tovo revient avec un groupe d'hommes. Les bras fusent dans toutes les directions, les avis se contredisent, deux gars visiblement éméchés se disputent, les témoins se marrent, l'un tombe à la renverse dans un trou et en ressort furieux, couvert de boue. L'hilarité, les décibels et la tension montent de concert. Les zébus s'impatientent, énervés par la foule.

« Tovo, peut-on y aller ? L'obstacle ne semble pas infranchissable, on a fait pire !

— C'est pas ça le problème. Ils me disent que la digue est coupée plus loin, qu'elle a été transformée en rizière qui vient d'être mise en eau. La semaine dernière nous aurions encore pu passer, mais là : *Tsy mety ! Lalana tapaka*[1] *!*

— M. Samuel avait donc raison… On est vraiment "Gros-Jean comme devant" !

— Comment ?

1. « C'est pas possible ! La route est coupée ! »

— Non, rien, c'est la fin d'une fable de La Fontaine qu'il nous a récitée. »

Je sors la carte pour envisager d'autres itinéraires possibles. Les gens se pressent autour de moi. Je pointe du doigt des directions en nommant des villages. Chaque fois les gamins poussent des cris de joie ! Comment le v*azaha* connaît-il le nom de tous nos villages ? Il n'est jamais venu ici ! Surtout comment sait-il où ils se trouvent, alors qu'il ne les voit même pas ? Les adultes, rassemblés en conseil des anciens, répondent invariablement : *Tsy mety ! Tsy mety ! Tsy mety !* En hochant du chef. Ça serait presque comique si nous n'étions pas pathétiquement immobilisés. Un paysan avec son *angady* à l'épaule dit soudain "*Mety !*" à l'évocation du toponyme Fidasiena. Tovo l'interroge un moment et se tourne vers moi :

« C'est son village, il rentre chez lui, c'est là-bas, sur la colline, vers le sud, il me dit qu'en remontant le canal qui est juste là, c'est possible...

— Le canal ? Mais les zébus ne vont pas pouvoir tirer la charrette dans l'eau ?

— Il me dit que c'est possible si on l'embauche avec cinq autres gars pour pousser. »

Parmi les cloisonnements orthonormés des rizières, ce canal naturel sinue librement entre deux hautes rives en suivant les méandres de son cours naturel. Une fois engagés dedans, nous n'aurons plus moyen de faire demi-tour. Que faire si la charrette s'y enfonce comme dans un sable mouvant... J'en suis là de mes réflexions quand les zébus énervés par la pression de la foule se mettent à botter et à avancer malgré les freins serrés à bloc. Tovo se précipite, les desserre et tente de retenir les bêtes. Il n'a pas vu qu'il était au bord d'un trou d'un mètre de profondeur. La roue gauche tranche le talus, s'enfonce et fait basculer la charrette lentement, inexorablement. Elle va se retourner ! Avec les enfants dedans !

Je saute dans le trou pour la retenir. De toutes mes forces je m'arc-boute aux barreaux pour faire tourner la roue par rapport à la roue droite et donc faire pivoter l'ensemble.

Désespéré, je crie à la foule en faisant de grands moulinets du bras gauche : « *Ampio zao !* Aidez-moi ! »

Deux ou trois hommes me rejoignent dans le trou, d'autres arrivent avec Virginie par-derrière pour pousser.

Tovo s'est retourné et a compris : il pousse les zébus vers la droite, la charrette pivote et revient dans l'axe ! Ouf !

Sonia, qui filmait la scène, en tremble d'émotion. Elle n'a pas pu s'empêcher de crier « Alex ! Alex ! » quand elle m'a vu sauter dans le trou, convaincue que la seconde d'après je serais écrabouillé.

8

Folles montées

Tout est allé très vite. Je remercie chaleureusement ceux qui nous ont porté secours. Pas le choix, il faut faire confiance pour ce canal. Je vais vers Tovo.

« Ça paraît fou son histoire mais je vais aller sonder le canal avec lui sur 100 ou 200 mètres. Je ne veux pas regretter plus tard de ne pas avoir essayé ! »

Je pars avec le gars dans le cours d'eau. Il est moins profond que prévu. La vase n'est pas très épaisse et le fond semble assez dur. Mais le tracé est très sinueux. Nous le remontons et tombons sur un petit barrage. C'est foutu ! Devant mon visage défait, l'homme se fend d'un large sourire :

« *Tsy manino !* C'est rien ! *Jereo !* Regardez ! »

Et en se courbant, il arrache les végétaux qui constituaient la digue, libérant ainsi toute l'étendue d'eau en amont qui s'écoule aussitôt ! Satisfait, il me répète :

« *Mety ! Tsy manino ! Asa mataotra*[1] *!* »

De retour à la charrette, Tovo me dit :

« Ce n'est pas prudent, il vaut mieux faire demi-tour !

— Écoute, cet homme a l'air convaincu que cela passe, et on aura des pousseurs. Allons-y, essayons ! Si ça ne marche pas, on se débrouillera pour faire demi-tour dans un méandre. »

Notre bouvier fait son petit rictus crispé des mauvais jours. La foule est sans cesse plus pressante. La perspective d'avoir marché trois jours pour rien, ce qui veut dire six jours en comptant le retour, de devoir rallier la route nationale, comme si toutes les

1. « C'est possible ! Ce n'est pas un problème ! N'ayez pas peur ! »

épreuves depuis Arivonimamo n'avaient servi à rien, achève de me convaincre. « Être libre, c'est respecter les choix qu'on s'est fixés » est une des seules citations que j'aie retenues de mon année de philo en terminale ! Je m'accroche à cette bouée de Kant dans cette mer de rizières, cette foule de badauds, et tout cet océan de doutes ! Je demande ce qu'elle en pense à Sonia.

« Je crois qu'il faut conjurer le doute par l'action : moi, je ne reste pas une minute de plus ici ! Sinon ça va mal tourner ! En avant ! »

Et nous voilà partis avec nos pousseurs dans ce canal sinueux, comme des anguilles remontant une rivière.

Curieuse, la foule nous emboîte le pas. Je monte sur la digue pour filmer la scène et suis à distance. Sonia et Philaé se sont mises à l'écart pour relâcher un peu la pression accumulée ces dernières heures, Ulysse s'est assis sur la selle près de Tovo. J'ai perdu de vue Virginie. Les premiers mètres se déroulent bien. Les zébus ont l'habitude de marcher dans l'eau. La charrette ne s'enfonce pas trop. La limite c'est le moyeu. Si la batterie touche l'eau, tout notre système électrique sera foutu. Le premier petit barrage s'est vidé de son eau, le niveau est égalisé, il se franchit aisément. La foule grossit. Nous vidons toutes les rizières alentour des paysans qui y travaillaient : tout le monde veut voir ce mystérieux panneau solaire qui se promène en dépassant tout juste des deux hautes berges.

Deux cents, trois cents, bientôt cinq cents personnes cavalent sur les digues, se poussent, tombent, roulent, se piétinent en riant, remontant à l'assaut des tranchées comme une vague de poilus de 14-18 couverts de terre, armés d'*angady* au lieu de baïonnettes. Je n'ai qu'une peur, c'est qu'un enfant se blesse. Mais nous ne pouvons plus rien faire, il n'y a plus qu'à suivre le mouvement, faire confiance, lâcher prise. D'acteurs nous sommes devenus observateurs. La charrette s'arrête, je vais aux nouvelles. Un autre barrage. Qu'à cela ne tienne, en deux temps trois mouvements il est démonté et l'eau déferle entre les pattes des zébus. Elle vient flirter avec la caisse de la charrette… Je redoute le pire, mais c'est reparti ! Jusqu'où va-t-on remonter comme ça ? La progression semble interminable et on a l'impression que la colline s'éloigne au fur et à mesure des méandres.

Moi qui depuis le départ tente d'être dans le contrôle, la maîtrise des risques, je ne gère plus rien, témoin impuissant du destin de ma charrette aux mains de cette masse humaine de mille bras ! Advienne que pourra, nous sommes emportés par la foule qui nous traîne, nous entraîne… Je m'inquiète du sort des filles :

elles marchent parallèlement, de l'autre côté de la rizière à droite, tout va bien. Ulysse sur son char est toujours imperturbable. Rien ne semble plus pouvoir nous arrêter, mais quand allons-nous en sortir ? Le jour décline lentement quand nous gagnons enfin le pied de la colline. En un dernier tournant et une poussée héroïque de tous ceux qui s'agrippent aux flancs de la charrette, celle-ci est extirpée du canal.

Les zébus, galvanisés par les youyous de la foule en délire, enchaînent sur une pente abrupte, comme si de rien n'était, et la charrette disparaît dans la poussière par une allée de sisal. Là encore, je ne peux que suivre à distance, mêlé à cette foule qui nous presse de toutes parts. Les filles ont été englouties par le flux, je suis le flot de ce peuple de travailleurs rigolards rentrant des rizières. Montées, descentes, tournants, plus j'accélère, plus la charrette semble s'éloigner, des gens déboulent de toutes parts, sortent de toutes les maisons, se mettent à courir avec les autres, m'empêchant de m'approcher. Si j'étais endormi, ce serait une sorte de cauchemar, mais je ne rêve pas. Je me concentre sur ma caméra : les poussières enflammées par le soleil couchant ajoutent une touche épique à cette fantasia. Au loin je vois bientôt l'équipage arrêté avec une mer humaine secouée de ressacs autour d'elle. Je me faufile et finis par le rallier. Ulysse n'est plus sur la selle. Tovo pressé de toutes parts cherche à savoir par où passer. Il reste zen.

« Tovo ! Tu sais où est Ulysse ?

— Il a dû descendre dans la pente car ça secouait trop, c'était dangereux, il ne doit pas être loin… »

Mon cœur se serre. Non que je sois inquiet, mais il a disparu dans la foule. C'est le moment que les pousseurs choisissent pour réclamer leur dû.

« Dis-leur que je n'ai pas d'argent sur moi. Qu'il est dans la charrette. Qu'on les paiera quand on sera arrivés chez le président du *fokontany*. »

Le mot « *vola*[1] », prononcé publiquement, a comme électrisé les badauds. Tout le monde le répète et se met à vouloir pousser la charrette pour profiter de l'aubaine. Elle devient subitement aux yeux de tous une diligence en route vers Fort Knox ! C'est la fête au village, des ivrognes se pointent. Je me faufile pour tenter de

1. « Argent ». Prononcer « voule ». Ici, plus que partout ailleurs, sans doute parce qu'il manque tant, ce simple mot déclenche toujours une forme d'excitation.

retrouver les filles que j'aperçois au loin. Ulysse n'est pas avec elles. Là encore, j'essaie de me rassurer, il ne peut rien lui être arrivé. Mais tout me crie le contraire : ces feuilles de sisal dont les pointes sont à la hauteur des yeux des enfants me susurrent qu'il a peut-être été blessé, éborgné, les marmots deviennent des diablotins, les édentés hilares, des zombies, les ivrognes, des voleurs d'enfants, je commence à perdre les pédales, mon cœur accélère, tout tourne dans ma tête. J'ai envie de crier, de hurler, je veux que cette foule me rende mon fils, je veux que tout s'arrête, cela fait une demi-heure qu'il a disparu. Je panique.

La charrette, après un temps qui me paraît interminable à marcher à petits pas serrés, s'arrête enfin devant une maison blanche. Je me retourne pour chercher Sonia du regard quand une voix que je reconnaîtrais entre mille me crie :

« Papa ! »

Ulysse se jette dans mes bras.

« Mais où étais-tu ? J'ai eu une de ces peurs !

— Je vous attendais, je suis parti en avant avec un copain avec qui j'ai attrapé un serpent ! »

Et moi qui le cherchais désespérément en arrière… Je jubile, j'exulte, je le lève au ciel, puis le serre dans mes bras. Les témoins comprennent mon soulagement et en rient d'aise. Je viens de vivre la parabole de l'enfant prodigue en accéléré. C'est la plus belle soirée de ma vie ! Allez ! Tournée générale ! Tuez le veau gras ! La tempête dans mon cœur s'est soudainement apaisée. La foule me semble calme et polie, aimable et respectueuse, ce qu'elle est, en réalité. Je règle avec joie les pousseurs qui nous ont sortis de ce pétrin. J'ai découvert mon talon d'Achille : Ulysse.

Nous montons garer la charrette derrière la maison, sur une sorte d'esplanade encombrée de briques. La foule a suivi, pour ne pas perdre une miette du spectacle. Elle veut surtout savoir aussi ce que nous faisons là, si la charrette recèle quelque chose pour eux. On ne sait jamais ! Le président du *fokontany* arrive sur ces entrefaites, coiffé de son feutre noir. Dans la pénombre naissante, il a un petit côté Humphrey Bogart. Il en a aussi la petite taille et le sérieux. Il parle un peu français.

« Bienvenue à Fidasiena ! Pouvez-vous m'expliquer ce que vous êtes venus faire ici ? »

La question a le mérite d'être claire et concise.

« Nous nous sommes perdus dans les rizières. Ce sont des villageois qui nous ont conduits ici. Nous venons de Tana, nous allons à Soavinandriana. »

Une fois ce fondamental réglé, la suite est accessoire : la charrette, le projet, les films, les photos, la folle ambition, les milliers de kilomètres que nous avons projeté de parcourir alors que nous n'en avons fait que 145 depuis le départ… Départ qui nous semble appartenir déjà à une autre vie. Le président enregistre tout sans étonnement, fait la synthèse et soudain réclame le silence à la foule. Prenant son air le plus autoritaire, il se lance alors dans un long *kabary* sentencieux pour restituer à la foule tout ce que je viens de lui dire, mais en le répétant plusieurs fois, comme une boucle. Le mot *mpanaogazety*[1] revient souvent. Tovo éclaire ma lanterne. Cela veut dire journaliste. *Mivotra isanandro*, « j'apprends tous les jours ». Tout le monde l'écoute religieusement, au garde-à-vous. Un vent nocturne s'est levé, je serre Ulysse contre moi. Philaé s'amuse à monter un petit château fort avec les briques éparpillées. Ulysse qui trouve lui aussi le discours trop long se met également à en bâtir un rond comme un *tamboho* sous le regard fasciné des badauds qui commencent à comprendre, déçus, que notre charrette n'est pas une corne d'abondance.

Le *kabary* achevé, tout le monde se disperse dans le calme. Les présidents de *fokontany* sont le sésame de ce pays. Nous tombons comme des masses après une autre soupe aux nouilles avalée au lance-pierre, recrus de fatigue à l'issue de cette folle journée. Avant d'aller se coucher dans sa petite tente, Virginie passe sa tête dans la nôtre pour féliciter les enfants :

« Ulysse et Philaé, vous avez été extraordinaires ! Je n'ai jamais vu des enfants aussi courageux que vous ! Moi je serais incapable de tenir deux jours de suite comme ça ! »

On m'a inquiété ce soir en me disant que la route serait pire ensuite, avec des montées proprement verticales. Par prudence, j'ai fait passer le message de dire aux pousseurs de revenir demain matin si l'aventure les tentait !

Ils sont là le lendemain. Multipliés, comme par miracle. Guidés par l'instituteur qui n'a pas dessaoulé de la nuit et compte bien être rétribué pour ses bons offices de médiateur. Nous quittons le village

1. Prononcer « panogazette ».

après un café chaussette épongé par des *mofo gasy* tout chauds. Le pliage du camp s'est fait avec un public digne des levers du Roi-Soleil. À distance, nous avons été passés au laser scrutateur de cent regards par une foule animée de temps à autre de rires discrets. Nous avons choisi une vie de saltimbanques ? Eh bien nous sommes servis : nous sommes le spectacle permanent.

Collant comme un sparadrap, l'instituteur se révèle en fait être désespéré. Il nous escorte hors du village en nous confiant son mal-être.

« Comment voulez-vous travailler ? J'ai trois classes de cent élèves, je les prends par groupes de cinquante, et je ne suis pas payé depuis un an. Il y a beaucoup trop d'enfants ici. Moi je viens de Diego, dans le Nord. Ça ne s'y passe pas du tout comme ça !

— Et en quoi c'est différent ici ?

— Je ne sais pas, ici ils sont tous cultivateurs de riz… Ils ont sans doute besoin de beaucoup d'enfants pour travailler, c'est peut-être ça, pourtant les rizières ne grandissent pas. Je ne vois jamais les mêmes têtes, je n'arrive à rien, ils ne sont pas intéressés par les études, je fais tout juste de la garderie, je ne sais pas ce qu'on va faire de tous ces enfants !

— Des cultivateurs de riz.

— Vous voyez ! Je ne sers à rien, c'est pour ça que je bois, pour oublier ! »

L'homme est poignant. Il n'a pas vu sa femme et ses enfants depuis six mois. Il est seul ici, impuissant, étranger. La détresse d'une profession, en pleine crise de foi. Nous sommes tristes pour lui. À la première montée il décroche, le regard dans le vague : il n'arrive pas à pousser. Il n'aura même pas eu son pourboire…

Les choses se corsent. Des cris attirent notre attention : c'est notre équipe de huit pousseurs qui s'encourage dans un raidillon qui se double d'une courbe. Les zébus perdent de la puissance dans les tournants. Tout l'art consiste alors à les faire marcher droit dans le décor, à les faire quitter la piste et à ne les faire tourner que lorsque la charrette a passé le virage. Une sorte de zigzag dans la largeur de la voie, sinon c'est la sortie de route assurée dans l'intérieur du tournant. Tovo et Tanjona font les garde-fous afin que les zébus ne prennent pas la tangente ou ne s'arrêtent en pleine pente. De lacet en lacet nous grimpons au mur. À vélo, la pente serait beaucoup trop forte, à moto elle serait intimidante. Comment a-t-on pu dessiner un tel itinéraire ? À la faveur d'une pause, Tovo nous glisse, essoufflé :

« Les gars me disent que cette piste va fermer avec les premières pluies : plus personne ne pourra passer par ici, même les piétons, tellement elle devient glissante ! »

La vue s'élève à chaque tournant, la mer de rizières s'étend à l'infini jusqu'au lac Itasy vers le nord. La géographie est vraiment plus simple vue du ciel, nous voyons toutes les circonvolutions que nous avons faites dans le canal hier.

Dans les dernières longueurs, la piste creuse un impressionnant goulet dans la montagne. Une tranchée d'une dizaine de mètres de profondeur, taillée à l'*angady*... Les stigmates allongés et systématiques laissés par la pelle oblongue sur les parois de ce couloir en disent long sur l'opiniâtreté des gens qui ont voulu désenclaver Fidasiena, coincée entre rizières et montagnes. Les zébus n'ont pas le choix, ils doivent monter : ils se cramponnent, tête penchée en avant, tandis que par-derrière, au coude à coude, nous poussons comme des damnés, les mollets tendus à tout rompre, en poussant des cris d'Indiens. Tovo, comme un coach sportif, nous fait répéter un slogan galvanisateur :

« *Maintso-fotsy-mena ! Saïni pirenena*[1] *!* »

Ulysse, épuisé par l'effort de devoir traîner son petit corps de 12 kilos, ahane entre deux mots :

« Même moi j'ai du mal à monter, alors j'imagine même pas les zébus qui doivent tirer la charrette ! »

Ne jamais l'oublier, les vrais héros de notre histoire ce sont nos zébus qui fournissent l'essentiel des efforts. C'est malgré tout un travail d'équipe, et sans ces pousseurs que Sonia avait vus venir d'un mauvais œil – elle tient les cordons de la bourse ! – nous serions toujours en bas de la pente, 300 mètres plus bas. Madatrek sans l'aide des Malgaches ne serait pas possible et n'aurait aucun sens.

Au sommet, nous congédions notre équipe après un petit *kabary* sanctionné par une paie en bonne et due forme. Tant qu'ils n'avaient pas les billets en main, ils restaient inquiets. Chacun reçoit le salaire d'une semaine de travail pour ces trois heures d'efforts intenses. Ils repartent en se donnant de grandes claques dans le dos et en poussant des cris de joie. Sonia tique un peu devant mes largesses.

« J'ai l'impression que tu as donné un peu trop. Pourquoi tu n'as pas attendu qu'ils te disent ce qu'ils voulaient ?

1. « Vert-blanc-rouge ! Couleurs nationales ! »

— Toute peine mérite salaire, tu t'imagines bloquée en bas de la pente ? Ils auraient pu nous demander beaucoup plus. Sans leur aide on était coincés.

— C'est sûr qu'ils se souviendront de la charrette *vazaha* !

— De toute façon, tu as compris qu'on était là pour donner, non ?! »

C'est le jour du Seigneur aujourd'hui. D'adorables bambins endimanchés – les garçons en costume noir, les jeunes filles en robe de princesse satinée brillant au soleil – convergent en se tenant la main vers de petites églises FJKM[1].

« Les églises semblent toujours très pleines ici ?

— Nous sommes très croyants et très pratiquants, répond Tovo. Avec le jour de marché, le mercredi ou le jeudi, c'est souvent la seule distraction de la semaine ! »

Chaque village a son clocher de briques couvert de tôle ondulée rouillée ayant traversé le siècle. Ailleurs, des chantiers ambitieux étalent leurs parpaings et dressent leurs fers à béton dans le ciel bleu. Tovo nous éclaire :

« Ce sont des sectes américaines, elles sont arrivées à la fin de la présidence Ratsiraka. Il y en a des dizaines de différentes, on s'y perd ! C'est l'une d'elles qui a fait la fontaine de notre village, rappelez-vous ! Moi je suis FJKM, et je dois reconnaître qu'ils sèment un peu la pagaille avec leurs dénominations non dénominationnelles... On ne sait pas ce qu'ils veulent vraiment, ni quelle est leur différence théologique, mais ils donnent de l'argent, alors on ne se plaint pas. Ils feraient mieux de se joindre à nous.

— Nous qui ?

— Il y a quatre Églises traditionnelles à Madagascar : FJKM, FLM (les luthériens), les anglicans et les catholiques. Il y a suffisamment de choix, non ?

— Et cela ne crée pas de tensions, de rivalités ?

— Si, surtout quand la politique s'en mêle, mais on se respecte car tout le monde est croyant ici : nous avons tous en commun la religion traditionnelle avec le culte des ancêtres et de Zanahary, le

1. Fiangonana Jesoa Kristi Madagasikara, la plus grande Église protestante de Madagascar, issue de la fusion en 1968 des anglicans évangéliques de la très ancienne London Missionary School et de la Mission de Paris de tendance plus réformée. L'ancien président de la République, Marc Ravalomanana, en a été le vice-président de nombreuses années, entretenant une confusion entre ses pouvoirs spirituels et temporels, ses prêches et ses meetings politiques.

Dieu d'avant tous les dieux. Alors on évite de se critiquer, chacun fait ce qu'il veut. »

De l'autre côté de la montagne, nos retrouvailles avec le goudron sont surréalistes. Une nouvelle route chinoise qui vient de Faratsiho nous propulse à Soavinandriana, une ancienne ville de garnison merina. « Propulse », façon de parler, car ça monte très fort vers la ville et nous n'avons plus de pousseurs ! Tout le monde s'y met ! Sonia, Virginie et moi. Avec Ulysse et Philaé qui participent en nous poussant les fesses, ce qui fait se bidonner les badauds. A-t-on jamais vu des *vazaha* pousser des charrettes !

« Ils sont étonnés parce que les tireurs ou pousseurs de charrette à bras sont les personnes les plus pauvres de la société ici. »

Nous en dépassons un, pieds nus sur le goudron brûlant, noir de crasse, les veines du cou au bord de la rupture, ruisselant de sueur, arc-bouté en avant et progressant à petits pas, halant ses sacs de charbon empilés. Enfermé dans son calvaire de forçat pour un salaire de misère.

Depuis la place centrale de la ville, nous remontons une allée pavée de vieilles maisons à colonnades et varangues. Il y a des fleurs aux balcons, des rideaux de dentelle aux fenêtres, parfois un fauteuil à bascule ou une balancelle. On se croirait un peu au Far West ; ne manque qu'un saloon. Des buvettes en tôle ondulée aux couleurs criardes diffusent de la musique *gasy* dans leurs haut-parleurs. Des panaches bleutés s'échappent de braseros sur lesquels grillent des *masikita*, des mini-brochettes de viande de zébu. Ulysse craque. J'en achète tout en continuant à remonter l'allée. Ulysse se pâme en les mâchouillant :

« Et c'est quoi les petits cubes blancs entre les bouts de viande ? »

Tovo lui répond :

« Des morceaux de bosse de zébu et de testicule ! »

Il me tend le reste de sa brochette, le regard halluciné…

Soudain, devant nous, se dresse le clocher de Notre-Dame de Lourdes, 1903.

À nous d'halluciner ! Nous garons notre attelage devant une réplique de la grotte de Massabielle et pénétrons dans la nef fraîche. La messe est finie mais un jeune prêtre en aube blanche vient vers nous.

« Bienvenue ! Je suis le père Tiana, que puis-je faire pour vous ? »

Beaucoup. En fait, nous sommes épuisés, nous ne nous sommes pas lavés ni reposés depuis Arivonimamo, il y a seulement une petite semaine… qui nous a paru un mois : le temps se dilate furieusement en charrette.

Les pères diocésains vivent en communauté, adossés au grand collège catholique de la ville. Ils sont fascinés par la démesure de notre entreprise. Incrédules même. Seuls nos 165 premiers kilomètres plaident pour nous. Le père Tiana connaît la montée de Fidasiena.

« J'ai dû renoncer tellement la pente était forte. J'ai laissé ma moto au sommet et je suis descendu à pied, je m'en souviendrai !

— Restez donc chez nous quelques jours pour vous reposer, enchaîne le père Rado, le doyen. J'espère que vous pourrez parler à nos jeunes ! Mais d'ici là vous allez pouvoir faire aussi un peu de tourisme, il y a beaucoup de choses à voir dans la région : le lac Itasy, Ampefy, l'îlot de la Vierge, et les geysers d'Analavory ! »

Mais priorité : nous laver. Nous sommes couverts de piqûres de puces. C'est inévitable apparemment, dès qu'on franchit le seuil d'une maison de paysans. Lessive générale.

Coup de chance pour nos zébus, le responsable de la pastorale des familles, M. Peno, est aussi vétérinaire. Il vient inspecter nos bêtes. Verdict : ils sont anémiés, ils ont trop travaillé. Ils ont droit à une batterie de piqûres : vitamines, minéraux, et antibiotiques. J'apprends à le faire pour plus tard. Tovo part au marché pour leur acheter de la luzerne, des fanes de carotte, des bâtons de manioc et tout ce qu'il pourra trouver pour les rebooster. Et pour les regonfler, lui et Tanjona, je leur ai donné de quoi aller boire un coup. Ils ont bien mérité de se détendre après ces folles journées !

Le lendemain, il me confie que sa femme lui met une pression d'enfer pour qu'il rentre au bercail ; mais notre accord tacite est qu'il rentrera une fois que nous aurons rallié Ampasipotsy… C'est un homme d'honneur. Il n'a pas du tout l'intention de se dédire. Je me vois mal continuer sans eux… Ça ne serait pas raisonnable.

Pendant ce temps-là, Philaé a réuni toutes les petites bêtes de la communauté – un chiot, un chaton et un canard – et les met en scène dans un procès hilarant pour déterminer qui est le coupable d'un vol de « caca-pigeon », un amuse-gueule de farine frite à la forme évocatrice et que les collégiens grignotent en allant à l'école. Elle soliloque avec les bestioles qui se prêtent étonnamment au jeu.

« Madame Juju ! Reconnaissez-vous, dans la nuit de lundi à mardi, avoir dérobé la pyramide de caca-pigeon ? »

De ses petits doigts crasseux elle pince la peau sous le bec de la pauvre cane, pour lui faire articuler ses aveux :

« Oui ! Je l'admets ! Pardon ! Je n'ai pas pu résister à la tentation ! »

Elle réveille alors le juge, un chiot assoupi, qu'elle s'ingénie à rendre féroce dans sa ventriloquie endiablée :

« Madame Juju ! Vous êtes reconnue coupable de vol, je vous condamne donc aux travaux forcés ! Adjugé ! »

Virginie nous quitte, elle rentre en France dans quelques jours :

« Je ne sais pas ce qui aura été le plus difficile et le plus intéressant entre ma mission médicale avec Ar-Mada et ma semaine avec vous ! Les deux se complètent bien ! En tout cas, merci beaucoup de m'avoir accueillie à votre bord ! Je vous souhaite tout le courage du monde pour la suite ! »

Le lendemain, nous descendons de la montagne en taxi-brousse pour rallier Ampefy, sur les bords du lac Itasy où s'alignent quelqucs hôtels et restaurants pour *vazaha* et riches Tananariviens ayant réussi à s'échapper de la ville pour le week-end. Le lac est très poissonneux, notamment en tilapias, mais on ne peut pas s'y baigner à cause de la bilharziose[1]. Les pêcheurs sont tous porteurs de ce mal. En semaine, c'est très calme. L'occasion pour nous, à l'Auberge de la Belle Vue, de renouer avec l'incroyable variété des menus à la carte des restaurants touristiques : bruschetta au foie gras, œufs en meurette, pâté de lièvre maison et sa julienne de légumes, cassolettes d'escargots, poulet basquaise, blanquette de veau, porc au colombo, tournedos Rossini, n'en jetez plus ! Pince-moi, je rêve ! Nous avons du mal à croire que nous sommes dans le même pays que celui que nous avons quitté hier, de l'autre côté du lac. Celui des riziculteurs par millions. Philaé a le mot de la faim :

« C'est trop bien le tourisme ! »

L'après-midi nous filons aux geysers d'Analavory. Ce cœur du pays est ponctué de volcans coniques qui ne dépareilleraient pas à Volvic. Mais ici, l'incroyable fertilité des sédiments volcaniques contraste avec l'aridité des collines : les étendues vertes s'étalent au pied de montagnes rouges. Entre deux d'entre elles, un cours d'eau semble avoir blessé l'écorce terrestre. Une plaie jaune sur ses berges suppure d'effusions d'eau tiède chargée en minéraux. Toutefois, il

1. La *bilharziose* ou *schistosomiase* est une maladie parasitaire due à un ver hématophage, le schistosome. C'est la seconde endémie parasitaire mondiale après le paludisme avec une prévalence de 180 millions d'individus affectés, pour environ 280 000 décès chaque année.

n'y a aucun danger de s'y brûler. Au sommet d'un mini-pain de sucre jaune orangé, une bouche crachote son eau aux vertus thermales. Philaé y grimpe illico pour s'y planter en mini-Christ du Corcovado. Ulysse lance ses tongs dans le petit canal concrétionné, où elles filent comme des rafts sur une rivière déchaînée.

« Voilà de quoi les occuper une bonne heure ! »

Sonia va se plonger dans une des piscines, les doigts de pied en éventail, une feuille collée sur le nez – qu'elle a long –, tradition héritée de ses années de fac et de ses longues journées de révisions d'examens de rattrapage en septembre au soleil de l'été. Une précaution utile.

« Il paraît que le soufre est très bon pour la peau, les ongles et les cheveux !

— En tout cas, ça va désinfecter nos piqûres de puces ! »

Des dames viennent nous proposer des massages. C'est une véritable tradition thérapeutique dans ce pays, au même titre qu'en Thaïlande ou en Inde. Elles vantent les vertus articulaires des massages au soufre. Après ce que nous avons vécu ces derniers jours, ça ne peut pas nous faire de mal ! Et nous voilà bientôt tous les quatre allongés à même le sol rugueux des concrétions sulfureuses, enduits de boue jaune et abrasive, odorante et soufrée, par des mains fermes et musclées. Pliées en deux les masseuses rient de nos cris et de nos réactions épidermiques. Ni Sonia ni moi ne sommes fans de massages. Philaé adore, Ulysse s'interroge sur les propriétés du soufre.

« C'est ce qu'il y a au bout des allumettes ? Et qui entre dans la composition de la poudre à canon ?

— Oui, c'est une poudre spéciale jolies filles ! »

Il ne percute pas. Philou lève les yeux au ciel :

« Laisse tomber ! »

Ce gommage s'apparente plus à un peeling version écorcheurs, et dessèche tant la peau qu'il est aussi efficace qu'un lifting ! Côté cheveux, c'est la cata, ils se hérissent et se crispent tout ébouriffés. Les Poussin ressortent de cette épreuve tout jaunes et tout déplumés !

En fin de journée, nous rentrons par l'îlot de la Vierge, une péninsule sur le lac Itasy, propriété du Vatican, paraît-il, et sur laquelle se dresse une impressionnante statue de Marie. Une tempête se lève sur le lac, chassant de noirs moutons et tirant des rideaux de pluie. Le soleil rougeoyant vient les enflammer de rayons obliques et les piroguiers fuient en panique sur les irisations argentées des flots. Nous sommes aux premières loges de ce théâtre d'ombres et de lumières. La saison des pluies approche.

Avant de quitter Soavinandriana, nous donnons la conférence promise aux collégiens de Notre-Dame de Lourdes. La nef de l'église se remplit de cinq cents têtes attentives et respectueuses. Sages, et assoiffées de savoir. Tout le monde avec son uniforme. Que leur dire ? Leur parler de leur magnifique pays, des atouts de leur culture, des incroyables potentiels que nous avons pu voir, de tout ce qu'il y a à faire pour améliorer la vie de tous, leur dire que c'est entre leurs mains, que tout est possible ! En somme, que leur pays a besoin d'eux ! D'ingénieurs, de médecins, de professeurs, d'entrepreneurs ! Notre malgache balbutiant déclenche des rafales de rires. En conclusion je leur répète ce dicton appris au fronton du Foyer de vie de l'ASA : *Tsy misy mafy, tsy laintrain'ny zoto !* « À cœur vaillant, rien d'impossible ! » Dont nous savons d'ores et déjà qu'il va être notre viatique !

À l'heure de repartir, le père Rado vient nous voir :

« *Mahereza*[1] *!* Vous allez voir ! Mada pour les *vazaha*, c'est fini maintenant, c'est le vrai pays qui commence ! »

Nous ne savons pas si c'est vraiment rassurant !

1. « Courage ! »

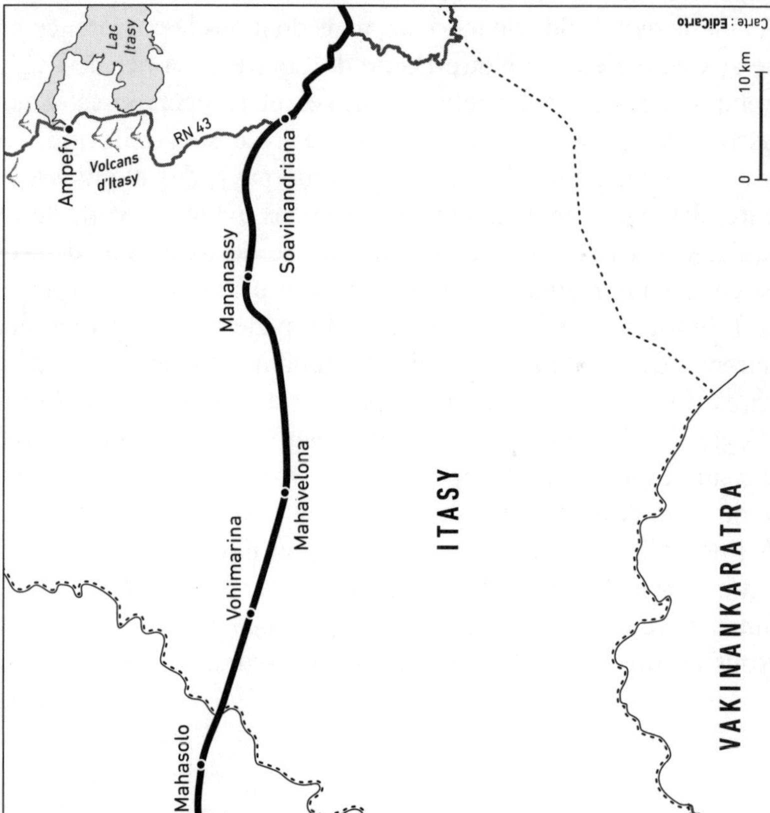
Lac Itasy
Ampefy
Volcans d'Itasy
RN 43
Soavinandriana
Mananassy
Mahavelona
Vohimarina
ITASY
VAKINANKARATRA
Mahasolo
Analadramanga
Sakay
Kitsamby
Raleva
Kambantsoa
Ampasipotsy
Ambatolahihazo
Mahazilo
BONGOLAVA
N
0
10 km
Carte : EdiCarto

Grand Ouest

9

Grand Ouest

31 octobre, Soavinandriana,
Notre-Dame de Lourdes, Pk 165

Soavinandriana a toujours été une forteresse merina aux avant-postes des vastitudes sakalava. Une citadelle protégeant ses grasses rizières. Une sorte de frontière. Ce matin nous franchissons donc la porte du Grand Ouest, le cœur serré. Nous descendons de la montagne par une piste cahoteuse et discrète, peu ou pas empruntée, comme Lewis et Clark quittant Saint Louis en direction du Far West avec notre chariot… Les nouvelles ne sont pas bonnes : on nous promet des *dahalo* embusqués derrière chaque colline, des pistes introuvables, des fleuves infranchissables, des zones interdites.

« Vous ne passerez pas. Il n'y a pas d'itinéraire. Moi-même je peine avec ma moto pour aller voir mes paroisses reculées. Je tombe très souvent dans des embuscades. Ils me laissent passer parce que je suis prêtre. Mais vous, vous aurez une charrette, et surtout des zébus ! nous a mis en garde le père Tiana, ajoutant aussitôt comme pour nous rassurer : Dans trois jours je ferai une tournée vers l'ouest, j'essaierai de vous retrouver ! »

Philaé a le cœur brisé. Son petit chéri a été volé hier. Le père Tiana a bien essayé de la consoler :

« Tu sais, c'est le deuxième chiot en deux semaines, ils ont sans doute été revendus par les menuisiers de notre chantier, mais on ne le saura jamais, car ici personne ne dénonce jamais personne. Et faire une enquête, poser des questions, c'est créer un climat de suspicion, alors cela n'en vaut pas la peine. Mais rassure-toi, Philaé, s'il a été acheté, son maître s'occupera bien de lui ! »

L'argument ne l'a convaincue qu'à moitié. Elle s'est renfrognée. Silencieuse, vautrée sur les sacs dans la charrette, elle se laisse bercer.

Au pied de la montagne, la piste se borde d'arbres centenaires. Des filaos ! C'est un choc. La première fois que nous en voyons depuis le départ. C'est vrai, après tout, pourquoi ne pas planter des arbres le long des pistes ? C'est tellement plus agréable de progresser à l'ombre, d'entendre le chant de la brise dans la ramure. De vieilles bâtisses coloniales décaties nous parlent de ceux qui les ont plantés. Vérandas de guingois, tôles rapiécées et rouillées, persiennes édentées, crépis lépreux laissant apparaître par plaques l'os des briques rouges. De nombreux fermiers étaient partis à la conquête de ces vallées perdues. Des Réunionnais, nous dit-on. D'où les filaos. Arbres de la mer plantés bien loin du rivage. De part et d'autre, des rizières en eau, aux pousses vert fluo, tranchent sur fond de collines jaunes.

La piste rocheuse malmène la charrette, elle cogne et claque, rebondit et renâcle. J'en tremble. De tels coups de boutoir devraient la disloquer. Je redoute qu'elle ne tienne pas sur la longueur. On a l'impression de descendre un lit de rivière à sec. Et pour cause, en cas de fortes pluies, les rizières, légèrement plus hautes que la piste, doivent déborder et la transformer en torrent. De loin en loin, un ergot se dresse au milieu de la piste avec une croûte grise au sommet. Qu'est-ce donc ? Du goudron ? Incroyable ! Un vestige ! Cette route a-t-elle pu être goudronnée un jour ? Nous comprenons que tout le reste a été raviné, emporté, lessivé par le temps.

Nous marquons une pause *mofo gasy* dans une ancienne maison de maître transformée en débit de boissons. D'angéliques bambins accourent de toutes parts et s'engouffrent derrière nous, comme s'il leur venait à tous l'envie subite d'acheter des bonbons, ou « des fois qu'il y en ait des gratuits ». Mais nous n'en avons pas. À Tana, des amis expatriés nous avaient conseillé d'en avoir toujours des paquets avec nous :

« Pour notre part, nous ne nous déplaçons jamais en brousse sans. Dès que nous nous arrêtons, c'est l'attroupement et la joie ! Et tout se passe bien. »

J'avais rétorqué que j'avais été témoin de scènes choquantes au Maroc ou en Tanzanie qui m'avaient dissuadé à tout jamais de faire de même. Mon interlocuteur s'était étonné : « Mais je ne vois pas le mal ? » L'enfer est partout pavé de bonnes intentions.

Quant au pavement… de la route, un vieil homme tapi dans l'ombre, l'œil clair, le nez pointu et le visage long trahissant quelques gènes européens, nous confirme que la piste de Mahasolo était une route goudronnée qui a commencé à se dégrader en 1975 avec le départ des familles de planteurs. Enfant naturel ? Il y a des questions qu'on ne pose pas. Les traces de cette époque sont ténues.

Les bambins ne quémandent pas. Ils se dispersent gentiment, viennent glousser et gloser sur la charrette. Nous repartons, ils forment derrière nous un charmant sillage de rires et de facéties. Philaé et Ulysse sont loin d'être toujours charmés : en permanence sous le feu de cent regards, ils sont souvent horripilés. Nous essayons de les ménager.

« Les enfants, si c'est trop pesant, soit vous marchez devant, soit vous grimpez dans la charrette !

— On est trop secoués, là-dedans ! »

En effet, les ornières ont été comblées par de grosses pierres volcaniques, rondes comme des œufs d'autruche qui font claquer nos cerclages de fer et trébucher nos zébus. Je redoute qu'ils se tordent les chevilles ou ébrèchent leurs sabots. Tous les 500 mètres un tas de pierres attend d'être étalé. Quand ce sera fait, le passage sera tout simplement impossible à une charrette. Drôle de façon de remblayer la route ! Après conciliabule avec des poissons-pilotes – ces gens qui s'accrochent à nous comme à une baleine pour faire un bout de chemin –, Tovo nous apprend que c'est la société Lecofruit qui utilise cette piste, et qui a un projet de réhabilitation. Quand le secteur privé prend la relève du public… Et ça commence par ce remblai rocheux sur lequel les camions pourront passer sans s'embourber pendant la saison des pluies qui s'annonce. Mais aujourd'hui, Lecofruit n'arrange pas nos affaires. En fin de vallée, le paysage s'ouvre et nous descendons une marche. En contrebas, les collines sont entièrement striées de terrasses. Les vallées s'encaissent, les surfaces plates rétrécissent, le riz prend l'assaut des pentes. Partout, des canaux divergent pour transporter l'eau vers les versants. Travail séculaire. Civilisation du riz. Je ne perds pas cette occasion de faire une leçon de choses.

« Vous voyez, les enfants ! On dit que le paysage est anthropisé ! C'est-à-dire qu'il a été façonné par l'homme. »

Philaé ne se laisse pas impressionner.

« Moi, je vois qu'il a été surtout abîmé ! Regarde, il n'y a pas un arbre à l'horizon, les collines sont brûlées, tout est sec, les montagnes sont ravinées, avec des gros *lavaka* partout, tout est mort ! »

Il est vrai que les peuples qui cultivent le riz ont tendance à brûler systématiquement toutes les collines dominant les rizières. J'ai vu ça aussi en Thaïlande, au Laos, en Birmanie… L'idée étant que la pluie et le ravinement vont leur apporter les sédiments dont ils ont besoin pour créer les fonds de vallée plats ou les terrasses et les limons chargés en carbone pour amender les boues. C'est l'action conjointe de l'*angady*, de la pluie, de la gravité et du temps qui a sculpté les paysages. Il faut bien nourrir les hommes.

Pour les yeux, c'est un régal ! Le vert cru des rizières, le rouge sang des collines crevées de *lavaka*, les ondulations jaunes des moutonnements herbeux, les taches noires du *tavy*, ces brûlis censés stimuler de fraîches pousses pour les zébus, et ce ciel si bleu qu'il éclabousse tout d'une lumière blanche saturée. On comprend les couleurs du drapeau malgache, rouge sur le vert accosté du blanc !

Tovo est sombre et mutique ce matin. Je m'en inquiète :

« Ça ne va pas, Tovo ? »

Il fait une petite moue crispée sous-entendant que parler ne changera rien à l'affaire.

« Vas-y, Tovo, dis-moi ce qui ne va pas, on est une équipe, il faut tout se dire !

— Bon ! Voilà ! J'ai reçu hier un coup de téléphone de ma femme, elle est malade, elle voulait que je rentre… Mais je ne peux pas vous abandonner comme ça !

— Qu'est-ce qu'elle a ?

— Elle dit qu'elle a de la fièvre, mais je crois qu'elle est surtout inquiète quand je ne suis pas là ! »

Cela me rassure un peu. Pour détendre l'atmosphère, je lui demande comment il l'a rencontrée.

« Vous n'allez pas me croire ! C'est une drôle d'histoire. Par une nuit d'orage terrible, j'ai entendu frapper à la porte. Je me suis réveillé en sursaut car les bandits profitent souvent des nuits pluvieuses pour attaquer à cause du bruit sur les tôles ondulées. Mais c'était une voix de femme qui appelait au secours, alors j'ai ouvert ! Et elle est entrée toute trempée et tremblante…

— Que lui était-il arrivé ?

— En fait, elle avait été placée par sa famille comme employée de maison à Tana dans une riche famille malgache et son employeur a essayé de la violer. Elle s'est débattue et s'est enfuie dans la nuit !

Elle voulait rentrer chez elle vers le sud, et s'est mise à marcher le long de la route car elle n'avait pas d'argent. Sauf qu'elle s'est trompée de route, elle a suivi la RN 1 au lieu de la RN 7. La pluie s'est mise à tomber très fort, elle a frappé à plusieurs portes qui ne se sont pas ouvertes, jusqu'à la mienne…

— Et vous vous êtes mariés !

— Oh non ! Ça ne s'est pas passé comme ça ! Je suis un bon chrétien, je n'aurais jamais abusé de la situation ! Elle était traumatisée ! Je lui ai dit qu'elle pouvait rester là le temps qu'elle voudrait. Que je l'aiderais à porter plainte si elle le souhaitait. Nous avons essayé, mais cela coûtait trop cher, aucun avocat n'a voulu la défendre. Elle n'avait pas de preuves, ni de marques de coups et blessures. Aucune chance de gagner. Alors elle est restée chez moi, elle m'aidait à travailler dans les champs, elle faisait la cuisine, on s'entendait bien. Au bout de six mois, un dimanche à l'église, il y a eu cette lecture de l'apôtre Jean : "Voici je me tiens à la porte et je frappe. Si quelqu'un entend ma voix et ouvre la porte, j'entrerai chez lui, je souperai avec lui, et lui avec moi." J'ai compris alors que c'est Dieu qui me l'avait envoyée. Quand on est rentrés à la maison, je l'ai demandée en mariage, et elle a dit oui tout de suite en pleurant de joie, sans même demander à son père. »

Sonia qui s'est jointe à la conversation en est tout émue :

« Quelle magnifique histoire ! Alors vous êtes ensuite allés demander à son père ?

— Non ! Il n'a jamais voulu me recevoir, il a répudié sa fille. Il n'est pas venu au mariage. Elle n'a jamais revu sa famille.

— Mais pourquoi ?

— Ils disent que leur fille est morte pour eux. Qu'elle a couvert la famille de honte en fuyant son employeur.

— Mais c'est une victime dans cette histoire !

— Ils ne veulent rien savoir. On n'aime pas le scandale ici, à Madagascar. Ces gens-là ne sont pas de bons chrétiens… »

Il marque un temps en serrant les dents et ajoute :

« Mais c'est pour ça qu'elle n'aime pas rester seule, surtout quand revient la saison des pluies. Ça lui rappelle de mauvais souvenirs. C'était il y a seulement deux ans !

— Merci, Tovo, de nous avoir confié ton histoire et merci de continuer avec nous ! Tu vas la retrouver bientôt !

— Vous aussi, vous avez frappé à ma porte. Je n'ai qu'une parole : j'ai dit que je vous accompagnerais jusqu'à Ampasipotsy, alors je ne me dédirai pas. »

À la pause déjeuner, sous un arbre survivant au bord d'un canal, le père Tiana nous retrouve avec sa moto et un catéchiste en selle.

« J'ai avancé ma tournée pour voir si tout allait bien, nous sommes tellement inquiets pour vous ! »

Eh bien, s'il voulait nous rassurer, c'est raté !

« Des *dahalo* ont attaqué la nuit dernière un village par lequel vous allez passer : ils ont volé huit bœufs. Je vais aller voir les villageois pour tenter de les apaiser. Ils veulent se venger ! Je vous reverrai au retour ! *Amanaraka indray*[1] *!* »

Il repart dans un nuage de poussière. Sonia rigole :

« Il est incroyable ce curé biker !

— Il m'a raconté qu'ils se reconnaissent entre eux lors des réunions diocésaines, avec leurs estafilades sur les avant-bras ou avec leurs poignets cassés à cause des chutes ! »

De gros nuages s'amoncellent et écourtent notre pause soupe aux nouilles chinoises déjà succincte. La pluie se met à tomber à grosses gouttes sans crier gare. Notre première pluie depuis le départ. Sensation nouvelle. Être dehors et ne pas pouvoir s'abriter sauf les enfants qui se réfugient dans la charrette sur l'entassement des sacs. Nous levons le camp. Quitte à être mouillés, autant avancer ! En quelques minutes, la piste devient ruisseau et confirme nos hypothèses du matin. Pour nous, c'est capes de pluie et séance de patinage sur la latérite devenue savonneuse. Nous ouvrons la marche Sonia et moi, la main dans la main sous des trombes d'eau, et nous nous essayons à quelques entrechats de « *Singing in the Rain* » qui manquent de finir à plat ventre. Ulysse, qui n'en a pas perdu une goutte, éclate de rire depuis son poste d'observation à l'avant de la charrette.

Au beau milieu de l'après-midi, juste à l'entrée d'un village, un raidillon en dévers nous stoppe net : il vient d'être terrassé et la terre, fraîchement remuée, s'est gorgée d'eau. Les zébus calent, la roue gauche s'enfonce, et plus elle s'enfonce, plus le poids de l'ensemble se déplace à bâbord et augmente l'inclinaison… Réminiscences de Mahatsinjo. D'un cri, j'ordonne aux enfants de sortir, le fossé en contrebas menaçant d'engloutir notre attelage. Le talus se découpe lentement et va bientôt céder. Coup de sang !

1. « À la prochaine ! »

« Tovo ! Appelle au secours ! La charrette va se renverser ! »

Il n'ose pas, mutique et désemparé. Il tient les zébus arc-boutés vers l'avant, il ne peut pas quitter son poste. S'il lâche, tout s'écroule. Un paysan arrivé par la même piste que nous, voyant la situation critique, prend ma place à l'arrière comme un étai. Je grimpe le raidillon, et je me mets à crier « *Ampio zao ! Ampio zao asafady !* À l'aide ! S'il vous plaît, à l'aide ! », en courant entre les premières maisons du village, à grands renforts de moulinets !

Trois paysans accourent. Puis d'autres, enfin arrivent autant de mains que peut en recevoir la charrette. Et dans la clameur entrecoupée de rires et de claquements de fouet, encouragés par les cris de Tovo, tous tendus dans le même effort, nous parvenons à extraire la charrette de son piège et à monter la pente. Hilarité et soulagement. Gratitude et poignées de main. Ça s'est produit si vite. On n'est pas passés loin du drame. J'en ai les jambes flageolantes. Nous faisons le point avec Tovo :

« Il ne faut jamais s'engager dans une pente sans être sûr de pouvoir en sortir. Là, sans pousseurs, c'était impossible… »

Il acquiesce. Nous apprenons tous les deux. C'est un universitaire, pas un paysan. Il a eu certes à conduire des charrettes dans sa jeunesse comme tous les fils de famille merina qui ont une maison de campagne – *ambanivohitra* (en bas de la montagne) –, mais toujours sur des itinéraires plats et connus, de la rizière à la maison, et retour. Partir à l'aventure et à la découverte de son pays est une autre histoire. Chaque jour nous apporte son embûche et son initiation. Nous croyions avoir tout vu dans la montée de Fidasiena en termes de déclivité et de longueur et aujourd'hui, nous trébuchons sur ce raidillon d'une trentaine de mètres.

« Tu te rends compte, Tovo ! La montée de Fidasiena aujourd'hui ? Ça aurait été impossible avec la pluie !

— Arghhh, *tsy mety* !

— Cela veut dire que la charrette aurait été coincée là-bas pour toute la saison des pluies ?

— Oui. Avec la pluie, les campagnes se referment d'un coup. »

À trois jours près, nous ne passions pas et Madatrek s'arrêtait. Nous surfons sur le front de la mousson. Les campagnes ici sont victimes d'un double enclavement, celui des pistes défoncées et celui des intempéries qui les isolent résolument six mois par an. Nous entrons dans le village de Mananassy. Des pavés luisants nous y accueillent devant une église rouge et jaune. Saint-Joseph. Les portes sont ouvertes, la pluie redouble. Nous nous y réfugions en pleine réunion paroissiale. Tout le monde se retourne.

« *Asafady !* Nous ne voulons pas vous déranger !

— *Tsy manino !* Bienvenue les *vazaha* ! Mettez-vous à l'aise et reposez-vous le temps qu'il vous plaira ! »

Et le prêtre reprend son catéchisme sur les saints sacrements ; enfin, c'est ce que je crois comprendre, car dans le flot de paroles, ces concepts-là, souvent difficilement traduisibles, font l'objet d'une circonlocution malgache à partir des mots en français. À la fin de son prêche, il vient nous voir. Il est diacre et s'appelle Julien.

Il a été légionnaire de l'armée française et chacun de ses tatouages conserve le souvenir d'une affectation en Afrique, en Nouvelle-Calédonie ou en Guyane. Nous les passons en revue, entre les muscles et les cicatrices. Il est bouche bée à l'énoncé de notre projet.

« J'ai fait le tour du monde mais je ne connais presque rien de mon pays ! C'est courageux ce que vous allez faire, les *dahalo*, vous savez, ça rigole pas ! »

Nous savons… Mais nous ne savons rien. Qui sont-ils ces *dahalo* ? Des mercenaires ? Des tueurs ? De simples voleurs ?

« Ce sont des voleurs de zébus, mais en fait, ce sont aussi des villageois comme les autres. C'est surtout une tranche d'âge, de quinze à vingt-cinq ans, une sorte de service militaire au service du village et du *fomba*[1] !

— Le *fomba* ?

— Oui, la tradition ! Les jeunes doivent aller voler les zébus du village voisin pour prouver leur bravoure !

— C'est comme un rite initiatique ?

— C'est ça ! Cela vient de la rivalité historique entre les peuples sakalava plutôt pêcheurs et éleveurs pour la viande et les merina, agriculteurs et éleveurs pour la traction animale. Et toute la zone du Bongolava devant vous, vers l'ouest, est une frontière ancienne entre nos deux peuples. Et ici vous quittez le territoire merina.

— Alors il faut craindre les Sakalava ?

— Non, pas plus mais pas moins que les autres, car aujourd'hui, le vol de zébus est devenu crapuleux et tous les Malgaches s'y mettent. Il alimente une mafia et un trafic de viande avec des gros bonnets qui ont sûrement des protections dans l'armée ou le pouvoir. Ce qui est grave, c'est l'ampleur du phénomène et l'impunité des

1. Prononcer « foumba ».

voleurs. Alors on vit dans la peur, car les vols de zébus affectent tout le monde, et il y a des représailles, des vengeances interminables, des vendettas, comme on dit chez vous. Ici on parle de vindicte populaire ! Mais vous devez être fatigués. Je vous conduis chez le président du *fokontany.* »

Les pères de Soavinandriana nous ont donné un cours sur les présidents de *fokontany.* Nous l'avons vu à Fiedasiena, le président est l'édile incontournable. Il est consulté pour tout, règle tous les problèmes, il est l'arbitre et le juge de paix, et aucune décision ne peut être prise sans lui. Élu tous les trois ans par quartier ou par village, il détient l'autorité de l'État, mais pas la force, car il n'a pas de gendarmes, de policiers ou de miliciens à son service, ce pouvoir étant dévolu au maire de la commune rurale, dont dépendent tous ces *fokontany.* Il est cependant très respecté. On nous a conseillé de nous placer systématiquement sous sa protection. Et jusqu'à présent, cela nous a porté chance.

Julien nous fait rebrousser chemin vers l'entrée du village où se trouve un hangar d'où s'échappe le bruit aigu d'une machine. Un homme mûr en sort, couvert de farine. On peut être meunier et président. Ici, on prononce « présida ». Dégarni, de petite taille, le regard dur et droit, il dégage une autorité à la fois d'intellectuel et de travailleur.

Il nous tend la main après se l'être essuyée sur la manche. Passé les questions d'usage – D'où venez-vous ? Où allez-vous ? Pour quoi faire ? –, il ne manifeste ni enthousiasme ni inquiétude particulière. Il regarde le sol. Il a compris qu'il allait devoir s'occuper de nous. Que c'était son devoir. Mais il doit d'abord finir le sien. Après un bref échange avec Julien, nous retraversons tout le village dans l'autre sens pour nous rendre chez lui. Une centaine d'enfants nous y attendent. Comme s'ils savaient déjà que nous y viendrions. Nous garons la charrette à côté d'épaves agricoles en tout genre et commençons le fastidieux déchargement des bagages. Agglutinés et silencieux, les bambins nous font une haie d'honneur : ils n'ont jamais vu d'enfants de *vazaha.* Leur instituteur ne tarde pas à se pointer. M. Yazd a une soif inextinguible de parler français. Ils ne sont que trois dans le village à pratiquer cette langue et ça y est, nous les avons tous vus. M. Yazd nous avoue en préambule que nous sommes les premiers *vazaha* à qui il peut parler. Incroyable ! Lui, le professeur de français, n'a jamais pu se mettre un touriste sous la dent. Il nous mitraille de questions comme un professeur d'anglais accablerait un Américain fraîchement débarqué en Normandie en 1944. Paris, la tour Eiffel, Jeanne d'Arc, de Gaulle, Notre-Dame, la Révolution. Tout y passe… Un abrégé d'histoire de France.

« Un groupe de *vazaha* est passé il y a un an en provenance des volcans, mais ils étaient à cheval et je n'ai pas pu leur parler. »

Il en conserve le souvenir d'une brûlante frustration qu'il compense aujourd'hui. Nous ne sommes qu'à 15 kilomètres d'une route nationale et d'une grande ville de province, à 165 kilomètres de la capitale, mais nous avons déjà fait un grand bond dans le temps et dans l'espace.

Bien que nous soyons trempés et recrus de fatigue, j'aime répondre à cet homme enthousiaste. Pendant ce temps, Sonia et les enfants peuvent vaquer à leurs occupations et fourrager dans les bagages, toujours scrutés par une assistance chuchotante qui espère voir sortir un sac de bonbons…

« Vous n'avez pas peur des *dahalo* ? »

Je sens qu'on va nous la poser souvent celle-là. Je finis par avoir peur de leur peur…

« Si, bien sûr, mais j'ai cru comprendre qu'ils volaient les zébus la nuit, et comme nous ne nous déplaçons pas la nuit, je crois que nous minimisons les risques. Et puis ici, chez le président, nous sommes en sécurité. »

Arrive M. Fanihiry, le « présida », les bras chargés de petits pains et de Bonbon Anglais, une boisson gazeuse au goût de Malabar, tellement sucrée que les lèvres se collent à vos dents. Les enfants en raffolent. Yeark ! Il est content de son effet et les dévore du regard. Pudique et discret, il laisse M. Yazd entretenir la conversation et ouvre aussitôt son bureau des doléances. En effet, une queue de villageois s'est formée à son arrivée devant sa porte, dont on se demande à bon droit si la longueur n'est pas due à notre présence. L'un après l'autre, ses administrés s'approchent de lui avec force courbettes et mines compassées, le chapeau à la main, les pieds nus et les habits troués, pour des affaires de la plus haute importance, mais tout en nous jetant des œillades gourmandes entre les litanies. Un président de *fokontany* appartient à toutes et à tous. Il écoute les jérémiades avec le sérieux et la concentration d'un curé à confesse. La délicatesse des échanges, l'écoute des réponses, les hochements de tête, la gestuelle pointant dans l'espace des endroits désignant sûrement des conflits territoriaux et querelles de voisinage en disent long sur le respect qu'on porte à l'autorité et aux trésors de politesse qu'entretient cette culture de la parole. Dire, c'est prévenir. Communiquer, c'est désarmer.

Ces gens n'ont rien ou pas grand-chose, tout est pauvre et décati, mais ils n'ont pas perdu la relation, le respect de l'autorité et la dignité. Le raffinement peut avoir les pieds nus. L'espoir est sauf et rien n'est perdu tant qu'il y a un diacre, un instituteur et un maire : aujourd'hui nous avons eu un beau triplé. Et ce soir nous avons droit au lit double de M. Fanihiry. Au contact des hommes, nous sommes en sécurité.

Nous repartons le lendemain et nous enfonçons dans le pays réel où un jour de plus, c'est en fait trois jours de plus. Explication. Quand nous serons à trois jours de la ville, nous en serons en fait à une dizaine de jours. Car si je casse ma roue ici dans ce pierrier, il me faudrait au moins trois jours pour y retourner, un jour pour réparer si je me débrouille bien, et trois jours pour revenir. Le temps se dilate, il n'est pas arithmétique, mais plutôt géométrique. Et la piste est démentielle. Elle me fait ressentir notre fragilité. Pas une âme aujourd'hui. Le paysage est de plus en plus aride, talonnés que nous sommes par la saison des pluies qui ne semble pas encore assez forte pour passer les volcans d'Itasy, hormis ces nuages venus en éclaireurs qui ont réussi le passage hier ! Nous voyons de grosses nuées noires s'amonceler sur les reliefs, loin derrière nous, en début d'après-midi. Il y a comme de la tension dans l'air silencieux avec ces grondements dans le lointain. Nous marchons sans dire un mot. Seul résonne le crissement sec des roues contre les cailloux.

Au creux d'un vallon, au débouché d'un bosquet d'eucalyptus, nous attend un groupe de jeunes au look de rappeurs, pantalons léopard, casquettes criardes, tee-shirts siglés, chaînes et gris-gris autour du cou. Tovo se tourne vers moi, livide :

« Des *dahalo* ! Qu'est-ce qu'on fait ? »

10

Dahalo et bonnes sœurs

« On continue, l'air de rien. »

Des *dahalo* ? Je n'avais pas remarqué leurs armes : des sabres, des lances, des masses d'armes, des coupe-coupe… Par chance, Sonia est avec moi et les enfants dans la charrette. Nous arrivons à la hauteur des jeunes gens, les saluons. Ils répondent et ne nous arrêtent pas. Nous poursuivons. Le visage fermé, ils nous emboîtent le pas en cernant la charrette et en nous jetant des œillades patibulaires. Je m'attends au pire à tout instant. Qui va attaquer en premier ? Ne pas montrer sa peur. La conversation s'engage avec Tovo. Deux types me dépassent pour encadrer l'attelage. L'étau se resserre. Je n'en mène pas large. J'ai juste eu le temps de saisir une bombe lacrymogène que j'ai dissimulée dans la poche revolver de ma chemise. Elle est toujours à disposition dans la sacoche de ma caméra, accessible depuis mon poste de pousseur. Geste dérisoire. Tovo leur raconte ce que nous faisons. Je m'en fais l'écho d'une voie guillerette en accentuant l'énormité du projet – le tour du pays ! *Mitety tany !* –, réalisant dans le même temps que ce tour s'arrête peut-être aujourd'hui.

Ils sont jeunes et maigrichons, mais Dieu qu'ils ont l'air méchants avec leurs vilains regards par en dessous ! Pas de chance, nous sommes dans une montée et le rythme ralentit : je m'essouffle à pousser la charrette. Les gars piétinent sur mes talons. Sonia quant à elle ouvre la marche. Elle se retourne vers moi :

« L'*angady* ! On a oublié l'*angady* ce matin ! »

Elle espérait pouvoir s'en servir ?

Derrière moi, je me rends compte que les malfrats cherchent à découvrir ce que contient la charrette en zieutant par-dessus mon épaule. La bâche n'est pas zippée. Que ne l'ai-je compris plus tôt… ? Je l'ouvre, l'air de rien, pour parler aux enfants, notre seul trésor, et permettre de satisfaire la curiosité de nos poursuivants. Mais, rogue comme un fauve, Philaé m'aboie de fermer la porte : cela déclenche des rires derrière moi ! Les *vazaha* voyagent avec leurs enfants, c'est qu'ils ne peuvent pas être bien méchants ! L'atmosphère s'allège un chouïa. Tovo se tourne vers moi.

« En fait ce sont des *dahalo* qui se sont fait voler leurs deux zébus par d'autres *dahalo*. Cela fait deux jours qu'ils les cherchent et ils sont très fatigués. Ils les attendaient en embuscade quand nous sommes arrivés. Ils m'ont demandé si nous avions croisé quelqu'un en chemin. »

La tension retombe. Voilà que les voleurs se volent entre eux ! Pourvu qu'il ne leur passe pas par la tête de vouloir compenser leur perte en prenant nos zébus ! Ils finissent par s'arrêter, comme si la montée était trop dure pour eux, comme si l'effort n'en valait plus la peine. Ils sont épuisés par la faim et le manque de sommeil. Nous poursuivons sans eux. À une volée de flèche plus haut, je les examine du coin de l'œil et il me semble déceler dans le leur comme le regret d'avoir raté une occasion facile de se refaire. Peur rétrospective. Les enfants n'ont rien perçu du malaise. Sonia et moi échangeons un regard silencieux qui en dit long sur la conscience que nous avons du péril auquel nous venons d'échapper. L'épée de Damoclès dont on nous parle depuis avant même notre départ vient de se suspendre dans ce beau ciel bleu au-dessus de nos têtes.

Et elle n'est pas près de s'en décrocher.

La journée avait pourtant bien commencé. Philaé avait joué par terre au milieu de la pièce principale ensoleillée par le soleil matinal avec deux chiots bringés, aussi laids que des hyènes et qu'elle trouvait « si mignons » ! Roulades, mordillements, batailles, rires cristallins et jappements dans la crasse, la poussière et le grouillement de puces. Il n'en fallait pas plus pour son bonheur. Et le mien. Dehors, Ulysse, hirsute, perché au sommet d'une remorque rouillée posée sur la tranche, inspectait un moyeu et un roulement à billes conique dont une barrette avait sauté et qui attendait désespérément sa pièce manquante. Devant, le tracteur sur cales était éventré. Problème de boîte. Partout autour de nous, du sérieux bricolage était en cours, pour une durée indéterminée…

Il lui fallait des réponses à toutes ses questions, à tous ces problèmes et le moulin à paroles était amorcé : les leçons de choses avaient commencé l'air de rien. Nos deux enfants étaient heureux, et tiraient parti des situations étranges dans lesquelles nous les mettions et qui devenaient petit à petit leur ordinaire. Sonia et moi constations cela d'un œil rassuré.

À la porte, derrière un rideau déchiré, les enfants d'hier – les mêmes qui dans la soirée nous avaient extraits de la maison pour danser une farandole sous la lune – étaient de retour mais cette fois nantis de bidons jaunes de 20 litres alignés comme un grand serpent devant le seul robinet de cette partie du village, sous la protection du « présida ». Quand les robinets ne sont pas gardés, ils sont très vite cassés… L'eau ne coulant que le matin, ils étaient là à faire la queue, patiemment, devant le gargouillis étique du modeste robinet qui avait 600 litres à cracher pour le petit déjeuner. Nous nous étions mis en route tardivement. Chaque fois que nous dormons chez quelqu'un, le décollage est plus fastidieux, car entre les scènes de vie, les échanges, les visites qui n'ont pu avoir lieu la veille, le rangement et le déploiement des ressources nécessaires afin que nous ne partions pas le ventre vide, il s'écoule au moins trois heures, entre 6 et 9 heures.

Notre marche entre deux murets de pierres volcaniques ne se présentait pas trop mal, même si la charrette tanguait, grinçait, claquait, se débattait. Je rentrais la tête dans les épaules à chaque détonation en redoutant qu'elle n'explose vraiment sous les coups de boutoir ! Combien de temps tiendrait-elle à ce régime ? Je constatais qu'elle était solide mais à l'intérieur, le désordre s'installait comme dans un bateau secoué par la tempête. Tout ce qui se trouvait arrimé dedans sur les flancs valsait systématiquement. Chaque objet devait être immobilisé avec des tendeurs, des sangles et des crochets doubles. Marcher dans ces conditions est pénible car il faut s'occuper sans cesse de la charrette.

Tous les jours nous nous demandons comment nous ferions sans Tovo et Tanjona. Et comment nous ferons sans eux, car il est prévu, quand nous arriverons à Ampasiposty, qu'ils rentrent chez eux. Nous ne sommes pas trop de trois pour mener notre attelage. Sonia, quant à elle, vaque devant ou derrière avec les enfants.

Nous nous retrouvons tous au moment des pauses et ce matin nous nous sommes arrêtés une première fois vers 10 h 30. Après une heure et demie de traction pour les zébus. Un arbre ayant poussé à cheval sur le muret entre la rizière et la piste rocailleuse a permis à Sonia de sortir les livres et de faire l'école. Coup de chance, aucun enfant alentour n'a compromis la concentration nécessaire. Exercices de lecture et de compréhension. Ulysse avait un livre de pirates truffé d'aventures et de vocabulaire sophistiqué et Philaé a lu *L'École des sorciers* de J. K. Rowling. Du grain à moudre. Quand ils ont avalé un chapitre, ils doivent nous le raconter. Je les vois encore, studieux et agglutinés à l'ombre de cet arbre solitaire, Philaé et Sonia portant à l'oreille des fleurs de frangipanier au parfum capiteux. C'était une belle vision de notre bonheur bucolique. L'installation de notre routine. Nous avons trouvé le rythme qui nous convient, un mélange de difficultés et de simplicité. L'important n'est pas de se priver, mais de ne pas sentir la privation. Nous sommes ensemble, c'est tout.

Mais c'était avant cette première embuscade. Le ciel bleu et ce paysage vide d'hommes ne me paraissent plus si innocents dorénavant.

Au sommet de cette interminable montée nous nous retrouvons sur une ligne de crête dominant un panorama pelé à perte de vue où miroitent au loin les petits éclats épars de tôles ondulées trahissant les hommes. De très rares plumeaux d'eucalyptus sur les collines répondent aux flaques vert cru des fonds de vallée de plus en plus petits. Le paysage se creuse, se ravine, s'étage. Nous allons dans les jours et semaines à venir lentement quitter les hauts plateaux et perdre progressivement de l'altitude. Cela veut aussi dire gagner en température.

Nous descendons lentement vers notre premier village de la journée où nous aurions atterri en perdition si notre rencontre avec les *dahalo* avait mal tourné. À gauche, une échoppe. C'est en fait une maison de terre couverte de chaume comme les autres mais avec une fenêtre horizontale en guise de comptoir sur lequel trône une boîte vitrée dans laquelle sont présentés des *mofo gasy* et des beignets faits maison. Après toutes ces émotions, nous avons bien mérité une deuxième pause. Comme d'habitude, les enfants du village accourent. Philaé s'en agace :

« Mais comment savent-ils qu'on arrive ?

— Tu sais, il n'y a que deux points par lesquels arrivent les nouveautés ici : l'entrée et la sortie du village, selon d'où l'on vient ! Alors tout le monde a les yeux rivés sur ces deux points ! C'est rare, les choses qui tombent du ciel ! »

Ulysse et Philaé, affamés, sortent de la charrette : stupeur et tremblements dans l'assistance ! Une apparition qui suscite silence et fascination. Comme il n'est pas prévu de pouvoir entrer dans ces échoppes, nos enfants se hissent et s'asseyent sur le muret comptoir donnant sur l'unique fenêtre. Sonia se fend de son plus beau sourire :

« *Sotro*[1] *café mety ?*

— *Marina ! Mety*[2] *!* » lui répond une dame aux dents d'or.

Dans le présentoir des beignets allongés attirent notre attention :

« *Inona ity*[3] *?*

— *Mofo akondro !* »

Et c'est ainsi qu'est entré dans notre vie un des carburants qui se révélera essentiel pour tout notre parcours : le beignet de banane ! Une merveille gustative et nutritive, faisant oublier le côté huileux et fade du beignet ainsi que le côté gluant et bourratif de la banane. L'ensemble est une alchimie alliant le croquant de la friture et le fondant de la banane légèrement caramélisée. Il sera bon d'imaginer au cours des épreuves à venir que ces paysages arides cachent dans leurs replis des nids où se préparent des *mofo akondro* et de petits cafés chauds.

Quant aux attroupements, tant que les enfants ne poussent pas de cris et ne s'excitent pas, les nôtres s'y font peu à peu. Il ne s'agit pas de le contester mais de le constater et de faire avec. Ulysse et Philaé sont évidemment un peu sous pression car ils doivent manger leurs beignets devant les autres qui les dévorent du regard. Et le léger malaise qui flotte dans l'air est peut-être dû à notre embarras de ne pouvoir offrir à tous ces enfants des beignets identiques. Mais nous devons nous affranchir de cette mauvaise conscience, sans nous endurcir. Nous ne sommes pas là pour distribuer des bonbons, des beignets et fausser la relation à notre bénéfice.

La pluie ne nous rattrape pas cet après-midi-là. Nous surfons vraiment devant la vague de la mousson. En fin de journée pourtant, un lourd tapis gris déroule très haut dans le ciel sa couverture sombre en provenance de l'est que le soleil déclinant s'emploie à enflammer par en dessous. C'est en général le moment que nous choisissons pour trouver notre halte du soir. Car il faut être attentif, déchiffrer le paysage, se demander si tel bosquet d'arbres cache une maison, un hameau, si telle bifurcation nous offrira à proximité un lieu de camp.

---

1. « On peut boire un café ? » ou « Y'a du café ? » Prononcer « soutchou ».
2. « Bien sûr ! C'est possible ! »
3. « Qu'est-ce que c'est ? »

Le péril *dahalo* fait que nous recherchons pour l'instant la protection d'une famille, afin de pouvoir mettre nos zébus dans l'enclos familial pour la nuit. Ce soir, ce ne sera pas dans la campagne car nous arrivons aux abords de Mahavelona. Une petite troupe d'enfants se forme autour de nous, mais contrairement à Mananassy, ils nous dirigent, non chez le président du *fokontany*, dont ils nous disent qu'il est en déplacement, mais vers l'école des Sœurs guadaloupaines de La Salle. De toute façon, nous avons appris qu'à Madagascar il faut se laisser porter par le flot plutôt que de vouloir s'accrocher à ses plans. C'est une bonne école du lâcher-prise. Et quoi de plus rassurant que d'être guidés par des enfants !

Devant une église blanchie à la chaux au clocher bien classique – trois cubes de tailles décroissantes surmontés d'une croix devant une grande nef aux allures de grange –, une vaste esplanade de terre battue sert de terrain de foot dans la longueur et de terrain de basket dans la largeur. Cette cour est encadrée par de longs bâtiments à un étage avec coursives, construits avec soin dans le respect de l'architecture merina. On nous conduit devant une maisonnette proprette au balcon de laquelle sèche du linge. Sous une étroite véranda, Tovo va frapper à une porte de tôle grise agrémentée d'un judas. Une sœur au voile beige en sort, le regard aussitôt happé par notre curieuse charrette garée devant chez elle !

« Bonjour ma sœur, nous venons trouver refuge auprès de vous car nous avons croisé des *dahalo* aujourd'hui… Nous venons de Soavinandriana et allons à Ampasipotsy ! »

Sœur Lucie, le regard scrutateur derrière des lunettes rectangulaires, fait le tour de la charrette en silence, perplexe, penchée, les mains sur les hanches. Deux autres sœurs sont sorties de la maison et les enfants accourent de partout : la fête commence ! Philaé pointe son nez hors de la bâche. La sœur pousse un cri !

« Et vous voyagez avec vos enfants là-dedans ? Ah-ah-ah-ah ! »

Ce cri de surprise est très caractéristique de la culture malgache. Le poing porté à la bouche du côté du pouce et de l'index repliés est la manière appropriée de marquer son étonnement, gestuelle appuyée par ces quatre petits « ah » aigus scandés sur la même note. Je lui retourne ma surprise :

« Dites-moi, ma sœur, j'ai fait toute ma scolarité chez les frères lassaliens en France mais je n'ai jamais entendu parler des sœurs du même ordre ? Et pourquoi guadaloupaines ? Vous venez de Guadeloupe ? »

Un large sourire illumine son visage !

« Vous étiez chez les frères ! Alors nous sommes de la même famille ! Ha ha ha ! Non pas de la Guadeloupe mais du Mexique, en hommage à Notre-Dame de Guadalupe ! C'est normal que vous ne nous connaissiez pas, nous ne sommes pas présentes en France ! Je vous raconterai ça plus tard ! Venez les enfants ! *Mandroso*[1] *!* Je suis sûre qu'un goûter vous ferait plaisir ! »

Cela nous fait chaud au cœur d'être accueillis de la sorte après nos angoisses du jour. Nous nous sommes rendu compte au cours de la journée combien, dans les campagnes, la présence des *dahalo* diffuse un climat général de suspicion peu propice à la rencontre et aux échanges. De même, quand nous entrons dans les villes, on peut lire sur les visages que les gens se demandent ce que nous pouvons bien « trafiquer dans notre charrette ». Ce soir notre sésame pour briser la glace a été saint Jean-Baptiste de La Salle.

Passé la porte en fer, nous traversons une sorte de jardin d'hiver agrémenté de fauteuils et de plantes vertes, le parloir, et pénétrons dans la salle à manger. Autour d'un thé et de biscuits Marie disposés dans des assiettes Arcopal sur une belle toile cirée, la sœur reprend :

« Vous avez raté quelque chose hier ! Monseigneur Gustavo, notre évêque de Tsiroanomandidy, est venu inaugurer deux salles de classe fraîchement construites par l'association allemande Hilfe für Kinder.

— Gustavo, c'est un drôle de prénom pour un Malgache ?

— Oui, c'est parce qu'il est espagnol !

— Il y a encore des évêques *vazaha* ?

— Oui, je crois que sur nos vingt et un évêques il y a encore huit missionnaires, et certains sièges sont vacants. Vous savez, nous sommes une jeune Église ! Dans beaucoup d'endroits, les paroisses n'ont pas cinquante ans, et bien peu peuvent fêter leur jubilé de cent ans. Comme vous l'avez vu, Notre-Dame de Lourdes de Soavinandriana a été créée en 1903 !

— Comment fonctionnez-vous ici ? C'est votre congrégation qui finance la mission ? »

Sœur Julie part d'un grand éclat de rire !

« Vous savez, nous venons du Mexique, nous sommes une congrégation pauvre ! Les frais de scolarité sont très bas : 2 000 ariary par mois (60 centimes) et à peu près 20 % des élèves ne paient rien. Alors nous dépendons beaucoup de la générosité des

1. « Bienvenue ! », « Entrez ! »

bailleurs, comme par exemple ces Allemands qui nous ont financé deux classes : mais il nous en faudrait dix de plus car nous avons six cents demandes d'inscription ! Si vous voyiez l'état de l'école publique… Venez, je vous emmène voir notre chantier. »

Dehors, des douzaines d'enfants jouent au foot ou au cerceau dans le rougeoiement du soir. Sœur Julie harangue ses petits en chemin :

« Vous n'oublierez pas de me rapporter les ballons avant de rentrer chez vous, hein ! »

Elle nous adresse un clin d'œil, suivi d'un rire désarmant.

« Sinon les ballons ne reviennent pas… »

Sur le chantier, à côté des deux classes flambant neuves, s'étendent les fondations carrées des deux futures salles. Sœur Lucie rigole :

« Il restait un peu de béton et des parpaings, alors il n'était pas question que l'entrepreneur reparte avec ! C'est comme ça qu'ils font ici ! Il n'y a pas de petits profits ! Mais, heureusement, sœur Lucie veille ! Bon ! Là on a pris un peu d'avance sur le chantier suivant. Comme on est contents de l'entrepreneur, il reviendra sûrement ! »

Et nous découvrons derrière ce petit bout de bonne femme dodue et énergique une redoutable entrepreneuse, cheffe de chantier, mère poule et mère supplétive pour des centaines d'enfants.

La nuit nous surprend d'un coup avec un grondement de tonnerre. Tovo a déplacé la charrette à côté d'une maison bleue aux volets bordeaux attenante à celle des sœurs. Nous y trouvons un lit double à l'étage, au sommet d'un escalier de bois grinçant. Le matelas de mousse est suspect, le sommier en bruyant treillis métallique. Une puissante odeur d'urine de chauve-souris nous étrangle. Les auréoles brunes sur le faux plafond en panneaux de particules marronnasses en disent long sur le bestiaire qu'il abrite. Sonia fait une drôle de tête :

« Grand moment de solitude ! Je sens qu'on va bien dormir cette nuit ! »

Je file à la douche. Celle-ci est constituée de quatre tôles ouvertes sur le ciel derrière le barbelé du potager des sœurs. Heureusement le sol est en béton avec une évacuation, ce qui est rarement le cas. Je retrouve à tâtons – il fait nuit – le seau d'eau avec le godet qui y flotte. À peine ai-je commencé à m'en verser un sur la tête que des trombes d'eau s'abattent sur moi ! Douche automatique ! Je me savonne en vitesse dans le fracas du tonnerre qui m'apporte la lumière nécessaire, des seaux d'eau me rincent ainsi que la fatigue et la sueur du jour. L'eau ionisée tombée du ciel me réénergise. *Reset !*

Le dîner est frugal : *vary aminy anana*[1], une soupe de riz à l'eau avec des feuilles de moringa accompagnée de rogatons de viande en ragoût. C'est bon, c'est réhydratant, c'est exactement ce qu'il nous faut ! Et il y a tant de joie autour de cette table que la nourriture est ailleurs. Les sœurs s'amusent avec les enfants. Ulysse fait son show. Dès qu'il ouvre la bouche, il déclenche des cascades de rires. Il raconte ses rencontres avec des caméléons géants dont les sœurs ont une peur bleue. Et c'est Philaé qui se plie en quatre quand elle apprend qu'ici les caméléons s'appellent les « chiens longs » (*mboa lava*). Puis sœur Lucie nous explique l'énigme mexicaine :

« En fait c'est un frère français, le frère Fromental, qui a créé notre ordre au Mexique dans les années 1940, car les vocations masculines étaient insuffisantes et il y avait une forte demande de religieuses pour l'enseignement catholique. Depuis, nous essaimons partout dans les pays pauvres comme les Philippines, la Bolivie ou le Pérou et le Chili ! »

Le soir, avant de nous endormir, nous chantonnons avec Sonia « C'est une maison bleue, accrochée à la colline, on y vient à pied, on ne frappe pas, ceux qui vivent là ont jeté la clef ». Sonia m'avait rejoint lors de mon tour du monde à bicyclette avec Sylvain Tesson et, à Valparaiso, nous avions vu les fameuses maisons indigo comme celle dans laquelle nous tentons de trouver le sommeil ce soir. Le ballet des chauves-souris s'est activé, nous les entendons virevolter, se chamailler de leurs cris suraigus et surtout griffer la tôle avec les petits ongles crochus qu'elles ont au coude des ailes. Mais nous avons la parade : les bouchons d'oreilles ! Ne partez pas sans eux ! Ils sont une condition de survie *sine qua non* ! Juste avant de fermer le ban avec mon deuxième bouchon, j'entends Sonia qui glousse :

« Dommage que ça n'existe pas pour les narines ! J'ai l'impression d'être couchée dans la litière du chat ! »

Et Morphée m'emporte dans un élan d'admiration inconditionnelle pour ma femme.

Après le petit déjeuner de *vary aminy anana* et de *mofo akondro*, je m'installe derrière la charrette avec un pinceau et un pot de peinture noire. Je vais la baptiser ! Nous lui avons enfin trouvé un nom : *Fanantenana*, « Espérance ». Nous voulions un nom malgache, et porteur de sens. Pour Africa Trek, nous étions partis du cap de Bonne-Espérance pour 14 000 kilomètres à pied, et cela nous avait porté

1. Prononcer « vary m'nane ».

chance. Filiation. Aux premiers pas de cet « impossible périple », plein d'angoisses sécuritaires et d'incertitudes logistiques – Ça ne passe pas ! *Tsy mety ! Tsisy lalana, misy maro dahalo*[1] *!* –, l'espérance me semble être la meilleure posture, mélange de confiance positive dans le futur et de jouissance sereine du moment présent. Autour de nous, des dizaines d'enfants découvrent le nom de la charrette, lettre après lettre, et s'enthousiasment de le comprendre !

Visages angéliques, comment les décrire ?

L'une des fillettes, d'une dizaine d'années, lève la tête vers nous, penchée en avant par le poids de son petit frère noué dans son dos avec un *lamba* blanc. Elle a les cheveux raides à la garçonne avec une frange qui lui tombe sur les yeux. La tête légèrement inclinée sur le côté, elle a un sourire de Joconde et me dévisage. Son teint est pain d'épices et ses traits fins, son petit nez discret, ses lèvres charnues, et ses yeux noirs en amande trahissent des origines asiatiques. Sur les Hautes Terres de Madagascar, on est bien loin de l'Afrique : les gens que l'on croise pourraient aisément se confondre avec des paysans népalais, indonésiens ou même thaïlandais. Sa voisine a la peau plus foncée, les cheveux plus frisés, les yeux plus ronds et le visage plus ovale pour me faire mentir. Derrière elle, une grande godiche au visage européen, aux cheveux rapportés en un curieux chignon noir sur son front mat, tente d'exciter la petite foule de curieux chuchoteurs par de gros rires gras. Ainsi donc toute une palette chromatique s'étale sous nos yeux avec cependant un point commun : on sent qu'on est dans un univers différent qui ne ressemble à rien de connu. Il y a un fait, un mystère, une énigme malgache que nous commençons à pressentir, alors que nous n'en sommes qu'aux balbutiements de notre périple.

C'est l'heure de nous séparer. Les enfants arrivent avec Sonia et les sœurs pour la séance photo. Nous découvrons jour après jour que les Malgaches adorent les photos et sont photogéniques. Dans beaucoup de pays, tirer le portrait des autochtones devient de nos jours un problème pour les voyageurs. Droit à l'image, violation de leurs traditions, monétarisation du clic : rien de cela ne fait obstacle, semble-t-il, à Mada, ce qui nous rassure pour notre métier de reporter. J'essaie de rassembler la fine équipe. Philaé et sœur Julie se chatouillent, elles se courent après comme deux gamines. En voilà deux qui se sont trouvées ! Autour de nous se forme un grand

1. « Il n'y a pas de route ! Il y a plein de bandits ! »

arc de cercle d'élèves en uniforme rose pour les filles et vert d'eau pour les garçons. Bras dessus, bras dessous, trois Poussin et trois sœurs forment un pack d'amour comme si nous nous connaissions depuis toujours, comme si nous n'allions jamais nous séparer. Quelle est cette force extraordinaire qui nous a rapprochés si intensément et si vite et qui va rester longtemps au fond de nos cœurs, alors que nous n'aurons passé que quelques heures ensemble ? Pourquoi repartir d'ailleurs, pourquoi ne pas approfondir ? Pourquoi ne pas rester à instruire les enfants, à aider aux travaux, à porter un peu du fardeau que ces sœurs ont décidé d'assumer seules, auquel elles ont voué leur vie ?

Ce serait un autre engagement, un autre voyage, et nous venons à peine de nous mettre en route. Nous avons soif de connaissances, de compréhension, de paysages et de kilomètres.

Je passe derrière le groupe pour avoir une vue d'ensemble et constate que Sonia porte en fait le même uniforme que les sœurs, jupe beige, chemise beige, cheveux nattés : il ne lui manque que le voile blanc. Dieu m'en préserve ! Quand je leur en fais la remarque, les sœurs partent d'un immense éclat de rire, repris par la foule d'enfants qui n'ont rien compris.

« On garde Sonia et on vous laisse partir ! »

Quoi de plus contagieux que le rire ? C'est donc dans les rires et sous bonne escorte que nous quittons Mahavelona.

ANTANANARIVO

ANKINO @i JEHOVAH
NY ASANAO
MATOKIA AN'i JEHOVAH
@ FONAO REHETRA
AZA KIVY NA @ INONA NA @ INONA
TIA ANAO JESOSY
AZA METY HO RESIN'NY RATSY IANAO
FA RESEO @ SOA NY RATSY
IZAY REHETRA ATAONAREO DIA
ATAOVY AMIN'NY
3

5

6

7

8

9

10

11

12

13

14

15

16

17

18

19

20

21

22

23

24

25

26

27

28

29

11

Gentlemen farmers

Quand l'agitation autour de notre charrette s'apaise un peu plus loin sur la piste ravinée par deux profonds sillons, nous prenons soudain conscience de la présence d'un petit garçon qui marche de conserve avec nous, tenant sous son bras gauche une jante de bicyclette en guise de cerceau et sa houssine pour la guider et, sous l'autre bras, un chiot aux pattes et aux oreilles pendantes qui battent la mesure à chaque pas. Sérieux comme un pape, il marche droit en regardant le sol sans oser croiser notre regard. Il a manifestement peur. Je tente de le détendre en lui disant que son chiot est mignon. Il ne se déride pas. Pieds nus, poudré de latérite jusqu'aux oreilles, il n'est vêtu que d'un short rouge déchiré. Je l'immortalise. Comme pour faire mentir mes précédentes réflexions sur la photo, il détale d'un coup en poussant un cri de terreur, dépasse la charrette et disparaît au détour d'un buisson. Le charme s'est évanoui. Sonia interroge Tovo :

« Ben alors ? Quelle mouche l'a piquée ?

— Vous savez, dans ces campagnes, les grands-mères racontent aux enfants des histoires de voleurs de cœurs pour qu'ils se tiennent sages, nous répond-il un peu gêné. Et les *paka fo* – "voleurs de cœurs" – sont les *vazaha* ! Alors là ! Il a dû s'imaginer que vous étiez des voleurs de cœurs et que la charrette en était remplie !

— En fait, c'est comme si nous étions des ogres ? renchérit Ulysse. Mais nous, nous sommes des enfants ? Nous ne pouvons pas être méchants ?

— Ça ne veut rien dire ! Vous pourriez être comme des appâts pour attirer les autres enfants ! »

Nous découvrons ainsi peu à peu la complexité de la pensée malgache, tout en nuances, loin des évidences. Les choses ne sont pas ce que l'on croit qu'elles sont. Les rumeurs ont plus de poids que les évidences. Notre charrette, véhicule appartenant à la culture malgache et choisi pour nous fondre dans le paysage, soulève en fait plus de questions qu'elle ne résout de problèmes. Ce serait beaucoup plus simple à comprendre pour nos interlocuteurs si nous nous déplacions en voiture. Des *vazaha* en voiture sur cette route ? Ils doivent être perdus. Mais des *vazaha* sur cette route en charrette ? Qu'est-ce que cela peut bien cacher ? Que font-ils vraiment ? Quel est leur objectif ? Que transportent-ils ? Pourquoi souffrent-ils volontairement ? Qu'est-ce qu'ils y gagnent ? Au lieu de nous faire passer inaperçus, cette charrette nous fait clignoter en plein jour !

Ils ne le disent pas tout de suite, mais une fois que la glace est brisée, après avoir marché un ou deux kilomètres en notre compagnie, nos interlocuteurs nous demandent parfois du bout des lèvres après nous avoir écoutés poliment débiter notre bréviaire :

« En fait, que vendez-vous ? »

La première fois, notre surprise fut totale face à cette question. Et à celle qui arrive en général après notre réponse :

« Mais alors, que collectez-vous avec votre charrette ?

— Collectez ?

— Oui, qu'êtes-vous venus acheter ? Des pierres précieuses ? Des saphirs ? De l'or ? Vous n'êtes pas venus acheter du riz, je suppose ! »

Car il faut forcément une raison matérielle à notre présence. Une motivation mercantile. Marchands ambulants ou bonimenteurs, charlatans ou trafiquants de médicaments sont les seuls colporteurs que nous ayons croisés sur ces pistes. Pas étonnant qu'ils nous attribuent les mêmes fonctions. Quand nous leur répondons que nous collectons des souvenirs, des photos, des rencontres, ils commentent alors invariablement, l'air soulagé :

« Ah ! Alors c'est votre gouvernement qui vous paie pour faire une enquête sur nous ?

— … ? »

Les seuls étrangers que ces Malgaches voient jamais sont en voiture et pressés : techniciens missionnés par des ONG ou des entreprises, qui vont repérer des sources pour des projets d'adduction d'eau, chercher des lieux pour installer des antennes relais ou des panneaux solaires, faire des pesées de bébés sur les places des villages en échange de poignées de riz ou de moustiquaires. Parfois, ce sont des thésards rémunérés pour des études qui iront s'entasser dans les rayonnages d'une université en échange d'une note. Nous réalisons à quel point notre démarche est nouvelle à Madagascar. Rares sont les *vazaha* qui s'aventurent en dehors des sentiers battus par des moyens naturels.

Ainsi s'écoulent nos journées, à apprendre, à tirer un enseignement de chaque rencontre, à attendre le « sauveur du soir » en la personne de celui ou celle qui nous indiquera l'endroit où reposer notre tête. Car le reste du jour se déroule en opérations de franchissements d'obstacles qui mobilisent toute notre énergie et notre attention. Et un nouvel obstacle se présente tous les 300 mètres environ : un ruisseau à franchir, un petit canal, une ravine, une butte ou un tournant à négocier, un freinage catastrophe à contrôler. En fait, nous ne sommes réellement pas trop de trois hommes… Et le soir arrive, aujourd'hui comme hier, en plein après-midi, peu de temps après avoir redémarré après la pause déjeuner. Cela nous fait de courtes journées qui se jouent le matin, à condition d'être parvenus à partir tôt ! Aussi sommes-nous tiraillés entre la nécessité d'avancer et la volonté d'apprendre et de ne pas vouloir rater une bonne occasion. Une occasion aujourd'hui qui vient vers nous sous la forme d'une moto à trois têtes !

Un jeune couple, dont la femme porte un bambin sur la hanche gauche, déboule ébahi derrière nous et s'arrête à notre hauteur :

« Ah-ah-ah-ah ! On n'y croyait pas ! Les enfants du village que vous venez de traverser nous ont parlé d'une charrette de *vazaha* avec des enfants ! On voulait le voir pour le croire ! »

La conversation s'engage. En quelques phrases nous comprenons qu'ils ne sont pas d'ici : ils viennent de Tana et ont fait le choix de s'installer dans cette campagne perdue.

« Accepteriez-vous de venir chez nous ? Nous avons des poules, des canards, des oies… et même des poussins ! »

C'est le mot magique qu'il ne fallait pas dire. En apprenant notre nom de famille, ils manquent de tomber de la moto. Un petit coup d'œil à Sonia pour validation, un petit coup d'œil à mon podomètre : 12 kilomètres, c'est maigre… Mais les enfants entrent dans la danse en piaillant, les kilomètres perdent, l'invitation spontanée gagne.

« C'est d'accord ! Mais j'espère que vous n'habitez pas trop loin ?

— Non pas loin, juste à 2 kilomètres derrière vous, à l'embranchement !

— Gloups ! »

En arrière est beaucoup plus loin qu'en avant : il faut revenir sur ses pas en sachant que la même distance sera à nouveau à franchir le lendemain. C'est pour cela que nous ne faisons jamais marche arrière ! En principe…

« Bon ! Ce sera l'exception qui confirme la règle ! Et puis on ne peut pas refuser une si gentille invitation ! »

Rova a le visage rond d'un bon fils de famille, et le regard franc cerclé de lunettes de l'étudiant sérieux, bien mis. Miali est une jolie femme au sourire radieux et à la faconde des gens de la haute société tananarivienne. Elle a des yeux en amande aux beaux reflets jaunes et la peau plus claire que la population de ces campagnes au visage buriné et aux regards farouches.

Rova repart à moto et Miali nous escorte. Nous repassons par le village traversé. Il y a des enfants partout, c'est la fête ! Ils ont sorti leurs cerfs-volants ! Ils nous font une haie d'honneur, piaillent de joie, nous emboîtent le pas en sautillant. Ils sont contents que nous ayons rebroussé chemin en compagnie de ces « Malgaches des villes ». Quel bonheur que tous ces babillages !

Comme prévu, les 2 kilomètres se transforment en 4 et nous mettons une heure et demie pour déboucher sur un vallon paradisiaque, tapissé du vert de petites rizières étagées comme un jardin suspendu dont les degrés s'éclaircissent à chaque marche. Ce paysage chasse d'un coup le rat du remords qui commençait à me ronger la tête. Des mandariniers alignés le long de canaux d'irrigation tranchent sur le jaune et le rouge des pentes avoisinantes. En bas du vallon, un étang miroite devant une grande maison à coursives sise au bord d'une rivière. Là encore, des touffes d'arbres font la différence entre le désert et le havre. La vision est pour nous inédite.

« En fait vous êtes des *gentlemen farmers* ?

— Oui, j'aime bien cette appellation ! répond Miali en éclatant de rire. Je crois qu'en France on nous appellerait des bobos ! On est très heureux ici, même si les gens du coin nous appellent les “bourzanes”, c'est-à-dire les “bourgeois”. »

Lui était comptable dans une grande entreprise, elle était dans la com.

« La vie devenait trop dure à Tana, les logements trop exigus. Pollution, surpopulation, insécurité, manque de liberté… Mon père, qui était dans la politique, avait acheté cette terre à des villageois il y a une quinzaine d'années, donc il fallait s'en occuper, sinon on risquait de la perdre. Une loi stipule que la terre appartient à ceux qui la valorisent. Alors on a décidé de s'installer ici pour la valoriser et élever notre premier enfant !

— Vous avez combien d'hectares ?

— Quinze, et nous sommes trois, avec une famille de laboureurs pour les rizières que vous avez vues. On a des zébus, trois vaches pour le lait. On fait un peu de maïs pour nourrir les poulets et les canards. On a aussi deux petits étangs piscicoles avec des tilapias que nous revendons au village.

— Et ça vous suffit pour vivre ?

— Ça va, c'est juste, mais on n'a pas de dépenses ici ! »

Et ce disant il se retourne vers Miali avec un sourire plein de sous-entendus. Celle-ci botte en touche :

« Allez ! Venez voir nos poules pondeuses et nos poulets de chair ! Ce sont eux qui nous font vivre ! »

Philaé ne se le fait pas dire deux fois. Dans une maisonnette proprette dépourvue de fenêtres mais disposant d'ouvertures horizontales à hauteur de tête, nous découvrons le moteur de l'exploitation : quarante poules pondeuses. De belles dames rousses qui gloussent doucement devant notre intrusion mais en secouant toutes leur tête de droite à gauche en cadence, ce qui a pour effet comique de faire gigoter leur crête.

« Elles sont trop mignonnes ! craque Philaé.

— Vous avez vu dans les villages ce qu'on appelle les poulets bicyclettes ? nous explique Rova. Eh bien celles-ci n'ont rien à voir. C'est comme comparer une 2CV et une Mercedes ! Elles sont nourries à la provende et nous produisent un gros œuf roux par jour, alors que les autres pondent de temps en temps des petits œufs blancs qui sont consommés par les familles. La différence, c'est le carburant : la provende. »

Philaé est tout ouïe.

« C'est une farine composée de maïs, de blé, de toutes sortes de céréales disponibles, de brisures de riz, de tourteau de soja ou de tournesol et même de poisson séché pour les protéines et les minéraux. Toute la rentabilité de la ferme dépend du prix de la provende et du prix des œufs, bien sûr, qui est en principe de 400 ariary, soit 10 centimes d'euro. Et le cours de la provende est très dépendant du cours du pétrole… Bref, c'est difficile d'avoir un plan prévisionnel et un *business model* solide. Surtout qu'il ne faut pas que les œufs se cassent dans le transport ! Et vous avez vu les pistes dont on dispose ici ! Tout le reste de l'activité de la ferme, c'est de la décoration, du bonus.

— Ici on tente l'expérience de l'agriculture productive versus l'agriculture de subsistance, renchérit Miali. Vous avez vu le village par lequel nous sommes passés aujourd'hui ? Ces dizaines d'enfants par famille ? Ils mangent tout ce qu'ils produisent et ils restent pauvres. Ils arrivent à peine à vivre du fruit de leur travail et leurs enfants ne sont pas soignés et bien peu sont scolarisés. Vous voyez, nous sommes trois sur 15 hectares avec une seule famille de paysans qu'il faut rémunérer. Et nous ne sommes pas sûrs d'être rentables. C'est un pari. On va voir la suite ?

— Est-ce que je peux rester là ? Je suis trop bien ! Elles sont tellement gentilles !

— Si tu veux ! »

Et Philaé s'installe parmi les gallinacées interloquées.

Cette enfant nous fascine. Son empathie pour les animaux lui permet d'être acceptée parmi eux. Les poules se calment. Elle commence à leur chanter des petites comptines inventées pour l'occasion. Nous refermons la porte en douceur et la laissons avec ses nouvelles copines. Quand nous repassons un quart d'heure plus tard, elle en a deux perchées sur les jambes, une sur l'épaule et une dans les bras qui se laisse gratter de la pointe de l'ongle les parasites rouges qu'elle a autour des yeux. Elle est aux anges, et tourne vers nous un visage ravi ! Sonia fait une grimace dégoûtée en pensant aux puces qu'elle va nous refiler, mais notre fille continue consciencieusement sa séance d'épouillage…

Le soir, c'est nous qui abordons le sujet qui fâche :

« Dans votre ferme isolée, vous n'avez pas peur des *dahalo* ? »

Les visages de Rova et de Miali se figent :

« Nous n'osions pas vous en parler ! répond Rova. Bien sûr que si nous avons peur, car tout autour de nous, des zébus se font voler la nuit. Surtout en ce moment. Et nous avons peur aussi pour vous ! C'est pour ça que nous avons des chiens, ils donnent l'alarme dès qu'il y a des rôdeurs. Grâce à ça, nous n'avons pas encore été attaqués. J'ai fait aussi courir le bruit que j'étais armé. Vous devez être armés aussi, non ?

— Non ! »

Il fait une petite moue :

« Je comprends que vous ne vouliez pas le dire, mais si vous vous promenez comme ça librement et l'air si détendu sur les pistes, c'est que forcément vous êtes armés ! Vous n'emmèneriez pas vos enfants sinon ! »

En disant cela, il touche du doigt une de mes profondes inquiétudes. Nous avons des scrupules à faire courir des risques à nos enfants. Avons-nous le droit de les entraîner dans cette aventure pleine d'incertitudes ? Ont-ils plus de chances de se faire attaquer ici que renverser par une voiture en France ? Les dangers sont-ils si grands que tout le monde se fait du mauvais sang pour nous, veut nous dissuader dans notre entreprise, nous persuader de devoir être armés ? Quand nous avons traversé l'Afrique du Sud au nord à pied, sans autre arme qu'un petit couteau suisse et une bombe lacrymogène, j'arguais que notre force était justement dans cette faiblesse, cette mobilité, cette légèreté et cette souplesse. L'argument ne prend pas.

« Oui mais là vous êtes lents, prisonniers des pistes, vulnérables aux embuscades, et vous avez des zébus, et les gens imaginent forcément que vous transportez plein de devises dans votre charrette ! »

Je m'en sors par une pirouette qui détend l'atmosphère.

« Si, j'oubliais ! Nous avons deux armes redoutables à bord de la charrette : Ulysse et Philaé ! Si vous saviez comme ils sont féroces ! »

Mais Rova revient à la charge.

« Non, vraiment vous devriez avoir un chien avec vous !

— Oh oui ! oh oui ! Papa ! Dis oui ! »

Philaé n'en rate pas une. Elle ne s'en remet pas de ne pas avoir pu nous forcer la main avec le chiot de Soavinandriana qui avait été volé. Sonia connaît son petit numéro :

« Mais non, Philou, qu'est-ce qu'on en ferait quand nous rentrerons en France ? Ce serait cruel de l'abandonner, et puis il faudrait le nourrir ! Dans les villages il se battrait avec les autres chiens… »

Cette nuit-là, je ne parviens pas à trouver le sommeil car les chiens de la maison aboient, se battent : j'imagine des courses-poursuites aux trousses de *dahalo*… Dès que les hurlements cessent après un hurlement à la mort, je me demande à chaque fois si les chiens ont été occis par des *dahalo* qui vont nous attaquer. Et les secondes s'égrènent dans l'attente au rythme de mon cœur qui bat la chamade. Le comble, c'est que je suis soulagé d'entendre l'horrible concert nocturne repartir de plus belle ; en désespoir de cause, je me fourre rageusement des bouchons d'oreilles dans les conduits auditifs. Au diable les *dahalo* ! Et plutôt dormir que d'avoir un chien !

12

Du riz et des hommes

Mercredi 5 novembre 2014, Analadramanga, Pk 252

Misère noire. On la voit à peine quand on ne fait que passer. Elle nous saute à la figure quand nous nous arrêtons. Ils ont mis dix minutes à sortir de la bâtisse. Nous n'en croyons pas nos yeux. Dix, douze, quatorze, vingt, trente, quarante et cela a continué, comme un gag, cinquante, soixante... soixante-quatre personnes sont sorties de cette maison. Ça en fait du monde ! Nous nous sommes amusés à les compter et cela a détendu l'atmosphère car les hommes nous avaient tout d'abord accueillis avec des haches... Nous sommes arrivés à la tombée du jour, juste avant l'orage qui menaçait, dans des bourrasques de vent et d'électricité. Nous nous étions avancés Tovo et moi sans la charrette pour demander si nous pouvions dormir sous la protection de ce hameau un peu à l'écart de la piste. Et notre irruption d'hommes fatigués avait paru inquiétante. Mais tout va bien. La charrette a été autorisée à s'approcher. Il a fallu déployer des trésors d'imagination pour rassurer nos hôtes. Car toute nouveauté est suspecte.

Dans cette cour où la charrette a déboulé, c'est un joyeux charivari qui se déclenche. Via le truchement de Tovo, je m'adresse à l'homme qui me semble le bon interlocuteur :

« Nous sommes désolés d'arriver ainsi à l'improviste et de vous déranger lors d'une réunion familiale. Vous allez célébrer un mariage, une naissance, un baptême ?

— Non, pas de souci, vous ne nous dérangez pas. Non, nous n'avons pas de cérémonie prévue, pourquoi cette question ?

— Vous habitez tous ici ? »

Et ce faisant je balaie du regard tous les moutards aux yeux écarquillés agglutinés autour de nous. Quand Tovo achève de traduire, retentit une hilarité générale ! Ils sont fascinés de ma fascination ! Je poursuis l'enquête. Huit couples habitent dans cette maison. Ils ont tous eu en moyenne six enfants. Et quatre petits vieux dont ce devait être la maison à l'origine veillent d'un regard éteint sur cette progéniture en guenilles. Le chaume est hirsute, le garde-corps en bois de la terrasse démonté, il n'y a pas le moindre siège dehors pour toutes ces petites fesses, tout est décati malgré le nombre de bras disponibles dans les parages, pas le temps de fignoler, pas le temps de s'asseoir entre le lever, le travail et le coucher. Et si on veut faire une pause, quoi de plus pratique que de s'accroupir sur ses talons...

Une fois les présentations faites, nous parons au plus pressé : garer la charrette, sortir et monter notre abri, transbahuter tout dans l'abside de la tente, installer les tapis de sol, et les affaires de couchage pour la nuit, ranger bien tout à sa place. Cette noria de sacs nous prend une bonne demi-heure d'action coordonnée. Tant d'objets, tant de choses, au milieu de tout ce dénuement ! Quel contraste ! Une bouteille plastique vide est ici un trésor. Nous avons pourtant le sentiment de n'avoir que le strict minimum et de nous contenter de peu. Nous sommes loin du décompte...

Quand tout est en place, sonne le moment de l'école. Il est inauguré par un instant magique : la pression de mon index sur un interrupteur à l'arrière droit de la charrette qui soudain s'illumine dans la nuit tombée comme une pierre. La stupeur est reprise en écho par tous les témoins sur fond de chuchotis habituels. Les hommes viennent constater à tour de rôle avec une respectueuse politesse ce petit miracle : « *Misy jiru am'ny saretin vazaha*[1] *!* »

Tout s'éclaire quand je leur montre le panneau solaire sur le toit et, d'un coup de lampe frontale, la caisse de la batterie logée sous le plancher. Les hommes, via le truchement de Tovo, me convient alors à aller m'asseoir avec eux à même le sol de terre battue pour un court *kabary*.

À force de circonvolutions délicates, de considérations sur les difficultés de la vie, l'augmentation du prix des PPN – produits de première nécessité –, sur la pluie qui se fait attendre, sur les *dahalo* qui rôdent dans les environs, ils essaient de savoir ce que nous,

1. « Il y a de l'électricité dans la charrette des Blancs ! »

vazaha, venons VRAIMENT faire dans les parages. Pour couper court à toutes les suspicions qui nous sont déjà familières, je dis que nous sommes des amis du frère Jacques d'Ampasipotsy où nous nous rendons. Car nous entrons dans sa zone, et il y est apprécié et connu. J'aime bien ces échanges avec un traducteur, cela permet une respiration, des réponses posées sans brusquerie et la confiance a le temps de s'instaurer. On peut observer les visages, y lire des questionnements, des conflits intérieurs, composer le sien, afin de rassurer. Cela aide à placer des pions mentaux dans la conversation avec quelques coups d'avance.

Puis vient enfin mon tour de résoudre certaines énigmes.

« Vous êtes soixante-quatre à vivre dans cette maison ? »

Il hoche du chef. Je place un :

« *Tena mahaga ! Maro zaza*[1] *!* »

Qui a le don de les faire rigoler.

« Et comment faites-vous pour nourrir tout ce petit monde ?

— Nous sommes cultivateurs de riz.

— Et combien avez-vous d'hectares ? »

La réponse tombe comme un couperet :

« Deux.

— Deux !? Et combien réussissez-vous à produire de riz ?

— À peu près 2 tonnes par hectare, cela dépend de la pluie, des criquets, des cyclones, de l'engrais, ça dépend de beaucoup de choses…

— Et qu'avez-vous d'autre pour vivre ?

— Un cochon, les dindons que vous voyez là et les poulets autour de nous. Et nous plantons des brèdes sur le bord des rizières. C'est tout. Avoir des zébus c'est trop dangereux. Nous en avons juste une paire, comme vous. Pour labourer et tirer notre charrette.

— Et vous n'avez pas peur de vous les faire voler quand même ?

— Le *fomba* veut que les *dahalo* ne volent qu'à partir du troisième zébu. Toucher à la paire de zébus de travail, c'est comme tuer la personne et sa famille, c'est vraiment *fady* ! Et si on attrape le *dahalo*, il n'y aura aucune pitié.

— ?

— Oui, nous le tuons ! *Maty !* mime-t-il en claquant fort ses deux mains en les faisant se percuter comme des cymbales, ce qui déclenche une cascade de rires.

---

1. « C'est hallucinant ! Il y a beaucoup d'enfants ! »

— Et le ministère de l'Agriculture ne vous aide pas ? »

Temps de la traduction, et recascade de rires…

« Nous voudrions de l'aide pour l'engrais, les pesticides, les outils, ou des microcrédits moins chers ! Personne ne vient à notre secours et on ne peut rien acheter. Nous sommes obligés de garder à peu près 200 kilos de riz pour les semences de la saison suivante.

— Que faites-vous des 3 800 kilos qui restent ?

— Nous en vendons 2 tonnes, ce qui nous rapporte à peu près 4 millions d'ariary (1 000 euros) et le reste, c'est pour notre consommation, ce qui est un peu juste ; c'est pourquoi on ne mange que deux fois par jour.

— Donc vous vivez à soixante-quatre avec1 000 euros par an ? »

Temps mort. Il hoche du chef.

« Et vous les dépensez comment ?

— Pour acheter les PPN, de l'huile, du sucre, des bouillons-cubes, du bicarbonate de sodium.

— … ? »

Ma surprise déclenche encore des rires.

« Oui, c'est indispensable pour faire des *mofo gasy* ! Pour la fermentation de la pâte. »

De la charrette nous parviennent les cris de Sonia et de nos enfants. Cela sent la rébellion et la fin des cours du soir. Ce qui suscite une nouvelle vague d'hilarité. On n'élève jamais la voix chez les Malgaches, ni les parents contre les enfants ni encore moins l'inverse. Mais ils nous savent coutumiers du fait, nous les *vazaha*, alors, tant que c'est entre nous, ça les fait rire ! Je tente de me lever pour aller aux infos mais mes jambes engourdies ont du mal à se décroiser.

« Je vais tenter de faire mon devoir de père ! »

Et nous nous quittons sur une dernière salve de rires.

Quand j'essaie d'évaluer la pauvreté de ces familles lors de mes devoirs du soir, je n'y parviens pas. Comment l'évaluer ? On est tellement en dessous du seuil de pauvreté établi à 1,9 euro par jour à Madagascar[1]. J'essaie de faire simple : à soixante-quatre, dont seize adultes en âge de travailler, ils gagnent 2 000, en mangent 1 000 et en dépensent 1 000. Dans le meilleur des cas je trouve 0,34 centime d'euro de revenu par adulte et par jour, avec trois enfants à charge…

1. Pour rappel, le seuil de pauvreté en France est fixé à 1 009 euros par mois, soit 33 euros par jour.

Très loin de 1,9 euro. Si j'inclus les enfants dans le calcul, j'arrive à 8 centimes d'euro par jour et par personne. Ça doit être bien plus compliqué. Car je néglige les poules, les dindons, les œufs, les brèdes, le charbon de bois et les jours ouvrés sous le soleil pour 1 euro. Très difficile de mettre la pauvreté en équation. Bien malin le sondeur ou le statisticien de la FAO (organisation des Nations unies pour l'alimentation et l'agriculture) qui y parviendrait, s'il venait seulement ici… Cette misère factuelle est largement ignorée, hors des écrans radars.

Ce que j'en retiens, c'est qu'une fois nourries, ces soixante-quatre personnes n'ont que 1 000 euros à dépenser : un pouvoir d'achat de 4 centimes par jour et par personne, mais comme je suis honnête, ce chiffre remonte à 10,5 euros par mois et par ménage ! Mais je n'ai pas valorisé le troc, la cueillette de fruits du tapia, la consommation et la revente de charbon de bois, de quelques tomates… Je m'endors en sombrant dans le sommeil avec les chiffres vertigineux de cette insondable pauvreté.

À l'aube, la misère et la crasse sont encore plus crues et criantes que la veille. Les nombreux marmots sont alignés, accroupis le long du mur, tous plus morveux les uns que les autres, dans des hardes innommables ajourées de toutes parts. Les couches de poussière et de saleté sur la peau défient l'imagination. Philaé hallucine.

« Mais pourquoi leur maman les lave pas ?

— Elle doit être en train de préparer le riz du matin, elle n'a pas le temps, et comme ils ne vont pas à l'école, peut-être qu'elle se dit que ça ne sert à rien car ils vont se resalir aussitôt ?

— Même au fin fond du Ladakh ou en Bolivie je n'ai jamais vu ça, ajoute Sonia. C'est vrai que l'eau glacée ne fait pas très envie dans leurs montagnes, mais ici, il y a de l'eau partout avec les rizières. Mystère ! »

J'interroge Tovo, mal à l'aise :

« Certaines personnes croient que cela protège des microbes, et que les enfants propres tombent plus malades. Mais c'est surtout un manque d'éducation…

— Moyennant quoi ils sont tous un peu malades, sûrement à cause de leurs carences alimentaires et du manque de vitamines. Et ceux qui survivent à leurs premières années dans cette crasse générale ont sans doute une immunité renforcée. »

Petit bol de porridge, petit café. À l'écart, du côté des zébus, Ulysse et Philaé, assis sur des mortiers de bois, l'un retourné, l'autre renversé, l'œil dans le vague, picorent leurs flocons d'avoine, tandis qu'à leurs pieds grouillent des poussins noirs qui courent dans tous les sens. Vite, il faut décoller. La journée se gagne le matin. Nous quittons Analadramanga à 6 heures. Notre record.

Toute la matinée nous sommes tourmentés par cette rencontre. Les enseignements à en tirer. Sont-ce d'ailleurs des enseignements ? Que concluons-nous de cette expérience ?

« C'est fou, tu vois, on a l'exemple à deux jours près de deux modèles agricoles complètement différents. Miali nous l'avait dit : ces familles surnuméraires mangent tout ce qu'elles produisent et n'arrivent pas à générer de l'excédent pour vivre décemment…

— Quelle angoisse ! Que vont devenir tous ces enfants ? Comment veux-tu que les parents s'en sortent avec autant de bouches à nourrir ?

— C'est vrai, quel va être leur avenir ? C'est quoi l'étape d'après ? Ils ne vont pas diviser leurs 2 hectares entre eux, c'est impossible ! Ils vont devoir partir, mais où ? Vers les villes, vers d'autres terres ? Mais il leur faudra de l'eau…

— Et puis il y a très peu d'endroits disponibles qui ne sont pas déjà utilisés par des rizières dans ces collines ! J'ai lu en plus que la surface agricole utile à Mada ne faisait que reculer à cause de l'érosion et du lessivage des sols…

— Oui et on n'imagine pas que vont se créer des millions d'emplois industriels ou salariés en ville qui pourraient absorber tous ces excédents de populations rurales analphabètes !

— C'est vrai, ça ! Ils seront donc condamnés à aller s'entasser dans des bidonvilles en périphérie… »

Comment pouvons-nous juger ? Que ferions-nous à leur place ? Est-ce juger que de s'inquiéter, que de chercher des solutions d'avenir pour tous ces enfants ? N'est-ce pas plutôt de l'empathie ? Sonia reprend :

« En France aussi, à la fin du XIXe, il y avait des familles de paysans avec huit ou douze enfants.

— Oui, mais il y avait l'école républicaine, les fameux hussards noirs ! Nous avons eu la révolution industrielle qui a peu à peu transformé les paysans en ouvriers, et puis il y a eu les épidémies et les guerres aussi. »

Ce sont tous nos cours d'histoire-géo et d'économie qui ressortent par bribes. Les enfants écoutent en silence cette conversation qui ne leur est pas adressée. Ils n'en ratent pas une miette.

« Oui, après la Grande Guerre et l'hécatombe qu'elle a provoquée, les campagnes françaises se sont peu à peu remembrées – il fallait bien travailler les terres de la veuve Martin ou de la veuve Dupont, ces milliers d'hectares laissés en jachère car les hommes étaient morts à la guerre. Donc ces propriétés agricoles ont été rachetées et rattachées à de plus grosses et se sont mécanisées. Les familles qui n'avaient plus de travail à la campagne sont venues dans les villes qui sont devenues ouvrières. On appelle cela l'exode rural !

— Et tu crois qu'ils vont suivre le même schéma ici ?

— Je n'en sais rien, il n'y a aucune raison objective pour que cela soit le cas. Je pense même que c'est une erreur de croire que l'Histoire et le développement empruntent partout les mêmes chemins. Mais une chose dont je suis convaincu, c'est que s'ils avaient moins d'enfants, leur niveau dc vic, d'éducation et de santé serait plus élevé, ainsi que leurs chances de trouver du travail ou une terre ailleurs. Là, je ne vois pas comment ils vont pouvoir s'en sortir ! »

Tovo, qui suit notre conversation avec intérêt, intervient :

« Oui, mais dans notre culture, les enfants sont considérés comme une richesse ! On dit que l'on est béni si on a eu sept filles et sept garçons ! Et puis on se dit qu'ils travailleront pour nous quand on sera vieux ! N'oubliez pas qu'il n'y a que les fonctionnaires et les salariés qui ont une retraite ici.

— D'accord, c'est bien beau tout ça, nous aussi on aime les enfants, mais tu vois bien que cette famille était pauvre car il y avait trop de bouches à nourrir sur une terre limitée ! Toi, par exemple, tu en veux combien d'enfants ?

— Un ou deux, maximum trois ! Après je ne pourrai pas les nourrir…

— Ben tu vois ! Et d'après toi, qui est le plus à même d'assurer tes vieux jours, deux enfants éduqués qui auront des postes salariés, ou douze enfants pauvres qui ont déjà du mal à subvenir à leurs propres besoins ?

— Les deux éduqués…

— Donc tu es d'accord avec nous ! »

Il fait la moue. Sonia conclut provisoirement :

« Quelle angoisse ! Je ne vois pas par quel miracle cette famille pourra s'en sortir. L'équation est fermée. Comme leur surface nourricière ne peut pas grandir faute d'investissements agricoles massifs, la terre ne peut pas leur offrir plus ! Les biens matériels se divisent, seul l'amour se multiplie !

— Ça me rappelle un cours sur Malthus[1] ! Tu sais, l'histoire du gâteau et du nombre de parts à se partager…

— Et à la fac, ses théories étaient battues en brèche à cause du climat de croissance économique, de révolutions agricole et industrielle, puis de politiques publiques, d'endettement keynésien. Même si la population augmentait, le gâteau à se partager grossissait plus encore. Le différentiel étant le fameux taux de croissance !

— Mais si c'est l'inverse qui se produit, à savoir si c'est la croissance démographique qui l'emporte sur la croissance économique, à petite ou grande échelle le résultat est le même : la part est moins importante pour chacun, donc on s'appauvrit, ou encore les inégalités augmentent, avec un plus grand nombre de pauvres, et un plus petit nombre de gens de plus en plus riches. Et j'ai l'impression que c'est le cas ici…

— Et que chez nous aussi cela en prend doucement le chemin !

— Avec un endettement général et une prédation massive sur tous les milieux : c'est la planète qui trinque ! Et qui ne va pas tarder à nous faire payer l'addition !

— Quel casse-tête tout ça ! On devrait envoyer tous les étudiants de Sciences-Po passer un week-end dans cette famille. Rien de tel que le réel pour recadrer les grandes idées… Ce qu'on vient de vivre, ce sont de vrais "travaux pratiques".

— La vérité, c'est aussi que la fameuse "main vertueuse" de l'économie ne pourra jamais venir en aide à cette famille. Seule une injection massive d'argent public, et donc de politique publique de grands travaux avec construction d'écoles, d'hôpitaux et création d'activités économiques, pourrait absorber ces excédents de population.

— Argggh ! *Tsy mety !* Ça n'arrivera pas ! Depuis qu'on a quitté Tana as-tu vu une seule chose faite par le gouvernement ? Tout, au contraire, semble abandonné. En faisant tous ces enfants, ces familles ont mis la charrue avant les bœufs. Et la charrette s'est emballée dans la pente, elles ne la rattraperont pas… »

Quant à la nôtre de charrette, elle roule sans encombre ce matin sur une piste décente. Et quand ça roule bien, ça turbine bien dans nos têtes. Nous n'avons que ça à faire. Ainsi chaque rencontre, chaque nouveauté remet du grain à moudre dans notre découverte de ce pays.

1. Thomas Malthus, économiste britannique qui prônait le contrôle des naissances.

Ces premières semaines nous ont déjà beaucoup appris. Mais nous sommes un peu mal à l'aise. Nous devons rester positifs et ne pas critiquer tout ce qui ne va pas. Des scrupules, nous en avons à la tonne. Nous sommes riches et venons promener notre regard parmi ces gens pauvres, détenteurs d'autres richesses, moins matérielles, qu'il nous faut aussi découvrir. Des qualités plus discrètes qu'un niveau de vie. Encore une fois, nous essayons de ne pas juger. Au risque de me répéter nous sommes dans l'empathie, nous sommes inquiets et nous avons envie de trouver des solutions à cette misère que nous venons de côtoyer : ce n'était pas la misère de déracinés, d'accidentés de la vie, d'habitants de bidonvilles, mais sans doute juste l'étape d'avant, celle qui y conduit irrémédiablement…

Le paysage s'ouvre, nous dominons une immense pénéplaine. L'horizon est circonscrit par une chaîne de montagnes, très loin dans les brumes à l'ouest, vers laquelle nous nous dirigeons. Dans le panorama, scintillent comme des éclats de mica les tôles des toits qui remplacent peu à peu les chaumes dans les hameaux éparpillés. L'herbe sèche est rougie de latérite. Les rares plumeaux mutilés des eucalyptus ne retiennent plus ni la terre ni le vent. Le monde attend désespérément la pluie. Nous franchissons notre première grande rivière. La Sakay. Très basse. Sur un grand pont en béton surdimensionné. Le débit doit être monstrueux en période de crue. C'est la frontière entre la région d'Itasy et celle du Bongolava que nous franchissons d'un pas. Notre quatrième région. Ce n'est qu'un mot mais cela prouve que nous avons commencé à avancer, même si notre quotidien semble se reproduire dans un paysage qui change peu.

Nous célébrons ce moment comme il se doit par un petit rituel de poignées de main avec Tovo et Tanjona et d'embrassades avec les enfants.

À peine sommes-nous repartis qu'un homme arrive à contresens. Il porte un animal au pelage sombre dans ses bras. À son approche nous devinons que c'est un lémurien. Notre premier lémurien ! Les enfants surgissent de la charrette. Quelle excitation ! L'homme pose le primate au sol. Il porte une ficelle autour de la taille. Sa tête dodeline, il est faiblard. Philaé lui apporte une banane. Il la saisit avidement. Mais la rejette bientôt, le regard au loin, comme s'il nous ignorait. Il est malade. Depuis quelques jours des centaines de petits scarabées jaunes volent en tous sens et s'accrochent dans nos cheveux qu'ils prennent pour des herbes blondes.

« *Vontovorona !* Les scarabées annonciateurs de la pluie ! » fait l'homme pour dissiper le malaise.

Il est instituteur. Il nous raconte que ce lémurien est le dernier survivant d'une petite forêt couloir qui a été rasée près de son village. Il en est devenu la mascotte. C'est l'instituteur, du fait de son statut particulier, qui s'est vu attribuer la garde de l'animal pour éviter les jalousies. Ne sait-il pas que la détention de lémuriens est interdite ? Mais que faire ? À qui le remettre ? Dans quelle forêt le relâcher si elles ont toutes disparu à la ronde ? Sourd à la triste histoire racontée au-dessus de sa tête, l'animal a le regard rivé dans le lointain, la tête tombant doucement comme celle d'un homme résistant au sommeil, comme celle d'un condamné dont le sort est jeté. Ni sa forêt ni sa famille n'existent plus. Ses jours sont comptés.

Nous repartons le cœur lourd. C'était notre première rencontre avec le monde sauvage en péril. C'est aussi un des objectifs de notre voyage : appréhender l'état de l'endémisme exceptionnel de ce pays. Une sorte d'inventaire. Qui commence mal. Mais au sommet d'une colline par lequel la piste s'efforce de passer, Tovo attire notre regard vers le seul arbre à des kilomètres à la ronde. Un eucalyptus ayant survécu à la hache et aux feux de brousse. Il en profite pour débâter les deux zébus qui s'en vont paître avec Tanjona. Nous pensons qu'il nous le montre comme un survivant exceptionnel, ce qui est déjà remarquable en soi, mais le tronc a comme une protubérance… qui s'anime à notre approche.

« Waaah, les enfants ! Venez voir ! Le plus gros caméléon du monde ! Le *Furcifer oustaleti* ! »

Rebelote, ils jaillissent de la charrette comme des petits diables de leur boîte, Ulysse en tête car il a un faible pour les reptiles. Et c'est le début d'un long martyre pour la pauvre bête qui se voit filmée et photographiée sous tous les angles. Ulysse découvre à ses dépens que les doigts opposés des pattes aux ongles crochus peuvent se refermer comme des pinces !

« AAAÏEE ! »

Nous calmons le jeu en plaçant le saurien sur le timon de la charrette. De la taille d'un gros rat, il a la tête casquée comme un pharaon et une large bouche jaune vif de petit pélican. Le corps gris cendré quand il était sur le tronc s'est zébré de noir sous l'effet de la colère, mais vient de reprendre sous le ventre une belle teinte bordeaux une fois le calme retrouvé. Ulysse reprend ses esprits :

« C'est vraiment un dinosaure ! Regarde sa crête dentelée comme une scie ! Ses yeux coniques sont un peu télescopiques et multidirectionnels ! J'ose pas imaginer ce que doit voir son cerveau, dit-il en rigolant. Soit il louche, avec deux images superposées, soit il se connecte à tour de rôle à chaque œil selon sa volonté. »

J'avoue ne pas avoir la réponse. C'est merveilleux, les enfants ! À sept ans déjà, ça vous pousse dans vos retranchements intellectuels !

La queue de notre spécimen s'enroule comme à l'exercice en un beau disque de réglisse : il prend la teinte du bois et s'immobilise au bout de notre joug.

« Allez, les enfants ! Il est temps de repartir !

— Noooon ! On veut le regarder encore… »

Nous remettons le monstre sur son tronc, et le voilà qui file dans les hauteurs à une vitesse que l'on n'aurait pas soupçonnée possible, disparaissant dans la ramure.

Comme par miracle, un petit groupe s'est formé autour de nous dans cette campagne déserte. Nous ne savons pas d'où ces gens ont pu surgir, tout absorbés que nous étions dans la contemplation du caméléon. Nous étions contemplés en train de le contempler. Tovo nous éclaire :

« Les gens sont très étonnés que vous n'ayez pas peur des caméléons et que les enfants l'aient attrapé !

— Ah bon ? Pourquoi ?

— Rappelez-vous la catastrophe qu'on a frôlée l'autre fois ! Je vous ai déjà dit qu'ils étaient *fady* ! Personne ne les touche ici car les gens pensent qu'ils portent malheur ! »

Je m'excuse aussitôt.

« Non, ce n'est pas grave, ce n'est pas un *fady* contre les hommes, c'est juste qu'ils sont inquiets pour vous. Les caméléons sont des esprits très puissants qui peuvent être malfaisants, alors il ne faut pas les contrarier, ni même croiser leur regard…

— Merci, Tovo ! Mais que veux-tu, c'est plus fort que nous ! Sans le savoir, ce caméléon a fait des heureux, et j'espère qu'il ne gardera pas une dent contre nous ! »

À quelques longueurs de là nous tombons sur une bifurcation, avec notre premier panneau de l'ASA, indiquant la direction d'Ampasipotsy, notre première vraie destination. En dessous est inscrit ZMA, pour « zone de migration de l'ASA ». La piste file droit dans une longue pente d'herbes blondes qu'elle fend d'un coup d'épée sanglant. La vue est sublime, bordée de batholites arrondis, vieux socles granitiques crevant l'épaisse couche de latérite. Celui qui émerge devant nous des entrailles de la terre ressemble à s'y méprendre à une bosse de zébu géante. Étrange correspondance synesthésique entre les échelles de grandeur qui font dire aux voyageurs que le monde est bien fait et qu'il se prête à la toponymie, le pouvoir de donner un nom à un relief ou un endroit que l'homme découvre et sur lequel il veut laisser une trace immatérielle de son passage en procédant par analogie. Le verbe n'est-il pas créateur ? C'est la poésie des cartes que je contemple pendant des heures pour en deviner les secrets cachés, les pièges et les trésors architectoniques avant de pouvoir poser mes yeux sur le monde réel. Et la carte est muette pour dénommer cet endroit où nous passons. Ce dôme de pierre ne s'appelle la « bosse de zébu » que pour moi et peut-être aussi pour un poète local. Si j'étais cartographe en mission je noterais sur mon relevé topographique : *trafo ny omby*[1] et je baptiserais ainsi ce relief !

La carte devient d'un coup vierge de noms de villages, vierge de traces humaines. Seul un grand mot en diagonale sur le papier annonce la couleur : BONGOLAVA. Il évoque pour moi des bandits, des terres vierges, insoumises, un *no man's land* entre les Hautes Terres merina et les côtes sakalava. L'aventure commence vraiment ici ! Avec ses inconnues, ses risques et ses périls. Cette fois-ci nous y sommes ! Et tout va bien : notre petit vaisseau dévale gentiment la pente et nous distance, les enfants marchent seuls emportés dans leurs pensées, le soleil brille, le ciel est si bleu qu'il est sombre, il y a comme une allégresse dans l'air. Madatrek est vraiment lancé. Aussi loin que porte le regard il n'y a plus un arbre et plus un homme, plus d'éclats de tôle, plus de touffes d'eucalyptus. Il nous semble que nous quittons le monde des humains, que nous pénétrons dans un nouveau monde. Une Terre promise « où coulent le lait et le miel » !

« Ça fait vraiment penser à un paysage du Far West !

— C'est exactement ça ! C'est le Far West malgache ! Tu as vu, le frère Jacques appelle même cette région la ZMA, la zone de migration : c'est vraiment une région pionnière ! En plus avec notre charrette ! On a même deux cow-boys avec nous !

1. « La bosse de zébu ».

— Sauf qu'ici les Indiens ce sont les *dahalo* ! ajoute Tovo, légèrement crispé, et que nous n'avons pas de pistolet à la ceinture... »

Tovo dort très mal depuis plusieurs jours et a perdu l'appétit. Il est d'un naturel anxieux et tout le monde lui rapporte des histoires de bandits, d'embuscades, de vols de zébus. Il lui semble que le nœud coulant se resserre autour de nous. Même s'il est peut-être un peu parano, ce n'est pas très rassurant. Nous sommes protégés par notre méconnaissance du pays et sa présence. Et je me rends compte que je fais poser sur ses frêles épaules une lourde responsabilité.

Tout en bas de cette longue descente, un petit cours d'eau nous offre une halte de rêve. Pendant que le riz cuit dans notre cocotte électrique, les enfants vont patauger dans l'eau en quête d'insectes et de bestioles. Mais leur chasse ne tarde pas à se transformer en construction de barrage, car il faut bien créer un bassin pour conserver leurs scorpions d'eau, notonectes et autres larves de libellules aux allures de dragons.

À l'arrière de la charrette, le hayon s'ouvre pour constituer une table. C'est là que nous agrémentons le riz dès qu'a retenti la petite musique chinoise horripilante que diffuse notre appareil pour signaler la fin de la cuisson. Aujourd'hui, oignons roses hachés, miettes de thon et gingembre broyé. Sans oublier, bien sûr, les cinq poivres dispensés par notre poivrier fétiche rebaptisé le « crin-crin ». Tous ces ingrédients se trouvent dans un coffre en bois de la taille d'une malle, elle-même rebaptisée la « boîte à *sakafo* ». Il y a dedans tous les aliments et condiments pour la journée, dans des boîtes, des sachets et des tubes. Elle sert de siège pour l'école du soir et de table de pique-nique quand nous la sortons. Je l'ai faite avec amour de mes blanches mains.

« À table, les enfants ! »

Ulysse ne tarde pas à nous rejoindre, mais avec un serpent dans les mains...

« Regarde, papa, le serpent que j'ai attrapé ! Il y en a partout, ici ! »

Philaé le suit de près avec ses tongs et son chapeau de paille déjà percé. Tous deux observent le reptile de près. Il est long et quatre bandes noires parallèles soulignent sa finesse.

« Ce doit être une sorte de couleuvre, ce n'est pas dangereux...

— Il m'a quand même mordu ! »

Mon sang ne fait qu'un tour.

« Il t'a mordu ?

— Oui, il a même perdu une dent. »

Il me tend le bout de son doigt où l'on voit une petite marque rouge. Il n'a pas l'air de s'en formaliser. Ce sont les risques du métier d'herpétologue en herbe ! Et Sonia se rassure en me répétant qu'il n'existe pas de serpent venimeux à Madagascar et que cela en fait une particularité unique au monde. Pas de vipère, de cobra, ni le moindre aspic !

« Allez ! Libérez-le, le riz va refroidir. Et après le déjeuner on regardera dans le livre sur les reptiles de Madagascar à quelle espèce il appartient. »

Ulysse le laisse filer, et, à l'endroit même où il disparaît dans un buisson, apparaît la tête d'un serpent plus gros, de couleur olivâtre. Sonia assise sur la selle de la charrette pousse un cri, ce qui le fait filer en trahissant un dégradé du vert au brun-rouge vers la queue !

« Mais c'est truffé de serpents, ici !

— Oui, dans le ruisseau, il y en avait partout ! Mais ils étaient gentils. »

Ulysse se précipite dans la charrette à la recherche du livre. Son bol de riz attendra. Il en ressort triomphant :

« Le serpent rayé, c'était un *Dro-my-co-dryas qua-dri-linea-tus* ! Et le plus gros multicolore, c'était… c'était, le *Ithy-cy-phus miniatus* ! Bizarre ! Normalement il est nocturne… et arboricole !

— Le jour, il doit se chauffer au soleil sur le sol, et quand la nuit tombe il monte dans les arbres pour chasser ! Allez, ça suffit les sciences naturelles ! Toi, tu n'es pas nocturne, et ton bol de riz, c'est maintenant ! »

Sur le tronc de l'arbre le plus proche à l'ombre duquel nous avons garé la charrette, un bruit attire notre attention : un gros lézard à collier noir et à la queue hérissée de piquants se déplace en faisant des bonds saccadés qui lacèrent l'écorce. La leçon de choses se poursuit, le riz, ça se mange aussi froid. Ulysse feuillette frénétiquement le livre :

« Le voilà ! L'*Oplurus* de Cuvier : il fait partie de la famille des iguanes, il y a même une carte de sa répartition : on va le retrouver sur tout l'ouest de Madagascar, c'est un grand chasseur d'insectes !

— Les enfants ! Je crois qu'on va baptiser cet endroit le “ravin aux reptiles” ! »

L'après-midi est court : à peine sommes-nous ressortis de cette combe que nous apercevons au loin Ampasipotsy comme un îlot de vie déposé au sommet d'une colline aplatie, avec, en son centre, la nef verte d'une large église. Tout autour, ce ne sont que moutonnements blonds de collines à l'infini, et ce village semble un berger assis aux avant-postes d'un monde sauvage et grandiose.

13

L'ASA

6 novembre 2014, Ampasipotsy, 20 kilomètres, Pk 272

Un cortège d'enfants vient à notre rencontre sur la piste, mené par le directeur de l'école. Le peloton de tête ne tarde pas à nous rejoindre et nous fait la fête !

« Bienvenue à Ampasipotsy ! Nous attendons votre venue depuis plusieurs jours ! Votre charrette est très belle ! » nous dit une jeune fille dans un beau français.

Son intervention est suivie d'une cascade de rires et d'applaudissements de la part de ses camarades. Elle a osé ! Nous sommes happés par le flot qui nous fait arriver à Ampasipotsy dans la joie. D'un coup d'un seul, nous sommes passés des vallonnements blonds accablés de soleil à un village arboré, délicieusement ombragé. Un grand château d'eau s'élève au-dessus du village. Nous passons devant le centre de santé de base de niveau II, et nous arrivons devant le bureau du directeur.

« *Arabahina, Tovo ! Misaotra betsaka !* On a réussi ! »

C'est le temps de l'accolade fraternelle avec Tovo, pantelant et soulagé. Mission accomplie. Nous sommes à bon port.

M. Hervé, le directeur, nous accueille. Affable, il s'émeut de notre sécurité.

« Tout s'est bien passé ? Vous n'avez pas été inquiétés en chemin ?

— Nous avons croisé des *dahalo* une fois, mais tout s'est bien passé.

— Vous êtes allés vite ! Nous vous attendions pour la fin de la semaine !

— Oui, j'avais visé vingt-trois jours, et nous en avons mis vingt-deux ! En comptant huit jours de repos, cela fait quatorze jours de marche. Mais nous avons fait plus de kilomètres que prévu : 272 au lieu des 240 par la route.

— Votre rapport marche-repos est de deux tiers-un tiers : un bon rythme !

— Le pourcentage va changer car il va nous falloir au moins une semaine pour filmer toutes les activités de l'ASA ! Le frère Jacques a dû vous le dire : nous souhaitons réaliser un documentaire sur la mission !

— Oui, avec plaisir, il m'a d'ailleurs confirmé qu'il allait venir pour voir la nouvelle promotion qui vient de s'installer. Vous pourrez l'interviewer *in situ*. Le temps que nous préparions votre petite maison, je vous propose d'aller chez les Clarisses ; elles vous attendent pour que vous vous reposiez chez elles quelques jours. Vous y serez bien. »

De l'autre côté d'une petite vallée encaissée, au sommet d'un violent raidillon qui éprouve nos mollets refroidis, nous nous présentons devant le couvent des Clarisses. Sœurs contemplatives cloîtrées, elles ont une hôtellerie toute neuve pour retraitants. Je vais frapper à la porte. Une dame chenue vient nous ouvrir.

« Bonjour les amis, je suis sœur Ancilla, ancienne supérieure de ce couvent. Nous vous attendions. Je suis heureuse de vous voir ! Tout s'est bien passé ? Nous avons prié pour votre sécurité ! »

Elle nous conduit vers un petit bâtiment de forme hexagonale avec une cour intérieure protégée comme un cloître. Depuis le réfectoire la vue sur la pénéplaine est époustouflante : une mer fauve aux grandes vagues immobiles à perte de vue. Deux chambrettes avec salles de bains attenantes nous ont été préparées. Sur la porte est inscrit *Saint Bonaventure*. Tout sent bon le propre, le linoléum et la lessive.

« Je vous laisse vous installer. Les vêpres seront célébrées à 18 heures dans la chapelle, si vous voulez vous joindre à nous. »

Quand elle se retire en fermant la porte, un silence monacal s'abat, un ange passe. Les bras nous en tombent. Philaé se tourne vers sa mère :

« Pourquoi tu pleures, maman ?

— Pour rien, ma chérie ! C'est juste que tout est si soudain ! C'est la violence de tout ce confort et de tout ce soin qui me font pleurer ! »

Soupape. Et nous nous rendons compte que ces trois semaines de privation nous ont éprouvés. Ce n'est pas la privation qui est difficile, car elle vient progressivement, ce sont les transitions. En un seuil de porte nous avons renoué avec tout ce dont nous nous sommes privés volontairement : l'intimité, la propreté, la sécurité, la sédentarité. La tension s'est relâchée. Ne pas avoir à repartir demain. Demeurer, se poser, cela détend. Cela permet de se retrouver soi-même. Première et urgente reconquête : la propreté.

« Allez ! À la douche tout le monde ! Vous laissez tous vos habits devant votre porte ! J'ai vu qu'il y a des brosses, vous frottez bien les genoux et les coudes ! »

Ulysse préfère laisser sa sœur tranquille et se plonge avec délices dans notre grande bassine verte sur le patio. Les ablutions sont délectables. Le pommeau de la douche permet d'avoir les deux mains libres, ce qui n'est pas le cas dans la douche au godet. Être debout et non accroupi change tout. Et vous n'imaginez pas l'importance du porte-savon ! Il faut en avoir manqué pour le savoir : quand vous avez cherché désespérément une pierre propre pour déposer le petit pain glissant et qu'il a fini sa course inévitable dans la boue…

Sortir de la douche est comme une renaissance ! Suit l'inspection. Ulysse a des piqûres de puces. Nous retrouvons les fautives dans ses vêtements qui le suivent de près dans la bassine. En inspectant sa jupe, Sonia pousse un cri :

« Aaaah ! Qu'est-ce que c'est que ça ? »

Des poux géants de 3 millimètres se cachent dans les plis au niveau de la taille, entourés de leur progéniture. La bête est énorme. À la loupe, qu'Ulysse est allé chercher dans la charrette, elle ressemble à la reine pondeuse d'*Alien* ! Nous découvrons ainsi l'existence des poux de corps, lointains cousins de nos amis capillaires.

« Sonia, tu étais habitée ! »

Ma ceinture de piqûres de puces au niveau de la taille en dit long aussi sur mes passagers clandestins. Quand Philaé sort de sa douche propre comme un sou neuf, un bref coup de peigne révèle une infestation de lentes. Des poux de tête lui grouillent derrière les oreilles. Nous le savions, nous avions essayé de lutter, mais c'était peine perdue. Nous allons profiter de cette pause pour tenter d'éradiquer la colonie. Mais Philaé se plaint également de démangeaisons au bout des orteils et l'affaire semble plus sérieuse. L'examen laisse apparaître dans la pulpe et à la commissure des ongles deux belles ampoules blanchâtres. Contrairement aux cloques diaphanes gonflées de lymphe, celles-ci sont plus dures et plus sombres, avec un point noir au milieu. Seraient-ce des furoncles ? Des durillons ? L'absence de pus me rassure. Mais une inspection plus approfondie avec une aiguille fait soudain jaillir une gelée blanche remplie de sphérules : des œufs ! Son visage se crispe en un affreux rictus. Je dédramatise…

« Philaé ! Trop bien ! Tu as des *parassy* ! Toi l'amie des bêtes, tu viens de donner naissance à des dizaines de petites créatures ! »

Et un peu plus vacharde, Sonia lui glisse :

« Voilà ce qui arrive quand on marche pieds nus… »

Nous avons très tôt abandonné le combat d'essayer de leur faire porter des chaussures. C'était peine perdue. À condition qu'ils en assument les conséquences : coupures, échardes ou *parassy*. En à peine trois semaines ils ont eu droit aux trois. Le prix de la liberté et des vertus de la proprioception !

Elle ne sent pas la moindre douleur. Les puces chiques sont malines : elles se débrouillent pour ne pas se faire remarquer ! Je cure la cloque de toute la couvée en évitant de la faire saigner. Il reste une belle petite cupule rose qui cicatrisera vite. Nous sommes en pleine forme : nous n'avons pas été victimes de tourista, n'avons pas attrapé d'affection des voies aériennes ni aucun des maux de la liste impressionnante des pathologies qui rôdent dans ces campagnes et dissuadent malheureusement beaucoup de voyageurs de venir découvrir ce magnifique pays. Mais nous avons transporté tout un bestiaire lilliputien : puces, puces chiques, poux et poux de corps ! Quarté gagnant à l'arrivée dans le désordre : *Pulex irritans*, *Pediculus humanis*, *Pediculus capitis* et *Tunga penetrans* !

La cloche sonne. Nous sommes propres comme des anges. Nous montons à la chapelle dans l'air doré du soir. Une étrange et douce mélodie nous précède. Cristalline. Quand nous entrons, nous découvrons deux sœurs de gris vêtues, qui jouent de la kora, ce bel instrument venu d'Afrique. Elles sont congolaises. Du grand Congo. Les longs manches et les larges calebasses oscillent doucement, les voix hautes cascadent comme un ruisseau. La propreté de la chapelle aux lambris vernis et au carrelage brillant comme un miroir nous fait pénétrer dans un autre monde, loin de la terre, de la crasse et de la poussière. Une fresque flamboyante est peinte derrière l'autel. On y voit, sur un paysage verdoyant de collines abritant de petites rizières, un crucifix franciscain emporté vers le ciel par Dieu le Père devant une montagne au pied de laquelle une foule de fidèles lève les bras. C'est un rappel de l'Ascension dans le paysage d'Ampasipotsy dont les maisons sont représentées au pied du « mont du Père ». Deux anges volent dans l'azur comme pour escorter ce décollage ! Sous les pieds de Dieu, un panache de fumée blanche rappelle celui d'une fusée, un triangle trinitaire autour de sa tête, une ogive. Ulysse est fasciné.

S'ensuivent psaumes et lectures courtes, un Notre-Père et, le temps que le soleil se couche, le Magnificat, le chant de Marie rendant visite à Élisabeth, enceinte de saint Jean-Baptiste. Derrière nous, un couple de paysans pieds nus, la tête penchée, me fait furieusement penser à *L'Angélus* de Millet, ce tableau bucolique et mystique de la fin d'un jour de labeur dans l'air du soir.

Quand tout est fini, les sœurs joyeuses viennent aux nouvelles. On sent qu'elles ont soif de parler français, qu'elles sont captivées par les enfants, impressionnées par leurs trois semaines de marche. Nous chuchotons dans la chapelle assombrie. Elles ne peuvent réprimer un cri quand nous leur disons que nous avons déjà traversé toute l'Afrique à pied. Mais pas le Congo. Malheureusement leur temps est compté, elles doivent retourner se cloîtrer.

En ressortant, face au paysage immense et crépusculaire, Ulysse me fait part de son trouble :

« Pourquoi veulent-elles s'enfermer volontairement, alors que l'espace est ouvert à l'infini ici ? »

Je réponds à brûle-pourpoint ce que je peux.

« Pour se consacrer entièrement à la prière, et justement parce qu'elles sont connectées avec le ciel, pour ne pas être distraites…

— Ça veut dire qu'elles croient que leur prière a un impact réel sur le monde ? À distance ?

— Oui c'est ça !

— Et toi, tu y crois ?

— J'aime bien l'idée ! Je trouve ça très généreux un tel sacrifice, mais je n'en serais pas capable… Sinon je serais devenu moine ! Mais tu sais, on peut aussi prier sans être moine. Une prière exprime juste une forte intention, une pensée positive pour quelque chose ou quelqu'un. Ça peut aussi être un cri de désespoir, une requête ! Bon ! Il faut tout de même croire qu'il y a Quelqu'un qui écoute, sinon ce ne serait qu'une bouteille à la mer… Et encore, tu sais, les bouteilles à la mer, on en retrouve certaines.

— Et elles sont obligées d'être là ?

— Non, elles ont fait le choix librement de venir ici. Elles ont eu de nombreuses années pour se décider en toute connaissance de cause. Elles sont heureuses, sinon elles pourraient partir quand elles voudraient. Elles sont libres. C'est un choix de vie. Qui a aussi des avantages : elles n'ont plus à se soucier du quotidien, il est réglé comme du papier à musique. Elles sont protégées par l'institution et par ces murs. Elles peuvent ainsi se consacrer à Dieu et au monde. On dit qu'elles sont contemplatives, car elles contemplent Dieu et la création en permanence. Elles chantent la beauté du monde et prient pour que les hommes lui ressemblent. Une activité purement intellectuelle, en fait. D'autres sœurs choisissent pour leur part de vivre « dans le monde » au service des enfants – comme les sœurs qu'on a vues à Mahavelona –, au service des malades comme les sœurs de mère Teresa, en Inde, ou encore au service des personnes âgées. À chacune son charisme. Mais c'est vrai qu'elles ont toutes en commun le service. »

À peine sommes-nous de retour à l'hôtellerie que sœur Ancilla vient nous apporter la soupe avec une jeune sœur. Nous en profitons pour faire un brin de causette.

« J'étais supérieure au Congo, nous débordions de vocations, donc on a étendu la mission vers d'autres pays !

— Mais il n'y avait personne ici !

— Si ! Il y avait déjà les douze premières promotions de l'ASA. Nous prions pour le monde, et le désert est propice à la connexion spirituelle ! Et puis vous savez, il va finir par y en avoir du monde, chaque année notre paroisse gagne une vingtaine de familles ! Nous prions pour elles et espérons voir naître quelques vocations. Nous avons le temps pour nous. Même si chacune d'entre nous n'est que de passage, nous sommes là pour durer !

— Et de quoi vivez-vous ici ?

— *Ora et labora*, prière et travail au jardin. Nous avons un grand potager, des rizières, des canards, des poules pondeuses et nous produisons de l'EM.

— De l'EM ?

— EM, ça veut dire *effective micro-organism* : c'est une solution comprenant tout un ensemble de bactéries bénéfiques, de levures et de micro-champignons pour amender les sols. Comme un engrais naturel.

— Et ça marche ?

— Pour les légumes, c'est incroyable ! Tout ce que vous allez manger ici est boosté à l'EM. Mais ça marche aussi très bien pour les arbres. Demain en montant au sommet du mont du Père, vous verrez notre jardin, nous avons planté des milliers d'arbres en arrivant il y a sept ans. C'est un élixir de biodynamie ! Vous verrez ! Leur croissance parle d'elle-même ! »

Philaé, qui cherche souvent la petite bête, rétorque :

« Mais comment ça marche ? Je croyais que les bactéries, cela rendait malade ?

— Tu as raison, certaines sont nocives, mais d'autres sont très bénéfiques. Tu as dans ton corps des milliards de bactéries qui t'aident à digérer la nourriture, la transformer en éléments nutritifs pour les cellules de ton corps : c'est ce qu'on appelle la "flore intestinale". Eh bien dans les sols, c'est presque pareil. Ici, la latérite est très pauvre en éléments organiques et le fumier est rare, alors avec l'EM nous faisons des miracles !

— Et comment vous le fabriquez ? demande Ulysse.

— Ça, c'est un secret ! Une recette inventée par un Japonais, le professeur Teruo Higa. Dans la base que nous achetons, il y a environ quatre-vingts types de levures, de bactéries lactiques et de bactéries photosynthétiques. Ensuite nous reproduisons cette base en respectant une recette très précise, comme le levain dans le pain. Je vois que vous avez mis vos habits à tremper ? On va mettre un peu d'EM dedans et vous m'en direz des nouvelles ! C'est bien plus efficace que les enzymes chimiques ! Mais je suis incorrigible, la soupe est en train de refroidir ! Je suis une vraie pipelette ! Asseyez-vous donc ! Bon appétit ! »

Et la voilà partie comme un courant d'air avec sa jeune acolyte qui n'a pas dit un seul mot, ce qui lui a laissé tout le loisir de nous dévorer des yeux.

Quand le silence envahit la pièce, nous prenons place à table tous les quatre et goûtons à nouveau cette étrange sensation de l'intimité dans un espace clos. Depuis six mois, nous sommes chez les autres.

La nuit dans un lit propre est divine. Matinée bonheur, à lézarder, nettoyer, ranger, bricoler, recharger les batteries, resserrer les boulons, bricoler la charrette, écrire, et sauvegarder films et photos sur des disques durs. Tout le travail qui ne se voit pas prend du temps mais rend notre voyage possible. En surface de la lessiveuse flotte un vrai charnier : des centaines de bestioles n'iront pas plus loin.

Nous reprenons au déjeuner le dialogue de la veille avec notre clarisse préférée :

« Avez-vous un rôle pastoral auprès des villageois ?

— Ils sont libres de venir aux offices, mais peu viennent. Ils se rendent à la messe quand un prêtre est de passage. Nous avons noué des amitiés avec les familles des ouvriers de notre chantier. Nous avons de petits échanges, nous leur achetons du lait et leur donnons des yaourts et quelques légumes, parfois nous leur achetons un zébu ou un cochon quand ils ont besoin d'argent pour une naissance, un mariage ou un deuil. Nous leur achetons aussi des poissons. À ce propos j'en ai une bonne ! Nous avons mis beaucoup d'alevins de tilapias dans notre étang, mais rien à faire, notre pêcheur revenait toujours bredouille. On s'est dit qu'un héron devait bien en profiter... Alors nous nous sommes résolues à en acheter régulièrement à des dames qui venaient nous en vendre. Eh bien figurez-vous que nous nous sommes rendu compte que nous achetions nos propres tilapias ! Pas étonnant qu'il n'en reste plus un seul dans le lac ! Les choses ne sont pas ce qu'on croit qu'elles sont ici. C'est compliqué. La vie est tellement dure. Alors on fait semblant de ne pas savoir, aussi pour les aider. Vous savez, ils ont du mal à comprendre ce qu'on fait là. Les congrégations auxquelles ils ont été accoutumés sont missionnaires, alors que nous sommes contemplatives. Nous restons un peu des étrangères et la glace est difficile à briser. Ici, bien peu de gens parlent français. Le vol et l'insécurité sont de vrais problèmes, c'est pour cela que nous n'avons pas de zébus. Nos voisins se les font voler sans cesse la nuit ! C'est dramatique. C'est un immense frein au développement... »

Elle marque un temps de pause, comme pour respirer.

« Là encore, j'ai une histoire cocasse ! Nous avions une vieille dame pauvre, en hardes, qui venait souvent nous demander du riz ou des légumes pour sa famille. Alors, nous lui en donnions, jusqu'au jour où nous avons appris qu'elle venait de se faire voler vingt-cinq zébus par les *dahalo* ! On a ainsi découvert que cette dame était en fait très riche ! Mais c'était comme un capital auquel elle ne touchait pas, elle n'avait pas de dividendes et vivait donc très pauvrement ! Quel drame ! Elle a tout perdu d'un seul coup ! Ce vol a été pour elle comme un krach boursier : et elle est vraiment devenue pauvre pour de bon. Nous avons du mal à comprendre comment tout ça fonctionne ici ! Alors nous demandons à l'Esprit saint de nous accorder ses lumières, s'esclaffe-t-elle. Ils sont différents les gens d'ici, même mes Congolaises sont un peu perdues ! Mais c'est notre mission, alors nous acceptons les difficultés. La vie des gens est dure à la campagne, mais je suppose qu'elle est moins dure qu'en ville. »

Tovo vient nous voir après le déjeuner avec un petit homme bridé répondant au prénom d'Éric. Ce dernier se propose de garder nos zébus dans son troupeau de six têtes, pour 2 000 ariary par jour. La somme est modique, quoique surcotée par rapport au travail fourni, mais nous acceptons de bon cœur. Tovo et Tanjona souhaitent rentrer chez eux. Nous leur réglons leur salaire et les frais de retour, et rajoutons un pourboire. Sonia se réjouit d'avance de ce qu'ils vont pouvoir en faire :

« Alors, qu'est-ce que tu vas offrir comme cadeau à ta femme ? Tu vas te racheter des petits cochons ?

— Non, rien du tout, nous dit-il un peu gêné.

— Comment ça ? Qu'est-ce que tu comptes en faire alors ?

— Je vais tout envoyer à mon beau-père. »

Les bras nous en tombent. Sonia s'étonne :

« Mais, ne nous as-tu pas dit qu'il avait répudié sa fille, qu'il n'était venu ni à votre mariage ni pour la naissance de votre enfant ? Que vous aviez rompu toute relation ?

— Si, mais c'est le *fomba*, je dois payer la dot, sinon je suis déshonoré ! »

Après un temps de silence, nous essayons de le raisonner.

« Mais pense à ta femme et ta fille, tu n'as pas d'emploi, tu n'as pas pu cultiver pendant un mois, tu as sûrement besoin de plein de choses chez toi… gardes-en un peu », tente Sonia.

Je renchéris.

« Tu ne crois pas que cet argent serait mieux utilisé pour acheter de nouveaux outils agricoles, des semences, de l'engrais, des médicaments, enfin tout ce qui pourrait améliorer tes conditions de vie, plutôt que de le donner à quelqu'un qui ne vous aime pas et que vous n'aimez pas, et que tu ne connais d'ailleurs même pas ? »

Il fait une moue douloureuse, les bras ballants, les épaules tombantes, la tête penchée sur le côté.

« Je ne peux pas. Si je ne lui donne pas les 500 000 ariary qu'il demande, il interdira que ma femme rejoigne un jour le tombeau familial. »

Nous en restons cois.

« Essayez de me comprendre. Pour nous, la vie après la mort est plus importante que la vie sur terre car c'est là qu'on vivra le plus longtemps ! Les souffrances et les privations de la vie sont passagères, celles de l'au-delà sont éternelles, alors je ne veux prendre aucun risque. C'est comme une assurance-décès !

— Tu devrais penser plutôt à la vie qu'à la mort, non ? Vous êtes au début de la vôtre ! Ton beau-père sera mort depuis longtemps quand vous mourrez ! Et puis vous pourrez vous faire un tombeau pour vous deux.

— Ce n'est pas comme ça que ça marche chez nous : il n'y a pas de plus grand malheur et de plus grande malédiction que de ne pas être enterré dans le tombeau familial avec ses ancêtres. Vous avez bien vu le *famadihana*. On reste en famille. Car on ne peut rien cacher aux *razana,* aux ancêtres, ils sont présents tous les jours de notre vie, dans tout ce qu'on fait ou ne fait pas.

— En fait, si je comprends bien, tu n'as pas peur de ton beau-père vivant, tu as peur de lui quand il sera mort… et de tous les *razana* de ta femme qui sont déjà morts ?

— C'est ça ! C'est pourquoi je dois payer ma dot. Pour ne pas être persécuté par eux tous les jours. Et pour avoir accès à l'éternité. Et j'ai travaillé dur pour ça. Ça augmente le mérite. Maintenant je vais pouvoir dormir tranquille. C'est le *fomba.* »

Nous comprenons. Avec une certaine admiration. Il est soulagé. Il ne faut pas se quitter sur un malentendu à Madagascar. On aime la vie paisible ici. On déteste les conflits. Tovo nous quitte sur ces mots :

« Merci beaucoup de cette grande aide que vous m'offrez ! C'est un immense poids que vous m'ôtez. J'étais très heureux de partager toutes ces aventures avec vous. Vous êtes très courageux et pleins de bonnes idées. J'ai beaucoup appris sur mon propre pays. Je vous souhaite bonne chance pour la suite.

— Merci à toi, Tovo, c'est grâce à ton dur travail et à ton courage que nous sommes arrivés entiers jusqu'ici. Tu es un homme droit et un homme d'honneur. *Manaja anao ry namako*[1] *!* »

Ce soir nous zappons les vêpres au profit du mont du Père dont nous faisons l'ascension. C'est un batholite de granit qui n'est pas tout à fait dégagé de son manteau de latérite. Des pentes herbeuses

1. « Tu as tout mon respect, mon ami ! »

remontent ses flancs jusqu'au crâne dégarni. Derrière la chapelle commence un chemin de croix dont les étapes s'élèvent avec la vue. Une grande croix blanche domine le monastère comme pour le couvrir de sa protection. Nous la dépassons. Le paysage s'ouvre sur la ZMA : des vallonnements jaunes parcourus de sinuosités recèlent dans leur fond les coulées vertes de minuscules rizières. La pente est rude, nous finissons à quatre pattes dans les herbes. Plus on s'élève, plus l'espace s'élargit sur ces circonvolutions semblables à la surface d'un immense cerveau possédant des milliers de replis.

Aussi loin que porte le regard, le moutonnement de ces collines se perd dans les brumes orangées levant vers l'ouest un rideau de brûlis devant le soleil déclinant. Des dragonniers de Madagascar[1], hirsutes, aux troncs torturés par les feux d'herbes, se regroupent par bosquets en rang de bataille pour affronter le prochain assaut de flammes. Du sommet, la vue nous coupe le souffle, déjà éprouvé par l'ascension. De loin en loin, des scintillements de tôle ou des alignements de maisonnettes trahissent les villages de la zone. Nous essayons de les compter, cinq, six, sept… nous calons à huit. Cela veut dire que dix autres promotions se cachent au-delà.

Vers l'ouest, rien. Seulement le désert à perte de vue, le territoire des *dahalo* dont les huttes sont sans doute cachées au fond des plis. D'immenses nuages se sont dressés derrière la barrière de montagnes qui bloque tout passage à l'ouest. Cette enclume renversée ne tarde pas à s'embraser du feu d'Hélios se battant avec Vulcain. Le ciel se déchire en draperies vermeilles et en voiles d'argent. De noires volutes tentent d'éteindre ce feu du ciel. La contemplation serait parfaite si nous n'avions pas avec nous deux petits trolls. Derrière nous, les enfants se chamaillent en se tenant par la barbichette, aveugles à la beauté de ces immensités. Soudain les cheveux de Sonia se hérissent sur sa tête. Lentement mais sûrement, ses mèches fines s'élèvent vers le ciel comme des antennes ! Les enfants se calment d'un coup, estomaqués, puis éclatent de rire comme la foudre envoie le tonnerre : c'est d'ailleurs de cela qu'il s'agit, toute la montagne s'électrise, il est urgent de redescendre !

Le frère Jacques est arrivé. Il a avec lui une délégation lyonnaise, dont son frère prêtre. Oui, chez les Tronchon le petit frère est devenu

1. Arbuste du genre *Dracaena*, que l'on retrouve fréquemment en jardinerie comme plante d'intérieur.

frère et le grand frère est devenu père ! Ils escortent un des piliers de l'ASA, la vénérable Maryse Mathieu, qui a été secrétaire générale de l'association de nombreuses années depuis sa fondation en 1991. Le visage carré, les cheveux courts, les lèvres fines, les yeux perçants et rayonnant de rides derrière des lunettes disgracieuses, Maryse a une autorité naturelle, qui pourrait faire peur si elle n'était compensée par une pure bonté nichée au fond de son regard bleu. Le genre de personnalité qui ne s'embarrasse de rien par souci d'efficacité. Elle a ce que les catholiques ont de plus protestant : la rigueur et le sérieux. On n'est pas là pour rigoler.

À quatre-vingt-quinze ans, elle vient de traverser la planète – douze heures de vol –, a enduré un jour de 4 x 4 sur des pistes acrobatiques pour vérifier sur le terrain que tout va bien. Elle donne au CMR, le Centre des métiers ruraux, une conférence sur la conservation. Ce centre a été créé pour offrir un débouché et une formation aux enfants des bénéficiaires de l'ASA. La troisième génération vient de naître ! Maryse connaît tout le monde par son prénom, demande des nouvelles d'amis malades, d'une femme battue par son mari alcoolique, d'enfants repartis en ville… C'est la grand-mère de l'ASA.

Le centre est une étape fondamentale dans le processus de réinsertion de l'ASA car il est destiné à donner aux adolescents un métier qui leur permettra à leur tour de s'enraciner dans cette région rurale où ils ont grandi. Ils y apprennent différentes techniques agricoles pour cultiver le riz, le manioc, le maïs et tous les légumes de maraîchage. Ils acquièrent les rudiments de la pisciculture, de l'élevage. Ils s'exercent aussi au travail du fer, du bois, ils se mettent à la vannerie, la couture, la broderie. Ils suivent également des cours d'éducation civique, ménagère et familiale. Eh oui, devenir père et mère de famille, cela s'apprend ! Surtout quand on n'a pas eu de bons exemples. Leur scolarité est assurée par des parrainages.

Maryse parle à cette classe de jeunes adultes en tapant du plat de la main sur la table pour appuyer son discours. Doucement, mais fermement, comme un maître de chœur scanderait ses refrains.

« L'avenir de cette vallée est entre vos mains. (Boum !) Vous êtes mieux éduqués que ne l'étaient vos pères (boum !) et les pères de vos pères (boum !) : vous devez capitaliser là-dessus, vous devez faire mieux qu'eux ! (Boum !) Vous avez vu le désert autour de vous ? (Boum !) Les arbres ne vont pas se planter tout seuls, vous devez tous avoir des pépinières chez vous. (Boum !) Les arbres, c'est la vie et la biodiversité. (Boum !) L'ASA vous fournit les outils et le savoir-faire, l'éducation et la structure, mais c'est à vous de créer une société en trois générations ! (Boum !) Vous êtes des pionniers ! (Boum !) La vallée a besoin d'un épicier, elle a besoin de charpentiers, de plombiers, d'électriciens, de spécialistes en panneaux solaires. Apprenez des métiers, devenez le spécialiste de quelque chose ! (Boum !) Ne croyez pas que vous seriez mieux en ville ! Nous y étions hier encore ! C'est l'enfer ! Chaque fois que je reviens à Madagascar, la situation s'est encore dégradée davantage : les pauvres sont plus nombreux, la pollution plus omniprésente, la compétition pour l'espace totale ! Ici vous avez la liberté et l'espace ! Il y a certes le problème de la sécurité avec les *dahalo*, mais ne croyez pas que vous seriez mieux lotis en ville ! (Boum !) C'est pareil, le vol est partout, la menace permanente, a fortiori chez les pauvres. Jacques a dû vous le dire, nous allons ouvrir un autre poste de gendarmerie dans le Sud. »

Maryse est la première à avoir créé un atelier de broderies sur chemisiers et robes à smocks à Tana pour les vendre à Saint-Étienne ou à Lyon. Quand on voit ce qu'est devenue l'œuvre de l'ASA, elle peut être fière du chemin qu'elle a parcouru[1] ! Et je suis fier que cette femme venue de l'autre bout du monde pour partager son sens de l'égalité, de la fraternité, de la justice et de la foi, soit française. La présence de tous ces jeunes, là, assis dans cette salle de classe, attentifs, est la preuve qu'il est possible d'inverser la fatalité de la misère et du sous-développement.

1. La plupart des robes à smocks de France sur le marché viennent de Madagascar : les Malgaches sont devenus des maîtres en la matière.

14

Pépinières d'hommes et d'arbres

Nous partons voir la pépinière. Dans un vallon en contrebas du centre, s'étagent des terrasses ombragées sur lesquelles les plants sont alignés par milliers dans leurs sachets de plantation. Une espèce par étage. Vingt-cinq mètres par terrasse, bordée de briques crues. Chaque alignement est signalé par un petit panneau peint à la main portant le nom de l'essence. Nous les passons en revue sous la gouverne de Roger Randriarimandroso, responsable des plantations et des programmes agricoles de l'ASA :

« Là vous avez le *Pinus kesiya*, un pin à grande stature venant d'Asie du Sud-Est, idéal pour les grandes charpentes ou les poteaux électriques. Ensuite *Acacia auriculiformis*, un petit arbre à croissance rapide pour l'ombrage : son aubier jaune a un fort potentiel calorifique, il est idéal pour le bois de cuisson et le charbon, mais nous nous en servons aussi pour l'atelier de menuiserie car il a un grain très régulier. On peut le tourner pour faire des bols, des couverts, des objets car il ne se fend pas.

— Ah ! Là, des jacarandas ! Mes arbres préférés ! s'exclame Sonia.

— Oui ! Ceux-là, nous les plantons sur les places des villages, aux endroits importants, pour faire des allées aussi.

— Et vous savez de quelle région du monde ils viennent ?

— Non, dites-moi !

— Ils viennent d'Argentine ! Les Anglais en ont planté énormément en Afrique du Sud et au Kenya. Ce sont peut-être eux qui ont planté ceux du lac Anosy ! Harare, la capitale du Zimbabwe, devient mauve au printemps, au mois d'octobre comme ici !

— Intéressant, merci de l'information. Alors là, vous avez du *Grevillea banskii*, c'est un arbuste très contesté, car il est invasif et non indigène – il vient d'Australie –, mais il est utile pour retenir les sols contre l'érosion. Il donne très rapidement, en un ou deux ans, du bois de cuisson qu'on appelle le *kitai*. Cela permet de ralentir sinon d'éviter la destruction des forêts primaires. Il a un autre avantage, c'est qu'il se replante tout seul.

— Et qu'est-ce que les gens utilisent ici pour cuisiner ?

— On ne va pas se mentir, tout le monde utilise du bois, à l'extérieur des maisons, et du charbon, à l'intérieur. Il n'y a que 3 à 4 % des Malgaches qui utilisent le gaz ou l'électricité. Et ils sont tous dans les villes. Tenez ! Là, vous avez l'*Eucalyptus citriodora*. Il ne marche pas très bien ici, il acidifie les sols, qui sont déjà très acides. Mais nous vendons des feuilles à des fabricants d'huiles essentielles. En dessous, vous avez les baies roses, ça c'est un arbuste de rapport incroyable. C'est très productif et il y a une très forte demande du marché. Nous encourageons toutes les familles à en planter. De même que le *Moringa oleifera*, qu'on appelle *anana* en malgache. Vous avez déjà goûté le *vary aminy anana* ?

— Ouiiiii ! C'est donc ça ! Ça vient d'un arbre ? Je croyais que c'était un buisson…

— Non c'est un arbre qui peut dépasser les maisons ! Mais en général il est tellement mutilé qu'il ne grandit pas beaucoup. C'est pourquoi nous essayons d'en planter énormément, quitte à faire sécher les feuilles pour les mettre en hiver dans le riz comme des brèdes. Ça va très bien avec les *patsy*. Vous avez déjà goûté ?

— Non, qu'est-ce que c'est ?

— Ce sont des mini-crevettes de rivière que l'on fait sécher, et que l'on met dans le riz avec un peu de *sakay*, du piment, pour leur donner du caractère. »

Nous continuons la visite après ces digressions culinaires.

« Là, vous voyez les avocatiers – vous connaissez –, puis les orangers ; nous incitons les familles à être autosuffisantes en oranges, et même à en vendre si elles le peuvent. Ensuite vous avez l'*Eucalyptus camaldulensis*, qu'on appelle aussi le gommier rouge. Il peut devenir immense et son cœur est rouge ! On l'utilise justement pour faire du charbon, ou pour le tournage, ou pour faire des piquets car il est très dur. Cela évite d'aller couper du bois de forêt car il a un peu les mêmes propriétés.

— Mais il ne reste plus de forêts ici ? Du haut du mont du Père nous n'en avons pas vu une seule.

— Si ! Il en reste quelques-unes dans les fonds de vallée : des forêts couloirs bien cachées dans des méandres, là où il y a de l'humidité ou des petits ruisseaux qui coupent les feux d'herbes. Vous en verrez en chemin ! Peut-être même que vous pourrez apercevoir les derniers lémuriens de toute la région ! Enfin vous avez nos arbres d'ornement, endémiques de Madagascar, le flamboyant, *Delonix regia*, qui fait ces fleurs rouges magnifiques ; on le plante pour faire de l'ombre autour des écoles et sur les places des villages. Ça devient souvent un arbre à palabres qu'on appelle le *kabary* ici comme vous savez ! Et puis, en dernier, vous avez l'autre arbre célèbre à Madagascar, le *mantaly*, dont vous avez déjà vu les branches horizontales par étage qui font comme des parasols empilés. Il est tous usages et pousse assez vite.

— On voit, Roger, que vous aimez vraiment les arbres !

— C'est vital. Il ne reste que 10 % du couvert forestier à Madagascar. Il est urgent de reconquérir une couverture végétale si nous ne voulons pas que tous nos sols partent dans la mer et que la sécheresse empêche même toute végétation de repousser. Les arbres sont des régulateurs d'humidité. En saison des pluies, ils la retiennent et l'absorbent, en saison sèche ils l'utilisent au compte-gouttes et la restituent à l'atmosphère pendant la nuit : c'est l'évapotranspiration. Nous en plantons vingt mille par an sur la zone. Mais ce n'est pas assez. Demain, je vous montrerai la zone du Faniry que nous avions plantée en *ravintsara* pour faire de l'huile essentielle. Un *tavy*[1] non contrôlé, sans doute criminel, a réduit tous nos efforts à néant. Six mille arbres qui venaient d'être plantés. Une double perte : les plants et la main-d'œuvre. Nous avons perdu aussi beaucoup de caféiers plantés il y a cinq ans et qui allaient commencer à donner. Seuls les ananas ont survécu car ils étaient entre trois pistes qui ont agi comme des coupe-feu. Tout brûle en ce moment. Les *dahalo* allument volontairement tous les soirs des foyers avant la saison des pluies… »

Nous rentrons déjeuner. La chaleur est accablante. Les enfants ont eu leur première matinée d'école. Ils sont partis ce matin avec

1. Brûlis, pour renouveler le couvert herbeux avant la saison des pluies, mais souvent pour défricher. Ils échappent la plupart du temps à tout contrôle et sont un véritable fléau pour tout le pays, ravageant forêts, champs, récoltes, décimant la faune locale.

leurs sacs à dos, leurs cahiers, leurs livres et leur trousse. Ils s'étaient déjà fait des copains au village et se sont intégrés très facilement dans leur classe : passé l'excitation collective au début, tout est rentré dans l'ordre sous l'autorité de leurs professeurs. C'était un grand soulagement de les voir assis en silence à leur petit pupitre au milieu des autres, les yeux tournés vers le tableau noir : des figures géométriques pour l'un et un cours de biologie pour l'autre. Nous nous rendons compte à quel point pouvoir bénéficier d'une école est précieux. Pendant notre séjour tananarivien, les enfants avaient pu être admis à l'école B et nous avions eu les coudées plus franches pour faire avancer notre projet. Avoir ses enfants avec soi en permanence pour leur éducation est merveilleux. Les confier à un professeur n'est pas mal non plus !

Tous les enfants d'Ampasipotsy et de la zone de migration sont scolarisés. Dans un pays où près de la moitié des adultes n'a pas dépassé le primaire, et où un tiers est analphabète, c'est une chance énorme, surtout pour des familles issues de milieux défavorisés. L'ASA brise la roue de la fatalité. Pour les adultes, il existe aussi des sessions de formation agricole. En fin de matinée, nous allons voir un séminaire donné par un technicien envoyé par la chambre de commerce de Tsiroanomandidy, pour faire la promotion des baies roses que nous venons de voir en pépinière. À l'ASA, les idées sont valorisées à toutes les étapes, de la graine au marché pour en tirer tous les bénéfices. Je chuchote à Sonia :

« C'est marrant ! “Séminaire”, cela vient justement du mot “graine” en latin ! »

Dans des cahiers d'écolier soignés, des hommes et des femmes de tous âges, sur les visages desquels peuvent se lire toutes les difficultés de la vie, consignent l'exposé du jeune technicien. Il émane de cette assistance studieuse et appliquée la puissante expression d'une dignité recouvrée et la plus belle des démonstrations : il n'y a pas d'âge pour apprendre et la bonne volonté peut faire des miracles.

Pour le déjeuner nous testons la cuisson solaire. Ampasipotsy s'est fait offrir douze grandes paraboles en lames métalliques réfléchissantes. Un technicien est resté plusieurs mois pour former les gens. Mais aucune ne sert. Elles sont retournées, derrière les maisons, couvertes de poussière. Certaines servent même d'abri pour les poules la nuit. Ce constat nous a navrés. Si les gens ne s'en servent pas, c'est donc que cela ne marche pas ? Aujourd'hui, fort des bonnes résolutions que nous avons entendues ce matin, je veux en avoir le cœur net. Avec Ulysse, nous allons en chercher une qui traîne derrière un bâtiment, la portons devant notre bungalow et la dépoussiérons à l'éponge. Le temps qu'il faut pour le dire, elle est orientée face au soleil et l'eau de notre gamelle est mise à bouillir avec son riz sur un petit panier central, suspendu au milieu de l'axe horizontal autour duquel la parabole peut pivoter. La chaleur est instantanée. En dix minutes, l'eau se met à chanter. Le riz est prêt dans le même temps, soit cinq minutes plus tard qu'avec un feu normal. Des œufs au plat sont cuits quasi instantanément dans la foulée. Seule différence : je dois cuisiner avec des lunettes de soleil et un gant. Mais je n'ai pas de fumée dans les yeux ! Magique ! Un déjeuner sans consommer de combustible ! Et sans utiliser le système un peu prohibitif de notre panneau solaire et du cuiseur vapeur. Ça peut donc marcher ! Pourquoi les cadres de l'ASA ne l'utilisent-ils pas ? Nous allons voir Nathalie, la responsable des programmes sociaux avec laquelle nous nous sommes liés d'amitié et dont la fille Riana joue avec les enfants. Nous avons une surprise en arrivant chez elle : elle se sert aussi de la parabole !

« Devine quoi ? Nous aussi on s'en est servis ce midi, ça marche super bien ! Pourquoi les gens ne l'utilisent pas plus ?

— C'est vrai, je suis la seule du village à y avoir recours régulièrement !

— Quel est le problème ?

— D'abord elle ne fonctionne qu'à midi. Le matin et le soir, le soleil n'est pas assez fort. À cette heure-là, les paysans sont dans les champs, alors ils ne vont pas emporter la parabole. Pour d'autres, ils trouvent que le riz n'a plus aucun goût, tu sais ce petit goût de fumée caractéristique du riz malgache. Et surtout ils ne peuvent plus faire leur *rano vola*.

— Et toi alors, pourquoi l'utilises-tu ?

— Parce que je n'aime pas me salir les mains avec le charbon, que je n'aime pas le goût de fumée et surtout parce que cela me permet de faire des économies : en moyenne les gens dépensent 6 000 ariary par semaine en charbon de bois, quand tu sais qu'ils ont un salaire de 3 000 ariary à la journée, ça fait cher tout de même ! Avec le four solaire ils pourraient en économiser un tiers au moins ! »

La chaleur qui précède la saison des pluies est accablante. Nous comatons tout l'après-midi. Je vais m'asseoir trois fois dans la bassine en me vidant des kapoks[1] d'eau sur la tête. Dehors, pas un bruit, pas un insecte, pas un souffle. Comme le centre vient d'ouvrir une bibliothèque avec 5 mètres cubes de livres donnés par Aviation sans frontières, nous l'avons dévalisée. Quel luxe de pouvoir lire des BD en boucle !

Demain nous partons vers le sud avec le frère Jacques pour rendre visite à la dix-neuvième promotion de l'ASA qui vient de s'installer dans son village flambant neuf. Nous en profiterons pour repérer notre itinéraire. Tout le monde nous dit que le sud de la zone est fermé par le fleuve Mahazilo, que c'est un cul-de-sac, que nous devons faire demi-tour…

« Je ne vous l'ai pas dit avant pour ne pas vous décourager, et je me suis aussi dit qu'après un mois de charrette vous en auriez assez ! avait rigolé le frère Jacques. Mais j'ai maintenant compris à qui nous avions affaire ! Nous poserons la question au père Bruno qui dirige le séminaire franciscain d'Ambatolahihazo, à l'extrême sud de la zone. »

Nous partons de bonne heure en Land Cruiser. Quelle drôle de sensation que la voiture ! Nous ne roulons pas vite : à la vitesse d'une bicyclette, c'est agréable. Le frère Jacques n'est pas dans son assiette, mais il n'a pas voulu annuler sa visite.

« Maryse est repartie très tôt ce matin. Quel courage ! J'ai des scrupules à la faire venir jusqu'ici. C'était sans doute la dernière fois, vu son grand âge. Tu imagines mon émotion à la voir partir ! Elle a été très affectée par l'incendie du Faniry. On a toutes les raisons de croire qu'il s'agissait d'une vengeance, car depuis que nous avons installé trois postes de gendarmerie sur la zone, plusieurs arrestations ont eu lieu et les voleurs ne peuvent plus agir impunément. Comme tu le sais, ils viennent tous de l'ouest : la rivière Mandalo qui court du nord au sud de la zone est une sorte de frontière, mais elle reste symbolique. Les incursions sont faciles et ils savent que nous ne les poursuivrons pas sur leur territoire !

1. Le kapok est une mesure standard de 300 millilitres héritée d'une boîte de conserve de lait concentré à l'époque coloniale, dont on se servait pour mesurer les pois du cap, largement exportés. Il est la mesure universelle grâce à laquelle une famille achète son riz quotidien, ses lentilles ou son sucre. Ne pas confondre avec l'arbre du même nom qui fournit une bourre naturelle pour les oreillers.

— Mais qui sont-ils, ces voleurs ? C'est quand même incroyable cette tradition ! Ils ne peuvent pas avoir leurs propres zébus ? Ils sont obligés d'aller les voler aux voisins ?

— Nous sommes chez les Sakalava du Menabé, mais il peut y avoir aussi des Bara, des Masikoro, des Mahafaly, des Antandroy : personne n'a le monopole du vol de zébus. Enfin ici, ce sont des gens locaux qui étaient présents avant nous sur ces terres que le gouvernement nous a allouées. On est un peu une aubaine pour eux !

— On nous a dit aussi que le vol était une sorte de tradition, non ?

— Oui, en temps normal, les chefs de village s'entendaient avec leurs voisins pour laisser les jeunes se voler mutuellement quelques têtes, et tout le monde était content, le *fomba* était respecté. C'était un rituel initiatique pour prouver sa bravoure et entrer dans le monde des adultes : on montrait qu'on pourrait subvenir aux besoins de sa future famille ou de son clan. Mais aujourd'hui, c'est crapuleux. Le vol alimente la demande croissante du marché des villes et des filières mafieuses qui ont des complicités à tous les niveaux, donc c'est très compliqué de lutter contre. On ne peut qu'endiguer, dissuader. Mais les *dahalo* ne l'entendent pas de cette oreille. À Madagascar, mettre le feu tient lieu de message.

— On nous a dit qu'en principe ils ne volaient pas les zébus de travail mais seulement ceux "d'épargne", ceux que l'on veut revendre pour la viande ! »

Le frère Jacques rigole.

« C'était vrai avant. Dans l'idéal, ils laissaient ceux qui avaient la trace du joug sur le cou. Mais de nos jours, ils ne s'embarrassent de rien. Nous avons eu deux villages razziés de l'intégralité de leurs zébus ! C'est quand même entre cinquante et soixante-quinze têtes à chaque fois. Ils savent en outre que nous allons les remplacer, donc c'est un jeu d'enfants pour eux. Ils arrivent de nuit, ils tirent en l'air, tout le monde reste claquemuré, ils se servent et repartent en courant. La présence des gendarmes a toutefois un peu changé la donne. »

Dans un champ sur notre droite, un couple laboure avec une charrue tirée par une belle paire de zébus. Nous nous arrêtons. M. Rakoto guide ses bœufs à la voix. Il n'a pas de *karavassy.* La classe ! Il siffle au départ, chantonne en chemin et aboie au bout du sillon. Il a un chapeau de cow-boy, une belle mâchoire carrée, des mollets bien musclés. La terre est souple et profonde, d'un beau rouge orangé. Madame a un enfant ficelé dans le dos que j'avais d'abord pris pour une besace, mais un petit bonnet de laine dodelinant m'a détrompé. En fait de besace, elle en porte une à droite dont elle tire des grains de maïs qu'elle sème directement derrière les pieds de monsieur, en les expulsant de son poing par une pichenette du pouce aussi régulière qu'une mécanique. Ces deux-là sont totalement coordonnés.

« Vous avez ici un très bon exemple de spécialisation : tous nos diplômés ont appris à tout faire, mais selon les affinités de chacun, certains se spécialisent dans un domaine et vendent leurs services aux autres. De nombreux paysans – ceux qui n'ont pas le temps de labourer parce qu'ils sont occupés à autre chose, qu'ils ont vendu un zébu, se le sont fait voler, ou ne veulent plus en avoir par peur des *dahalo*, ou encore ceux qui ne sont tout simplement pas doués avec les bêtes – demandent à M. Rakoto de venir le faire pour eux. Il fait ainsi le tour de tous les villages avec un grand succès. C'est très bien. Chacun selon ses talents ! Tel autre va être couvreur, et va faire appel à un copain qui est devenu peu à peu charpentier reconnu ! On a connu le même phénomène en France au XIVe-XVe siècle. Comment croyez-vous que sont apparus les patronymes comme Lecouvreur, Carpentier, Boulanger, Caudron, Potier… Essayez d'en trouver d'autres, je suis sûr que vous en avez parmi vos connaissances.

— C'est vrai ! s'exclame Sonia. Nous connaissons des Lemétayer, des Bouvier, des Charbonnier…

— Par exemple le nom Favre, ou Fabre, au Faure, vient du latin *faber*, qui voulait dire "forgeron".

— Et Tronchon, c'est quel métier ? »

Frère Jacques éclate de rire et se tourne vers Sonia avec malice.

« Il y a sans doute deux origines, soit "bûcheron", car cela viendrait du tronc, soit "bourreau", car c'était le nom du billot ! Dans les deux cas, ils avaient une hache à la main ! Alors prends garde ! Et vous, pas besoin de vous demander d'où vient "Poussin" ! fait-il avec un sourire en coin. Et toi, Sonia quel est ton nom de jeune fille ?

— Chassin ! Quand Alexandre m'a fait sa demande en mariage – une demande chevaleresque au sommet de la flèche de Notre-Dame –, il l'a fait d'une drôle de façon, tu veux savoir comment ?

— Évidemment ! C'est quelque chose que je ne ferai jamais !

— "Accepterais-tu de changer ton Cha pour mon Pou ?" m'a-t-il dit ! Je n'ai eu que trois lettres à changer… »

Le frère Jacques part d'un immense éclat de rire. Il finit par reprendre ses esprits, avec une larme au coin des yeux.

« Vous êtes quand même marrants tous les deux ! Ça ne nous dit toujours pas d'où vient le nom "Chassin".

— Comme pour toi, il y aurait deux origines : soit *cassinus*, le "chêne" en latin, soit du vieux français *châssis*, qui voulait dire "fabricant", et mes ancêtres fabriquaient des moulins, alors tu vois, c'est logique ! »

Nous passons nos premiers villages, Jacques les connaît par numéro de promotion. Les gens nous saluent au passage. Les architectures sont différentes, avec des succès inégaux.

« Au fil des années, nous nous sommes améliorés : nous avons corrigé les erreurs de conception ou de matériaux. Et puis les gens s'approprient leurs maisons, les transforment, les agrandissent à la faveur de l'arrivée des nouveaux enfants. Il y a des paresseux, d'autres plus travailleurs, certains réussissent bien, d'autres échouent. En fait, se reconstitue ici une société humaine avec ses qualités et ses défauts. Avec plutôt moins de défauts qu'ailleurs ! dit-il en souriant. Comme vous le savez, l'oisiveté est mère de tous les vices ! Et le travail est très saisonnier ici, c'est pas évident de s'occuper toute l'année. On cherche à diversifier leurs activités, mais ce n'est pas facile. Les gens sont assez isolés géographiquement, alors ils survivent en faisant des petites affaires dans leur coin. On découvre de ces choses ! Seul l'alcoolisme reste un problème majeur et la raison principale de l'échec de certaines familles.

— Échec ?

— Oui à peu près 15 %. Sur une promotion de vingt-cinq familles, deux ou trois vont rentrer à Tana. Certains ne parviennent pas à vivre ici, il peut y avoir des violences conjugales, des séparations. S'ils ne sont pas heureux ici, ils ne le seront pas non plus en ville. Mais ils préfèrent parfois la misère et la servitude de la ville que la dignité de gagner leur riz à la sueur de leur front. C'est comme ça, on n'y peut rien. Les gens sont libres. »

Nous sommes impressionnés par sa sagesse et son humanisme pragmatique. Soudain, au détour d'une colline, nous entrons dans un village fantôme.

« Mais que s'est-il passé ? On dirait qu'il y a eu la guerre ! » s'exclame Sonia.

Les toits d'ardoise en losange sont effondrés, les arbres mutilés, les huisseries défoncées. Seules une ou deux maisons semblent encore habitées.

« C'est un peu ça ! Ils ne se sont jamais remis d'une attaque de *dahalo* il y a deux ans. Les familles se sont réparties dans les autres villages dont des maisons avaient été libérées. On fait de la gestion des ressources humaines en permanence.

— Et que va devenir ce village ?

— On va le retaper et y installer une future promotion. C'est d'ailleurs ce qui s'est produit dans le village où l'on va. C'était la onzième promotion, qui a été attaquée il y a six ans. Le village avait fini par être abandonné. Il s'appelait Vohitsara, ce qui veut dire le “bon endroit”… Nous l'avons reconstruit à neuf et la dix-neuvième promotion s'y est installée il y a deux semaines. On est un peu inquiets car ce village domine la Mandalo, la rivière frontière de la zone. Nous avons donc installé un poste avancé de gendarmerie à Ambatolahihazo car on ne veut pas que le drame se reproduise. »

La piste devient démente. Nous montons un mur ! Elle coupe droit dans les courbes de niveau. Comment fera-t-on en charrette ? Je me plains du tracé.

« Tu sais, on fait ce qu'on peut, nous ne sommes pas une entreprise de voirie ! Nous consacrons beaucoup d'énergie à la réfection des pistes, nous sommes les seuls à le faire dans toute la région. Sans piste de bonne qualité il ne peut pas y avoir d'économie ! Je vous rappelle que ce sont des collecteurs de fruits et légumes d'Ankadinondry Sakay et Tsiroanomandidy qui viennent acheter notre production. S'ils ne peuvent pas venir parce que la piste est coupée ou un pont cassé, c'en est fini du modèle de l'ASA. Les routes sont primordiales, ce que ne semblent pas avoir compris les différents gouvernements qui se sont succédé à la tête de ce pays. Tout est enclavé partout. Il suffirait d'une politique de travaux publics digne de ce nom pour libérer une énergie incroyable dans tout le pays. C'était d'ailleurs l'ambition coloniale. Tout s'est arrêté d'un coup et le pays s'est refermé. Ici, ce coin perdu s'appelle Condé !

— Comme le Grand Condé, le prince du sang ?

— Oui, c'était une ferme coloniale qui a été abandonnée avant même la Seconde Guerre mondiale et qui était totalement tombée dans l'oubli. Il n'en reste que ces vieux manguiers. »

En effet, une impressionnante touffe d'un vert si sombre qu'il semble noir semble posée comme une île dans un océan d'herbes blondes.

« Le lieu-dit est devenu Ambatolahihazo, “la pierre où il y a du bois” : c’est là que nous tournons pour aller vers notre nouveau village. On passera saluer les frères au retour. »

Depuis un point de vue dominant, nous apercevons les bâtiments de la dix-neuvième promotion bien rangés au sommet d’une croupe aux marches d’un territoire immense et sauvage. Nous y descendons et allons nous garer en son cœur.

Tout est calme. Chacun s’affaire dans sa chacunière. Trois hommes sur le pas de leur porte gratouillent et chantonnent à la guitare. Une femme étend du linge, une fillette mène des canards à la baguette, des gamins courent après un cerceau. Des bruits de casseroles tintent çà et là comme des clarines. Les maisons sont propres et repeintes en blanc mais avec le premier mètre du mur – celui partant du sol – en bordeaux pour masquer les projections de latérite dues aux fortes pluies. Gouttières, cheminée solide, nouveau foyer surélevé plus pratique, petite terrasse-varangue à l’entrée, volets et portes en fer, ces maisons construites par Maurizio, le chef de chantier historique de l’ASA, bénéficient de toutes les avancées techniques de vingt ans d’expérience. Nous choisissons une famille qui accepte que nous les filmions pour l’entretien.

Mahery, un grand Malgache escorté de sa petite femme avec son fichu blanc sale noué sur la tête, se prête au jeu. Frère Jacques traduit les questions de Sonia :

« Êtes-vous contents de votre migration ici ? »

L’homme au visage buriné, chiffonnier dans son ancienne vie, répond en cherchant ses réponses dans le ciel.

« C’est comme si nous avions une vie nouvelle ! Je n’arrive pas à croire que cette maison est à nous ! J’ai quarante-cinq ans et c’est la première fois de ma vie que j’ai une vraie maison en briques sans avoir à payer de loyer ! Toute ma vie j’ai habité dans du plastique et des tôles, mais sur un emplacement qui n’était pas gratuit ! »

Sonia demande confirmation à Jacques :

« Elle est vraiment à eux cette maison ?

— En fait, ils signent un contrat avec l’ASA. Ils en ont la jouissance inaliénable à certaines conditions. Qu’ils travaillent, qu’ils ne la sous-louent pas, qu’ils ne se séparent pas. Ils ne pourront la revendre qu’après vingt ans. Il ne s’agit pas de venir ici et de faire une opération immobilière », dit-il en riant.

Sonia se retourne vers Mahery :

« Et vous avez pris possession de votre lopin de terre ? »

Échange entre les deux hommes.

« Pas encore, répond le frère Jacques, c'est toujours en discussion. Il y a des arbitrages en cours et une remise en cause des anciens bornages. De toute façon nous les aidons au début, précise Jacques. Ils ont deux ans pour devenir autonomes.

— Vous les aidez comment ?

— C'est très simple : il y a des distributions de riz, de manioc, d'huile, de sucre, de sel, de savon. L'autonomisation est très progressive et accompagnée. Chaque cas est différent, mais les besoins sont à peu près les mêmes pour tout le monde. Notre tracteur casse la croûte dure de la terre chaque année pour faciliter le travail et on ne lâche pas nos promotions en pleine nature ! On ne peut pas aller plus vite que la musique car un métier aussi dur ne s'apprend pas en trois ans. La formation est permanente comme vous l'avez vu. L'ASA, c'est vraiment une coopérative, nous nous entraidons...

— Il y a un petit côté kibboutz ! »

Jacques rigole :

« C'est vrai, tu as raison. Dans les années 1970, partir faire un stage dans un kibboutz était très à la mode ! Nous sommes aussi une communauté solidaire pour nous élever tous ensemble, une communauté pionnière, mais plus inclusive que les kibboutz, car ici nous accueillons tous ceux qui veulent s'installer : plus de cinq mille personnes sont présentes sur la zone maintenant, alors que nos migrants ne comptent peut-être que pour la moitié... La prospérité et la paix, les écoles et églises, cela attire du monde, tu sais ! On n'est pas dans une société de loisirs, ici. »

Au retour, nous passons voir le séminaire d'Ambatolahihazo. Jovial et bien fait de sa personne, le père Bruno nous inquiète :

« En saison sèche, les gens traversent le fleuve Mahazilo à pied, mais la saison des pluies a commencé à Tana, donc il devient tous les jours un peu plus infranchissable. Il peut prendre 70 centimètres en une nuit, et le lendemain baisser d'autant. Quand comptez-vous passer ? Dans une semaine ? D'ici là, je vais me renseigner auprès des catéchistes que nous avons dans les villages près du fleuve. Au pire vous passerez en pirogue, mais la charrette, ça je ne sais pas... »

Nous méditons sur l'alternative possible qui consiste à remonter vers le nord, passer par Tsiroanomandidy et prendre la piste de Maintirano en nous enfonçant littéralement en territoire *dahalo*. C'est un immense détour d'au moins 300 kilomètres avec de grosses inconnues : la traversée du Manambolo, un des fleuves les plus tumultueux du pays, et les pistes bourbeuses des Tsingy de Bemaraha, fermées pendant la saison des pluies…

Nous décidons d'aller de l'avant, de traverser le fleuve Mahazilo : nous préférons prendre le risque d'échouer. Ce n'est pas grave d'échouer. Ce qui est grave, c'est de ne pas essayer. Nous allons conjurer le doute par l'action, même si c'est inutile.

Dimanche 16 novembre 2014, Ampasipotsy

Le village reçoit aujourd'hui la visite exceptionnelle de Mgr Gustavo Bombino, évêque de Tsiroanomandidy. Le père Julien Rakotoarinosy, curé des dix-neuf villages de l'ASA, a préparé Ulysse à sa première communion par des rendez-vous quotidiens depuis notre arrivée. Et aujourd'hui c'est le grand jour ! L'homélie de l'évêque d'origine espagnole tourne autour de l'analogie entre Dieu qui veut le bien de ses enfants et la poule qui gratte le sol afin que ses poussins trouvent de quoi manger, et sur le fait que ce n'est pas elle qui les nourrit : elle crée juste les conditions favorables et les couvre de ses ailes pour les tenir au chaud.

Ulysse, heureux comme un pape, a en prime gagné un chapelet phosphorescent et une image pieuse, mais surtout le droit de sonner la cloche à la sortie de la messe ! Après la salve des applaudissements de centaines de jeunes, la grande chapelle avait aujourd'hui des allures de cathédrale !

Au déjeuner qui suit, l'évêque apprend avec extase qu'il a donné sa première communion à un Poussin ! À table, la conversation s'engage sur la pérennité de l'œuvre de l'ASA, la seule dans le pays qui ait réussi durablement à réenraciner des populations urbaines dans les campagnes. Mais cette expérience ne tient que parce qu'elle est largement subventionnée par l'Europe et la France. Le frère Jacques ayant besoin de 80 à 100 000 euros par an pour construire un nouveau village et former les trois promotions d'Ambatomirahavavy simultanément. La zone peine à être autosuffisante sur le plan alimentaire. Côté légumes, c'est le cas, mais pas pour le riz et la viande. L'évêque Bombino se tourne vers moi :

« Vous qui avez voyagé partout dans le monde, quel conseil pourriez-vous nous donner ? Il est toujours bon d'avoir un regard extérieur !

— En Afrique du Sud, nous avons traversé des écosystèmes très similaires : des collines herbacées difficilement exploitables et mécanisables, avec des cycles pluviométriques identiques, la même altitude et presque la même latitude. Là-bas, les fermiers commerciaux faisaient fortune en ayant des milliers de têtes de moutons mérinos, dont ils vendaient la laine et la viande. L'avantage serait double ici : les moutons ne sont pas une proie pour les *dahalo* qui ne volent que des zébus, je crois, et ils mangeraient l'herbe sèche sans qu'il soit nécessaire de la brûler afin d'avoir de nouvelles pousses vertes. Par ailleurs dans les fonds de vallée, le riz pourrait être remplacé par des plantes fourragères pour nourrir les volailles et les moutons car ce n'est clairement pas un espace adapté pour le riz. Et avec tout l'argent que rapporteraient les moutons, j'achèterais du riz. »

Mon intervention soulève un cri d'indignation amusée. Que n'ai-je pas dit ! Sacrilège ! Enlever le riz de la bouche des Malgaches ! Vouloir leur faire manger du mouton ! J'apprends dans ce brouhaha que cet innocent ruminant est aussi *fady* pour les Sakalava que le porc pour d'autres peuples !

« Des chèvres alors ?

— Impossible, cela mange tout, les arbres, les plantations les potagers… »

Nous en sommes restés là ! L'enfer est pavé comme partout de bonnes intentions ! La poule ne fait que gratter le sol…

Ce matin, nouveau départ. L'aventure commence VRAIMENT ! Devant nous, ce ne sont qu'incertitudes et dangers. *Dahalo* et fleuves infranchissables, zone rouge et cartes muettes. Les Clarisses vont prier pour nous tous les jours. Toute la communauté d'Ampasipotsy a le cœur serré de nous voir nous enfoncer volontairement dans le territoire de ceux qui les attaquent sporadiquement et qui représentent une menace perpétuelle, une épée de Damoclès suspendue au-dessus de cette vallée où coulent le lait et le miel. Dire que j'ai eu des nuits faciles, dire que je n'ai pas été tourmenté par la décision finale serait bien présomptueux et inconscient. Mais je revendique une forme d'insouciance raisonnée avec une vision et un moteur : la chance ne sourit-elle pas aux audacieux ?

Nous partons vers le sud. Éric, qui a gardé nos zébus pendant notre séjour, vient avec nous. La paie est intéressante et il n'a pas beaucoup mieux à faire. Comme il tient un débit de boissons, il va souvent chercher des cageots de bière à Mahasolo en charrette. C'est un grand « chauffeur-charrette » ! Malgré sa petite taille, il n'a pas peur des zébus. Il a débauché Rakotobé, qu'il nous a présenté hier soir, pour l'accompagner. Grand échalas aux épaules osseuses, une petite tête ronde dépourvue de cou, Rakotobé a des yeux particulièrement écartés et pleins de bonté au-dessus d'une large bouche aux dents lacunaires. Avec Éric, ils sont si dissemblables qu'ils font une sacrée paire, version locale de Laurel et Hardy. C'est dans cet étrange équipage que nous quittons le village d'Ampasipotsy.

L'école buissonnière reprend... avec ses inquiétudes et ses incertitudes, mais aussi avec cette excitation de la découverte et de l'inconnu qui sont les moteurs premiers de l'aventure.

15

ZMA

Zone de migration d'Ampasipotsy

Départ en catimini. Dans le silence d'un matin cristallin troublé par les grincements de la charrette, nous reprenons la piste du Sud qui traverse toute la ZMA comme une colonne vertébrale. Depuis Tana nous roulions vers l'ouest, le tournant est enfin pris vers le sud. Nos zébus ont perdu l'habitude de travailler pendant ces deux semaines d'arrêt. On voit bien qu'ils ont la flemme. Il faut dire qu'on a chargé la charrette à bloc tant notre avenir est incertain. Il fait déjà très chaud à 8 heures du matin.

Nous ne reconnaissons pas du tout le chemin déjà emprunté en voiture lors de notre repérage. À pied, tout apparaît sous un autre jour. La piste qui nous avait semblé en mauvais état s'avère de premier choix en charrette. Dans les villages que nous traversons dans la matinée, tout le monde vient admirer notre véhicule. On voit bien qu'ils en ont entendu parler. Ils peuvent maintenant le voir pour le croire.

Nous faisons une petite pause café-*mofo-gasy* à l'écart. Les enfants sont tranquilles. Les *vazaha* ne sont pas des curiosités ici. Ce n'est que lorsque Philaé et Ulysse se mettent à attraper des canetons duveteux pour leur faire des câlins qu'ils se font remarquer et déclenchent des rafales de rires. Chacun le sien, un jaune et un noir : ils se mettent à se raconter des histoires et animer une saynète avec, bien sûr, une bagarre à la fin. Le village est plié.

Une femme mûre et filiforme, coiffée de deux longues tresses noires qui lui tombent de part et d'autre du visage, fascine Sonia. Ses dents immaculées, son petit haut léopard, ses traits fins rappelant à la fois la Bolivie et le Siam, son beau chapeau de paille et son port altier en font l'incarnation de la dignité. Nous ne saurons jamais quel a été son destin et ce qui a pu la conduire de la déchéance des bidonvilles à la renaissance ici, mais elle est une preuve vivante du chemin parcouru par tous ces gens revenus de si loin.

Dans le village, des maisons de terre traditionnelles se sont construites et apportent une touche organique et personnelle à l'organisation rationnelle des petites maisons au cordeau de l'ASA. Les hommes ne sont déjà plus là. Aux champs sans doute. Un rideau de pluie vient écourter notre pause. Allez ! En route ! La reprise est plus dure. Nous enchaînons descentes et raidillons. Les zébus rechignent. La pluie a soulevé plein de parfums de terre chaude et de foins mouillés. Nos bovins sont comme des fous, se passent le mot et décident de faire grève au pied d'une petite montée. Les éructations d'Éric et les grandes claques du plat de la main de Rakotobé n'y font rien. Leur peur d'être pris en défaut de ne pas savoir mener une charrette ou de ne pas avoir l'ascendant sur les bêtes leur fait en rajouter un peu. Et plus la tension monte, plus les bovins s'entêtent. Je calme le jeu. Nous débâtons les zébus qui partent paître nonchalamment en secouant la tête l'air de dire : « Qu'ils sont bêtes ces bipèdes ! » Ils ont eu gain de cause. La pause était sans doute trop courte. Ces animaux à bosse ont de vrais horaires syndicaux. Nous allons devoir apprendre à les écouter. Car *in fine* ce sont eux, les boss !

Nous marquons une pause déjeuner dans une coulée verte à l'ombre de grands arbres pleins d'oiseaux. Un ruisseau roucoule doucement et, dans les herbes, c'est la symphonie de *Microcosmos*, tandis que dans la ramure, les cris et les courses des volatiles nous rappellent par contraste à quel point les campagnes sont silencieuses. Là-bas, pas la moindre stridulation d'insecte, pas le moindre froufrou de plumitif, le silence du désert. Les feux récurrents ont sans doute chassé toute vie, qui s'est concentrée en revanche de part et d'autre de ce cours d'eau. D'où l'importance cruciale de maintenir ces forêts galeries pour la conservation de la biodiversité. Elles sont comme les veines de la vie dans un grand corps exsangue ravagé par les flammes.

Comme de bien entendu, les enfants ont les pieds dans l'eau et partent en exploration pendant que le riz chauffe dans son cuiseur électrique. J'ai modifié la sortie du fil à Ampasipotsy. Plus besoin d'aller le chercher sous les sacs en ouvrant la trappe de la batterie. Je l'ai fait passer sous la caisse de la charrette vers l'arrière, d'où, d'un simple geste de la main, je le décroche pour le brancher directement sur le cuiseur posé sur le hayon. *Plug and cook !*

L'électricité est aussi dans l'air. Nous entendons dans le lointain le grondement du tonnerre. La menace se précise. La saison des pluies a progressé à la faveur de notre arrêt à Ampasipotsy. Elle nous a rattrapés. Il a plu des trombes d'eau à Tana ces derniers jours, nous a-t-on dit. Nous redoutons que le cours du fleuve ait monté subitement, nous bloquant le passage. Il faut aller voir. On ne peut pas s'affranchir de l'essai. Foin de spéculations : action. Nous sortons les parapluies et engloutissons notre riz-sardines à la va-vite. Les oiseaux ont cessé de chanter. Nous plions le camp.

Les enfants prennent cela comme un jeu. Mouillés dans le ruisseau ou sous la pluie, c'est du pareil au même. Ils sont incroyables. Adaptés. Prêts à tout. Le plus dur est de se partager un parapluie car le porteur le tire naturellement à lui et l'autre se plaint. La chamaillerie commence, mettant en péril les baleines du précieux instrument. Ce dernier a déjà fait partie de notre expédition Africa Trek : il a des milliers de kilomètres au compteur. J'ai décidé de l'emporter dans cette nouvelle aventure car il représente la carte du monde avec l'Afrique au centre et Madagascar en bonne place. Il est comme un bâton de relais entre ces deux aventures.

Philaé réussit bientôt à l'avoir pour elle seule, et Ulysse gagne le droit de grimper dans la charrette pour s'abriter ! Sonia et moi avons revêtu nos vestes en Gore-Tex, qui, non contentes de nous tenir chaud, finissent par laisser passer l'eau. Inutiles et chères. Inadaptées. Nous sommes trempés. Et la latérite devient terriblement glissante. Une vraie patinoire ! Elle ne se transforme pas en boue tout de suite, elle devient juste savonneuse en surface. Nous devons assurer chacun de nos pas. Les zébus aussi. La charrette chasse dans les petits dévers, avance parfois même en crabe. Je comprends Tovo qui nous disait que les campagnes se refermaient pendant les quatre mois de la saison des pluies.

La vue se dégage peu à peu au fil d'une lente montée, et nous pouvons voir de noirs rideaux se promener dans l'immensité jaune et ocre du Bongolava. Des rais de lumière percent les nuages et viennent enflammer par instants de petits villages égarés au sommet d'une colline, puis s'en vont un peu plus loin, chassés par le vent. Le panorama devient un théâtre d'ombres et de lumières qui nous distrait de cette pluie monotone. Dans une de ces trouées passagères, très loin derrière nous apparaît minuscule le mont du Père, avec une tache blanche à son pied, le monastère des Clarisses.

Le compteur affiche 16 kilomètres et un autre front menaçant nous fond dessus. Un village s'annonce, Kambantsoa. Ce n'est pas un village de l'ASA. Il préexistait à l'installation de l'ONG dans la région. Nous y sommes attendus par Olivier Raharinjanarolo, qui a fait partie de la neuvième promotion. À force de travail, il a pu acquérir 6 hectares de plus que les 4 accordés à son arrivée et emménager dans ce village. D'un petit hangar attenant à la première maison du bourg, blanche, à deux étages et aux volets bleu ciel, nous parvient le ronflement d'une machine. Le bruit de sa décortiqueuse à riz a couvert notre arrivée : nous surprenons Olivier en plein travail. Il règle la tension de la courroie entraînant le shaker à tamis et battoirs qui libère les précieux grains de leur balle indigeste. Le moteur aurait pu être dessiné par Franquin pour Gaston Lagaffe : il tremble, éructe, fume, crache de l'huile, et doit être surveillé de près. Olivier nous fait comprendre d'un signe qu'il ne peut pas s'interrompre. J'en profite pour filmer son activité.

Quand le vacarme s'arrête, la basse-cour reprend sa conversation de glouglous, de cancanages et de pépiements dans la grande cour ceinte de hauts murs qui protège du matériel agricole, des zébus et tout ce qu'une ferme peut héberger de bestioles. Nous souhaitions interviewer l'intéressé, mais Olivier ne parle pas français et notre malgache reste encore très insuffisant. Heureusement M. Fidelius, l'instituteur, vient faire le traducteur. Depuis que Tovo ne nous accompagne plus, les choses ont changé : pas moyen de soutirer la moindre information de la part d'Éric de toute la journée. Il comprend bien le français mais ne sait que dire oui en retour. Ce qui est déjà très bien. Cela suffit pour survivre et s'entendre mais c'est un peu court pour le reste. Il va falloir progresser ensemble.

Fidelius nous apprend qu'Olivier a quinze zébus, un élevage de cochons, une épicerie et quatre enfants. Il est fervent catholique, catéchiste et rien ne se fait dans le village sans son aval. À force d'économies et de bonne gestion, il a pu acquérir d'occasion un petit tracteur. Pour couronner le tout, il a également une petite moto chinoise. Il est le modèle, l'exemple, la *success story* de l'ASA. C'est un taiseux au beau visage dégageant une autorité naturelle de par son regard fixe et droit, qui serait dominateur s'il n'était pas compensé par un sourire qui lui a creusé de larges sillons dans les joues.

« Comment faites-vous pour ne pas vous faire voler par les *dahalo* ?

— Je leur parle. Ils viennent à la décortiquerie et à l'épicerie. Kambantsoa a toujours été un village d'échanges pour eux. Je leur rends des services. Ce sont des Malgaches comme les autres. Je leur dis qu'ils créent beaucoup de malheur en volant des zébus. Que c'est mal. Et je prie pour que l'Esprit saint transforme leur cœur. Mais cela les fait rire… ils sont païens. »

Nous montons à l'étage dans la petite pièce qu'il a libérée pour nous. Nous pénétrons pour la première fois dans une maison traditionnelle malgache. Les pièces sont très exiguës et souvent dépourvues de meubles. Les fenêtres sont très petites et privées de carreaux et on n'y voit goutte une fois le volet fermé. On dort par terre. Nous déployons notre bâche et nos tapis de sol sur le plancher. La pluie se met à tomber si drue sur la tôle ondulée que nous ne pouvons pas nous parler. Chacun s'enferme dans ses devoirs. Moi, je remplis mon cahier car j'ai du retard sur la retranscription de nos deux semaines à l'ASA, Sonia fait un peu de couture et supervise les devoirs des enfants. Éric et Rakotobé ont disparu, sans doute aux cuisines pour préparer le riz. Vers 10 heures du soir, je lève le nez de mon cahier. Sonia s'est endormie sur son ouvrage et les enfants sont devant l'ordinateur à regarder *Kung Fu Panda*, le casque sur les oreilles. J'appelle Éric. Rien. Je descends par le petit escalier extérieur qui grince sous mes pas. La nuit est d'un noir d'encre. Des grenouilles cliquettent dans les herbes mouillées.

« Éric ? »

J'entends remuer dans la charrette, et le zipper de la porte arrière s'ouvre. Ma lampe frontale aveugle son visage chiffonné de sommeil.

« *Aïza sakafo*[1] *?*

— *Tsy misy*[2] *!*

— … ? »

Silence. Incompréhension. Il n'a rien préparé. Je croyais qu'il m'avait compris quand je lui avais dit de s'organiser en cuisine avec la femme d'Olivier. Il m'avait répondu positivement. J'en déduis qu'il n'a pas osé. Ou n'a pas osé me dire qu'il n'avait pas compris. Quant à Olivier, il ne s'est pas posé de questions. Ou bien il n'a pas osé nous déranger. Il a déjà fait beaucoup en nous hébergeant. Tout

1. « Où est le repas ? »
2. « Y en a pas. »

en écrivant, avant la pluie, j'avais entendu des bruits de casseroles, je ne m'étais donc pas inquiété et je croyais l'affaire en cours. Non. Les choses ne vont pas de soi ici. Il faut s'assurer de tout, jusqu'au bout. Il va falloir être plus clair à l'avenir.

Le frère Jacques nous avait expliqué qu'il ne fallait jamais poser de questions ouvertes, car la réponse serait toujours oui. Par politesse. Par délicatesse. Pour ne pas contrarier. Mais cela ne voulait pas du tout dire que l'interlocuteur pensait « oui », et que cela serait suivi d'effets. Il nous avait exposé un concept fondamental de la culture malgache, l'équilibre entre le *tsiny* et le *tody* qui régit les relations interpersonnelles. *Tsiny* pour « peur du reproche » et *tody* pour « reproche ou punition ». Il avait ensuite été plus précis :

« Dans toutes les situations particulières que vous allez vivre, vous attribuerez l'inaction de certaines personnes à de l'incompréhension ou à de la mauvaise volonté, ce ne sera ni l'une ni l'autre, mais la crainte de mal faire et ses conséquences. Cela vient d'un manque de confiance en soi et de la peur des responsabilités. La plupart des gens sont paralysés entre le *tsiny* et le *tody*, c'est pourquoi les choses n'avancent pas, ou si difficilement. Il est donc primordial de faire agir la collégialité : les décisions se prennent en commun pour dissoudre le *tsiny*, et s'épargner le *tody* : vous verrez, grâce à ça, en cas de problème, personne n'est responsable… C'est sûrement mieux pour la paix sociale, mais ça ne fait pas vraiment avancer le schmilblick ! Et c'est tout un peuple qui fonctionne comme ça : les Malgaches sont l'incarnation sur terre de la prudence ! Il y a un dicton qui le dit bien : *Tsy manao, be fondro, manao be tsiny* ("Si on ne fait pas, il y a des blâmes, si on agit, il y a des critiques"). En fait, ça se traduit par une recommandation plus générale et universelle : "Mieux vaut ne pas agir que de mal faire et devoir en subir les conséquences." En ceci c'est une société de nature très conservatrice. »

Et le raté de ce soir est notre petit exemple avec sa petite conséquence. Qui se traduit par un jeûne forcé. À ma question : « Crois-tu qu'Olivier va nous préparer un repas en commun ? », Éric avait répondu « oui » pour ne pas me décevoir. Mais il n'avait pas osé s'en enquérir, ou revenir avec une réponse négative, ou prendre l'initiative de préparer notre repas. Bref ! Paralysé entre le *tsiny* et le *tody* comme l'âne de Buridan entre le seau d'eau et le seau d'avoine, il était allé se coucher avec Rakotobé, perclus de fatigue par cette première journée. Sans doute aurais-je dû inviter notre hôte à dîner, invitation qu'il aurait sûrement déclinée, et qui m'aurait fait prendre la décision de lancer moi-même notre repas ? Mais en tant qu'hôte étais-je en mesure de le faire ? Qui était l'hôte ? Que le français est mal fichu ! Le même mot pour celui qui invite et celui qui est invité : la confusion est inévitable ! N'aurait-ce pas été insultant de prendre les devants et de l'inviter ? Ou au contraire une contrepartie nécessaire pour équilibrer l'hébergement ? N'en avait-il pas été offusqué, puisqu'il n'était pas venu aux nouvelles ?

Je couche sur mon cahier ces questionnements et considérations qui prouvent que nous sommes toujours néophytes en matière d'us et coutumes malgaches, et bien dépourvus tant que nous ne maîtriserons pas un peu mieux la langue. Que c'est bête ! Une gamelle d'eau chaude et nous en aurions été quittes avec des soupes aux nouilles. Ces deux semaines à l'ASA nous ont fait oublier les subtilités de ces rapports humains que nous découvrons un peu plus chaque jour dans le pays réel. Ce n'est pas bien grave, ne dit-on pas « Qui dort dîne » ?

Nous retrouvons avec joie le père Bruno à Ambatolahihazo. Nous décidons aussitôt de partir à deux motos faire un repérage pour la traversée du fleuve. Nous retrouvons M. Bouzy, un de ses cathéchistes, à Miaramasoandro. Sonia en selle derrière moi, nous suivons le père et son acolyte sur un vrai parcours de motocross en suivant une ligne de crête. Je sens les petites mains de ma femme me serrer les hanches dans les passages un peu scabreux et son corps se serrer contre mon dos. Dieu que je l'aime ! Elle est vraiment tout-terrain et me fait confiance. Elle est mon soutien permanent, mon garde-fou. Elle me connaît par cœur, elle aime mon imagination opiniâtre à trouver des solutions aux problèmes. Sur cette moto, nous faisons un seul corps et regardons dans la même direction. Il paraît que c'est une définition de l'amour. Mais je prends garde à ne pas me planter. Il ne manquerait plus que ça ! L'important, c'est de doser le bon élan pour les raidillons. L'inverse de la charrette. Nous filons cheveux dans le vent. Avancer sans effort, quelle incroyable sensation ! Le paysage défile, les vallons s'enchaînent, nous sommes ivres d'espace : ce pays est fait pour le voyage à moto !

Le père s'est arrêté et regarde en contrebas d'un promontoire. Nous y sommes ! La rivière Mahazilo ! C'est la frontière sud de la ZMA. De l'autre côté, c'est la zone rouge. Large et peu profonde, encombrée de rochers, elle coule de gauche à droite. Le courant est fort. En aval, des rapides grondent, ne laissant pas de place à l'erreur. En amont se trouve une confluence.

« À gauche vous avez la rivière Sakay, un peu jaune, que vous avez dû traverser si vous venez d'Itasy. À droite, plus grosse et plus chargée, c'est la Kitsamby qui vient de l'Imerina. Elle est bien plus rouge. On voit bien qu'il a plu à Tana ces derniers jours. Ces deux rivières forment la Mahazilo qui se jettera en aval dans le fleuve Tsiribihina. M. Bouzy suggère que vous traversiez en deux fois, en amont de la confluence pour diviser le problème. Allons voir ! »

16

Charrette flottante

Nous laissons les motos en haut et descendons à pied vers la rive. En chemin, nous nous dirigeons vers un bûcheron qui a abattu un grand arbre. En approchant, nous constatons qu'il taille en fait une pirogue. Le père se retourne vers nous, content de sa surprise :

« Cela fait trois jours qu'il la prépare ! C'est pour Ulysse et Philaé !

— Il a coupé l'arbre exprès pour nous ? s'exclame Sonia, dévorée de scrupules d'être à l'origine de cet abattage.

— En fait, il est le traversier du village et sa pirogue est complètement pourrie. Il voulait s'en faire une autre. Vous lui avez donné l'occasion de passer à l'acte !

— Il l'aura finie demain ?

— Oui, ne vous inquiétez pas ! Allons voir l'endroit de la traversée ! »

La berge limoneuse fait un mètre d'épaisseur. Nous pourrons y tailler aisément une descente à l'*angady*. M. Bouzy se met à jeter des pierres dans l'eau.

« Que faites-vous ?

— C'est pour éloigner les crocodiles…

— Les crocodiles ? »

Sonia hallucine.

« Oui, il y en a beaucoup, mais il suffit de les prévenir. Ici ils n'attaquent pas les hommes, ils ne manquent pas de nourriture, les eaux sont très poissonneuses. »

En effet, un pêcheur vient aux nouvelles avec une grande grappe de camarons d'eau douce afin de nous les vendre : des crevettes géantes ! Mais l'heure n'est pas aux emplettes. Le père retrousse son tee-shirt et se met à l'eau. Nous le suivons. Nous en avons jusqu'au nombril. Le fond est assez stable, sans doute sablonneux, le courant faible. La traversée se fait sans encombre, les bras levés. De l'autre côté nous repérons le passage qu'il faudra aménager dans les roseaux. Je jubile intérieurement, car tout cela me paraît très faisable. La porte du Sud s'entrebâille doucement.

Dans les grands arbres du bord du fleuve sifflent des perroquets gris. Nos premiers perroquets sauvages : les *loky* ! Notre ami Philippe Girard du Waterfront en avait un. Il était apprivoisé mais vivait en liberté et venait de temps à autre suivre l'avancement de mes travaux quand je construisais la charrette. Voir ces compagnies bruyantes et joviales dans les feuillages m'enchante. Des enfants se sont joints à la fête et imitent le sifflet des volatiles qui s'égosillent de plus belle. Sonia, qui sait siffler entre ses doigts comme une cow-girl du Far West, subjugue un instant l'assistance des marmots et des psittacidés avant que tous reprennent à qui mieux mieux dans une belle cacophonie !

La Kitsamby est beaucoup plus large. Les rochers y distribuent des zones de courants plus forts qui présagent des passages plus irréguliers. Ça va être corsé. Nous nous engageons et ne tardons pas à buter sur de grosses pierres. Il faudra veiller à ne pas y coincer les roues. L'ensemble est moins profond que la Sakay, mais jalonné d'obstacles. M. Bouzy nous montre l'itinéraire qu'il a repéré. Nous progressons. J'ai beau trébucher dans quelques trous d'eau, les trois premiers quarts du fleuve ne posent pas de réel problème. Le dernier quart est le verrou qu'il faut faire sauter. Large d'une trentaine de mètres, il a un flux plus fort. J'y vais avec un jeune homme et nous sommes aussitôt emportés par le courant. Nous nageons énergiquement afin de ne pas trop dériver et reprenons pied de l'autre côté. Dans la manœuvre, nous avons perdu une petite soixantaine de mètres. Compte tenu du fait que la charrette flottera mais sera tenue par une corde depuis la rive d'en face, elle devrait penduler naturellement et traverser la rivière sans difficulté. De l'autre côté il ne semble pas y avoir de piste pour remonter le coteau, seule une sente piétonnière. C'est pour l'instant le cadet de mes soucis. Nous terrasserons si besoin ! L'important est de passer demain !

Au retour, en traversant la Sakay, l'eau nous arrive sous les aisselles. Elle est montée de 20 centimètres en deux heures, et le courant est plus fort : les pluies de Tana…

De retour au séminaire nous nous mettons en quête des bidons qui permettront à la charrette de flotter. Deux grosses citernes bleues de 150 litres chacune ou une dizaine de bidons jaunes de 20 litres ? Nous optons pour la deuxième solution qui offre modularité et mobilité des roues. J'ai essayé de calculer le poids de la charrette, son volume et la poussée d'Archimède et ne suis arrivé à rien. Empiriquement, je me dis que si toute la surface de la charrette est posée sur des bidons, elle devrait flotter comme un radeau, avec deux autres bidons ficelés à l'avant du timon pour l'équilibre. On verra bien demain.

Pour le dîner, tous les séminaristes sont rassemblés. Ils sont une douzaine. De beaux jeunes hommes ayant fait le choix du célibat, de longues études et du don aux autres. Nous les soumettons à la question. Ils proviennent tous des campagnes d'Antsirabé et de Fianarantsoa, sont betsileo pour la plupart. Ils ont tous aussi un autre point commun : ils sont tous dixième, onzième, douzième ou treizième d'une grande fratrie de familles de paysans ! Amusant. Ceux qui n'auront pas accès à la terre et qui ont décidé de s'en affranchir ! Les missionnaires français du début du XXe siècle ayant répandu la foi dans ces contrées étaient eux aussi issus de familles similaires. Dans ces familles nombreuses, des garçons étaient réservés pour les ordres, et d'autres pour en donner, dans l'armée. Mon grand-père a vu ses deux frères aînés devenir prêtres. Le plus âgé, René de Naurois, fut l'aumônier du commando Kieffer, l'autre, Louis, devint le recteur de l'université catholique de Toulouse, après avoir eu un pied emporté par un train. Mystère des vocations !

Tous les séminaristes sont enthousiasmés et impressionnés par notre projet. Eux aussi, un jour, partiront à la découverte de leur pays qu'ils ne connaissent pas, à moins qu'ils ne viennent en France reprendre une paroisse dont le vieux prêtre ne pourra être remplacé !

Ce soir c'est « cinéma Paradiso » au village. Nous montrons sur notre ordinateur posé sur la selle de la charrette un épisode de notre série Africa Trek : celui qui se déroule en Tanzanie et dans lequel les lions attaquent la mission de Mitundu, alors que nous sommes terrassés par le paludisme. Les villageois se chuchotent entre eux *tazo moka* (paludisme), consternés, et nous jettent des œillades compatissantes. Le palu, ils connaissent. Ils découvrent aussi les Massaïs et poussent des exclamations émaillées de « Antandroy » ou « Bara » suivies de rires : ces ethnies du sud de Madagascar ressemblent aux Massaïs avec leurs traits plus africains que ceux des autres ethnies. En outre, ils se déplacent souvent avec des lances, drapés dans de grandes toges et leurs ancêtres portaient aussi des colliers de coquillages et des boucliers de cuir. Ils sont redoutés par tous les autres Malgaches.

Les enfants ont des yeux comme des soucoupes. Ils ignoraient totalement qu'ils n'étaient séparés de ces immensités africaines que par le canal du Mozambique. Aucun d'eux n'a vu la mer : *rano masina*, « l'eau sacrée » !

C'est le grand jour ! Nous partons en cortège vers le fleuve. Les montagnes russes avalées hier à moto sont autrement plus problématiques aujourd'hui en charrette : ce n'est pas le même pays. Les ravinements sont profonds. Nous coinçons la roue dans une ornière dans une montée. Il faut vider toute la caisse pour l'alléger. Surtout ne pas forcer. Ne pas se précipiter. Nous avons toute la journée pour le passage. La descente sur le fleuve par la dernière pente est vertigineuse. Les freins serrés à bloc, les roues tournent tout de même. Les zébus, pattes tendues, skient dans la terre meuble. Ouf ! Nous arrivons en bas sans casse. Plus le choix, impossible de remonter, il faut passer. Je décompresse en chantonnant :

« *There's a river, called the River of no return – no return… !* »

La pirogue est finie. Sur la berge, je prépare les bidons en les ficelant sous la caisse avec de grands élastiques découpés dans des chambres à air. Nos bidons d'eau sont vidés. Deux autres viennent les compléter à l'arrière. Quatre autres prennent place devant la batterie et sous la selle, deux autres au bout du timon. Un attroupement de jeunes hommes s'est constitué comme par enchantement. Ce sont les jeunes de Miaramasoandro appelés par M. Bouzy pour nous aider. D'abord les bagages et les enfants. Ces derniers, ravis, testent la pirogue. Les sacs passent sur la tête des jeunes gens. Il nous semble tout d'un coup avoir une colonne de porteurs comme ces expéditions d'explorateurs britanniques de la fin du XIXe siècle. À la queue leu leu ils franchissent la Sakay avec tout notre matériel. Je confie la batterie et le convertisseur au plus costaud.

Vient le tour des zébus. Savent-ils nager ? Comment vont-ils réagir ? Bâbord passe en premier : tiré par le museau et poussé par-derrière, il renâcle à descendre ses antérieurs dans l'eau. Il n'a pas le choix, les sabots glissent sur la glaise et il se laisse couler dans l'eau naturellement. Tribord le suit sans rechigner. Ils ne perdent pas pied, ou à peine. D'un geste amical, les bouviers les aspergent d'eau en cours de route et les frottent. Je suis soulagé. Je m'en faisais un monde tant que ce n'était pas fait. Ne reste que la charrette !

Le moment tant attendu vient enfin. Va-t-elle couler ? flotter ? se renverser ? Nous avons pris le parti de ne pas démonter les roues. Elles sont si lourdes qu'elles vont agir, présume-t-on, comme des quilles. Dernière vérification. L'instant fatidique approche. Je demande à des jeunes gens de se mettre tout autour, chacun à son poste. Tout est paré. Il faut se lancer pour la mise à l'eau ! J'adore ces secondes suspendues qui marquent des expériences uniques dans la vie, le premier saut en parachute, le premier décollage en parapente, ma première plongée en scaphandre autonome, mon premier soleil à la barre fixe, le premier baiser de Sonia : il y a tant de premières dans une vie ! Ce sont des instants jubilatoires, que l'on projette mentalement, pour lesquels on met toutes les chances de son côté. Et qui ne demandent qu'à se réaliser. Je donne le feu vert en libérant le frein.

« *Alefa ! Mora mora*[1]. »

Deux hommes dirigent le timon vers la surface : dès le contact, il se met à flotter grâce à ses bidons porteurs, ainsi la charrette ne pique-t-elle pas du nez. La berge est un mur de glaise vertical comme une grande marche ; je resserre le frein pour ralentir la chute, elle la descend et va d'un coup se poser sur l'eau comme une fleur ! Elle flotte ! *Fluctuat nec mergitur !* Des cris et des youyous retentissent de toutes parts ! C'est gagné ! La faire traverser ensuite est un jeu d'enfants. Toute une grappe de mains s'amusent à pousser l'esquif docile. Une fois dans l'eau je laisse la charrette partir pour immortaliser la scène. Sonia est à la caméra. Nous nous répartissons les tâches. Sans cette joyeuse équipe qui nous aide, nous n'aurions pas de traversée ni d'images. Nous commençons à comprendre que ce n'est pas nous qui faisons Madatrek : c'est tout un peuple qui participe ! Sur l'autre berge, le chargement est simple également. Un autre groupe était parti en avant préparer la remontée.

Les bidons n'entravent pas la rotation des roues : c'est reparti mon kiki ! Les perroquets *loky* sont au rendez-vous, excités par la présence de cette foule subite. Pour passer la Kitsamby, je m'en remets à la dynamique de groupe. Je souhaite filmer la scène de loin au drone pour avoir une vue d'ensemble. Nous nous assurons d'abord de la traversée en pirogue des enfants, des bagages et des

---

1. « Allons-y ! Doucement, doucement. »

zébus, et c'est le départ ! Escortée de ses pousseurs, *Fanantenana* part tranquillement à l'assaut de la rivière. Je fais décoller le drone et prends de la hauteur pour inscrire notre charrette flottante dans l'immensité du paysage. Elle progresse, mais lentement. Bute sur des rochers comme prévu. Je fais redescendre le drone et réalise quelques passages bas au ras du toit, la sueur au front. Je ne suis pas encore un pilote chevronné. J'ai pour l'instant volé à l'économie.

La charrette parvient à l'endroit de sa traversée finale et temporise, juste avant la zone profonde où elle sera emportée par le courant. Malheureusement mon vol ne peut pas s'éterniser. Ma batterie indique 20 % restants. Je décide de faire revenir le drone. Mais ce dernier ne répond plus. Il vole en stationnaire au-dessus de la charrette. Je ne sais que faire. Il se met alors à perdre de la puissance et de l'altitude. Je tente diverses actions inefficaces et me résous à éteindre puis rallumer la radiocommande. Rien n'y fait, je ne parviens pas à récupérer le contrôle. Je me mets alors à courir comme un désespéré vers mon aéronef en poussant des cris. Des jeunes comprennent et convergent vers le point de chute supposé du drone. Je cours, titube, disparais dans un trou d'eau, me relève, retombe, je vais perdre la course. Le drone poursuit sa descente inexorable : 5 mètres, 3 mètres, 2 mètres, je ne suis plus qu'à 10 mètres de lui quand il touche l'eau. Un gamin manque de l'attraper mais il coule après un bref sursaut à la surface. J'ai perdu la course. Et les images. Excités par le drame, les enfants ont accouru et se sont jetés dans le courant aval pour tenter de rattraper à l'aveugle l'aéronef englouti. J'ai peu d'espoir… Soudain, triomphant, l'un d'eux le brandit avec un cri de joie au-dessus de sa tête et me l'apporte ! Il fume et grésille. J'extrais vite la batterie. Notre Phantom II a vécu ! La Go-Pro clignote comme un sapin de Noël. J'enlève la carte mémoire et la sèche aussitôt. Elle contient notre trésor. Le reste n'est que du matériel…

Il est d'ailleurs temps de passer aux choses sérieuses. Le piroguier est sur l'autre rive avec la longue corde d'escalade que j'avais dans notre paquetage. Elle est attachée au timon. La remise à l'eau de la charrette est hasardeuse, elle penche sur la gauche car elle n'a pas été mise dans l'axe. Je ne suis pas à la manœuvre et suis la scène à distance, impuissant, avec mon drone mort entre les mains. *Alea jacta est !* Ordres, contre-ordres, confusion, excitation, cris, la charrette gîte dangereusement et part dans le courant avec des grappes de mains accrochées à ses flancs qui la déséquilibrent d'un côté puis de l'autre. Elle fait le bouchon, dérive. Je ne parviens pas à voir si elle progresse ou si elle est prisonnière du courant. Soudain, elle est prise en charge par la corde et stoppe sa course folle tout en se rapprochant de l'autre rive. Elle s'immobilise enfin et touche terre, bientôt rejointe par les nageurs qui, emportés par le courant, avaient dû lâcher prise. La voilà qui sort de l'eau, ruisselante et victorieuse. Quel soulagement !

Je retourne chercher la valise du drone et rejoins Sonia qui a filmé toute la scène en longue focale sur le trépied avec notre mini-caméra secondaire, dotée d'un bon zoom mais dépourvue de micro. Le temps de recouvrer nos esprits et de traverser, la charrette est remontée sur l'autre berge et les zébus bâtés. Le raidillon informe qui nous fait face ne semble pas impressionner notre joyeuse équipe qui galvanise les zébus et semble porter l'attelage hors piste à la verticale en faisant fi du tracé du sentier.

Je ne contrôle plus rien, je lâche prise : encore une fois, une foule nous emporte. Je vois un grand escogriffe encourager nos zébus tout en leur tordant la base de la queue comme si elles étaient des manettes d'accélérateur. Ça leur met vraiment le turbo, et lentement mais sûrement le groupe gagne le sommet de la colline. Je n'aurais jamais osé ! Ulysse en slip mouillé suit le cortège en faisant claquer ses petites tongs de vacancier. Il est contrarié car Rakotobé ne l'a pas laissé jouer dans la rivière. J'avais confié à ce dernier la sécurité et la surveillance exclusive des enfants.

« Tu sais, Ulysse, ce ne sont pas des blagues, il y a vraiment des crocodiles dans cette rivière, on ne peut pas y jouer.

— C'est toi qui nous as dit qu'ils ne mangeaient que du poisson…

— Tu as la taille d'un gros poisson, et tu as beaucoup moins d'arêtes ! »

Ulysse n'a perçu aucune des difficultés de la journée, il n'en voit que le côté ludique. Nous remercions comme il se doit tous nos coéquipiers pour ce franc succès. Je compte vingt-cinq personnes. Chacun touche la rétribution promise et je rajoute au piroguier le cadeau de la corde noire, dont je sais qu'il fera bon usage. Nous nous séparons après moult embrassades et tapes dans le dos, geste qu'ils découvrent pour l'occasion. Ils ont compris que c'était une tradition chez nous et s'amusent à vouloir tous passer entre mes bras afin de me faire claquer les côtes. Soudain, sur un mot de ce cher M. Bouzy, ils tournent tous les talons et nous les voyons retraverser en poussant de grands cris. Les habitants de Miaramasoandro ne sont pas près d'oublier notre drôle de famille de *vazaha* !

J'ai une tonne de moins sur les épaules : nous sommes libérés, délivrés, et désormais en pleine zone rouge[1]. Un hameau isolé dominant le fleuve est juste assez proche pour nous offrir la halte idéale. Une mère et sa fille, qui ont regardé l'intégralité de la traversée, nous autorisent à planter la tente entre leurs deux petites maisons de terre, et à mettre nos zébus avec les leurs en sécurité pour la nuit. Dans l'or du soir, pendant que le thé chauffe, je demande à la dame le nom de l'endroit où nous avons atterri pour l'inscrire dans mon journal de bord : Raleva, me dit-elle. Trop fort[2] ! Nous nous mettons comme un seul homme à chanter « *Omby tsaretin d'Raleva* » sous les yeux ébahis de notre hôtesse, avec le sentiment d'être malgachisés, dans notre élément : l'aventure et le partage.

---

1. Une zone rouge est une zone définie par les autorités comme une zone dangereuse où elles ne peuvent plus assurer la sécurité des personnes car elles y sont elles-mêmes en danger. À Madagascar, elle est fonction du péril *dahalo*.

2. *Cf.* p. 41.

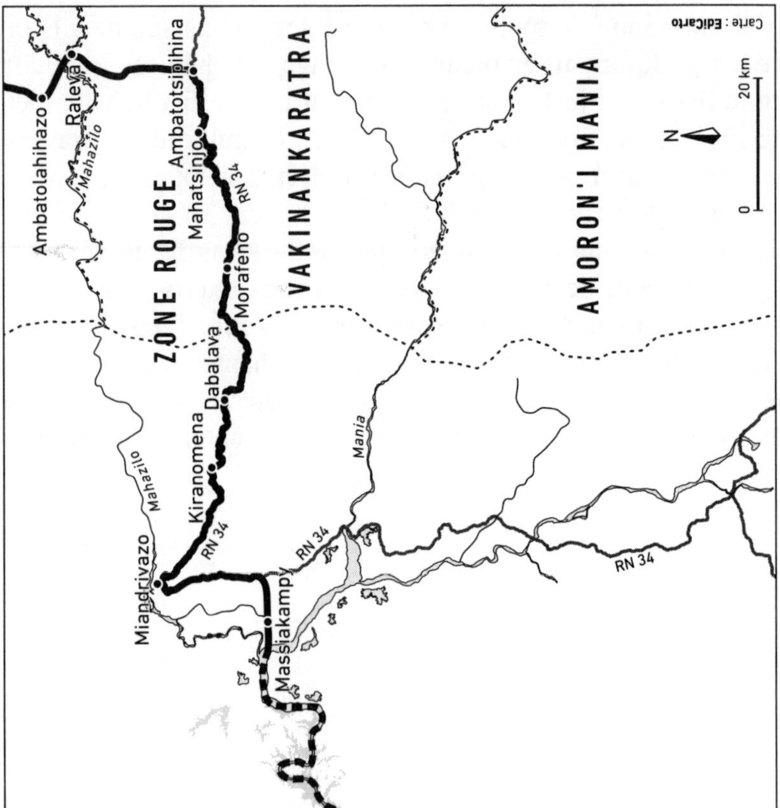

Ambatolahihazo
Raleva
Mahazilo
Ambatotsipihina
Mahatsinjo
RN 34
ZONE ROUGE
VAKINANKARATRA
AMORON'I MANIA
Morafeno
Dabalava
Kiranomena
Mahazilo
Miandrivazo
RN 34
Masiakampy
RN 34
Mania
RN 34
Tsiribihina
Begidro
Berevo
MENABE
Berendrika
Forêt du Menabe Antimena
Kirindy
Réserve de Kirindy
Piste vers les Tsingy de Bemahara
RN 8
Tsimafana
Belo-sur-Tsiribihina
484 km
15/03/2015
Allée des Baobabs
RN 8
RN 35
Kambatomena
N
0
20 km
Carte : EdiCarto

Zone rouge

17

Zone rouge

Dimanche 23 novembre 2014, Raleva, Pk 314

Sonia fait la tête ce matin. Tout s'est pourtant bien passé, le pliage du camp s'est fait sans anicroche, sans que je sois obligé d'activer le mode sergent major.

« Qu'est-ce qui ne va pas ?

— Tu ne devineras jamais ce qui s'est passé.

— … ?

— Après avoir salué notre hôtesse, elle m'a attrapé la chemise – m'en faisant sauter un bouton – et m'a dit : "*Omeo vola*[1] *!*" J'étais hyper choquée. Jamais on aurait eu ça en Afrique…

— Nous ne sommes pas en Afrique… »

La soirée avait pourtant été merveilleuse, fraternelle. Nous avions fait le riz pour tous, ouvert deux boîtes de cassoulet que tous avaient adoré. Victor, le fils de la maison, nous avait enchantés toute la soirée au *kabosy*, la guitare traditionnelle. Nous avions donné des antalgiques au grand-père qui se plaignait de douleurs lombaires, fait un pansement à la jeune fille qui avait une croûte bien sale. Les enfants avaient joué avec un adorable veau qui venait de naître, puis s'étaient entraînés au pilon avec des garçonnets hilares. Ici point de misère, car ils étaient seuls au monde entre champs fertiles et fleuve. De vrais Sakalava n'ayant pas peur des *dahalo*, leurs semblables, leurs frères. Cette famille avait vu par quelles épreuves nous étions passés. Ils étaient aux premières loges du charivari de l'après-midi. C'était la première charrette de mémoire d'homme à

1. « Donne-moi de l'argent ! »

avoir jamais traversé le fleuve à cet endroit. Nous étions les premiers *vazaha* qu'ils aient jamais vus. Nous avions partagé une vraie soirée comme nous les aimons et les recherchons, comme celles que nous passions en Afrique. Avec ce sentiment de pénétrer enfin dans l'aventure vraie, puisque nous ne sommes plus attendus par personne, n'avons plus d'itinéraire, plus de route, pas de carte, plus d'entraves. Sonia reprend :

« C'est incompréhensible. On n'a fait que donner hier soir ! On a dormi sous notre tente. On ne leur a rien coûté. On ne leur a rien demandé, tu as soigné tout le monde... Non, je suis hyper déçue... »

Et la voilà qui se met à pleurer.

« Tu lui as donné combien ?

— Ce que j'avais dans la poche, 1 000 ariary.

— Et elle était contente ?

— Oui, elle a dit que c'était une question de respect... Comme si elle me faisait la leçon. Je me suis sentie humiliée, c'était atroce.

— 30 centimes d'euro...

— Je sais, ce n'est rien, mais elle en faisait une question de principe... Pour elle l'honneur était sauf, alors que pour moi il était perdu, en raison d'un principe inverse : c'est avec la gratuité qu'arrive le supplément d'âme, sinon ce n'est que de l'échange... Comment peut-on expliquer cela ? »

Nous ne sommes pas des voyageurs de la dernière pluie. En plus de vingt ans nous avons vécu dans une centaine de pays sous toutes les latitudes. Nous avons largement dépassé le paradigme du touriste rackettÉ, du toubab perçu comme un porte-monnaie à pattes entre son hôtel et la plage, de l'homme riche et blanc dans un pays noir et pauvre contraint de passer à la caisse ou volontaire humanitaire donnant de son temps et de son argent pour sa bonne ou sa mauvaise conscience, ou gratuitement, tout simplement, pour le bonheur du don. Nous avons fait notre métier de tordre le cou à ces clichés et de rendre la rencontre possible, malgré le poids de l'histoire et des préjugés, le poids des différences et des niveaux de vie. Durant toute notre existence, nous avons témoigné des choses universelles que nous partageons tous, sous tous les cieux, avec tous les bipèdes.

Ici il y a quelque chose qui fonctionne différemment. Mais quoi ? La soirée d'hier n'a-t-elle été que simagrées ? Ne pouvait-il pas y avoir fraternité désintéressée, comme nous l'avons expérimenté partout sur terre ? La joie ne l'emportait-elle pas sur les vicissitudes de l'existence ? Cette dame n'a pas demandé de l'argent pour un projet, un problème, un besoin. Mais parce que cela ne se faisait pas de partir comme ça, seulement sur un bon souvenir, sur un échange immatériel, que c'était une entorse au *fomba*.

Le père Bruno, afin de préparer notre traversée du fleuve, nous avait expliqué un trait de la culture malgache pour justifier le fait que si quelqu'un touchait notre charrette, il devrait être rémunéré. Que la gratuité était un concept quasi inexistant dans les villages. Que tout était régi par l'échange et l'équilibre entre les personnes : l'échange équilibré. Nous n'avions rien eu à redire à cela : toute peine ne méritait-t-elle pas salaire ? J'avais de ce fait limité le nombre de pousseurs supplétifs à douze. Il y en avait eu finalement vingt-cinq. Peu importe. Nous aider était aussi un peu une aubaine pour eux ! Mais quelle fête cela a été ! Sans eux, nous n'aurions jamais pu traverser.

Mais ce matin, c'était autre chose. Sonia rumine ça au cours de la lente montée sur un faux plat. Elle est plus blessée que moi, car cela s'est passé entre femmes.

« Rappelle-toi ce qu'a dit le père. Dès qu'il y a contact ou interaction, il faut laisser un cadeau, une compensation, sinon la personne se sent lésée, l'équilibre est rompu. C'est comme ça ici, cela n'a rien à voir avec nous. Il ne faut rien y voir de personnel. Ils sont comme ça entre eux. C'est leur tradition. »

Je fais quelques pas en silence et reprends le fil de mes pensées :

« C'est sans doute la raison pour laquelle les gens s'entraident assez peu comme on a pu le remarquer. En fait, j'ai l'impression qu'ils sont tous très seuls avec leurs problèmes, car ils ont peur d'être redevables. Et nous sommes des perturbateurs de cet équilibre avec tous nos besoins, toute notre nouveauté, nos extravagances… »

Sonia réfute :

« Mais non, on essaie de leur ressembler, on a une charrette et des zébus, on mange comme eux, on dort comme eux, on attrape des puces comme eux, on souffre comme eux, on n'est pas en Land Cruiser, on ne va pas à l'hôtel…

— Oui, mais *in fine* on n'est pas comme eux. Je ne sais pas quoi te dire. Il faut attendre. Essayer de comprendre. Tout s'explique. Les petits gestes et les petites attentions n'en seront que plus précieux. Tout est plus subtil ici !

— Depuis le départ nous ne faisons que donner, donner, donner…

— Nous avons tant reçu dans la vie, qu'on est peut-être là pour ça ? Il faut en prendre son parti et le faire avec joie, il faut donner et ne rien attendre en retour…

— C'est vrai ! Mais tout de même, l'histoire de ce matin, c'est la goutte d'eau…

— Écoute, qui est dans le besoin, eux ou nous ? Qu'avons-nous que nous n'ayons reçu ? Il faut donner pour recevoir. On est là pour donner… »

Elle me sourit. Encouragée. Consolée. Heureuse de voir mon détachement. Ce qui compte, c'est d'avancer, de progresser, de comprendre.

Victor nous suit dans la montée avec son *kabosy*. Il n'est pas au courant. Notre discussion ne l'a pas troublé. Il est heureux de chanter et de gratouiller son instrument. Gratuitement. Pour la beauté du geste… Avec Tovo nous avions appris une chanson célèbre à Madagascar, une chanson, coïncidence, que le père Julien Rakotoarinosy d'Ampasipotsy avait contribué à écrire. Éric et Rakotobé la connaissent aussi. Comme une thérapie, nous la reprenons tous en chœur dans la campagne, accompagnés à la guitare. C'est la chanson des bouviers qui partent travailler aux champs de bon matin :

« *Olombelona aho Tompo* (Seigneur, je ne suis qu'un pauvre homme) *!*

Tsy mendrika (Je ne suis pas digne)
ny hanonona ny anaranao (de prononcer votre nom) *!*
Nefa Vonona aho hanompo (Mais je suis prêt à vous servir).
Mifona aho Tompo (Je vous en supplie Seigneur) *!*
Mibebaka hatramin'izao (Je me repens en ce jour).
Ô ! Ry Tompo be fitia (Ô Seigneur très aimant) *!*
Mba tantanonao ny dia (Aidez-nous à finir le voyage).
Fantatrao fa efa nania (Vous savez les gens sont perdus),
ny olona tety (mais ils sont sur cette terre).
Ankehitriny ô Mamela (Maintenant, pardonnez-moi mes péchés),
ny heloko Izay vitako (Ô pardon) !
Ô mamela, ô mamela, ny heloko (Ô pardonnez mes péchés) *!* »

La litanie nous berce, nous n'en connaissons pas l'exacte signification mais nous savons que c'est une prière d'humilité et de confession. Cela tombe bien en ce bon matin pour chasser les nuages de notre cœur et aborder une nouvelle journée. Afin de nous mettre entre les mains de la Providence, entre les mains de l'Aventure, de ce qui va nous arriver, et dire « Ainsi soit-il ! *So be it ! Zao izay !* » La déception de ce matin est un fait. Devons-nous la nier ? la taire ? Non. Mais nous devons nous garder de tirer des généralités de cas particuliers et d'expériences désagréables. Nous ne savons encore rien, nous ne comprenons pas grand-chose mais nous sommes disposés à apprendre et à comprendre, à partager et à endurer par empathie. Nous sommes venus pour cela et nous allons prendre le temps. Nous n'avons qu'un mois de marche derrière nous…

La joie est revenue dans l'équipe grâce au chant. La piste est saine et droite entre des champs fraîchement labourés. Les enfants sont sur la selle. Derrière nous le cadre du Bongolava est sublime. Je cours devant et immortalise la scène et sais que cette photo comptera. Nous en prenons plus d'une centaine par jour, et, à l'instant du déclic, il se produit parfois cette petite magie, cette petite conviction intime d'avoir la bonne image, celle qui sera par exemple publiée dans *Paris-Match* parmi la quinzaine retenue sur des milliers d'autres. Une image qui illustre, raconte une tranche de vie et, à travers elle, un pays et un peuple. Ce matin je sais que j'en ai une en boîte[1] !

Juste après, alors que nous passons devant son champ, un paysan quitte son araire et vient nous voir. Il tire de sa poche un mouchoir dans lequel est emballée une pièce de cuivre. Il me la tend en silence après les salutations d'usage. Je m'exclame auprès de Sonia :

« Regarde, c'est un franc ! Il y a un coq côté face avec marqué *Madagascar* et côté pile, avec une croix de Lorraine et *Liberté, Égalité, Fraternité, Honneur et Patrie, 1943.* »

J'interroge le vieil homme.

« *Aiza no nahitanao ? Ary oviana*[2] *?*

— *Androany maraina ! Aminy tanamboliko*[3] *!*

— Incroyable, cela prouve que ces champs étaient déjà cultivés à l'époque coloniale ! On est pourtant à deux jours de la première route !

— *Oatrinona ?*

— *Ariva*[4] *!* »

1. Cette image fera la double page d'ouverture de notre premier article de dix pages relatant le premier volet de notre aventure sous le titre « Madagascar : Sur la route de l'Ouest ! »

2. « Où l'avez-vous trouvée et quand ? »

3. « Ce matin dans mon champ ! »

4. « Combien en voulez-vous ? »

— Mille ! » (Depuis 2005, les francs malgaches ont été remplacés par les ariary, même si en brousse les personnes âgées comptent encore souvent en francs, ce qui prête parfois à confusion dans les négociations car la somme est quintuplée : 10 000 ariary = 50 000 francs.)

Et nous nous quittons « bons-comptes-bon-z-amis ! » selon l'expression en malgache dans le texte. C'est beaucoup plus simple quand l'échange est matériel.

Les gens que nous croisons sont affables et à peine surpris. Les villages que nous traversons respirent la tranquillité et le calme. Est-ce donc cela la zone rouge, peuplée de terribles *dahalo* ? Nous faisons une pause café chez une dame chicounette qui nous entraîne chez elle afin de nous montrer quelque chose... Elle parle un joli français de l'ancien temps. D'un meuble elle sort un verre rempli de petites pierres brutes vertes ressemblant à des émeraudes[1]. Si nous sommes de passage dans ces campagnes, c'est forcément pour collecter de l'or ou des pierres précieuses... À notre enthousiasme, elle comprend tout de suite notre amateurisme, peu recommandé pour faire baisser les prix ! Ulysse va dans la cour sous un auvent rejoindre la jeune fille de la maison qui pèle des bâtons de manioc. L'instant d'après, le voilà en train de lui prêter main-forte, un couteau à la main. Une belle et grande femme mélancolique suit notre conversation à propos des pierres. C'est la fille aînée qui a été abandonnée par son mari. Fille mère rentrée chez la sienne. Elle me dévore du regard comme un naufragé regarderait passer une bouée jetée à l'eau sans pouvoir la saisir. Elle semble en suspens, comme si la vie l'avait quittée. Nous quittons là cette gentille dame avec sa fille triste et ses émeraudes putatives et reprenons notre chemin.

Celui-ci passe bientôt par une petite rivière. Les roues s'enfoncent profondément dans le sable et ralentissent notre progression. Nous devons tous nous y mettre et pousser comme si nous étions en montée. Les zébus s'arc-boutent en avant, le joug s'incruste profondément dans leur bosse. Florent Colney avait raison. Ces charrettes ne peuvent pas rouler sur le sable. Il va falloir que je trouve une solution...

Dans des trous d'eau des jeunes filles tournent une batée pour trouver de l'or, et nous regardent passer, l'œil craintif. Nous nous arrêtons bientôt pour déjeuner, les roues dans l'eau, à l'ombre d'une forêt galerie. Le camp volant s'installe. Aujourd'hui, c'est soupe aux nouilles. Les enfants se sont égaillés. Nous jouissons d'un repos bien mérité quand nous les entendons revenir en criant et rigolant. Ils courent dans le ruisseau derrière une ribambelle de cochonnets

1. Un gemmologue de Tana nous dira ultérieurement que ce ne sont que des apatites sans valeur.

roses paniqués ! Vision bucolique et charmante s'il en est ! Un vieil homme marche nonchalamment derrière avec sa houssine. Il n'est pas le moins du monde contrarié. Se lit plutôt sur son visage un sourire non dissimulé. La joie des enfants est un trésor universel.

Au réveil d'une courte sieste après la soupe engloutie, nous remarquons en amont du ruisseau un petit attroupement, silencieux et contemplatif, posté au croisement avec la piste que nous comptions prendre pour en sortir. Sonia va voir et découvre, posé à même le sable du rivage, un étrange paquet. Elle s'approche. C'est un bébé, le plus beau bébé du monde ! Endormi béatement, les bras écartés, sur le lange qui l'emmaillote. Elle s'extasie :

« On dirait un petit Moïse sauvé des eaux ! »

Cela fait rire la troupe. Moïse se prononce de la même façon en malgache, donc la référence est comprise, témoignant d'un enracinement chrétien dans ces contrées perdues. Ils apprécient. Voilà des moments délicieux qui nous font aimer ce que l'on fait comme on le fait : de petites pépites immatérielles trouvées aujourd'hui sur le sable d'un ruisseau.

L'après-midi les nuages s'amoncellent, la chaleur devient accablante, nous plongeant dans une sorte de torpeur. Je sens la menace se préciser. Il nous faut vite trouver refuge auprès d'une maison pour ce soir, car il ne serait pas prudent de dormir en rase campagne dans cette zone rouge. J'en vois une qui semble abandonnée. Nous prenons la tangente avec de noires nuées aux trousses. Nous garons la charrette derrière la maison qui est effectivement fermée.

« Vite, la tente ! »

Il faut la monter avant la pluie. C'est une question de secondes. Rakotobé va attacher les zébus, tandis que Sonia m'aide. L'orage est précédé de violentes bourrasques qui soulèvent des nuages rouges de latérite et gonflent notre abri de toile. Le rodéo commence. La pluie s'abat soudain, drue et impitoyable. J'ôte ma chemise et finis de planter les sardines pendant qu'Éric fait la noria avec les bagages que lui tendent les enfants restés dans la charrette. Sonia est à l'abri dans la tente. Je trouve aussi refuge provisoirement sous l'avancée d'une tôle. Cinq poules mouillées et tremblantes se pelotonnent dans un angle. Cocasses.

« J'ai l'impression que c'est le radeau de la *Méduse* à l'intérieur de la tente ! Et vous, les enfants, ça ne fuit pas dans la charrette ?

— Pas du tout ! répondent-ils en chœur.

— Vous en avez de la chance ! »

Profitant d'une accalmie je rejoins Sonia :

« Bon ben ça va ! La situation est sous contrôle ici ! Les sacs d'expédition étanches font barrage ! »

Sous l'effet d'une rafale plus forte, les sardines du fond de la tente sautent. Notre toile menace de s'écrouler ou, pire, de se déchirer. Je ressors précipitamment sous le déluge et creuse à l'*angady* des rigoles pour évacuer l'eau qui envahit l'abside. Avec la hache je taille des piquets en bois plus longs et solides, que je peux enfoncer plus profondément dans le sol que nos fines sardines, car, gorgée d'eau, la latérite ne retient plus rien. Et je rentre à nouveau :

« C'est bon ! Il peut pleuvoir encore ! Eh bien ! Ça donne soif de travailler sous la pluie… »

J'attrape une bouteille et suivent de longues goulées en apnée.

« Pas mal ton bronzage de camionneur ! plaisante ma femme.

— Tu parles d'un camionneur ! Tu en connais beaucoup des camionneurs qui poussent leur véhicule toute la journée dans les montées ! »

Sonia pouffe de rire.

« C'est bon, je n'ai pas besoin de douche ce soir ! Remarque, on en a rêvé toute la journée avec cette chaleur ! Une bonne douche fraaaaîche ! Eh bien tu vois ! On a été servis. Il ne faut pas rêver ! Car les rêves sont toujours exaucés ! »

Quand tout s'arrête soudain, je ressors pour filmer le magnifique arc-en-ciel tranchant sur le ciel noir. Ici on dit *antsy zanahary*, la « faucille de Dieu » !

Un volet de la maison s'ouvre doucement et des petites têtes paniquées apparaissent. À notre approche les habitants s'étaient claquemurés. La maison n'était pas abandonnée du tout ! Éric va leur parler. Ils nous avaient pris pour des *dahalo*… On est tous le *dahalo* de quelqu'un !

Lundi 24 novembre, Ambatotsipihina, Pk 350

Aujourd'hui nous rallions la RN 34 qui traverse la zone rouge jusqu'à Miandrivazo et poursuit jusqu'à Morondava. La matinée s'est bien passée. La piste était nickel, propice à de longues et passionnantes conversations avec Ulysse sur la physique des matériaux, les électrons, les protons et les neutrons, le tableau de Mendeleïev, la bombe atomique, les centrales nucléaires… et dire qu'il vient juste d'avoir sept ans ! En chemin dans ces grandes étendues herbeuses, il a trouvé des mini-caméléons terrestres.

« Mais comment font-ils pour survivre aux feux ?

— Ils doivent mourir, mais leurs œufs survivent. C'est aussi une des raisons anthropologiques pour lesquelles les caméléons sont *fady* et si redoutés ici : c'est qu'ils éclosent et sortent de terre après le passage des flammes ! Comme le mythe de la salamandre au Moyen Âge dont on disait qu'elle résistait au feu parce qu'elle se refugiait dans les bûches et sortait des cheminées. En Asie, cela a été à l'origine des légendes de dragons ! Tu vois comment peuvent naître des mythes ? »

Depuis le point de vue qu'offre notre pause déjeuner nous voyons des voitures au loin filer dans le paysage. Quel choc ! Rien vu de si rapide depuis si longtemps ! Nous nous amusons à les regarder passer. C'est la seule chose animée à la ronde. Je n'aurais jamais cru m'amuser à cela comme une vache regarde passer les trains. Nous réagissons à l'irruption de bolides déboulant de derrière une colline :

— Oh regarde celui-là comme il file à tombeau ouvert !

— Oui, il doit friser les 90 kilomètres à l'heure ! »

Et les enfants rient de bon cœur. Un homme très poli s'approche en faisant moult courbettes et s'adresse à nous dans un français bien articulé :

« Pardonnez-moi, je ne veux pas vous déranger, je suis l'instituteur du village à côté, j'ai une mauvaise nouvelle à vous annoncer : il a été attaqué par des *dahalo* la nuit dernière et les deux nuits précédentes. Il y a eu des morts. Je crois que vous seriez plus en sécurité si vous alliez voir les gendarmes. Si vous le souhaitez je peux vous y conduire… »

À l'instant où nous croyions être tirés d'affaire et sortis de la zone rouge puisque nous avions rallié la grand-route, nous tombons en pleine bataille. Nous filons à la gendarmerie. Nos premiers tours de roues sur le goudron de la RN 34 sont surréalistes. Les cerclages de fer crissent en une note cristalline et broient les gravillons. Les taxis-brousse nous dépassent en trombe. Il faut prendre garde. Une escorte d'enfants ne tarde pas à s'agglutiner autour de nous. Et c'est dans cet appareil que nous nous présentons devant le poste de police. Le planton de service, en nous voyant, se gratte la tête en soulevant son béret. Des impacts de balle se voient sur les volets et les murs. Les gendarmes ont du mal à se remuer, le chef de poste n'est pas là, il se repose chez lui. Tous sont fatigués par trois nuits de combat et de veille. On nous intime de faire passer la charrette derrière le bâtiment, dans la cour. En tongs et débardeur, visiblement endormi, arrive alors le capitaine Romi.

« Vous tombez mal... mais vous avez bien fait de vous présenter au poste car de toute façon, j'aurais dû vous arrêter. Toute la zone est bouclée. Un colonel est venu d'Antsirabé ce matin avec des renforts : trente gendarmes sont partis à la poursuite des malfrats. Ils ont volé huit zébus. Ils vont être ralentis car ils ont des blessés parmi eux, mais ils ont quand même six heures d'avance. Nous avons réussi à abattre l'un d'entre eux. Un villageois qui voulait protéger ses bêtes a été tué à bout portant d'une balle en plein front. Nous avons évacué vers Antsirabé un des nôtres touché au genou. Mais n'ayez crainte, ils sont partis, ce devrait être enfin calme ce soir. »

La pluie se met à tomber plus tôt qu'hier. Il nous ouvre une petite porte en planches donnant sur une pièce vide.

« Vous allez pouvoir vous installer là. Je vais vous faire apporter un matelas. Avez-vous besoin de quelque chose ?

— D'un balai ?

— OK ! Oui, désolé, ce n'est pas très propre. Mais au moins, ici, vous êtes en sécurité. Je vous fais porter ça. Et puis vous viendrez chez nous ce soir, vous me raconterez votre voyage. Oubliez l'idée de rejoindre Miandrivazo par les pistes ! Vous serez obligés de suivre le goudron de poste en poste. Mais pas avant une semaine, le temps que tout cela se tasse. D'ici là, vous pouvez rester ici. »

Il s'enfuit en zigzaguant entre les flaques : les gouttes d'eau grosses comme des billes rebondissent dans la cour, semblables à de la grêle. Le vacarme sur la tôle est assourdissant. Un jeune policier ruisselant ne tarde pas à nous apporter le balai. Nous nous installons, faisons le ménage en essayant de ne pas soulever la poussière, tendons des moustiquaires. Les enfants se mettent à dessiner. Et nous à gamberger, les yeux dans le vague, en regardant la cour se remplir d'eau comme une piscine. Mes angoisses sont ravivées. Nous sommes d'accord pour souffrir, nous priver de tout, encourir des risques sanitaires, traverser des fleuves sur une charrette flottante, mais là non : les balles perdues d'une bande de criminels, c'est trop ! On ne peut pas faire subir ces risques à nos enfants. Le jeu n'en vaut plus la chandelle. *Game over !*

Nous avons du vague à l'âme tout l'après-midi à regarder tomber la pluie, murés dans nos soliloques intérieurs par la drache assourdissante qui ne faiblit pas. L'envie de laisser tomber le dispute à celle de continuer coûte que coûte. Celle de concéder aux enfants un peu de normalité l'emporte. J'interroge Sonia :

« Qu'est-ce qu'on fait ? On ne peut plus continuer comme ça, et on ne va pas rester ici une semaine à déprimer ? Qui connaît-on à Antsirabé ?

— Je sais qu'il y a un couple Fidesco[1]. Je les ai croisés à Tana. J'ai leur numéro. »

Nous appelons.

Xavier Leroux répond. Je lui explique la situation. Sa femme Guenola est avec lui. Ils suivent nos publications sur Facebook. Leur réponse est instantanée : « Venez tous les quatre ! »

Quand je raccroche, je me retourne vers Sonia :

« Incroyable, leur hospitalité ! Bon, on va tous là-bas et moi je suis de retour dans une semaine quand le calme sera revenu, pour conduire la charrette avec les gars jusqu'à Miandrivazo, et je reviens ensuite vous chercher ! »

Sonia tique. L'idée doit encore faire son chemin...

Le soir, nous informons le capitaine Romi de cette bonne nouvelle avec une boîte de thon et deux de sardines que nous apportons. Il est soulagé. Et ses adorables bambins se jettent sur les sardines. Sa femme Véronique est charmante et enjouée. Moderne. Elle parle aussi français. La télévision tourne en boucle. Tout est capitonné et moelleux, les canapés en velours sombre occupent tout l'espace. Nous nous y enfonçons avec délices. Le dîner est comme une trêve pour eux, éprouvés qu'ils ont été ces derniers jours. Ce n'est pas une sinécure d'habiter en famille dans cette zone rouge.

« Nous sommes des étrangers, ici ! Nous venons de Tana. Les gens nous soupçonnent de collusion avec les *dahalo* car nous en arrêtons rarement et nous ne revenons presque jamais avec les zébus volés. Ils sont convaincus qu'on les a laissés filer contre de l'argent. Les poursuites sont très dangereuses car ils peuvent se mettre en embuscade n'importe où et nous tirer comme des lapins. Nous avons un rôle très difficile à tenir car la population n'ose pas nous parler de peur de représailles. Le pire, c'est qu'ils ont des informateurs parmi eux. Les *dahalo* ne viennent jamais à l'improviste, ils savent exactement par où passer et où frapper. Leurs coups sont très bien

1. Organisme de coopération catholique internationale dépendant de la DCC (Délégation catholique pour la coopération).

préparés... Ils sont parfois plus armés que nous. Nous étions sept contre trente ces derniers jours, mais on a tenu bon.

— Qui sont-ils ? D'où viennent-ils ?

— La rumeur dit que ce sont des Antandroy ou des Bara, mais ça c'était avant ! C'est pratique de désigner des boucs émissaires. Nous pensons que ce sont juste des Sakalava de la vallée d'à côté ! Celle par laquelle vous comptiez passer.

— Qu'en dites-vous, si je reviens dans une semaine et que nous faisons au pas de course les 100 kilomètres qui nous séparent de Miandrivazo avec un gendarme ?

— Impossible, il vous en faudrait au moins deux, car les gendarmes n'ont pas le droit de se déplacer seuls, et puis ils vous mettraient en danger. Il n'y a pas de plus grande victoire pour les *dahalo* que de pouvoir abattre un gendarme. Pour eux, cela équivaut à cent zébus ! Nous sommes des cibles privilégiées. Et puis les kalachnikovs des gendarmes sont très recherchées car elles sont mieux entretenues que les leurs ! Non, vous irez de poste en poste en respectant les couvre-feux et on vous protégera à distance ! Nous sommes en guerre permanente avec eux, ici ! »

Notre semaine à Antsirabé nous fait renouer avec le soin, la sécurité et la normalité. En quelques heures de taxi-brousse, entassés à vingt dans un véhicule de douze places, nous avons retrouvé la fraîcheur des Hautes Terres. Voir ces paysages sublimes défiler sans que nous ayons à produire d'efforts est surréaliste. Là encore, ce n'est plus le même pays. Le mode de déplacement forge un regard différent. Nous sommes redevenus des touristes lambda, c'est très reposant : les gens sont affables et doux, d'une patience à toute épreuve. Être touriste permet d'être davantage passif et contemplatif. Et l'on chausse des lunettes roses. C'est pas mal non plus.

Les Leroux nous accueillent comme si nous faisions partie de leur famille. Notaires dans une petite ville de province, ils ont décidé de mettre leur vie entre parenthèses pour s'engager pendant deux ans avec la Fidesco, un organisme de coopération catholique qui envoie chaque année une cinquantaine de couples aux quatre coins du monde. Il y en a dix à Mada. Nous arrivons pile poil à l'heure du déjeuner : une grande plâtrée de nouilles aux Knacki. Sept enfants et quatre adultes, c'est très joyeux.

Xavier gère les comptes de l'université catholique de la ville. Guenola donne des cours d'éducation à la vie et à l'amour aux étudiants, en plus de nombreux autres engagements et de ses cinq enfants de tous âges à gérer. Au nombre des motivations de Xavier figurait celle de s'occuper plus de ses enfants et de les voir grandir, car en France il était dévoré par son étude. Dès l'après-midi, Ulysse et Philaé sont admis *ex abrupto* dans l'école française à deux pâtés de maisons de là. Un directeur énergique en costume de banquier, cheveu court et cravate originale, ainsi qu'un conseiller d'éducation à fort accent de Marseille, en tee-shirt blanc avec une boucle d'oreille incarnant la coolitude absolue, expédient les formalités administratives : « Ils vont pouvoir raconter leurs histoires à leurs camarades ! Ça va être très intéressant ! »

Tout a été si soudain, nous sommes tout chamboulés : hier matin nous étions en pleine zone rouge ! Notre aventure est-elle remise en cause ? Va-t-on pouvoir reprendre la route ? Combien de temps vont pouvoir attendre Éric et Rakotobé ? Nos zébus sont-ils en sécurité à Ambatotsipihina ? Toutes ces questions tournent dans notre tête, alors que nous découvrons cette ancienne ville thermale avec son plan quadrillé de belles villas du début du siècle, ses allées bordées d'arbres centenaires passablement mutilés et enfin son immense Hôtel des Thermes, semblable à ceux qui se sont construits dans toutes les villes d'eaux d'Europe au début du XXe siècle, mais dont les chambres restent ici désespérément vides. Une belle cathédrale, un conservatoire de musique transformé en consulat de France, un impressionnant terrain de courses hippiques en ruine, une gare surdimensionnée aux airs de palais deauvillais où ne passent plus de trains, témoignent d'une époque révolue qui affichait ses ambitions pour la ville. Des ordures s'amoncellent un peu partout aux carrefours et les pousse-pousse zigzaguent pour les éviter, ainsi que les chiens errants qui s'y repaissent. Le personnel municipal est en grève à Antsirabé. Il n'a pas été payé depuis près d'un an.

À l'heure de repartir chercher notre charrette, Sonia me dit :

« Je viens avec toi ! Les enfants sont entre de bonnes mains…

— Tu es sûre ? Cent kilomètres de goudron à marche forcée dans une chaleur épouvantable, les nuits dans les postes de gendarmerie, cela ne va pas être très glamour !

— Tu crois que je suis venue pour le glamour ? Quand je t'ai dit oui un jour, j'ai dit oui à tout ! Je ne veux pas rater ça ! Et il ne sera pas dit que j'aurai marché moins que toi ! »

Quelle femme !

18

Couvre-feu

Éric et Rakotobé nous tombent dans les bras. Ils pensaient ne jamais nous revoir et ne savaient que faire de cette charrette et de nos zébus. Ils étaient à court de vivres et d'argent. Pour eux, cette semaine a dû être interminable. Les *dahalo* ne sont pas revenus. Les trente gendarmes partis à leur poursuite n'ont retrouvé qu'un zébu mort dont les pattes arrière avaient été découpées et emportées. Ils sont rentrés bredouilles, ce qui a aggravé le climat de suspicion de collusion. Romi n'est pas là, parti en repos bien mérité.

Le temps de rassembler nos affaires, nous décollons du poste de gendarmerie en plein cagnard. Le soleil est au zénith. Autant ne pas traîner dans les parages. Le goudron est très chaud. Il fond par endroits. Dans les villages les gamins chantent à notre passage : « *Sareti betafo ! Sareti betafo*[1] *!* » En tapant des mains et en sautant sur place. C'est gai. Décalé. La route est droite et nous n'avons rien à négocier. Mais les zébus n'aiment pas le bitume. On le voit bien. Ils tirent chacun de leur côté. Antérieurs en V, postérieurs en A, le dos tordu. Perte d'énergie. Notre moyenne baisse. De grandes montées en pente douce nous cassent les pattes. Le rayonnement du goudron nous crame le visage. Ces 100 kilomètres ne vont pas être une partie de plaisir. Quant à la menace, elle n'est vraiment pas palpable : on se demande d'où pourraient sortir les *dahalo* tant le paysage est ouvert à l'infini et exempt de toute âme qui vive…

D'une éminence, à l'approche d'un village nommé à bon escient Tsaramiakatra[2], nous apercevons très loin vers le nord, sur la droite, tout le paysage que nous avons déjà traversé.

1. « La charrette à grand toit ! »
2. « Belle montée ».

« Sonia ! J'hallucine ! Je crois deviner le mont du Père au loin vers le nord ! »

Je prends mes jumelles. En effet, le monastère blanc signe bien la colline, mais celle-ci est toute noire !

« C'est fou ! On a fait plus de 80 kilomètres depuis, ce qui veut dire qu'il doit être à vol d'oiseau à environ 50 kilomètres ! Mais le mont du Père a entièrement cramé ! C'est le frère Jacques qui doit être content ! Quelle folie ce pays ! »

Dans le village suivant, une foule est assise devant une section de gendarmes accroupis, appuyés sur leurs kalachnikovs. Ça palabre. Nous venons timidement aux nouvelles. Un beau lieutenant au regard doux m'intime de le rejoindre.

« J'ai été prévenu de votre arrivée. Asseyez-vous. Nous sommes en train de sensibiliser les *fokonolo*[1] à la recrudescence des attaques de *dahalo*. Nous leur disons que nous ne pouvons pas les protéger sans leur collaboration. Ils doivent organiser des patrouilles, des rondes nocturnes, poster des guetteurs. »

Les paysans écoutent, le regard fermé. Les vieux posent des questions. Les gendarmes tentent d'y répondre, mal à l'aise. La tension et la peur sont palpables. Les gendarmes sont très jeunes. À peine vingt ans. Ils ne sont pas d'ici, ont du mal à asseoir leur autorité. Nous apprendrons ensuite que ce sont des stagiaires de première année et qu'ils se prénomment Isaac, Laza, Jean-Aimé. À l'issue de leur harangue, ils nous conduisent à leur « poste avancé », une maison qu'ils louent à une veuve de gendarme dans le bourg de Mahatsinjo. Nous garons la charrette dans une petite cour très protégée. Nous sommes entre de bonnes mains. Isaac est doux, passionné de droit. L'incarnation du parfait gendarme. Il a donné rendez-vous ce soir dans la cour aux *fokonolo* de Mahatsinjo afin de partir en patrouille avec eux, armés de bric et de broc, qui d'une lance, d'une serpe, d'un sabre briquet napoléonien ou d'une machette chinoise. Dotés de lampes frontales et de couvertures criardes, chaussés de tongs ou de nouilles de plage, l'équipe ne semble pas partir pour une mission commando. Et pourtant !

« La période est très propice aux vols en ce moment à cause de la pleine lune, alors nous devons maintenir une vigilance maximale.

1. Abréviation de *fokonolona* : gens du pays, locaux, communauté villageoise. Prononcer « fouknoule ».

Ce n'est pas grave si nous sommes visibles, l'important, c'est la dissuasion. Mais parfois on s'arrête, on éteint tout, on attend et on écoute les bruits de la nuit… »

Nous les voyons disparaître dans le noir avec un pincement au cœur. Isaac incarne le courage d'une société à la frontière entre l'État de droit et celui des traditions, qui veut se battre pour la justice et la sécurité. « Pour la patrie, l'honneur et le droit » est leur devise, comme chez nous. Les uniformes sont donnés par la France. En ville, ils sont dotés du même képi. En brousse, c'est le treillis camouflage de notre armée de terre, témoin d'une forte coopération dans ce domaine entre nos deux pays. Nous passons la nuit en sécurité. Le matin je constate que nous avons cependant été attaqués pendant la nuit :

« Oh non ! Le chat a bouffé la bonnette de ma caméra ! »

C'est une mousse qui recouvre le micro pour atténuer le souffle du vent. Il a dû la prendre pour une souris ! Isaac est levé. Il n'a dormi que trois heures. La patrouille s'est passée sans anicroche.

« C'était très calme. Tout était tranquille ! »

Nous le saluons et remercions notre hôtesse pour son hospitalité. Ils nous bénissent et nous assurent qu'ils prieront pour nous. Nous bénissons tout le village en retour !

« *Otahina andriamanitra Mahatsinjo*[1] *!* »

La foule répond en chœur, un « *Eka*[2] *!* » d'approbation.

Nous partons le cœur léger. Enthousiastes, rassérénés par la présence de ces gens remarquables dans les villages et de ces jeunes recrues prometteuses. La charrette grinçouille dans le silence du matin.

Sonia est en verve :

« Alex ! tu ne remarques pas quelque chose de particulier ?

— … ?

— Y a pas de bruit ! Pas de questions incessantes !

— Ah oui ! Tu veux dire pas de perturbations sonores…

— "Maman, maman ! Tu peux m'aider à lacer mes chaussures ?"

— C'est vrai ! En fait, les enfants… c'est bon quand ça s'arrête ! »

Sonia éclate de rire.

« Faut avouer que ça fait du bien une petite pause de temps en temps !

---

1. « Que Dieu vous bénisse habitants de Mahatsinjo ! » (Bénédiction usuelle de départ.)
2. « OK merci ! »

— Ce matin tout était silencieux, le calme, la paix…

— On pouvait se parler, se comprendre, s'entendre !

— Oh ! Les parents indignes ! »

La route nous fait descendre des hauts plateaux par palier et chaque jour nous gagnons deux ou trois degrés au mercure. La région est vraiment de plus en plus déserte, comme s'il y avait une sorte de *no man's land* entre les peuples des Hautes Terres et ceux des côtes. Nous passons la frontière de notre cinquième région, le Menabé. Mais au cinquième kilomètre ce matin, nous sommes fauchés en plein élan. Les zébus ne veulent plus avancer. Ils se mettent à faire les andouilles, à tirer à hue et à dia, à se tortiller dans le joug. Pause forcée. Sans doute n'ont-ils pas assez mangé hier soir, ou pas assez bu. L'alchimie gastrique d'un ruminant est toujours mystérieuse ! Une zone brûlée avant les pluies des derniers jours révèle de belles repousses vert cru, voilà sans doute l'objet de leur convoitise. Babe[1] se rue dessus avidement. Et crunch ! crunch ! crunch ! Il refait le plein.

Journée monotone dans un paysage de plus en plus morne et pelé. Nous battons des records de lenteur. Les zébus n'aiment vraiment pas le goudron. Leurs sabots s'usent et sont devenus sensibles au cinquantième kilomètre. Ils trébuchent s'ils posent la patte sur un gravier qui agit comme un caillou dans une chaussure. Des coupeurs de bois en haillons tirant le fruit de leur travail (de sape) sur des traîneaux montés sur roulements à billes nous dépassent. C'est dire si nous allons vite ! Les deux roulements avant sont fichés sur un axe, lui-même monté sur un pivot central qui permet de contrôler la direction. Une corde relie les deux extrémités de l'axe directeur, ainsi le traîneau suit-il docilement son maître dans un bruit de ferraille semblable aux patins à roulettes de nos grands-pères. Dans les descentes, les conducteurs s'asseyent sur leur tas de bois, les deux pieds sur le même axe avant, la corde dans les mains comme les rênes d'un char et se laissent emporter par la pente en slalomant entre les nids-de-poule… La vision est surréaliste. Ils disparaissent. Efficaces. Solitaires dans leur effort, mais ensemble.

Dans les lits de rivières, nous trouvons des familles immergées dans des trous d'eau creusés sur les berges ou au milieu du courant.

1. Ce zébu a plusieurs noms : Assad-Assad (sa couleur), Babord (sa position), Babe (son petit nom donné par Philaé), Sada (son diminutif donné par les bouviers).

Les hommes fouillent à l'aveugle avec leurs pelles et chargent les batées flottantes que les femmes font tournoyer devant elles pour chasser les graviers et les sédiments légers. La gravitation faisant le reste, au bout de quelques minutes de ce rinçage, des micro-paillettes scintillantes se rassemblent au fond du cône, tranchant sur la noirceur du sable volcanique. La confusion est impossible. Les éclats de mica, bien plus légers, sont partis les premiers. Ne reste que du lourd, du pesant : de l'or ! C'est comme une apparition. Je ne peux m'empêcher de réprimer un cri !

« Wouahhh ! *Mahagaga bé !* »

Les orpailleurs qui nous avaient vus arriver d'un assez mauvais œil et avaient conservé un visage fermé pendant que nous filmions la scène se détendent d'un coup. Le rire et la joie sont toujours contagieux. Comme la fièvre de l'or. Les voisins viennent aux infos, croyant qu'une pépite a été trouvée ! Non. Quelques banals microgrammes. Mais tous sortent de leurs poches des mini-fioles remplies de quelques pincées de poudre magique qu'ils nous proposent. Là encore, ils nous prennent pour des collecteurs d'or... Avec notre charrette ? En pleine zone rouge... Bien sûr ! Nous les charrions ! Ils rigolent. Quel est le cours du jour ?

« 7 000 ariary le décigramme. »

À peu près 2 euros, soit 20 euros le gramme : la moitié de sa valeur marchande.

« Et en moyenne, combien en trouvez-vous par jour ?

— Un ou deux déci par batée, mais ça dépend du temps qu'on reste dans l'eau et de la chance qu'on a. Parfois c'est plus ! »

Soit 14 000 ariary, l'équivalent de trois ou quatre jours de travail d'un ouvrier agricole à 3 500 ariary la journée, qui est la référence nationale. Mais comme ils travaillent en binôme, c'est à peine plus. Ils ne s'enrichissent donc pas. Ces gains leur permettent seulement de franchir cette période de soudure et de sécheresse avant la saison des pluies. Cela ne peut se faire que lorsque les cours d'eau sont bas.

« Et que faites-vous de cet argent ? »

Une femme au regard fier me répond :

« Moi, je paie les écolages de mes enfants et les PPN. Et ce que gagne mon mari, il va le boire... »

Les badauds rigolent. L'homme continue à pelleter dans l'eau comme s'il n'avait rien entendu. Un spécialiste nous avait dit à Tana qu'au moins trois cent mille paysans avaient cette activité saisonnière, ce qui permettait d'extraire 6 tonnes d'or alluvial par an. Un bijoutier avait quant à lui avancé le nombre de deux millions de chercheurs d'or occasionnels, puisqu'il y avait de l'or alluvial dans presque tous les lits de rivière. Il nous avait dit : « Malheureusement, cet or s'évapore mystérieusement et n'entre ni au Trésor ni dans la balance commerciale, ou alors il est transformé en parpaings et en bâtiments inachevés par des promoteurs qui blanchissent ainsi leur argent... »

Je médite, sous le soleil, cette clef pouvant ouvrir une première porte sur le paradoxe de l'économie malgache, écartelée entre une extrême pauvreté et des signes tangibles de richesse.

À Morafeno, on nous presse de nous réfugier dans le poste de gendarmerie. La ville est en effervescence. Une rumeur la parcourt, grondante comme une vague, ronflante comme une clameur de fantasia. Youyous et coups de feu retentissent. Soudain, de la fenêtre aux vitres sales du poste, nous voyons débouler une foule trottant au pas cadencé. Au coude à coude, les *fokonolo* défilent en marche guerrière. En guise de porte-drapeau, leur meneur tient une pique avec une tête au bout...

Le chef de poste, vaguement gêné, nous explique laconiquement :

« Les *fokonolo* ont attrapé un *dahalo*. Voilà le sort qu'ils réservent à ces voleurs. Quand nous tentons de nous interposer, ils l'interprètent comme une preuve de plus que nous sommes leurs complices et que nous tentons de les protéger. Alors on se contente d'encadrer et on veille à ce que cela ne dégénère pas complètement. Ici on appelle cela la “vindicte populaire”. C'est devenu une triste pratique ces dernières années. Comme les gens n'ont pas l'impression que les choses changent ni que la justice fait son travail, ils se font justice eux-mêmes : c'est une très grave dérive contre laquelle nous avons beaucoup de mal à lutter. Quand, par chance, nous attrapons un *dahalo* vivant et que nous le remettons à la justice, il n'est pas rare qu'il revienne se pavaner en ville quelques jours plus tard, car il aura pu payer une caution en attendant un hypothétique jugement ! Mais comme les *dahalo* s'enfuient le plus souvent et sont rarement rattrapés, les *fokonolo* font leur enquête en ville et essaient de trouver des complices : il y a toujours un traître dans la place qui leur a donné des indications. Malheur à lui s'il est démasqué... Le problème, c'est que leurs interrogatoires sont souvent expéditifs et leurs accusations sans preuves : c'est facile, comme vous le savez, d'extorquer des aveux... Les foules ont besoin de boucs émissaires. »

Quand tout s'apaise, et que le cauchemar s'est un peu dissipé, nous allons dîner dans une gargote après le couvre-feu de 19 heures, escortés par Sambatra, Justin et un géant répondant au surnom de Jordan, du fait de sa taille. Nous n'en menons pas large. Ils se déploient en tirailleurs autour de nous avec leurs fusils d'assaut, et saluent dans le noir des groupes armés en patrouille.

« 80 % des gens en ce moment cherchent de l'or. C'est un travail saisonnier. Ces orpailleurs ont de l'argent, ils boivent beaucoup de bière et mangent de la viande, alors les *dahalo* leur en fournissent.

— Tout le monde est l'ennemi potentiel de tout le monde. C'est pourquoi il y a de la tension. L'or, les zébus et l'alcool, ça fait bouillir le sang ! Nous, on essaie de rester cool et dissuasifs ! »

Nous croisons des *fokonolo* en patrouille, armés de pétoires antédiluviennes et ornés de gris-gris et de breloques. Ils ressemblent à s'y méprendre aux *dahalo* que nous avions croisés avec Tovo. Tous les soirs, la ville est en guerre. On en profite pour régler ses comptes et de vieux différents sous couvert de la nuit. La peur s'installe partout. Ça ne rigole pas.

« Mais qu'est-ce que vous êtes vraiment venus faire ici ? nous interrogent-ils. Vous n'auriez pas pu mettre votre charrette et vos zébus dans un camion ? »

Si. Nous aurions pu. Aurions-nous dû ?

Vendredi 5 décembre 2014, Miandrivazo,
26 kilomètres, Pk 451

Cette question m'a turlupiné toute la journée. Est-ce que cela a du sens de jouer à la roulette malgache ? Avaler ces kilomètres de souffrance, l'angoisse au ventre, en priant que des bandits, qui auront eu tout le loisir de nous voir venir, ne nous attendent pas en embuscade. Les 20 derniers kilomètres avant la capitale régionale sont, paraît-il, les plus dangereux. Les coupeurs de route ont à ce point dégradé le goudron que les taxis-brousse sont obligés de ralentir et de sinuer entre d'immenses nids-de-poule. Les bandits en profitent pour attaquer, après avoir disposé un tronc en travers de la route. La semaine précédente, deux taxis-brousse ont été entièrement dévalisés. Leurs occupants se sont retrouvés en slip. Dépouillés de tous leurs vêtements. Les jeunes femmes ont été violées.

Dire que notre journée de marche a été un cauchemar éveillé est un euphémisme. Parano absolue. Sonia, bien sûr, était au cœur de mon angoisse. Le regard au loin, à l'affût du moindre signe suspect, j'ai passé mon temps à déjouer mentalement des embuscades, anticiper des stratégies et essayer de deviner l'endroit où le récent drame avait eu lieu.

Tôt le matin nous avons croisé quinze camions chargés de vingt-cinq zébus chacun qui remontaient de Miandrivazo, le plus grand marché de bétail volé du pays. Cela fait tout de même trois cent soixante-quinze têtes venant de diverses provenances. Mais nos amis gendarmes nous ont expliqué que toutes ces bêtes se retrouvent virginalisées à Miandrivazo, avec des papiers en bonne et due forme, couverts de tampons rouges à destination des grandes villes des Hautes Terres. Tampons contrôlés par les mêmes gendarmes qui courent après les voleurs au péril de leur vie…

Peu avant midi, nous avons été témoins d'une scène surréaliste, alors que nous passions un pont dans un fond de vallée encaissée. Ce dernier, comme tous les ponts métalliques à cantilever que nous avons traversés, avait des trous béants sur la bande de roulement. Sous le poids et le passage répétitif des camions de zébus, des plaques de tôle entières se sont détachées. Nous sommes chaque fois obligés de débâter les zébus, de les faire passer par la rivière quand c'est possible, et de tirer la charrette à la main sur le tablier mité. Comme l'écartement de nos roues est inférieur à celui des camions, donc à celui des gros pointillés, il nous suffit de positionner la charrette à cheval sur la bande de roulement béante avec une roue frôlant le trottoir. Nous étions en train de faire cette manœuvre en prenant bien garde à ne pas tomber dans les trous quand est arrivé derrière nous un pick-up noir de l'état-major de la gendarmerie dont la benne était remplie d'une unité spéciale. Les hommes ont jailli et se sont déployés en tirailleurs. Les occupants de la cabine sont sortis de l'habitacle et ont passé le pont à pied. Le chauffeur a ensuite placé une roue sur le trottoir, l'autre au milieu de la chaussée de fer et s'est engagé dans un itinéraire de trial pour ne pas se coincer une roue, car une portion de trottoir avait, elle aussi, disparu. C'est ainsi que nous avons fait connaissance avec le général Rodin, cinq étoiles. Tout de noir vêtu, tendu, il était en route pour une réunion avec tous les chefs de la région pour discuter de la recrudescence des attaques de *dahalo*. J'avais rencontré un de ses collègues, le général Fidèle Lumène Rasolofo, lui aussi bardé d'étoiles, dans un magasin de sport de Tana, le seul de tout le pays qui était habilité à vendre des armes et des munitions. Nous y étions pour des chaussures, lui, pour un fusil automatique. Fasciné par notre projet il m'avait donné sa carte en nous disant :

« Informez-moi de votre progression, et vous me signalerez si vous rencontrez des gendarmes corrompus… »

Nous l'avions ainsi mis au courant de nos étapes par sms, et à ce jour n'avions rien eu à lui signaler en termes de corruption. Mais savoir cette carte dans ma poche, entouré de tous ces dangers potentiels, et son numéro dans mon téléphone me faisait l'effet d'un talisman. Mon gri-gri à moi.

Toujours est-il que j'ai ruminé cette rencontre pendant l'heure suivante :

« Sonia, tu te rends compte ? On avait là un des hommes les plus puissants de ce pays, contraint de descendre de son véhicule dans un des hauts lieux d'embuscade, et de passer le pont défoncé à pied, à la merci de n'importe quel tireur embusqué…

— Oui, et rappelle-toi ce que disait Sambatra. Il disait qu'il n'y avait pas de plus grand exploit pour les *dahalo* que de tuer un gendarme, alors imagine un peu le trophée que peut représenter un cinq étoiles, chef d'état-major !

— Tout ça à cause de ponts non entretenus… »

Toutes les villes que nous avons traversées étaient dotées d'un office des travaux publics : le portique était rouillé et des épaves s'alignaient devant, mais pas un fonctionnaire ne manquait à l'appel. Leur tour de ceinture trahissait leur oisiveté dans un pays où le surpoids est un marqueur social de privilégié. Quand nous bavardions avec eux dans les gargotes, ils se plaignaient que le FER, le Fonds d'entretien routier, ne faisait rien, et que les budgets étaient bloqués à Tana. En revanche, ils touchaient bien leurs salaires, ces fonctionnaires sans fonction, administrateurs qui n'administraient plus rien hormis leur fourchette, faute de moyens…

« Combien il en coûterait d'avoir une camionnette avec deux ouvriers soudeurs dedans, des plaques de tôle, un groupe électrogène et un poste à souder ? Ils feraient des allers-retours sur cette RN 34 pour la maintenance des ouvrages, comme les peintres de la tour Eiffel repartent du bas quand ils ont fini en haut !

— Ce serait dérisoire au regard du risque encouru par les officiels, les pannes, retards et accidents causés par ces trous. Mais à quoi bon te plaindre ! Ce n'est pas toi qui vas changer ce pays !

— Non, mais nous sommes des observateurs indépendants et libres. Pourquoi n'écrirais-je pas ça au général Fidèle Lumène Rasolofo ? »

Nous sommes en train de franchir le cap des six mois dans ce pays, une durée à partir de laquelle notre regard se fait plus analytique que passif. Nous commençons à être dotés d'outils pour entrevoir les raisons de certains dysfonctionnements et pouvons légitimement passer de la circonspection à l'indignation. Ce grain à moudre nous occupe 5 ou 6 kilomètres pendant lesquels nous avons moins souffert et moins gambergé. Car la journée a été bien longue.

En fin d'après-midi, nous avons vu la ville surgir d'un coup depuis un promontoire, avec le serpent doré du fleuve Tsiribihina miroitant dans le soleil déclinant. Il nous a fallu encore une heure pour la rallier par des lacets défoncés. Les sabots de nos zébus étaient HS. Ils sont maintenant à bout. Ces 100 kilomètres ont été destructeurs. Plus nous avancions, plus les bêtes étaient lentes, plus notre destination finale nous semblait loin et plus la menace s'intensifiait. Un supplice. Et nous sommes là, tirés d'affaire, à la terrasse de La Pirogue, un petit lodge à bungalows, une THB[1] fraîche à la main. Sains et saufs. La meilleure bière du monde ! Angoisses, risques, souffrances, tout est aboli.

D'un seul coup d'un seul aussi, la population est plus noire, les costumes plus africains, les visages plus joviaux, les rires plus sonores, et le thermomètre a gagné cinq degrés. Nous avons quitté les Hautes Terres.

Nous appelons nos familles. Nous rêvons de faire venir les parents de Sonia en vacances pour Noël à Sainte-Marie, petite île paradisiaque de la côte est où nous avions passé une semaine de déchocage et de farniente à notre arrivée six mois auparavant. Mais Alexandra, la sœur de Sonia, nous refroidit :

« Vous n'avez pas compris, les chéris, c'est son dernier Noël… il n'est plus transportable. »

Claude, mon beau-père, supporte depuis deux ans des batteries de chimiothérapies plus destructives les unes que les autres. Et son cancer du poumon progresse : taxotère, carboplatine, cisplatine…

1. Three Horses Beer : bière malgache brassée par la Star, véritable icône du tourisme et de la gastronomie du pays.

mots magiques auxquels nos espoirs se sont raccrochés, et qui ne sont maintenant que des noms de batailles qui ne figureront jamais sur aucun arc de triomphe médical. Illusions perdues.

Sur le front local, les perspectives ne sont pas non plus très optimistes. Nos zébus sont hors service. La chaleur est épouvantable. La saison des pluies va incessamment sous peu transformer toute la région en un innommable bourbier, rendant toutes les pistes impraticables. Les enfants sont à Anstirabé. Le climat d'insécurité dans lequel nous avons baigné depuis plus de quinze jours nous fait reconsidérer tout notre projet. Nous sommes coincés dans la capitale des *dahalo*… Grand moment de solitude. Il faut temporiser. Faire baisser la température et la pression. Considérer l'essentiel. Aller voir Claude. L'entourer de notre amour et de ses petits-enfants. Nous décidons de rentrer pour Noël. Sonia en larmes me tombe dans les bras. Nous n'avons pas démérité.

Mais avant cela, il nous faut mettre la charrette et nos zébus en sécurité quelque part. Notre objectif était de nous joindre à une mission médicale Ar-Mada sur le fleuve Tsiribihina. Mais la prochaine, la première de la saison, se fera au mois de mars. Quelques échanges avec Christian Gros, le fondateur de cette ONG, que nous avions rencontré lors de conférences à Paris, nous convainquent de confier notre matériel à Ndrina, son représentant sur place, à 30 kilomètres de là où nous sommes, à Massiakampy, point de départ de la mission sur le fleuve.

Samedi 6 décembre 2014, Massiakampy,
33 kilomètres, Pk 484

Malheureusement Sonia et moi ne parvenons pas à partir très tôt le lendemain. La ville est sous couvre-feu jusqu'à 6 heures. Des rafales de kalachnikov ont été tirées cette nuit. Festives ou combatives ? Nous ne le saurons jamais : nous prenons la tangente avec nos zébus boitillants. Nos impressions de la veille se confirment. Il y a dans l'air plus de nonchalance et de gentillesse. Et enfin de la verdure en abondance malgré la sécheresse. Chaleur tropicale des fonds de vallée limoneux, bouffées humides des rizières. Nous avons résolument quitté les Hautes Terres centrales.

Nous ne sommes soi-disant plus en zone rouge, mais chez les Sakalava du Menabé. Ce matin on nous offre des *mofo gasy*, des enfants perchés dans un arbre chantent à notre passage, des femmes fortes et hilares nous apportent des fruits, en courant après notre charrette. Pagne relevé d'une main, tongs claquant dans leur course, régime de bananes dans l'autre main, elles peinent à nous rattraper, tant elles se marrent. Nous croyons rêver… Première fois que cela nous arrive. On se souvient toujours des premières fois. Sommes-nous dans le même pays ? Nous retrouvons aussi le chant des oiseaux. Ça jacasse dur dans les eucalyptus. Des vols de hérons blancs papillonnent sur le vert cru des rizières.

Nous avons quitté les sols volcaniques et latéritiques. Les flancs de coteau sont sédimentaires et stratifiés avec des grès et des calcaires. Dernier jour de marche sur une sorte de route-digue, nous voudrions accélérer le pas, mais on ne peut pas aller plus vite que la musique de Bâbord et Tribord. Le pas du légionnaire. Pour conjurer la lenteur nous chantons le célèbre « Tiens ! Voilà du boudin ! ». Le goudron est lisse. Il a été refait l'année précédente par les Chinois. Les sabots des zébus souffrent moins.

L'ombrage d'un grand bosquet d'eucalyptus nous accueille pour la pause déjeuner. De nombreux enfants viennent s'agglutiner autour de la charrette. Nous faisons bouillir nos soupes aux nouilles dans le cuiseur à riz. À cause de l'attroupement sur le bord de la route, les véhicules ralentissent. Certains sont remplis de touristes rougeauds endormis à leurs fenêtres. D'autres hallucinent de nous voir là dans la foule sur le bord de la route. Nous avalons tranquillement nos soupes un peu à l'écart quand nous percevons une commotion parmi la centaine de badauds accablant Éric et Rakotobé de questions. Certains partent en courant, excités comme des puces, tous regardent en arrière. La rumeur d'abord confuse se précise et nous distinguons le mot fatidique : *dahalo ! dahalo !*

Au loin, dans les vibrations de chaleur du goudron, nous voyons courir vers nous un troupeau de zébus. Ils occupent la chaussée sur toute sa largeur, se rapprochent peu à peu, poussés par de grands escogriffes torse nu, ruisselants de sueur. Tous les enfants qui nous entouraient se sont égaillés en criant. Nous nous retrouvons seuls face à cette vague meuglante et écumante. Ils déferlent sur nous. Heureusement, nos zébus sont en contrebas du talus. Soudain, nous sommes encerclés par ces hommes au regard farouche, aux yeux injectés de sang, aux muscles gonflés d'adrénaline, aux gestes nerveux. Ils manient de longs fouets, sont dotés de lances et portent de nombreuses amulettes de cuir en sautoir. Le plus grand soulève notre bâche arrière pour voir ce que nous transportons :

« *Omeo rano*[1] *!* »

Je lui donne une bouteille d'eau, il en boit autant que son souffle le lui permet.

Il jette un œil à nos zébus couchés en contrebas. Je vois bien à quoi il pense. Mais un besoin plus pressant lui vient à l'esprit :

« *Omeo vola !*

— *Tsy misy ! Mahantra isahay... Izany no antony mandeha amn'y sareti !*

— *Omeo sakafo ! Noana aho*[2] *!* »

Je leur tends à chacun une boîte de sardines et une banane tirée du régime qui nous a été donné ce matin. Ils décampent sans demander leur reste à la poursuite de leur troupeau.

Nous restons plantés là tous les deux, les jambes flageolantes. Éric et Rakotobé ressortent des buissons. Sonia lâche, narquoise :

« Eh bien tu vois, si tu comptais sur leur protection, on est fixés maintenant.

— C'est peut-être ça qui nous a sauvés, tu sais... et mes trois mots de malgache ! »

Tout a été si soudain. Les *dahalo* rentraient chez eux avec le fruit de leur travail nocturne, épuisés.

Nous reprenons la marche, échaudés. Dans les villages que nous traversons, les gens semblent prévenus. Tout le monde est rassemblé comme un public en liesse avant le passage du Tour de France. Dans une des bourgades, il me semble reconnaître mon grand *dahalo* attablé avec des aînés, devant une bouteille de Coca. Il la lève à notre passage. Je lève la main en guise de salut. Des gens comme les autres... Cette déferlante de zébus qui vient d'enrichir la communauté a apporté beaucoup de joie. Les malfrats sont accueillis en héros. Nous remarquons un code vestimentaire spécifique fait d'un short rouge, d'une toge noire portée en diagonale et d'un petit chapeau de feutre de la même couleur. Comme un uniforme. Des marmots de cinq ans sont affublés de la sorte, des jeunes ados, des

---

1. « Donne-moi de l'eau ! »

2. « Donne-moi de l'argent !

— Nous n'en avons pas, nous sommes pauvres, c'est pour ça que nous voyageons en charrette !

— Donne-moi à manger ! J'ai faim ! »

vieillards. Machette, bâton, hache ou couteau, ils ont tous quelque chose à la main. Bébé *dahalo*, apprenti *dahalo*, aspirant *dahalo*, *dahalo* actif, retraité *dahalo* avec une chaîne en or autour du cou, papy *dahalo* aux genoux cagneux d'avoir trop couru… Ils sont tous là aux premières loges et nous applaudissent.

Heureusement, des camions ou des taxis-brousse hurlant de tous leurs klaxons dispersent par intermittence cette foule en ébullition. Car nous avons récupéré bien malgré nous ce cortège enthousiaste et versatile dont on ne sait pas trop s'il nous considère comme un spectacle ou comme une prise de guerre. Nous sourions à tout le monde, mais n'en menons pas large. Je prie intérieurement que nos zébus ne commencent pas à faire les zouaves ! Ils sont au contraire galvanisés par l'excitation de la foule et bottent de façon intempestive Éric et Rakotobé tout en menaçant de coups de corne les imprudents qui tentent de s'approcher d'eux. Le foutoir d'une feria foutraque ! Nous traçons.

Quand nous nous retrouvons enfin seuls en plein soleil, tout assommés de ce que nous venons de vivre, une voiture venant en contresens s'arrête sur le bas-côté. Deux hommes en sortent munis d'un fusil de chasse. Mon sang ne fait qu'un tour. Notre dernière heure est arrivée… Nous allons nous faire rançonner…

« Bonjour, je suis Ndrina ! »

Notre sauveur.

Je souffle. Mon cœur s'était emballé. Je dois récupérer. Il a pris l'initiative de nous retrouver sur la route. Il est assez alarmé par la situation.

« C'est la pleine période des vols de zébus avant la pluie. Tout le monde est sur les dents. J'ai entendu des rumeurs vous concernant. Les gens boivent beaucoup trop d'alcool avec cet argent gagné illégalement. Vous avez été repérés et cela donne des mauvaises idées aux brigands. C'est très dangereux ! »

Nous décidons de remplir sa voiture de notre matériel pour alléger la charrette.

« Nazy va rester avec vous pour vous protéger et vous escorter jusqu'à chez moi. Il vous reste une quinzaine de kilomètres, vous allez arriver de nuit. Mais ne vous inquiétez pas, il est de toute confiance, c'est un ancien *dahalo* reconverti dans l'élevage, il est redouté dans toute la région ! »

Le jeune homme est fluet, mais un regard noir flamboyant sur une mâchoire carrée inapte au sourire et une forme d'assurance commandant le respect accordent du crédit à son passé. Il faut se méfier des petits teigneux.

Et c'est ainsi que nous rallions à marche forcée, de nuit, sous la protection du fusil d'un *dahalo* repenti notre terminus provisoire, Massiakampy, sur le fleuve Tsiribihina. La suite, c'est retour à la case départ.

19

Ar-Mada sur Tsiribihina

15 février 2015, Massiakampy

Nous sommes de retour à Massiakampy, l'heure n'est pas à la fête. Tribord-Mena s'est noyé. Enfin, c'est ce que Ndrina nous raconte en nous prenant à part. Il est consterné. Il y a trois mois, nous avions confié la garde de nos zébus à Nazy, notre escorteur *dahalo* reconverti dans l'élevage et les haricots, et ils avaient sagement intégré son troupeau. Ndrina nous rapporte la scène telle qu'il l'a vécue :

« Comme tous les jours, le troupeau de zébus traversait un bras du fleuve à la nage pour aller pâturer sur une île. Mais ce jour-là, le courant était un peu plus fort que d'habitude, provoquant des vagues. Vos deux zébus merina nageaient un peu moins bien que les zébus sakalava, toujours un peu derrière, suivis de près par Nazy et un camarade en pirogue. Tout allait bien quand Tribord-Mena a bu la tasse par les narines. Ça lui a été fatal, car les zébus ne peuvent pas tousser assez fort pour recracher l'eau. Il a fini par s'essouffler et couler. Nazy a plongé à l'eau, au péril de sa vie, lui a attrapé la queue, et de l'autre main agrippée au bord de la pirogue est parvenu à le tirer vers la rive. C'est à ce moment-là que je suis arrivé, attiré par les cris du village.

— Et dans quel état était Tribord ?

— Il était inerte mais il respirait encore doucement. Ses poumons étaient pleins d'eau. On a essayé d'en chasser l'eau en sautant dessus à pieds joints, en le retournant, en le secouant, mais rien n'y a fait, il n'est pas revenu à la vie. Il s'est éteint lentement. Il avait fait cette traversée de nombreuses fois pourtant, mais cette fois-là, ça s'est mal passé. Je suis désolé, *mampalahelo*[1]... »

Pour preuve de sa bonne foi et de son grand regret, Nazy a trouvé un zébu de remplacement pour Mena.

Cette disparition n'est pas facile à annoncer aux enfants. La première chose qu'ils voulaient faire en arrivant à Massiakampy, c'était, bien sûr, d'aller voir leurs zébus chéris. Nous avons retardé le moment des retrouvailles, le temps de trouver une solution, mais ne sommes pas parvenus à ménager un moment propice pour leur révéler la mauvaise nouvelle.

Sous la gouverne de Nazy, après une marche dans le village qui a drainé toute une ribambelle de petits mouflets, Philaé retrouve avec joie son Babe, accosté d'un nouveau Tribord. J'improvise alors en prenant Ulysse sur mes genoux :

« Tu vois, Tribord a changé de couleur : maintenant il n'est plus rouge, il est noir. Il s'appelle Tribord-Mainty[2] maintenant ! Mena est parti au paradis des zébus... Il s'est noyé en traversant le fleuve. »

Tous deux se mettent à pleurer, mais, dans un sourire crispé, Philaé se ressaisit, croyant à une mauvaise blague :

« Mais non, c'est pas vrai ! »

Je réussis à rester aussi neutre et froid que la triste vérité.

« Si c'est vrai, Philaé... »

Ulysse relance d'une petite voix étranglée :

« Et ils l'ont enterré ?

— Il n'est pas enterré, non...

— Alors c'est qui qui l'a mangé ? »

D'un geste circulaire désignant toute la petite foule contrite autour de nous, je lui avoue :

« Tous les villageois. Il a fait le bonheur de tous les villageois. Tu sais, ici, il n'y a pas de frigidaire. C'est le destin de tous les zébus et de toutes les vaches de toute façon... »

Le nouveau zébu, une belle bête noire et entière, comme Babe, a pris rapidement l'ascendant sur ce dernier mais en revanche accepte bien volontiers un petit maître en la personne d'Ulysse. Le contact passe instantanément entre eux. Autre bonne nouvelle, Nazy consent à nous accompagner lorsque nous reprendrons la route, car si Éric

1. « C'est triste. » Utilisé très fréquemment pour exprimer son empathie, la reconnaissance impuissante de la fatalité, l'expression malgache de la condition humaine.

2. « Noir » en malgache.

était partant pour rempiler, Rakotobé a été retenu à Ampasipotsy par son labourage.

En attendant l'équipe médicale d'Ar-Mada que nous voulons accompagner sur la Tsiribihina, nous sympathisons avec Alexandrine, une Vendéenne d'origine malgache, venue porter secours à cette ville sinistrée en notre absence par la tempête tropicale Chedza :

« Dès que j'ai entendu que Miandrivazo était sous l'eau, j'ai pris le premier avion pour venir aider ma famille. Ma crêperie des Sables-d'Olonne est fermée en hiver, de toute façon. »

Nous sommes bluffés par son élan de solidarité. Alexandrine nous fait faire le tour de la ville et des quartiers inondés. Gironde et coquette, avec ses grandes créoles en or aux oreilles et sa gandoura vert pomme, elle salue les amis et les connaissances en chemin. Arrivés à l'école, nous découvrons un bâtiment de béton sur deux étages, les pieds dans l'eau. Sur les coursives s'affichent les mots : « Effort, discipline, réussite » et sur un grand mur latéral, la devise de l'école : « À cœur vaillant, rien d'impossible ! »

« Elle vous va bien cette devise ! Avec votre charrette ! nous dit-elle.

— À vous aussi qui êtes venue porter secours à vos frères dans le besoin ! »

Les cours ont toujours lieu, dans un abri de fortune. Tous les enfants se dressent d'un coup à notre arrivée et déclament haut et fort :

« Bonjour messieurs dames ! »

M. Chrysanthe, le directeur-professeur, interrompt son enseignement après quelques consignes aux élèves et nous emmène faire le tour de son établissement.

« Chaque année la digue cède sous la pression du fleuve pendant la saison cyclonique. Il faudrait vraiment faire de gros travaux car le collège est construit en zone inondable, ainsi qu'une centaine de maisons. Nous attendons une aide de l'État, mais la commune va d'ores et déjà lancer des travaux d'intérêt général en faisant appel à la population pour reconstruire la digue. »

Alexandrine nous emmène voir les familles sinistrées relogées dans des tentes de la Croix-Rouge sur la grand-place de la ville. Une dame nous raconte qu'elle a tout perdu, sa maison ayant été emportée par la crue. Elle dort par terre avec ses six enfants dans cette tente de 9 mètres carrés.

« Tant que cela n'aura pas un peu séché, les gens ne pourront pas reconstruire leurs maisons. Mais qu'arrivera-t-il l'année prochaine ? Il n'y a plus beaucoup de zones constructibles en ville, alors, forcément, les gens s'installent en zone inondable. Avec la recrudescence des cyclones il va y avoir de plus en plus de réfugiés climatiques…

— Et vous comptez rester ici longtemps, Alexandrine ?

— Je ne sais pas, j'ai vraiment envie d'aider mon pays ! Ma crêperie tourne bien : chaque année, j'envoie des fournitures scolaires ou du matériel grâce à des donateurs vendéens, mais ce n'est qu'une goutte d'eau dans un océan de besoins ! J'aimerais faire tellement plus[1] ! »

L'équipe Ar-Mada déboule au grand complet à Miandrivazo. Vingt-quatre professionnels de santé dont sept médecins. Si le voyage depuis Tana a été éprouvant, ils reçoivent, en descendant du bus climatisé, le coup de massue supplémentaire de la moiteur tropicale. Ils sentent bon l'eau de Cologne et le déodorant mais ça ne va pas durer étant donné la chaleur qu'il fait. Nous les voyons tituber sous le soleil. Ils portent tous le gilet multipoches inspiré de celui des photographes de guerre, avec dans le dos le logo de l'association arborant l'éventail d'un *ravinala*[2], un taxi-brousse et deux cases malgaches. Daniel, le chef de mission, vient vers nous :

« C'est vous les Poussin ? Christian m'a parlé de vous ! Bienvenue dans la cent seizième mission d'Ar-Mada. Vous êtes des marcheurs ? Ne vous inquiétez pas, je vais vous trouver des choses à faire ! »

Fondée en 1999 par Christian Gros, retraité des commandos marine, cette association organise toutes les cinq semaines des missions médicales simultanées sur quatre itinéraires avec des professionnels de santé qui s'embarquent bénévolement et à leurs frais dans cette aventure. L'association dispose d'un « accord de siège[3] » émis par le ministère de la Santé et paie un droit d'exercice pour chaque médecin de la mission ainsi qu'une assurance professionnelle spécifique. Ces missions sont interrompues pendant les deux mois

1. Depuis notre rencontre, Alexandrine s'est lancée en politique à Madagascar et est devenue maire, puis députée-maire de Miandrivazo. À cœur vaillant rien d'impossible !

2. Arbre du voyageur, symbole du pays. Ses vastes feuilles sont disposées en éventail et sa base en structure tubulaire constitue une réserve d'eau qui a sauvé la vie de nombreux voyageurs et naufragés, d'où son nom.

3. Autorisation ministérielle délivrée aux médecins sur présentation de leur diplôme, leur donnant le droit de pratiquer à condition de payer une assurance.

de la saison cyclonique entre décembre et début février. Cette cent seizième est la première de l'année : la plus difficile car la plus chaude.

Nous allons les accompagner sur l'itinéraire TSI-1 : dix jours à descendre le fleuve avec trois arrêts de deux jours à Begidro, Berevo et Berendrika où la mission est attendue comme le Messie grâce à des messages diffusés sur des radios de brousse et relayés par le bouche-à-oreille.

Le fleuve roule ses flots lourds chargés de limons rouges. Deux bateaux à couple nous attendent. Ce sont de longues barques métalliques à fond plat dotées d'un toit sur lequel est aménagée une loggia agrémentée de transats et de sièges. Une noria de malles métalliques remplies de médicaments embarque à dos d'homme et va se ranger au fond du bateau avec les sacs à dos et le matériel de camping pour toute l'équipe. Nous montons à bord et allons nous installer sur la terrasse ombragée, aux premières loges.

Une fois les amarres larguées, le bateau met le nez dans le courant et est emporté à une vitesse impressionnante. La berge défile au galop. Les villageois sont au travail pour la reconstruction de la digue. Le temps de lever la main pour répondre à leur salut, nous sommes emportés par le flot impétueux. La vastitude du fleuve impressionne : il fait près d'un kilomètre de large. Chacun prend ses marques, l'aventure commence vraiment.

Bruno et Élisabeth, pédiatres vétérans venus du territoire de Belfort, ont déjà sept missions à leur actif. Ils nous expliquent pourquoi ils reviennent sans cesse :

« On ne peut plus aller en vacances se tourner les pouces. Au bout de quelques jours, on se dit : il faut retourner à Mada ! Là, on va se rendre utiles dans des régions totalement enclavées où les infrastructures ont presque totalement disparu. Il n'y a plus un médecin à 300 kilomètres à la ronde. Des dizaines de milliers de gens ne peuvent compter que sur les missions Ar-Mada ! Et c'est là que la médecine prend tout son sens : porter secours ! »

Lui est moustachu, le sourcil broussailleux et le front dégarni. Avec une guitare, il ressemblerait à Brassens. Il est aussi sympathique que jovial avec toujours un bon mot pour dédramatiser et relativiser. Elle est calme et discrète, contemplative et fine, s'intéresse à l'aspect scolaire et sanitaire de notre aventure car ils ont eux-mêmes voyagé avec leurs cinq enfants.

Dans l'équipe nous avons la surprise de découvrir Caroline, une ex-baby-sitter de Philaé devenue infirmière, venue se mettre le pied à l'étrier. Les voilà toutes les deux parties dans de grandes conversations, la petite fille racontant ses péripéties malgaches à la jeune femme ébahie. Le reste de la troupe est composé d'une merveilleuse brochette de Français généreux et altruistes venus passer des vacances aventureuses. À peine allongés, ils sortent des carnets pour consigner leurs premières impressions : ah ! ce peuple d'écrivains ! Quand l'exercice est fini ils sortent des livres – *Nous sommes tous des patients* de Martin Winckler, le dernier Rufin, *L'Honneur de vivre* du professeur Robert Debré ou *Réparer les vivants* de Maylis de Kerangal, car le souci de l'homme et de son destin ne quitte jamais vraiment ces blouses blanches, même quand ils les ont quittées.

Nous avons le large fleuve pour nous tout seuls : pas une seule embarcation en vue. Nous avons le sentiment de nous enfoncer dans un nouveau monde, sauvage et dur, emportés sur le dos de ce dragon rouge liquide que rien ne peut arrêter. Le fleuve se fraie un chemin entre les montagnes et serpente entre les frondaisons prometteuses de jungles d'où proviennent des cris et des parfums couverts par le teuf-teuf saccadé de nos embarcations qui se suivent prudemment.

Avec Ulysse, nous sommes allés inspecter la « salle des machines ». Il s'agit d'un moteur diesel agricole monocylindre allongé de 20 CV, monté sur socle avec des poulies à courroies qui actionnent l'hélice par un renvoi à engrenages.

« C'est la pièce d'usure que je dois surveiller de près, elle lâche souvent ! Camelote chinoise ! » nous dit Naina, le fringant capitaine.

Les bateaux ont été construits par Marins sans frontières et mis à disposition d'Ar-Mada. Le barreur est aussi graisseur et pilote. Il peut sortir la tête par une trappe aménagée dans le toit pour voir devant, sinon il se contente des vues latérales et des cris de la vigie, car une cabine faisant office de cuisine lui coupe toute visibilité.

« Nous allons avec le courant ! On se contente de rester dans l'axe. Le bateau est si étroit qu'il peut se renverser si l'on se met en travers, surtout quand tout le monde est sur le toit et qu'il y a du vent ! C'est déjà arrivé car nous avons un fond plat pour ne pas nous échouer sur les bancs de sable. Le moteur ne souffre vraiment qu'à la remontée du fleuve, mais vous ne serez plus là ! »

L'heure du repas a sonné. Une immense table couverte de toiles cirées bordée de bancs occupe une bonne partie du bateau, devant la cuisine. Serge s'y active aux fourneaux avec ses assistantes. C'est le coup de feu. Une trentaine de personnes à servir avec les moyens du bord ! Salade de crudités, poireaux vinaigrette, tomates, œufs mayo pour commencer, suivie par du poulet rôti sur son lit de riz safrané. Et la THB, la fameuse bière malgache, reçoit tous les suffrages ! Daniel abonde :

« Meilleure que la 1664 ! Y a pas photo ! »

La croisière commence bien ! L'intendance : le nerf de la guerre ! Les langues se délient à table, les personnalités se positionnent, les caractères s'affirment. Il y a ceux qui parlent et ceux qui écoutent. Les uns ont besoin des autres. Et réciproquement. Nous repérons tout dc suite un couple ronchon, un autre idéaliste, des célibataires endurcies, d'autres en quête de l'âme sœur, des infirmiers, des infirmières, des étudiants, des aides-soignantes. Une majorité de filles : dix-sept contre sept ! Nous sommes des « observ'acteurs », missionnés par Christian pour rapporter un beau documentaire.

Après une sieste bercée par les vibrations de la coque, le bateau marque une pause dans un bras du fleuve. Ce sont les chutes d'eau de Begidro. Nous remontons à pied une petite rivière torrentueuse et débouchons sur une magnifique cataracte : un large ruban d'eau cascadant depuis un escarpement calcaire dans un bassin turquoise. Le tout dans un écrin de verdure sans moustiques ni sangsues, sans bilharziose ni crocos ! La joyeuse troupe part se doucher au paradis comme dans une publicité. Philaé réagit :

« C'est trop bien le tourisme ! Ça fait six mois qu'on est dans le pays et c'est notre première chute d'eau ! Eux, ils débarquent, et dès le premier jour, ils y ont droit !

— Eh oui ! Tu vois, la vie est bien faite ! Ils ne vont rester que quinze jours, alors tant mieux s'ils voient le meilleur. Mais tu sais, les jours prochains vont être difficiles avec cette chaleur, alors profitons-en ! »

Un docteur malgache est de la partie, Wenceslas :

« Dis-moi Wenceslas, Begidro ne signifie-t-il pas "beaucoup de lémuriens" ?

— Si ! Bravo ! Pas mal pour un *vazaha* ! Oui ! Il y en avait beaucoup avant, mais ils ont tous été braconnés. Ici, même dans les années 2000, il en restait quelques-uns. Il y a aussi beaucoup de trafic de palissandre ici, alors les bûcherons agrémentent leur riz avec ce qu'ils peuvent chasser et sinon ils attrapent les lémuriens pour les revendre comme animaux de compagnie. »

La fin de journée nous voit rallier le village de Begidro en aval des chutes. Un beau débarcadère de béton financé par la Communauté européenne facilite le débarquement. Les villageois nous attendent et nous conduisent gentiment vers le lieu de campement. Tous les membres de l'équipe se voient ainsi attrapés par la main par d'adorables bambins. Il ne pouvait pas y avoir d'accueil plus attendrissant. Ulysse est aussitôt happé par un groupe d'enfants qui lui montrent des petits crabes. Une armée de porteurs achemine tout notre matériel dans la liesse. Le campement est établi sur le terrain de foot entre l'église et l'école. Nous dressons les tentes vertes ou rouges de l'organisation en faisant de belles rigoles car il pleut toutes les nuits. Chacun s'observe et s'apprivoise. Pour les uns, c'est la première visite d'un village de brousse. Pour les autres, ce sont les premiers *vazaha* qu'ils voient. La bienveillance est palpable dans les deux sens. Les camarades d'Ulysse l'initient à la conduite du cerceau, jeu des poulbots de Doisneau, qui consiste à faire rouler une jante de bicyclette en la guidant avec un bâton armé d'un clou au bout qui fait chanter le métal.

Après le dîner, nous nous retrouvons sur la plage autour d'un grand feu à entonner des chants malgaches sous la gouverne de l'équipe de marins muée en GO tapant sur des bidons. Tout le monde y va de bon cœur, forgeant ainsi un *team-building* de bon aloi, légèrement arrosé de rhum arrangé. Les vétérans connaissent par cœur « *Ô mamela* », notre chant des bouviers, à la grande surprise de Philaé qui a jeté son dévolu sur Khadija, jeune médecin de Toulouse venue avec son mari Rémi. La soirée finit en grande ronde joyeuse autour du brasier.

Beaucoup de choses se sont mises en place au cours de cette première journée. Le briefing qui suit le dîner prépare la journée du lendemain telle une veillée d'armes. Nous n'avons encore rien fait mais nous les aimons tous, ces vaillants soldats du cœur qui sont avec nous, avec leurs différences, leurs accents des quatre coins de la France. Nous sommes fiers d'appartenir à cette communauté gauloise prête à servir !

19 février 2015, Begidro

Alain est fébrile. Non qu'il ait de la fièvre, quoique nous en ayons tous un peu sous ces tôles déjà chauffées à blanc par le soleil du matin : nous ruisselons. Médecin généraliste de province, il appréhende un chouïa sa première consultation de brousse sur un petit bureau d'écolier, loin de ses habitudes et des protocoles aseptisés de son cabinet. Une foule s'est formée dehors que les chargés de l'admission sont en train de canaliser avec des banderoles de chantier rouges et blanches.

Quand tout est prêt, et que chaque médecin est à son poste avec son matériel, gants, lampe frontale, stéthoscope, canules et bâtonnets de bois, Daniel donne le top départ. Tout commence par la pesée. Pour les bébés dans un panier suspendu à un peson, pour les adultes sur un pèse-personne. Tout le monde a son petit carnet de santé à la main, ou s'en fait délivrer un. Les femmes, qui savent que le temps sera long, sont déjà accroupies à l'ombre des varangues, le coude sur les genoux, s'éventant avec leur carnet, un enfant accroché au sein, conversant avec leurs voisines. Certaines ont les cheveux séparés par une raie médiane et rassemblés en petits chignons pareils à des croupions sur les tempes, d'autres ont le crâne partitionné en carrés dont les cheveux sont tressés et les tresses rassemblées en un drôle de salmigondis sur l'occiput. Les vieilles femmes ont des rangées de cheveux comme des sillons parallèles. Les hommes, le cheveu très ras. Par cette chaleur, on souhaiterait tous être rasés de près. Les couleurs des pagnes chatoient, la foule est bigarrée, bavarde et patiente. Les consultations d'Ar-Mada sont un événement à ne pas manquer.

À l'enregistrement, de nombreux patients sortent leurs fiches de suivi des consultations effectuées lors de missions précédentes. Le gouvernement malgache a exigé que ces dernières ne soient pas gratuites pour ne pas créer de concurrence déloyale avec les services encore existants çà et là. Christian Gros a trouvé que la contrainte était intéressante, selon le principe que « ce qui est gratuit a moins de valeur », et pour éviter les « malades imaginaires ». Mais la dépense reste symbolique : 500 ariary, soit 18 centimes d'euro. La somme récoltée va dans une caisse villageoise gérée par le président du *fokontany* et sert à rembourser les suivis médicaux ou les frais de pansements entre les missions Ar-Mada.

Sonia a été placée à l'aiguillage. Elle dirige les patients vers les médecins disponibles ou les plus aptes à traiter telle ou telle pathologie. Tel généraliste s'est spécialisé dans les cas ORL, tel autre est plus à l'aise en dermato. Pour la gynéco, c'est bien sûr une femme qui reçoit dans une pièce séparée pour ménager les sensibilités.

Pour ce premier jour, nous constatons une invasion d'enfants et une majorité de visites pédiatriques. Chaque médecin a son traducteur ou sa traductrice attitrés afin de bien cerner les symptômes exprimés par le patient ou ses accompagnants. Les traductions étant souvent approximatives, les médecins doivent redoubler de concentration malgré les cris de bébés, la chaleur étouffante et les petits curieux aux fenêtres. Nous avons un cours de médecine tropicale en direct. Tel vieux monsieur se plaint de douleurs lombaires, ce peut être les reins, comme un problème de sciatique ou de disque, après une vie à se pencher dans les champs. Tel enfant a une toux sèche. Il faut surveiller la tuberculose, très présente en brousse, souvent décelée grâce aux ganglions indurés sous les bras. Qui peuvent être aussi le symptôme d'une parasitologie. La liste des pathologies potentielles est aussi épaisse qu'un dictionnaire et aussi fleurie qu'un almanach Vermot. Sans parler des affections dermatologiques…

Philaé est devenue *ipso facto* la petite assistante de Khadija, vers qui Sonia dirige les nourrissons. Son rôle est de mesurer le périmètre des bras.

« C'est un marqueur très précis du degré de dénutrition des bébés ! » nous dit l'infirmière.

Certains bras sont potelés, d'autres étiques. Philaé prend sa tâche très au sérieux et consigne le chiffre relevé sur le bracelet-toise par Khadija dans les carnets de santé. Ulysse, quant à lui, teste le stéthoscope de Wenceslas. Il s'étonne :

« On n'entend pas des battements mais plutôt des liquides qui coulent dans des tuyaux ! Comme si ça grouillait, là-dedans ! »

Les premiers enfants dénutris font leur apparition. Les vétérans ne se souviennent pas en avoir vu autant d'un coup. Les inondations massives qui affectent le pays depuis trois mois et une situation économique très dégradée dans les campagnes expliquent en partie cette paupérisation qui affecte en premier les plus fragiles. La suite est aussi une question de circonstances familiales. Daniel nous explique :

« Comme un malheur n'arrive jamais seul, il suffit qu'un mari soit parti, qu'une case ait brûlée, qu'un enfant soit tombé malade, ou que la mère se blesse, pour impacter dramatiquement l'alimentation et donc la santé de toute une famille. Un simple coup de bêche dans un pied peut avoir des conséquences durables car les gens n'ont pas du tout d'économies et ne peuvent compter sur personne, puisque tout le monde est dans le même cas. La vie est précaire pour tous en brousse et l'État est totalement impuissant, quand il n'est pas tout simplement absent. »

Un enfant squelettique est présenté par sa mère. Son petit frère va bien, la mère aussi. Son rachitisme n'est donc sans doute pas conjoncturel. Le docteur Juliette vient à la rescousse : elle travaille à Mayotte et a l'habitude des pathologies tropicales. Elle prend la petite tête aux yeux exorbités entre ses mains, l'air soucieux. Échange quelques mots avec la traductrice, une ancienne institutrice retraitée, ridée comme une vieille pomme.

« Elle a des diarrhées ?

— Oui.

— Depuis quand ?

— Depuis sa naissance il y a huit mois.

— La mère lui a-t-elle déjà donné des médicaments ?

— Non.

— Pourquoi vient-elle si tard ?

— Parce qu'elle habite très loin, à trois jours de marche d'ici, de l'autre côté du fleuve.

— Y a-t-il du sang dans les selles ?

— Oui parfois…

— Combien de fois sa mère lui donne-t-elle le sein par jour ?

— Deux ou trois fois, mais elle le refuse souvent… comme si cela la brûlait…

— Et du riz ?

— Oui, dans de l'eau. »

J'interroge Juliette :

« Alors ?

— Elle est très dénutrie… dans un état presque critique. C'est sans doute une amibiase carabinée. Ou des vers. Ou les deux. L'immunité est très faible car elle est très difficile à alimenter. Il faut commencer par traiter l'intestin au métronidazole et entamer doucement un programme de renutrition avec des sels de réhydratation et des laits en poudre enrichis, puis du *Koba Aïna*…

— … ?

— C'est un mélange malgache de farines de maïs, de soja et de blé, enrichi avec des minéraux et des vitamines qui marche très bien. Ça vous regonfle un bébé en un mois. Je vais lui prescrire tout ça, mais il faudra absolument qu'elle revienne voir la prochaine mission qui a lieu exceptionnellement dans un mois. »

La traductrice relaie le message. Se lit alors dans le regard de la mère une sorte de surprise suivie d'une réflexion, les yeux perdus dans le vague, puis par un hochement de tête comme si elle se réveillait d'une vision.

« Je vois bien ce qu'elle pense : elle croyait qu'en venant une seule fois ce serait réglé. La médecine magique ! Ils croient souvent qu'avec un cachet le mal peut disparaître, alors que ce qui va décider de la survie de cette enfant, c'est chaque goulée qu'elle va ingurgiter ou non pendant tout le mois à venir. La vérité, c'est qu'il faudrait la mettre en soins intensifs, plutôt que de la laisser repartir en brousse avec ses problèmes. Il faut s'assurer que le traitement sera bien suivi, c'est la limite de l'exercice. Mais la mère est jeune et a l'air de vouloir sauver son bébé ; elle n'a que trois enfants : je pense que la petite a ses chances… »

Je continue mon tour des tables. J'écoute attentivement entre mes passages avec le balai, car tel est le poste qui m'a été assigné : technicien de surface. J'y vais tout doucement pour ne pas soulever de poussière. C'est épuisant ! De grosses gouttes de sueur perlent sur mon front et ruissellent sur mon visage pour s'égoutter au menton. Le balayage, c'est une réaction exothermique !

Je m'arrête à la table de Khadija et Philaé :

« Alors, comment se comporte ton assistante ?

— Très bien. Elle m'aide bien en tenant et en rassurant les bébés pendant que je les examine ! »

Elle serre contre elle une fillette bien en chair, toute proprette :

« Sa mère est pourtant morte il y a deux semaines en la mettant au monde… C'est sa tante qui l'a prise en charge. »

Cette dernière, très maigre et en sueur, a l'air épuisée.

« Et l'enfant va bien ?

— Oui elle a un très bon poids, elle est très tonique. Elle arrive au bon moment, car, comme la tante n'a pas de lait maternel, on va pouvoir l'aider avec du lait maternisé. Sinon il est probable qu'elle aurait subi le même sort que le bébé qu'on vient de voir. »

Un homme entre deux âges se présente en boitillant. Une énorme écharde lui transperce le pied. Habillé d'un tee-shirt Bob Marley et couvert d'un bob camouflage avec l'inscription *swag*, il arbore malgré tout un large sourire. Jean-Michel, le chirurgien de la mission, ne tarde pas à lui planter des aiguilles de lidocaïne autour de la plaie.

Il ne traîne pas. Dès que l'anesthésiant agit, il se met à fouiller avec des écarteurs pour repérer une prise sur le morceau de bois. Le vieil homme tique. Le temps de lui poser quelques questions, le produit finit de faire son effet, et Jean-Michel procède alors à l'extraction avec un davier de dentiste. En bois dur et noir, l'écharde fait bien 5 centimètres de long sur 1 de large !

« Ils sont balaises les gars ! Ils se mettent dans des états ! Bûcheronner pieds nus, c'est pas recommandé ! Allez ! Essayez de traduire ça ! »

La préposée glousse. L'homme ne réagit même pas. Les broussards sont pieds nus, c'est comme ça, et dans le meilleur des cas ils portent des tongs ou des sandales en plastique.

« Dis-lui qu'il va devoir s'arrêter de marcher et de travailler pendant une semaine, sinon ça va s'infecter gravement. Je vais lui prescrire des antibiotiques costauds. Il faudra refaire le pansement tous les jours. »

L'homme se lève et s'en va en clopinant, content de ces vacances forcées.

Une autre salle de classe est occupée par la pharmacie. Les patients déjà examinés se pressent à la fenêtre avec leurs prescriptions comme à un guichet. C'est Nadine, pharmacienne diplômée, qui est à la manœuvre. Véritable pilier d'Ar-Mada depuis sa fondation, elle prépare soigneusement dans son stock de Tana la vingtaine de malles et provisionne les dizaines de kilos de médicaments qui seront administrés à chaque mission. Ces derniers ne peuvent plus être apportés de France car ils sont souvent donnés à l'approche de leur date de péremption, ce qui pose un problème éthique. Une loi malgache est donc passée récemment, qui contraint les ONG à les acheter à l'Office central du médicament malgache qui les importe officiellement. Des mauvaises langues disent que ce commerce juteux, sous couvert de légalisme pointilleux, ne profite qu'à une certaine élite, sur le dos de la misère du peuple qui manque cruellement de médicaments. Mais pour Ar-Mada cela ne change pas grand-chose, ce coût supplémentaire est imputé sur les frais d'inscription des médecins bénévoles qui paient donc les médicaments qu'ils vont administrer. Antibiotiques, anti-histaminiques, corticoïdes, vermifuges, compresses, tout est soigneusement aligné sur des tables, prêt à être distribué. Elle est manifestement préoccupée. Je l'interroge :

« Qu'est-ce qui part le plus ?

— Albendazole et métronidazole, bien sûr ! Les antiparasites !

— Tu as l'air contrariée…

— L'état des enfants dans ce village est catastrophique ! C'est affreux !

— Ils sont dénutris ?

— Oui ! Quand tu interroges les mamans, elles mangent, mais ne donnent pas à manger à leurs enfants, surtout les derniers-nés. C'est dramatique…

— Est-ce que c'est parce qu'elles n'ont pas assez de lait à cause des multiples grossesses ? Parce qu'elles sont épuisées ?

— Non, pas du tout ! Tu questionnes la maman, elle mange des légumes, des haricots, du riz, mais elle ne donne pas assez à manger à ses enfants, c'est incompréhensible ! »

Dans la salle des pansements, Caroline, l'infirmière chérie de Philaé, soigne une fillette du même âge que notre fille qui a trois grosses plaies ulcérées à la cheville droite, rosacées comme des rondelles de saucisson.

« Depuis combien de temps tu as ces blessures ? »

La traductrice se penche sur elle, et répond :

« Depuis un an…

— Vous êtes sûre ? » réagit Caroline interloquée, en se tournant vers la traductrice. Cette dernière repose la question. La réponse est plus longue.

« Oui, depuis la fin de la saison des pluies l'année dernière. »

Comment fait-on pour vivre un an avec une plaie ouverte ?

Notre ex-baby-sitter en profite pour faire la leçon à notre fille qu'elle a vue se promener partout pieds nus :

« Tu vois, Philaé, une plaie non soignée, ici, peut vraiment s'aggraver. Quand un staphylocoque doré pénètre ton corps, ça ne peut pas guérir tout seul, et ça peut même ressortir ailleurs sous forme de furoncles. Là, il va lui falloir un bon traitement antibiotique à la Cloxacilline Sodium et une pommade musclée en application. Je vais aller faire confirmer ça par un médecin. »

La journée est finie. Plus de trois cents patients ont été soignés. Le camp a été plié. Tout est déjà sur les bateaux. Nous avons juste le temps de visiter les alentours avec un des traducteurs locaux qui a travaillé dans l'usine de tabac de la SOCTAM. De longs hangars coloniaux sont à l'abandon, les toits à moitié emportés par les cyclones.

« Il y avait ici de grandes plantations de coton dans les années 1930, qui ont été remplacées par du tabac après-guerre. C'était la SEITA, qui en produisait 5 000 tonnes en 1968. Il y avait même une piste d'aviation ! Mais le secteur a été nationalisé sous Ratsiraka dans les années 1970, et la gestion confiée à l'OFMATA, l'Office malgache des tabacs, pour qui travaillait la SOCTAM qui m'employait. Tout a lentement périclité : en 1983 nous ne produisions plus que 500 tonnes. Aujourd'hui, plus personne n'emploie plus personne, c'est du chacun pour soi. »

Des grosses balles sèches de tabac sont stockées à l'endroit où les tôles ne fuient pas.

« Et ça ?

— Ce sont des petits producteurs indépendants réunis en coopérative villageoise qui tentent d'obtenir un prix minimum garanti de la part des acheteurs. Car ici, c'est toujours la même histoire : personne ne vient chercher votre production, et vous n'avez pas les moyens de l'écouler, alors le collecteur opportuniste qui passe de temps en temps vous tient à la gorge. Avant Ratsiraka, je me souviens, on allait en 2 CV à Miandrivazo en une heure par la piste ! Elle a disparu depuis, faute d'entretien ; il ne reste que les bateaux qui mettent deux jours à contre-courant ! Il est où le progrès ? C'était mieux quand on était salariés. On savait à quoi s'en tenir, on pouvait prévoir ! Maintenant, entre les catastrophes climatiques et la volatilité des cours, personne ne peut gagner sa vie, alors le tabac n'est pas une priorité. On plante d'abord des haricots, du maïs, des pois du cap. Mais comme on cultive à la main sur les *baiboho*, les méandres limoneux du fleuve quand il est bas, on peut tout perdre si les pluies surviennent trop tôt. Et c'est ce qui est arrivé cette année… 30 à 40 % des récoltes ont été perdues. »

20

Teza

Comme il y a eu un comité d'accueil, il y a un comité de départ : les enfants nous crient « Au revoir *vazaha* ! » avec force saluts et rires et le fleuve nous emporte.

Les jours s'enchaînent et les routines s'installent. Les trajets entre les villages sont les seuls moments de détente. Une journée d'Ar-Mada est une épreuve exigeante, tant physiquement que psychologiquement. Pendant ces temps libres, les membres ressortent leur carnet : chacun semble ressentir le besoin de consigner ses expériences par écrit. Nous, nous en profitons pour faire l'école et rattraper les jours perdus avec Ulysse et Philaé. Chacun le sien.

Chaque soir, le débriefing de la journée de soins a lieu à quai sur le toit des bateaux à couple. Cette fois-ci nous le faisons en route vers Berevo, dans le jour déclinant. Les visages sont beaux et harassés, certes marbrés de coups de soleil, beurrés de crème, ou zébrés d'irritations, mais les regards témoignent du sentiment du devoir accompli, de la présence justifiée. Cela se fait autour d'un petit apéro et on passe aussi en revue les ressentis de chacun. Daniel prend la parole :

« Trois cent dix-sept cas ont été traités aujourd'hui. C'est un peu moins que d'habitude. C'est sans doute lié aux difficultés de déplacement en brousse à cause des inondations et de la force du courant. Une majorité d'enfants et de nourrissons. Et, comme l'a remarqué Nadine, un nombre anormal d'enfants dénutris par rapport à l'année dernière à la même époque. »

Une infirmière ajoute :

« Oui, une femme m'a donné une raison hallucinante : elle m'a dit qu'elle était débordée, épuisée, sans mari, et qu'elle ne nourrissait plus ses enfants à partir du dixième. Elle n'avait pas assez de nourriture. Et le peu qu'elle avait, elle préférait le donner aux premiers qui avaient plus de chances de survivre... »

Elle se couvre soudain les yeux avec les mains, submergée par l'émotion. Un ange passe. Elle se ressaisit, réconfortée par la main de Bruno sur l'épaule :

« Elle m'a dit ça sans sourciller. Ensuite elle m'a avoué que c'étaient des grossesses non désirées. Qu'elle avait été contrainte de coucher pour nourrir ses premiers enfants, et que l'homme avait fini par partir. Le plus dur, c'est quand elle a dit, en regardant le petit être famélique qu'elle avait dans les bras avec un air de reproche : "Il n'avait qu'à emmener cet enfant avec lui, je ne l'ai pas voulu, ce n'est pas de ma faute"... »

La dureté implacable de la vie dans ces parages tombe comme un couperet sur toutes ces âmes de bonne volonté. Deux mondes se sont croisés aujourd'hui.

Une autre infirmière, ingénue, pose la question suivante :

« Et la contraception ? Combien de ces femmes sont-elles sous pilule ?

— Il y en a très peu, répond Nadine. C'est largement tabou. Presque *fady* ! Les hommes ne veulent pas que les femmes prennent la pilule. Encore moins qu'elles aient des implants. Il y a plein de rumeurs délirantes. Je vous les épargne. Elles se font castagner s'ils découvrent l'implant sous le bras. Mais quelques jeunes filles nous demandent la pilule en secret, ça commence à venir. Pour les autres, la meilleure des contraceptions, c'est de tomber enceinte... »

Tout le monde éclate de rire ; l'atmosphère se détend d'un coup.

« Ainsi, elles font à peu près un enfant par an, jusqu'à ce que ça se passe mal, elles n'ont aucun répit. »

Bruno résume par des mots justes.

« Il ne faut pas être découragé, nous ne sommes pas là pour changer les us et coutumes des gens, nous sommes là pour les soigner, et c'est ce que vous avez tous fait aujourd'hui. Ce n'est pas au SAMU de dresser les procès-verbaux en cas d'accident. Ici, on est un peu des urgentistes de brousse. »

La lune s'est levée sur un ciel violacé qui est passé par toutes les nuances de rouge sur des draperies nuageuses gonflées comme des champignons nucléaires, tandis que s'égrenaient les malheurs de ces femmes.

21 février 2015, Berevo

Des empilements de troncs de palissandre font comme des tours sur les berges près de Berevo. Ce sont des sections courtes de 2 mètres de long, portables à dos d'homme. Elles ont été équarries pour être allégées des couches extérieures d'aubier blanc, afin de ne garder que le cœur brun sombre. Ainsi, avec leurs sections carrées, s'empilent-elles plus facilement. Depuis Begidro, nous avons pu voir au fil de notre navigation les dégâts qui ont réduit la forêt à néant. Sur les friches restantes, s'installent des paysans qui plantent quelques arpents de manioc autour d'une paillote. Cela reste vert, mais ce n'est plus de la forêt primaire.

Nous montons dans ce qu'il reste de la ville de Berevo. Il y avait ici une garnison militaire. Le pôle administratif est abandonné, tropicalisé. Les maisons cannibalisées. Notre campement de tentes s'installe à côté de la *tsangambato*, la pierre du souvenir, celui du massacre de 1947 consécutif au soulèvement des indépendantistes qui a été maté dans le sang, surtout sur la côte est, du côté de Manakara, très loin d'ici. Même si l'indépendance a eu lieu le 26 juin 1960 sans un coup de feu, en 1977, à l'occasion du trentième anniversaire de sinistre mémoire, a été institué sous le régime de Didier Ratsiraka, « l'amiral rouge », un jour de deuil national le 29 mars, rappelé dans chaque village par une pierre témoignant de ces terribles événements. Le seul monument dont la peinture soit fraîche dans le village. Nous découvrons, pour la plupart d'entre nous, cette tache noire dans notre histoire commune. Nous aurons sûrement l'occasion d'en apprendre plus au cours de notre long voyage, mais c'est un sujet sensible dont nos interlocuteurs parlent peu, sauf à l'approche de la date anniversaire. Le 29 mars est dans un mois et nous serons sans doute à nouveau dans les parages, puisque que nous repasserons par ici avec notre charrette une fois la mission terminée.

L'homme qui habite l'ancienne maison du chef de corps, couvert d'un chapeau de notable, tend à Ulysse un beau perroquet gris apprivoisé. Ce dernier ne tarde pas à passer de son épaule de « petit pirate » au sommet de son crâne pour la joie des photographes de l'équipe ! Philaé suit jalousement la scène, assise sur un coffre-fort antique qui sert de siège sous la varangue depuis qu'il a été éventré, il y a des lustres, sans doute un jour de fête.

Nous partons dîner dans le bateau quand une tempête se lève sur le fleuve. Les rafales cinglantes forment des vagues à rebours du courant. Les trombes d'eau ricochent sur le ruban des flots mouvants. On ne sait plus d'où vient l'eau. Panique à bord. Des bâches sont déroulées de part et d'autre du toit, pour un bref répit. Nous nous regardons abasourdis par cette soudaine violence des éléments. Mais le péril ne tarde pas à venir d'ailleurs : entre les lambris du plafond, des rideaux d'eau se mettent à s'abattre sur la table. La bâche du toit n'est pas étanche. Il en faut davantage pour décourager la joyeuse équipée qui se met à chanter plus fort que l'orage ! Tout le monde tend sa tasse vers le plafond pour diluer son pastis à l'eau de pluie. Et c'est parti mon kiki ! L'apéro aidant, les IDE (infirmières diplômées d'État) montent sur la table et laissent libre cours à leur délire. « Fanchon », « La sardine », « Chevaliers de la Table ronde », et des bancs de marins, tout le répertoire mis en commun y passe avant que nous soyons relayés par l'équipage malgache qui nous enchante de rythmes endiablés après avoir réussi l'exploit de nous nourrir dans ces conditions. Les deux enfants se sont endormis comme des masses. Au moins ne seront-ils pas hantés ce soir par les fantômes de la *tsangambato* !

Aujourd'hui, c'est Rémi qui passe sur le billard. Une simple piqûre de moustique à la hanche et le voilà à la merci d'une septicémie. Pommades, bétadine, huiles essentielles, antibiotiques, rien n'y a fait, et il se retrouve avec un abcès de la taille d'une balle de tennis dans le gras de la poignée d'amour. Pas le choix : il faut curer. Jean-Michel, le stomato de la bande, chirurgien à ses heures, s'exécute sous le regard inquiet de Khadija. Le bouchon jaune de la plaie bordée de rouge saute vite, ensuite il faut fouiller avec des ciseaux et couper en profondeur les tissus adipeux infectés.

« Les staphylos adorent la graisse. Ils s'y planquent car ce sont des tissus très peu irrigués ! Ça va te faire l'effet d'une petite liposuccion à droite ! »

Non que Rémi soit enveloppé, mais c'est de l'humour carabin. Ça décontracte. Je filme tout. Vocation de chirurgien frustrée. La cavité grosse comme une balle de golf se remplit sans cesse de fluides divers et variés. C'est fou ce que nous sommes liquides ! Après de vaines tentatives d'épongeage, Jean-Michel y fourre une mèche de gaze imbibée de bétadine, et, satisfait du travail accompli, clôt l'affaire avec un laconique :

« Pansement ! »

Je suis scié. Il lui laisse ainsi une plaie de guerre béante sur le côté. Je hasarde un :

« On ne recoud pas ? »

Il me toise, le regard en dessous, avec un soupçon de mépris :

« Tu veux sa mort ? »

Khadija vole à ma rescousse :

« L'abcès reprendrait de plus belle ! Là il faut changer la mèche tous les jours et petit à petit le fond de la plaie va remonter jusqu'à la surface, et ce n'est qu'à ce moment-là que la cicatrisation pourra avoir lieu. Mais tu seras surpris, ça va aller assez vite, à condition de bien prendre les antibiotiques pour refouler l'infection. »

Encore des kyrielles de nourrissons aujourd'hui. Peu de cas graves mais ils sont tous passablement dénutris. Nadine essaie toujours d'en savoir un peu plus sur ses patients, car elle a le projet de lancer un programme de renutrition massif dans les trois villages du parcours.

« Ce matin, j'ai eu plein de réponses différentes mais qui vont un peu toutes dans le même sens : "Je n'ai pas le temps ! J'ai trop de travail ! J'ai trop d'enfants ! Je fais de mon mieux ! Mon mari est en voyage depuis un an !" En fait on se rend compte que la plupart des gens ne mangent qu'une fois par jour, deux dans le meilleur des cas…

— Un éclairage nous a été donné ce matin par sœur Iwona de la mission catholique à qui nous sommes allés rendre visite, renchéris-je. Elle nous a dit que de nombreux hommes allaient tenter leur chance en ville, souvent pour vendre leur production, mais certains ne revenaient pas, refaisaient leur vie. Ils envoient un peu d'argent à leur famille au début, puis de moins en moins. Et un jour cela s'arrête. Ainsi elle nous a dit que dans les villages, il y avait énormément de filles mères. Elle a conclu en disant : "Quand le père manque, cela a un gros impact sur le niveau de vie de toute la famille. L'instabilité conjugale a de graves conséquences, ici." »

La sœur polonaise avait des yeux si bleus que cela faisait presque mal de les regarder. Elle était charmante et angélique avec ses quatre consœurs malgaches. Elles ont gâté les enfants avec des biscuits et des chocolats. La mission tourne bien. Il y a une grande école, mais pas encore de dispensaire. Comme Iwona a son diplôme d'infirmière, elle nous a demandé si nous ne connaîtrions pas quelqu'un qui pourrait lui financer la construction du bâtiment. Nous sommes même allés voir l'emplacement où elle prévoyait de le construire. Nous évoquons le projet avec Nadine.

« Avec Sonia, nous nous sommes dit qu'elle pourrait sûrement assurer les soins et les pansements entre les missions Ar-Mada !

— En effet, ce serait une super idée ! Ça nous aiderait bien pour le suivi des patients ! Il faudra que tu me la présentes ! »

Côté soins dentaires, c'est un carnage. Nous entendons tinter à intervalles réguliers les haricots en inox des dentistes après le mot magique : « *Mandrora*[1] *!* »

Les dentistes se relaient tant l'effort est physique et les crampes menaçantes. Ils sont dehors face au paysage, sous la varangue, et bénéficient d'un semblant de courant d'air. Entre deux patients, Christine me glisse :

« On a de la chance ! On est les seuls à avoir l'air conditionné ! »

Trois, quatre, cinq dents sont parfois extraites de la même bouche. Christine me confie son vague à l'âme :

« Quelle misère ! Toute notre carrière on nous apprend à soigner les dents, à les entretenir à les réparer, et ici c'est le grand équarrissage ! Comment font-ils pour qu'elles soient dans un tel état ? Ce ne sont pourtant pas les sucreries qui courent les rues ! Bon, l'avantage, c'est qu'ils mangent principalement du riz, alors pour ça, on n'a pas trop besoin des dents… »

Lors du bilan de cette journée, il est fait état de beaucoup de « consultations de confort », car, malgré la présence récurrente d'enfants dénutris, beaucoup ont été montrés aux médecins sans symptômes, juste pour se rassurer. Après quelques timides remises en cause sur le bien-fondé de la mission et des questionnements, Bruno remet encore la balle au centre :

« L'important, c'est d'écouter, de recevoir, de soigner, pas de réfléchir, sinon on déprime. En fait, il faut se réjouir de n'avoir pas eu de cas trop graves aujourd'hui. C'est aussi grâce au passage régulier des missions depuis quinze ans que la situation sanitaire de toute la région s'améliore peu à peu. Mais ne vous faites pas d'illusions, sachez que les vrais cas sont sûrement restés en brousse à cause des difficultés de déplacement. C'est la mission suivante, quand l'eau aura un peu baissé, qui risque de les récupérer. »

Le soir, une triste nouvelle nous parvient. Une pirogue qui tentait de traverser le fleuve s'est retournée avec cinq personnes à bord dont quatre patients : deux sont portés disparus.

1. « Crachez ! »

Au cours de la journée de navigation vers le dernier village, nous portons toute cette souffrance accumulée ces derniers jours, tous ces drames dans notre cœur. Le silence plane à bord, hormis le battement régulier du moteur. L'heure n'est plus à la rigolade. La fatigue aussi se fait sentir. La chaleur torride des nuits sous la tente pour échapper aux moustiques rend la récupération difficile. Les antipaludéens ont eu raison des tripes de presque tout l'équipage. Certains remettent en cause l'hygiène des cuisiniers. Nous-mêmes commençons à agacer avec notre caméra et nos questions.

Le cours du fleuve s'est encore élargi. Il s'est ainsi un peu assagi. Les rives ne sont plus escarpées, les reliefs ont disparu, les derniers isolats de forêts primaires aussi. La chaleur et l'humidité sont encore montées d'un cran. Les premiers baobabs ont fait leur apparition, tout de suite repérés par Ulysse, qui, avec Aïna, adore faire la vigie à l'avant du bateau. Nous croisons de plus en plus de pirogues traversant le fleuve. Longues et effilées, celles-ci sont au ras des flots, le piroguier à l'arrière. Aucun passager n'a bien sûr de gilet de sauvetage. Aïna nous confirme que la plupart des gens ne savent pas nager. Les frêles esquifs nous fuient, redoutant la petite vague d'étrave de nos embarcations à faible tirant d'eau. Vision éternelle de l'Afrique que ces graciles pirogues dans l'or du soir.

En fin de journée, Berendrika se présente comme une grosse agglomération sur un mamelon arrondi dominant le fleuve. Bruno lance avant de débarquer :

« Avis aux amateurs de baignade, ici même, sous nos yeux l'année dernière, une jeune fille a été happée par un crocodile alors qu'elle faisait la vaisselle ! »

Devant son sourire mi-figue, mi-raisin en attente du petit effet de sa phrase, le groupe remet sa parole en cause.

« Tu nous charries ! Sacré Bruno ! »

Et lui d'un air bonhomme :

« Non ! Je suis tout ce qu'il y a de plus sérieux ! Trois villageois l'ont attrapée avant qu'elle ne soit emportée et ont réussi à la tirer des crocs de la bête qui a lâché prise. Mais après, il a fallu recoudre tous les trous ! Je ne vous raconte pas la dentelle ! »

Le lendemain matin, tout le monde débarque en bon ordre après le petit déjeuner. La machine est bien huilée : déchargement, mise en place, protocoles, accueil, chacun sait ce qu'il doit faire, mais malgré ces habitudes prises et ce professionnalisme, il est des rencontres contre lesquelles on ne peut pas se blinder. Dès l'ouverture, une fillette nous est apportée par sa grand-mère. Petit squelette aux yeux exorbités, si petit qu'on dirait une poupée macabre. Pourtant animée par la vie. La soif de vivre. Un regard noir sans fond, sans iris, une pupille dilatée sur le gouffre insondable de la souffrance humaine, sur l'innocence qui ne comprend pas comment ni pourquoi cela fait si mal de vivre, un regard qui tente désespérément d'accrocher un autre regard, comme une perche qu'on saisit à l'instant où l'on va se noyer.

Ses mains ne peuvent plus rien saisir. Les doigts minuscules sont inertes et froids tant les muscles sont secs et la peau sur les os. Les jambes décharnées sont repliées en position fœtale, comme si l'enfant ne rêvait que d'une chose, retourner d'où elle vient, d'un monde indolore et cotonneux, où la nourriture était assurée, l'amour promis, l'avenir garanti. Mais le sort en a décidé autrement. La grand-mère raconte que sa fille, la mère de l'enfant, est morte empoisonnée. Que ce bébé porte malheur, qu'elle ne parvient pas à la nourrir, qu'elle n'a plus l'âge. Nadine prend l'affaire en main.

« Encore un enfant dénutri ?

— Oui, me répond-elle, cette enfant est dans un état critique ! Elle a huit mois, mais son poids est de 2,4 kilos, le poids d'un bébé qui vient de naître. La grand-mère est allée deux fois à l'hôpital, mais elle a dû acheter une boîte de lait maternisé qui coûte 30 000 ariary[1]. Toutes ses économies y sont passées. Elle est venue ici parce qu'elle n'a plus d'autre solution. Elle a fait trois jours de pirogue en provenance de Belo en remontant le courant, tu imagines ? »

Tout en lui donnant le biberon, Nadine la berce en la secouant doucement comme pour aider les fluides à réhydrater plus vite les tissus. La main minuscule ballotte pathétiquement.

« Et tu penses pouvoir la sauver ?

— Oui, on en a sauvé beaucoup dans cet état. On va lui donner du lait, beaucoup de lait, de quoi tenir jusqu'à la prochaine mission. »

Il en déborde déjà de sa bouche dans laquelle elle est parvenue à mettre son pouce : vision béate de la félicité révélée par de grands yeux incrédules qui ont recouvré subitement une certaine mobilité.

1. Salaire mensuel d'un ouvrier agricole dans ces parages.

L'équipe est sous le choc. Les infirmières, en larmes, sortent prendre l'air. Alain, bouleversé, va se planter devant le paysage, son stéthoscope autour du cou. Je me joins à lui pour avoir un avis médical et clinique :

« Tu crois qu'elle va s'en sortir ? »

Sceptique, la bouche pincée par l'émotion, il répond :

« Je le souhaite intensément mais je ne suis pas vraiment persuadé qu'en la laissant ici, on va faire quelque chose d'utile… »

Secoué d'un léger spasme, il reprend son souffle et ajoute :

« … et que dans une semaine elle sera encore là. »

Après un silence, ému, il conclut avec une moue contrariée :

« Ça, c'est ce qui sera le plus dur à mon avis. »

Autour de ce petit être si fragile, toute une crèche de soignants se rassemble, comme aimantée par un humanisme viscéral, par le serment d'Hippocrate, par la volonté de venir en aide, même si cela fait mal, plutôt que de tourner la tête et regarder ailleurs, et chacun éprouve intensément, en son for intérieur, la brûlure de la finitude humaine. Mélange de constat d'impuissance face aux forces du destin, de révolte contre l'injustice et d'abattement devant la fatalité de la vie, incarnée par cette petite Teza. Car c'est son nom. Qui n'a rien demandé. Même pas de naître, et qui est mal tombée. Innocente martyre.

Hélène, jeune interne, a les yeux qui débordent. Bruno médite. Sonia, penchée sur Ulysse, lui explique à mots feutrés la situation. Il écoute le visage fermé et les lèvres pincées. Philaé est partie, révoltée contre la terre entière. Un modeste crucifix de bois planté sur le torchis de cette salle de classe servant parfois d'église rappelle à tous, s'il en était besoin, que la souffrance est universelle et consubstantielle à notre condition humaine. Nous avons tendance à l'oublier parfois nous qui avons la chance de vivre dans nos sociétés surprotégées par l'État-providence, par la mutualisation des risques et les solidarités multiples, qui n'épargnent certes pas de vivre des drames et de boire à cette même coupe amère, mais qui nous portent et nous supportent dans ces épreuves.

L'après-midi est mou. Il se met à pleuvoir des trombes d'eau. Peu de gens sont venus. Seules les dents tintant dans le haricot scandent l'attente et la mélancolie. Des chauves-souris font grincer les tôles et emplissent l'air chaud de leurs odeurs fauves et acides.

La grand-mère veut repartir dès maintenant. Elle pense pouvoir rallier Belo demain avec le courant. Nadine lui donne trois boîtes de lait. La vieille dame semble contrariée. Nadine comprend. Elle lui donne aussi de l'argent pour les frais de retour. L'autre empoche sans dire merci. Comme accablée. Nous prenons son adresse à Belo-sur-Tsirihibina, la ville à l'embouchure du fleuve. Je souffle dans l'oreille de la traductrice :

« Dites-lui qu'on va venir la voir chez elle à Belo dans trois semaines pour prendre des nouvelles de Teza car nous allons refaire le même trajet avec notre charrette ! »

La dame fait mine de ne pas comprendre, me toise d'un regard neutre, tourne les talons sans un salut et disparaît sous la pluie le dos déformé par un baluchon plein de boîtes métalliques et de médicaments, avec Teza emmaillotée contre elle sous un *lamba*. Je me mords les lèvres en me disant : « Avec ça, elle a de quoi ouvrir une boutique ! »

Je m'en veux aussitôt d'une si noire pensée venue contrebalancer notre angélisme collectif. Pas d'autre choix que de lui accorder le bénéfice du doute. Ar-Mada ne peut pas outrepasser son rôle de médecine d'urgence. Nous verrons bien dans trois semaines !

Après la pluie, je descends avec Ulysse sur les bords du fleuve dans l'heure dorée. Des enfants pêchent dans un bras mort. Sur un ciel noir d'encre se découpent deux arcs-en-ciel concentriques si lumineux qu'ils paraissent artificiels. Les trois fillettes et les deux garçonnets ont des gaules de bambou qu'ils laissent flotter à la surface. C'est vrai après tout, pourquoi les planter dans les berges ? Deux seaux violets se remplissent de mini-tilapias pour la friture du soir. Ulysse intègre naturellement le groupe. L'un des gamins s'est fait une sorte de crête en glaise, imitant celle d'un coq. Ulysse a tôt fait de l'imiter. Et les voilà faisant cot-cot et cocorico, à la grande joie des filles. Des jeux qui se passent de mots. Des enfants épargnés par les maux. De l'autre côté du bras mort, un héron blanc pêche aussi. Il avance au ralenti de ses longues pattes dans l'eau. Son reflet se dédouble entre les arcs-en-ciel. Moment ineffable et suspendu dans ce monde de brutes où meurent de faim les nourrissons.

C'est l'heure de plier le camp. Des charrettes s'alignent devant la salle de classe pour charger les malles de fer. Ces modèles locaux de charrette sont très différents de la nôtre. Des roues de fer bien plus basses, aux barreaux fins et à la bande de roulement plus large, portent une caisse succincte faite de planches mal dégrossies clouées sur des montants en bois brut. Rustique et efficace. Deux ridelles latérales amovibles facilitent le chargement. Les roues attirent plus particulièrement mon attention. En me penchant, je découvre sur le moyeu une inscription en français : *Ets Champenois à Chamouilley, Haute-Marne*. Je tombe des nues, fasciné par ce vestige ayant traversé le siècle. J'interroge le charretier par le truchement d'un vieux maître d'école :

« Depuis quand avez-vous ces roues ? »

Il siffle et lève le bras en pointant le doigt derrière lui :

« Il y a très longtemps ! C'est mon père qui me les a données en cadeau de mariage. Il les tenait de son père, qui les tenait du sien. »

Bien décidé à enquêter plus tard sur cette apparition venue du passé colonial du pays, je médite longtemps sur les deux traces éphémères laissées dans le sable par cette charrette partie au galop vers l'embarcadère[1].

Tandis que nous naviguons dans un paysage immense, suspendus entre les flots orangés et un ciel ouvert sur l'infini, chacun revit mentalement les dix derniers jours écoulés. L'émotion suscitée par cette petite Teza est immense dans l'équipe. Elle devient le symbole de cette cent seizième mission Ar-Mada marquée par la dénutrition infantile. Au total, quarante enfants auront été déclarés dénutris sur les deux mille patients reçus en consultation. Trois cent quatre-vingt-sept dents auront été arrachées, des centaines de plaies et d'affections dermatologiques soignées, mais pour tous, cette petite fille semble justifier à elle seule l'action de ces médecins bénévoles. Il ne reste plus qu'à espérer sa survie et à être fier du travail accompli.

Comme à son habitude, alors que nous sommes en vue de Tsimafana, le terminus, Bruno, torse nu sur le toit, trouve les mots pour exprimer en une phrase l'idée à laquelle nous nous raccrochons

1. Ce modèle « tout fer » appelé « l'Impérissable » était fabriqué dans les années 1920 à Chamouilley en Haute-Marne, dans les fonderies Champenois spécialisées dans le matériel agricole. Ces roues portaient si bien leur nom qu'il en roule toujours des milliers à Madagascar.

tous en secret pour ne pas être personnellement impactés par un excès d'empathie :

« En déontologie on dit toujours : obligation de moyens, mais pas obligation forcément de résultats. Les gens ne sont pas immortels, n'est-ce pas ? La médecine, il ne faut pas l'oublier, c'est pour guérir rarement, soulager souvent et consoler toujours. »

21

Bandages et remise en route

Nous sommes de retour à Tana. Rentrés avec l'équipe d'Ar-Mada. Madagascar est comme une roue de charrette, avec la capitale pour moyeu et les quelques routes nationales comme rayons. Quoi qu'on veuille faire, on est obligés de repasser par le cœur du pays. Prétendre vouloir en faire le tour est une extravagance ! Mais ce retour nous a permis de faire un repérage de la suite de notre itinéraire. Nous avons bien fait. La piste Tsimafana-Morondava n'était qu'un long bourbier entrecoupé de mares quand elle n'était pas devenue tout simplement une rivière. Ce n'était qu'une formalité pour les TRM 4000[1], mais à pied et avec nos zébus, cela va être une autre paire de manches.

À nouveau dans l'atelier de Philippe Girard, au Tana Waterfront, je gamberge une solution technique pour faire mentir notre ami Florent Colney qui nous avait dit qu'une charrette merina ne pourrait pas faire le tour du pays. Nous avons vu. Il a raison. Sauf si on l'adapte. Je me dis qu'en augmentant la portance des roues, elles ne s'enfonceront pas dans le sable et moins dans la boue ; qu'elles feront surnager la charrette sur les plages que nous allons suivre pendant des centaines de kilomètres, dès que nous aurons rallié la côte. Pour cela, je me mets en quête de pneus de camion. Non pour les mettre à la place de nos roues, mais pour en découper la bande de roulement large de 20 centimètres et l'installer comme des chenilles en caoutchouc autour de nos grandes roues cerclées de fer. Voilà l'idée.

Ces pneus sont très recherchés désormais car un pneu moderne, radial, contient plein de fils d'acier et ne peut pas être découpé.

1. Anciens camions 4 x 4 de l'armée française recyclés sous les tropiques.

Direction le quartier populaire d'Anosibé où l'on trouve des tailleurs de sandales dans les vieux pneus armés en nylon. J'y vais en empruntant l'Enfield de nos fidèles hôtes tananariviens qui nous accueillent à chacun de nos retours imprévus à la capitale. Ce soutien amical et logistique compte énormément dans le succès de notre entreprise. Pour Ulysse et Philaé qui retrouvent leurs copains et la salle aux Playmobil, c'est comme un retour au paradis après toutes les épreuves et les privations qu'ils endurent sans broncher.

Les embouteillages à Tana sont abominables comme dans toutes les villes du début du XXe siècle qui n'avaient pas prévu le déferlement des gros 4 x 4 V8 privés. Tant de richesse dans cette ville ! Tant de pauvreté en dehors ! Tant d'or dans les rivières, tant de fange dans ces canaux chargés d'immondices qui quadrillent la « ville des mille », c'est incompréhensible… Je ne peux pas m'empêcher de penser à Teza.

La moto me permet de me faufiler partout. Mon malgache s'améliore, et je parviens vite à dénicher la perle rare, un tailleur qui accepte de me rétrocéder sa matière première, à savoir deux longues bandes de roulement de pneu de camion, pour le prix de toutes les sandales qu'il aurait pu tailler dedans. Il n'en peut plus de joie ! Ma roue de charrette fait 4 mètres de circonférence. Il me faut donc deux bandes de 2 mètres pour chaque roue. Je les fais découper par Andry, le tailleur de *kapa*[1], trop heureux de pouvoir conserver les chutes. Cela m'ira pour faire l'essai sur une première roue.

À l'atelier, j'assemble ces deux longs rubans par deux épaisses plaques métalliques fixées par des boulons dont je fais disparaître la tête dans les rainures. Je réalise quatre équerres qui, reliées deux par deux aux deux extrémités de cette bande de 4 mètres, vont me permettre d'effectuer un serrage sur la roue avec de longs boulons. Je conçois ce bandage flottant, c'est-à-dire non vissé sur le cerclage, afin qu'il ne s'arrache pas, mais en misant sur l'élasticité du caoutchouc pour la tenue. Mais comment faire pour qu'il ne déjante pas ? La concavité naturelle de l'intérieur des pneus ne suffira sûrement pas. J'imagine alors des tampons de caoutchouc, vissés à intervalles réguliers de part et d'autre de la bande et qui joueront le rôle de maintien sur la jante en bois. Je calcule qu'il m'en faudra huit par côté de roue, soit seize par roue, donc trente-deux au total. Je me mets au travail de découpe après avoir trouvé chez

1. « Sandales ».

un revendeur de matériel industriel un gros pain de caoutchouc dans lequel les garagistes taillent des cylindres-bloc de moteur. Cela me prend quatre jours pleins.

Quand mon premier bandage est fini, je l'emporte chez nos amis Randrianarimanana d'Imerintsiatosika pour un essai grandeur nature sur une roue de charrette. Ils me voient débarquer, tout surpris : ils nous imaginaient déjà à l'autre bout du pays. Alfred est sceptique quand il voit mon grand serpent de caoutchouc de 4 mètres qui pèse à lui seul 30 kilos. J'espère que le tour de roue est standard sur toutes les roues de charrette. J'ai parié que oui. Le montage se passe comme à l'exercice. Le serrage est impeccable, aucune modification n'est nécessaire : je pars aussitôt sur la chaussée, suivi par la foule de curieux qui s'est agglutinée autour de nous, tandis que nous montions cette improbable nouveauté. Cela provoque un joyeux embouteillage au cœur de la ville : tout le monde veut voir ce nouveau modèle de roue, chacun y va de son petit commentaire enthousiaste ou de sa dénégation de la tête. De partout fusent des « *Tsara vazaha ! Tsara la roue ! Adala vazaha*[1]. »

Je quitte la route et m'aventure sur une piste comme un gamin avec son cerceau. Sauf que ce dernier fait maintenant 120 kilos ! Les tampons maintiennent bien la roue au milieu du bandage dans les ornières. Le succès est total ; j'exprime mon soulagement et ma satisfaction par des « Yeepeee ! » de cow-boy auxquels les témoins présents répondent par une salve d'applaudissements. Madatrek, coincé jusqu'à nouvel ordre dans la boue de Massiakampy, va pouvoir reprendre la route ! Ces bandages nous redonnent des ailes ! Il ne me reste plus qu'à fabriquer le second, mais après trois échecs successifs je ne parviens plus à trouver ni Andry ni de bandes de pneus usagés. Heureusement nous comptons parmi nos amis de Tana Christophe Vanier, le représentant Pirelli, qui se fait une joie de nous en fournir deux neufs.

Nous profitons aussi de notre séjour dans la capitale pour aller revoir les associations que nous avions filmées et que nous avons décidé de soutenir ponctuellement. Notre séjour en France a en effet été l'occasion d'organiser des levées de fonds, via une plateforme de financements participatifs, afin de rendre notre voyage plus solidaire sous le vocable : « Madatrek se rend utile ». Témoigner ne nous suffisait plus face aux besoins immenses des ONG et missions que

1. « Super le *vazaha* ! Elle est trop bien ta roue ! Ils sont fous ces *vazaha* ! »

nous avons déjà croisées. À notre retour à Tana, avant la mission Ar-Mada, nous avons pu distribuer les 8 000 euros récoltés au bénéfice de quatre de ces associations.

En premier lieu, nous avons soutenu Aïna, Enfance et Avenir, une crèche solidaire fondée par deux Réunionnaises, dont le principe est de nourrir, soigner et garder les enfants de très jeunes filles mères rejetées par leurs familles, tout en proposant à ces dernières des formations professionnelles ou en leur trouvant un emploi. Nous y avions passé un jour délicieux à voir le soin et l'amour prodigué par les éducatrices et les puéricultrices pour recréer la joie d'une grande famille.

Nous avons ensuite aidé Grandir dignement, une ONG fondée par un jeune couple, les Müller, des éducateurs de prison, qui à force de conviction et d'entrisme auprès du ministère de la Justice malgache ont créé un centre d'apprentissage des métiers dans le quartier des mineurs de la prison d'Antanimora, de sinistre réputation. Cela après avoir déjà refait les dortoirs où les enfants se faisaient mordre par les rats et dévorer par la vermine, après avoir restauré les sanitaires, et créé une école pour les plus jeunes d'entre eux. Mais leur exploit est d'avoir réussi à faire évoluer la loi dans un pays où faire six mois de prison, le temps que votre dossier soit traité, pour un vol de pommes à l'étalage, est monnaie courante : ils sont parvenus à obtenir l'introduction de la liberté surveillée pour les délits mineurs. Au moment de notre rencontre, ils cherchaient des fonds pour rebâtir le coin cuisine dans lequel les jeunes cuisent les bâtons de manioc que leur donne le gouvernement pour seule nourriture. Nos 2 000 euros sont arrivés à point nommé.

Nous allons bien sûr revoir Celia Ernould, représentante locale d'Aéropartage, l'association du personnel navigant de Corsair qui nous offre les billets GP[1] pour les retours en France, sans quoi la viabilité financière de notre projet serait impossible. Je rappelle au passage que nous n'avons pas de sponsors pour avoir les coudées et les foulées plus franches. Nous avions filmé l'école qu'ils ont construite à Tanjondroa dans la banlieue nord de Tana, et dont ils assurent les frais de fonctionnement. La création de cette association vaut la peine d'être contée. Dans les années 1990, Dominique de

1. Gratuité partielle : billets émis par les compagnies pour leurs collaborateurs et leurs proches, ainsi que pour leurs partenaires commerciaux. Mais l'embarquement n'est pas garanti en cas de remplissage de l'avion.

Carpentrie, chef pilote, insatisfait d'être reclus au Hilton pendant trois jours entre deux rotations, décida d'aider le premier village qu'il apercevait dans son virage final d'atterrissage à l'approche de la capitale. Après une rapide enquête, il trouva Tanjondroa. Et c'est ainsi que naquit cette école. Comme tombée du ciel.

La somme que nous leur remettons permettra d'ajouter de la viande ou du poulet à la cantine pendant un an pour les deux cent cinquante enfants scolarisés, dont la plupart viennent des alentours de la décharge du nord de Tana. Celia s'est rendu compte que la cantine gratuite avait permis une augmentation de 30 % de l'affluence de ces enfants.

Nous allons enfin retrouver le frère Jacques de l'ASA, ravi de pouvoir financer avec notre donation l'achat d'un équipement pour une salle de projection, du rayonnage pour la bibliothèque et du matériel sportif. À travers nous, ce sont deux cent trente-cinq contributeurs français ou malgaches de France qui ont été sensibles à notre volonté d'aller plus loin et d'avoir un impact, aussi modeste soit-il, sur l'action des gens admirables et dévoués que nous avons rencontrés au fil de notre progression. Nous ne faisons office que de passeurs d'espoir !

Nous avons aussi la joie de recevoir à Tana notre ami le professeur Pierre Lutgen, Luxembourgeois, spécialiste de l'*Artemisia annua* dans la lutte contre le paludisme, à qui nous souhaitons présenter Jean-Claude Ratsimivony, président fondateur d'Homeopharma, une entreprise malgache d'huiles essentielles, d'aromathérapie et de soins, grâce aux vertus insoupçonnées des plantes endémiques de ce pays. La rencontre a lieu autour d'un bon déjeuner au green club de Vontovorona, centre de formation et de congrès de l'entreprise aux portes de la ville. Elle ouvre de fructueux échanges pour la recherche entre les deux hommes. Jean-Claude m'a fait le plus beau cadeau de Noël de ma vie en mettant sur le marché, tandis que nous étions en France auprès du papa de Sonia, des boîtes de gélules d'*Artemisia annua*, le 24 décembre 2014, seulement trois mois après que je lui ai donné une clé usb contenant les trois cents documents scientifiques du professeur Lutgen qui prouvaient l'efficacité de la tisane d'*Artemisia*, en prophylaxie et en traitement curatif contre le paludisme.

Souvenez-vous d'Africa Trek ! J'avais été soigné d'un palu *vivax* en Tanzanie, puis d'un palu *falciparum* en Éthiopie par cette même tisane. J'en étais devenu depuis un VRP désespéré, un prophète criant dans le désert médiatique en me heurtant aux léviathans de la réglementation et de la pharmacie. La plante et la tisane étaient interdites en France. Fin de non-recevoir. Et à peine arrivé à Madagascar, j'avais trouvé cette oreille attentive et cette ouverture d'esprit[1]. Trois mois plus tard, j'avais devant moi la réalisation d'un rêve inespéré : Homeopharma en produisait pour de vrai !

Ces boîtes de soixante gélules, soit la posologie d'un traitement préventif pour quinze jours[2], coûtent 5 200 ariary, soit 1,60 euro. Sans doute encore trop cher pour les paysans et les pêcheurs malgaches, mais tout à fait abordable pour les employés de bureau, transporteurs ou employés du secteur touristique. C'est la prophylaxie que nous utilisons nous-mêmes avec nos enfants, car on ne peut pas prendre de Malarone[3] plus de trois mois et que nous supportons mal ce traitement. Une gélule d'*Artemisia* par jour depuis sept mois pour chacun d'entre nous, sauf que j'avais fabriqué mes gélules moi-même avec de l'*Artemisia* fournie par le professeur Lutgen. Mon cadeau de Noël est donc d'avoir rendu ce traitement dorénavant accessible à Madagascar, d'avoir pu être utile en ce bas monde. Désolé en revanche pour les voyageurs, ces gélules ne seront pas distribuées en France avant longtemps[4]. Bravo Jean-Claude !

C'est avec le cœur plein de toutes ces satisfactions immatérielles que nous quittons pour de bon la capitale : l'heure est venue de reprendre le cours de notre voyage. Nous retournons à Massiakampy en trois jours de taxi-brousse avec nos bandages de roue sur le toit. À nous deux, la boue, l'aventure et les moiteurs tropicales !

Cette fois-ci pas de mauvaise surprise, nos zébus sont au rendez-vous, et Éric Rakotomalala d'Ampasipotsy et Nazy sont plus que jamais partants pour nous accompagner ! Mais la charrette est en piteux état. La saison des pluies ne lui a pas réussi, elle est toute moisie : en trois mois, elle a pris un sacré coup de vieux. Nous la retrouvons sur cales. Les paniers latéraux sont pourris, il faut les

1. Voir chapitre 2.

2. Quatre gélules par jour, deux le matin, deux le soir.

3. Médicament prescrit par votre médecin si vous vous rendez en zone impaludée.

4. Six ans après, malgré le travail immense de l'ONG la Maison de l'Artemisia qui plaide pour sa reconnaissance et la diffuse massivement en Afrique via un réseau de quatre-vingts maisons de formation et de production, l'AMM (autorisation de mise sur le marché) n'est toujours pas acquise en France. Mais la présidente de l'ONG, Lucile Cornet-Vernet, obtient des victoires grandissantes. *Wait and see !*

remplacer. Ndrina a fait ce qu'il a pu. Au moins a-t-il protégé chez lui tout notre matériel. J'ouvre la bâche arrière. La charrette est envahie de toiles d'araignée. Ulysse, ruisselant de sueur, procède à l'inspection :

« Papa ! Il y a un nid de fourmis à l'intérieur... Et là ! Des termites sont en train de manger le contreplaqué ! Oh ! Une grenouille, et au plafond, un gecko !

— Eh bien, c'est devenu un vrai terrarium cette charrette ! Allez ! On va tout nettoyer à l'éponge et au liquide vaisselle ! Tu m'aides ? »

Toute la journée, les petites mains des enfants récurent tous les recoins de leur mobile home, lui prodiguant une cure de jouvence. Pendant ce temps-là je monte les bandages sur les roues. Dès la première paire de tampons épousant la roue je sais que cela va fonctionner. Mais nos roues sont-elles de la même taille que celles d'Alfred sur lesquelles j'ai fait le test ? Tadaaam ! Oui ! À un centimètre près, que j'avais gardé par sécurité, et que je découpe sans regrets. Après le serrage des boulons, l'ajustement est parfait. Cette simple activité, sous le relatif ombrage du jardin de Ndrina, me met dans un état de transpiration encore jamais atteint dans ma vie. Je ne suis absolument plus étanche ! L'eau me coule du menton en un goutte-à-goutte ininterrompu. Comme s'il pleuvait. Chaque pore de ma peau perle. Même avec le balai d'Ar-Mada entre les mains je n'avais pas connu ça ! C'est dire !

« Tu vois, Ulysse, il y a un auteur français qui s'appelait Montesquieu qui a décrit, dans les *Lettres persanes*, sa « « théorie des climats » selon laquelle, dans les pays chauds, il était beaucoup moins facile de travailler ! Eh bien il avait à la fois raison et tort, on peut travailler : il suffit de se dire qu'on va se doucher ! Regarde ! Je suis trempé !

— En tout cas, sous la neige, ce serait encore plus difficile ! »

La vérité sort de la bouche des enfants ! Les ouvriers de Ndrina avec lesquels j'ai effectué le travail sont en extase devant mes bandages. C'est fou le plaisir que peut apporter un brin de nouveauté dans un monde si conservateur où l'on refait les mêmes roues depuis plus d'un siècle, parce qu'on ne peut pas se permettre le luxe de se tromper.

Dans un coin de la cour, Philaé découvre un crâne de zébu d'un air dégoûté.

« Je le reconnais ! C'est Tribord-Mena ! » s'exclame Ulysse.

Je fais mine de nier :

« Mais non, pourquoi dis-tu ça ?

— Je te dis que je reconnais la forme de ses cornes, c'est lui ! »

L'émotion le submerge à nouveau. Il prend le crâne entre ses bras et le serre contre son corps. Philaé a un haut-le-cœur. Ndrina arrive sur ces entrefaites et nous confirme, vaguement gêné, que c'est bien la tête de notre ancien compagnon.

« Je l'ai gardée au cas où !

— Tu as bien fait ! Merci Ndrina ! »

Le soir même, dans les larmes, mais courageusement, les enfants font une petite cérémonie pour enterrer dans les limons du fleuve la queue de Tribord-Mena que Ndrina avait aussi fait sécher pour en faire un chasse-mouche…

Après un conseil de famille, nous décidons d'emporter ce crâne avec nous en hommage, et de le fixer sur la charrette, juste derrière le poste de travail qu'il occupait de son vivant, à l'avant droit, comme ça il continuera symboliquement le voyage avec nous. À l'arrière, nous fixons de nouveaux paniers en *tsi* rapportés de Tana, puisque cette fibre naturelle très résistante ne pousse que sur les Hautes Terres. Avant de partir il nous reste une formalité à accomplir : devenir officiellement les propriétaires de Tribord-Mainty. Chez le président du *fokontany* et chez le chef du district responsable nous nous faisons délivrer la fiche individuelle du bovin, sorte de carte d'identité couverte de tampons rouges et de signatures. Dans une région truffée de *dahalo*, nous ne voulons pas nous faire contester la propriété de notre moteur de droite par d'éventuels pandores tatillons ! Par ailleurs, en théorie, il faudrait faire pointer ces documents par les autorités sanitaires à chaque changement de région…

À l'heure de nous mettre en route, nous apprenons que les pistes vers Belo-sur-Tsiribihina sont toujours impraticables à cause du niveau de l'eau et de la boue. Ndrina nous propose donc de descendre toute l'équipe sur son bateau en trois jours. Un bref échange de regards avec Sonia et la chose est entendue : il faut avancer ! Le chargement se fait en deux temps. D'abord, le soir, la charrette sur le toit du bateau. Mais comment faire ? Rien de tel n'a jamais été fait.

« Ndrina, il faut trouver dans une courbe du fleuve une berge franche que l'érosion a creusée comme un mur. Le niveau du sol devrait arriver au niveau du toit !

— Oui, je vois ce que tu veux dire, il y a un endroit comme ça juste en amont du village. »

Le site est idoine. Nous amarrons solidement le bateau à des piquets et plaçons deux madriers bien parallèles entre la berge et le toit. Je me suis fait une toise précise pour l'écartement des roues. Quelques dockers viennent nous prêter main-forte. J'attribue à chacun sa position et donne le top départ, en équilibre sur le madrier de droite, la main sur la poignée de frein.

« *Alefa ! Mora, mora !* Allez, les gars, on contrôle ! *Mora !* »

La charrette monte sur les madriers après un semblant de résistance, puis accélère. Je la freine. La voilà en équilibre au-dessus du vide et du fleuve. Les madriers sont plus étroits que les bandages, ils ploient. S'ils craquent, nous perdons la charrette dans la Tsiribihina. L'avancée est régulière : moitié, trois quarts, la charrette est au bord du toit… Pourvu que le bateau ne bascule pas sous le poids ! Il s'enfonce un peu, gîte un chouïa, mais elle est maintenant au milieu du toit. Je freine. Ouf ! Il s'agit maintenant de la faire tourner. Pour cela, je dois desserrer les freins, avec le risque de la voir continuer sa route, emportée par son poids et tomber de l'autre côté dans le courant. Je place deux hommes à côté de chaque roue, en leur disant de pousser à contresens. Elle pivote, se met dans l'axe. Soulagement. Je serre les freins à bloc. Mais Ndrina a une objection.

« Alexandre, elle est beaucoup trop haute, cela va faire une prise au vent et trop de poids en hauteur, on risque de chavirer à tout moment.

— OK ! Il faut démonter les roues. Pour ça, j'ai besoin de deux grosses cales pour poser l'axe dessus. »

Là encore l'opération est délicate. Le toit étant bombé, on ne dispose que d'un petit mètre de part et d'autre de la charrette pour démonter les roues. Et pour le faire simultanément, il faut les extraire en les tirant vers l'extérieur, juste au bord du vide, et les faire rouler vers l'avant tout en tenant la charrette en l'air. Je passe un bon quart d'heure à expliquer la manœuvre à l'équipe en tenant compte des avis de chacun. N'oublions pas que la décision doit toujours être collégiale, mais qu'un seul homme doit donner les directives ! Et personne d'autre que moi ne peut prendre cette responsabilité. Quand tout est prêt je lance, en malgache dans le texte, un « Paré ? » que tous reprennent en chœur : « Paré ! *Alefa !* »

La charrette est soulevée, les deux roues sont extraites, posées, roulées, les cales mises en place, la charrette posée. Notre prestation est digne de l'équipe d'assistance d'un pilote de formule 1 ! Cette charrette sur le toit est encore un prétexte de joie ! D'immenses cumulo-nimbus en feu, s'illuminant à intervalles irréguliers d'éclairs de chaleur, s'amoncellent à l'arrière-plan et célèbrent cette opération. En fin de saison des pluies, les couchers de soleil sont apocalyptiques.

Vendredi 27 mars 2015, redescente de la Tsiribihina

À l'aube, le chargement des zébus n'est pas triste non plus. Aucun zébu n'est jamais monté sur ce type de bateau. Là encore, il faut inventer une procédure. Nous gambergeons.

D'abord, prévoir un lit de sciures retenu entre des planches et des madriers pour la constitution d'enclos séparés dans lesquels ils pourront se tenir debout ou couchés pendant les trois jours de voyage. Exécution. Histoire de se donner le temps de la réflexion.

« Pas question d'essayer l'entrée par la passerelle. Elle est trop étroite, et ensuite ils devraient sauter un mètre pour rallier le fond du bateau…

— Oui ! Ce serait la chute ou la blessure assurée.

— Je crois que nous n'avons pas d'autre choix que de les ficeler au sol, mais comment ensuite les porter ?

— Une barre entre les pattes attachées ? Non. Un brancard ?

— Plutôt une planche, non ? Comme une porte, par exemple. On les pose dessus et on fait glisser la planche sur des madriers qui débordent à l'intérieur du bateau, et, une fois passé le plat-bord, on contrôle le basculement de la planche en levant les madriers, pour que le zébu glisse doucement à fond de cale.

— Bonne idée ! On fait comme ça ! *Alefa !* »

Sous les yeux de plus d'une centaine de villageois rassemblés, nous exécutons la manœuvre. Tout se passe comme prévu. Nous commençons par Mainty le puissant, qui, une fois ficelé se révèle très docile. Porté comme un gros bébé sur la planche, il glisse ensuite et va se déposer sur la sciure comme une fleur. Pour Babe, les choses vont aussi pour le mieux quand, au milieu des madriers, à un mètre au-dessus du sol, il se met à gigoter et à libérer un de ses antérieurs. Je l'attrape pour l'immobiliser en m'en sers comme d'un levier pour le faire rouler en le passant par-dessus bord. En bon acrobate, Babe invente pour la circonstance le roulé-boulé du zébu. Il est réceptionné par Philaé avec force câlins. Elle a bien veillé à faire valider le visa « Aucun animal n'a été maltraité pour la réalisation de ce film » ! Il n'y a plus qu'à charger les bagages et l'herbe fraîche pour les zébus et nous partons enfin avec le courant.

Après 484 kilomètres, Madatrek a vraiment failli ne jamais repartir. Trop de paramètres à gérer. Et le paramètre est l'ennemi du kilomètre ! Depuis le 5 décembre, nous avons fait beaucoup de choses, tant de choses, mais immobiles. Sans doute étaient-elles nécessaires pour aborder la suite. Un cap initiatique : la différence de nature entre une simple expédition cadrée dans le temps et un projet de vie. Ce cap est aujourd'hui franchi. Partir ! Avancer ! De l'air ! De l'aire ! Nous vivons ce moment comme une libération, comme une page nouvelle ouverte sur l'aventure !

28 mars 2015, Berevo

Après une rapide visite à la sœur Iwona pour finaliser notre projet de financement de son dispensaire, Sonia et moi sommes entraînés en soirée vers une cérémonie de *morengy*, la célèbre boxe malgache, pratiquée en place publique pour commémorer les massacres de mars 1947 dont l'anniversaire est le lendemain. Nous avons reçu un sms de l'ambassade de France : « En raison des célébrations des événements, il est fortement déconseillé à tous nos ressortissants de se déplacer en public à compter de ce soir et jusqu'à demain compris. » Ça tombe mal, nous nous retrouvons très vite seuls *vazaha* au cœur d'une foule compacte et bruyante venue supporter ses champions dans la nuit noire. Mais en lieu et place des hercules, nous découvrons des enfants poids plume en plein pugilat, qui se mettent des baffes à grands coups de moulinet désordonnés. Heureusement, cela ne dure pas. Dès que l'un prend l'ascendant sur l'autre, deux sparring-partners viennent les séparer en les saisissant par-derrière et en les soulevant du sol, le gagnant présumé étant soulevé plus haut que l'autre ! Derrière les gamins, ce sont les quartiers de la ville qui sont représentés. Les supporters donnent de la voix en attendant les combattants suivants qui tournent en rond sur l'arène en se toisant du regard comme des fauves. Quand deux d'entre eux acceptent d'un regard le combat, celui-ci commence sur un coup de sifflet de l'arbitre, et cela va très vite : ils fondent l'un sur l'autre.

On nous réserve une place d'honneur, à côté des *olo malaza*[1]. Un homme respectable assis à ma gauche dans la tenue kaki des caciques du pouvoir se penche spontanément sur moi pour me donner des explications :

« Le *morengy* est l'art martial malgache. Il est la seule violence légitime que vous pourrez constater dans votre voyage. En fait, sous couvert de traditions, on en profite aussi pour régler de vieux différends. Le *morengy* sert ainsi de soupape et d'exutoire dans les crises. Nous sommes un peuple pacifiste et docile, mais cette date est choisie afin que nous restions vigilants et combatifs face à toute forme de néo-colonialisme. »

À bon entendeur… Je rentre ma tête dans les épaules en opinant du chef, tout en me disant *in petto* que commémorer de la violence par de la violence n'est pas forcément la meilleure idée. Une pensée idiote me traverse aussitôt l'esprit : toutes proportions gardées, si nous avions adopté le 10 juin 1944 et le massacre d'Oradour-sur-Glane comme célébration nationale, cela n'aurait sans doute pas favorisé le rapprochement franco-allemand et la paix entre nos deux nations. Mais je me garde bien de partager cette réflexion avec mon voisin.

À ma grande surprise, vient le tour des femmes. Un gendarme en treillis redessine l'arène en traçant un grand cercle dans le sable avec un bâton, et voilà soudain, sur un signal, ces dames transformées en tigresses, s'administrant de grands coups de griffes avec des rires mi-figue, mi-raisin. L'une d'elles tente d'attraper les tresses de l'autre et est aussitôt tancée par l'arbitre. On sent que ces deux-là s'en veulent de quelque chose en particulier. Sans doute un homme : la chose se susurre dans la foule et les rires se mettent à grossir par vagues. Des combats spontanés surgissent çà et là, interrompus à grands coups de bâton par des gendarmes un peu dépassés. Nous quittons discrètement la fête avant que les esprits ne s'échauffent vraiment avec l'entrée en lice des hommes, et retrouvons Ulysse et Philaé inquiets, ne parvenant pas à trouver le sommeil avant notre retour.

Notre descente se poursuit sans effort, sur un fleuve plus calme que lors de notre mission médicale, plus rouge aussi, riche des latérites des Hautes Terres. Le sang d'un pays écorché vif par la déforestation et les *tavy*. À Berendrika, nous retrouvons la cent dix-septième mission Ar-Mada pour plusieurs urgences : Nazy a

1. « Hommes influents ».

déclaré une rage de dents et s'est blessé le pied en embarquant les zébus, Éric a un abcès dans le cou, un marin de Ndrina a une otite et un autre se tord de douleur sous l'effet d'une crise de bilharziose chronique. Cette fois-ci ce sont un Jacques, une Marie et un Régis qui officient, toujours sous la gouverne de Nadine. Encore une belle brochette de merveilleux Français altruistes et généreux ! La dent de Nazy est arrachée, l'abcès d'Éric curé, et les médicaments administrés aux bateliers. Qu'aurions-nous fait sans Ar-Mada ? Sonia parle au fleuve immense :

« Comment font les gens pour vivre et se soigner partout où Ar-Mada ne passe pas, c'est-à-dire dans tout le reste du pays ? »

En fin de journée, le fleuve s'élargit et laisse apercevoir à droite, sur une éminence, la ville de Belo-sur-Tsiribihina. Nous jetons l'ancre sur un banc de sable pour notre dernière nuit à bord.

Sous la houlette de Ndrina, nous cherchons Mme Avimanana dans Belo. C'est le nom de la grand-mère de Teza. Quelques bâtiments coloniaux décatis témoignent de l'importance qu'a pu avoir cette ville aujourd'hui assoupie. Seule l'église semble bien entretenue. Les routes sont terriblement ravinées. Nous passons devant un vrai bureau de poste, mais il est fermé jusqu'à plus ample information, puis devant un marché, toujours ouvert.

« Regarde, Alex ! Je n'ai jamais vu ça ! Les abeilles sont agglutinées sur les sacs de riz !

— Incroyable ! Tu te rends compte ? Elles en sont réduites à lécher des grains de riz : ce manque de pollen ou de nectar ne dit rien de bon sur l'état des forêts alentour... »

Des vieux Malgaches sont assis devant des maisons de fonctionnaires en ruine et entretiennent le feu des *fatapera*[1] posés devant leur porte d'entrée pour cuire le riz du matin. De beaux arbres délimitent toujours les allées de cette ville quadrillée : flamboyants, palmiers ou frangipaniers. De temps en temps, une maison à étages en béton recouvert de carrelage, et ornée de garde-corps chromés, se dresse comme une verrue, témoignant de l'enrichissement d'un petit nombre de prébendiers ou de commerçants. Partout, des buvettes débitent des boissons sucrées et, par de grands haut-parleurs sur le seuil, les rythmes endiablés du *salegy*[2]. Des massifs de bougain-

1. « Brasero ».
2. Musique syncopée originaire de Madagascar et popularisée par le chanteur Jaojoby.

villées achèvent de parfaire l'ambiance provinciale d'une ville où il fait malgré tout mieux vivre qu'en brousse.

Ici, les adresses sont définies par quartier administratif. Nous cherchons le B2 et plus nous brûlons, plus le nom de la dame évoque quelque chose à nos interlocuteurs. Une femme enfin la connaît et nous conduit chez elle. Nous faisons le tour de la maison en appelant : « *Hodi !* Madame Avimanana ? »

Pas de réponse. Nous trouvons un passage dans une canisse de bambou et entrons dans une petite cour ; un jeune homme se présente à la porte, pétrifié. Ndrina le questionne. Se navre.

« La dame est partie dans le Nord. La fillette est morte. »

Sonia accuse le coup. Jusqu'au dernier instant, elle portait dans son cœur l'espérance collective de la mission 116. Mais cette petite flamme s'est éteinte. Soufflée par la réalité. Alain avait raison. Teza est morte trois jours après avoir été vue par l'équipe. Les trois boîtes de lait ont été revendues. La grand-mère a décampé. Combien de Mozart assassinés ? s'indignait justement Saint-Exupéry, combien d'enfants qui meurent qui n'auraient pas dû être conçus, parce qu'ils n'étaient pas désirés, parce qu'ils n'étaient le fruit d'aucun amour ? Parce que la ressource humaine était à bout et ne pouvait plus les accueillir, les nourrir. Parce que les hommes étaient irresponsables. Combien ? Combien de mères et de filles mères martyres ? Des démons se chamaillent dans nos têtes, tandis que nous rentrons vers le bateau, la mort dans l'âme. Sonia a un ultime sursaut d'indignation :

« Comment se fait-il que cette dame n'ait pas trouvé d'aide dans cette ville ? Elle n'est pas pauvre cette ville ! Une voisine ? Une sœur ? Une nourrice ?

— Une nourrice ? Qui l'aurait payée ? Sa mère était morte ! Elle était condamnée.

— Je suis révoltée ! Comment peut-on laisser mourir de faim un enfant dans un pays qui n'est même pas en guerre ?

— Tous ces gens sont des victimes d'un système en faillite chronique depuis si longtemps... Le plus grand dictateur, c'est la misère...

— Oui, combien de morts du fait de cette incurie à l'échelle du pays ? Faute de soins, faute de réaction gouvernementale face à l'urgence sanitaire et alimentaire quasi permanente en brousse ?

— C'est le massacre des Saints-Innocents chaque année...

— Ça, tu ne pourras pas le dire !

— Oui, mais je pourrai peut-être l'écrire un jour, en mémoire de ce martyre anonyme permanent, afin d'éveiller les consciences ! »

En chemin nous croisons une chèvre et son chevreau. Ce dernier tète goulûment le pis de sa mère. Sonia ne peut pas s'empêcher de lâcher, amère :

« En voilà un qui ne manquera pas de lait... »

Je m'apaise à cette vision, et me revient à l'esprit cette prière de mère Teresa s'adressant à tous les désespérés de l'espèce humaine et que nous faisons nôtre en ce jour :

« Seigneur ! Donne-nous le courage d'accepter ce qui ne peut être changé, la force de changer ce qui peut l'être et la sagesse de discerner l'un de l'autre. »

Tsimafana, rive sud de Belo-sur-Tsiribihina, Pk 484

Tsimafana, nous y sommes enfin pour de vrai ! En malgache, cela veut dire : « Il n'y fait pas chaud. » Le toponyme doit relever de l'ironie tant nous y sommes accablés de chaleur. Nous partons plein sud pour 130 kilomètres rectilignes dans une touffeur sans nom. Notre compteur bloqué à 484 kilomètres depuis plus de trois mois se remet enfin à tourner. Le déchargement s'est passé comme sur des roulettes. Pressés d'en découdre, nous quittons vite cette bourgade, terminus pour ceux qui ont descendu la rivière ou point de passage obligé pour ceux qui remontent de Morondava pour aller voir les fameux Tsingy de Bemaraha[1], encore fermés en cette fin de saison des pluies. Nous quittons Ndrina et ses bateliers avec émotion. Sans lui, nous n'aurions jamais pu repartir. Madatrek n'existerait pas sans ce relais de personnes cruciales. Nous devons à Ndrina toute la suite de notre voyage.

Les villageois nous regardent partir hilares ! Ils n'arrivent pas à en croire leurs yeux ! Cette charrette ! Nous ! Cette étrange idée de mettre plus de dix jours à parcourir cette piste qui prend une journée en voiture, alors que nous avons les moyens de nous l'offrir. Ils ne comprennent pas, ils se bidonnent. Une de nos spectatrices au visage recouvert d'un masque jaune d'écorce pilée qui craque

1. Formation calcaire de l'Ouest malgache, célèbre pour ses aiguilles sculptées par l'érosion. Ce sont d'anciens récifs coralliens exondés sous l'effet de la séparation de Madagascar d'avec l'Afrique, il y a cent soixante millions d'années.

comme de l'argile a le rire plus sonore que les autres. Elle a trois petits croupions rigolos sur la tête, elle est cocasse, c'est elle qui nous fait rire en retour ! Un jeune homme a le visage entièrement tartiné de bouse de vache fraîche, une génisse qu'il conduisait devant lui venant de lui envoyer ce jet en pleine face qu'il ne prend même pas la peine d'essuyer : Ulysse et Philaé se tordent de rire. Il a des petites boucles frisées dont certaines blondissent sur le dessus du crâne et les tempes et la nuque rasée. Il est beau et joyeux, dans son élément. Le bétail, c'est sa noblesse. Nous partons dans les rires partagés. Quand nous reprenons nos esprits je fais une déclaration :

« En fait, les enfants, c'est le vrai début de notre aventure !

— Papa, tu dis ça tous les jours ! En quoi aujourd'hui ce serait différent ?

— Non ! C'est le début de notre tour effectif de ce pays par les côtes ! Pour la première fois on roule au niveau de la mer, et on roule vraiment vers le sud ! Tout ce qu'on a fait depuis le début, c'était descendre de Tana pour arriver jusqu'ici ! Et maintenant on fait rouler une charrette merina là où ce genre de véhicule n'est jamais venu !

— En fait votre père veut vous dire qu'aujourd'hui c'est le premier jour du reste de vos vies ! surenchérit Sonia. Et c'est ça l'aventure ! Ça recommence tous les jours ! »

Ulysse reste songeur, dans la contemplation de ce concept, tandis que Philaé rétorque :

« Vous êtes vraiment bizarres ! »

22

Vers l'allée des Baobabs

Dès les premiers kilomètres je n'ai d'yeux que pour mes bandages. Ils épousent parfaitement le sable humide, se posent sur le sable sec où ils surnagent en le chassant de part et d'autre. Les zébus ralentissent, c'est sûr, mais, comme en quad, ça chauffe un peu mais ça passe ! Devant nous, à perte de vue jusqu'au point de fuite, des flaques rondes se succèdent à intervalles réguliers comme si elles avaient été fabriquées de main d'homme. Elles font 40 à 50 centimètres de profondeur et, comme elles occupent la largeur de la piste, nous sommes obligés de passer dedans tous les 10 mètres. Avec Ulysse, nous essayons d'en comprendre la formation :

« Papa, comment se sont-elles creusées ?

— Je crois qu'elles ont été faites par le passage répétitif des camions. C'est un phénomène ondulatoire. Un peu comme la tôle ondulée, tu vois ?

— Oui, mais pourquoi ces grandes flaques alors ?

— Ça doit être le travail de l'eau et la nature du sol sablonneux : quand le camion passe, l'eau est chassée dans toutes les directions, elle aplatit et dissout tout, puis revient vers le centre, cela creuse donc ce trou lenticulaire. Regarde, on monte et on descend sans cesse ! »

En effet, la charrette prend une nouvelle allure montant entre les flaques et redescendant dans l'eau. Heureusement, nous nous sommes tous équipés de sandales amphibies. Sonia, comme à son habitude, pousse son fameux cri de guerre des grands jours :

« C'est parti mon kiki ! »

Elle est soulagée de ce re-départ car elle n'aime rien tant qu'avancer. Il y a de la liesse dans l'équipe. Nazy se met à chanter. Il ne parle pas un mot de français, et celui d'Éric reste très limité. Mais comme mon malgache s'est amélioré, nous parvenons à nous comprendre. Nazy nous dit qu'il connaît bien la piste car il est venu cacher des zébus volés dans ces forêts à sa grande époque. Il nous désigne du doigt des sentes dissimulées dans les frondaisons en nous disant qu'elles mènent à Massiakampy en passant derrière Berevo. Des camions en provenance de Morondava pouvaient aisément y charger des cargaisons de bovidés et échapper aux contrôles. Le péril *dahalo* ainsi levé, nous nous sentons en sécurité avec Nazy.

Mais notre joie est de courte durée. Dans la ferveur du départ, après le déchargement de la charrette et des zébus, le test des roues et notre désir de « tracer », nous avons oublié de refaire le plein d'eau. Surtout, des bidons de réserve. Responsabilité qui était échue à Éric, qui, emporté par la dynamique de la relance, a oublié ses bonnes habitudes. Nous faisons l'inventaire : il ne nous reste que 5 litres. Non que l'eau manque autour de nous – dans la forêt, ce ne sont que fondrières et bourbiers – mais pour nous désaltérer cela ne va pas être très pratique. Nous espérons tomber sur un village en chemin.

Pour la première fois, nous marchons dans une jungle tropicale. Je me suis débarrassé de ma chemise, trempée comme une serpillière. Le taux d'hygrométrie de 100 % associé à la chaleur fait perler la peau en permanence. Et nous commençons à avoir de plus en plus soif ! Un comble ! Heureusement je ne suis pas poursuivi par les insectes. Dans le doute, Sonia s'est couverte d'insecticide et a déroulé ses manches longues. Des stridulations sonores vrombissent dans les ramures. Quelques cris d'oiseaux inconnus résonnent au loin et, au-dessus de nos têtes, comme s'ils étaient curieux, passent régulièrement des *loky*, ces perroquets gris, bavards et familiers. De grandes araignées ont tendu leurs toiles au-dessus de la piste. Philaé me pose une colle en rigolant :

« Comment est-ce qu'elles ont fait pour tisser leur toile ? Elles n'ont pas sauté comme Spiderman quand même ? »

Je me laisse quelques secondes de réflexion et lui demande :

« Toi, tu crois qu'elles font comment ?

— Eh bien, l'araignée doit descendre de l'arbre en traînant son fil, elle traverse la piste en marchant, remonte sur l'arbre d'en face, rembobine son fil pour le tendre, et à partir de là, elle passe et repasse comme une funambule !

— C'est peut-être ça ! Bravo, Philou ! Moi, j'imagine une autre solution : elle laisse partir dans le vent un fil très fin qui finit par s'accrocher à une branche en face, elle passe dessus prudemment et, après, elle fait comme tu as dit, elle tend le fil et fait des allers-retours ! On demandera aux guides du parc de Kirindy ! »

Nous en restons là de ces conjectures quand je me dis que je ferais bien un vol de drone au-dessus de la forêt pour voir le coup d'épée rectiligne tracé par la piste dans la canopée. Nous avons profité de notre séjour en France pour réparer notre aéronef tombé dans la Tsiribihina. Il n'y avait qu'un moteur à changer, ainsi qu'un composant électronique ; rien de très sérieux. Nous l'avons surtout équipé d'un écran retour ! La nouveauté est de taille. Je peux enfin voir ce que je filme. Sur le Phantom 2, la caméra GoPro tournait en vol, mais je ne pouvais contrôler ni le cadre ni l'assiette. Je me contentais de filmer au jugé. Avec ce dispositif, le résultat est stupéfiant : par la molette de « tilt » je contrôle l'axe vertical de la caméra et, avec les deux manettes, l'élévation, la rotation et la vitesse. Il en résulte des mouvements plus souples et plus précis et donc de meilleures images. Mais aussi une bien mauvaise nouvelle :

« Viens voir, Sonia ! C'est l'horreur ! Regarde ! La piste fait office de frontière : à l'est, tout est intact, mais vers l'ouest, tout a disparu ! »

Sur l'écran, ce n'est que dévastation. Nous découvrons soudainement que ce tunnel de verdure, dans lequel nous jouissons d'un ombrage salvateur, n'est qu'une illusion. Sur des kilomètres, la piste semble bordée de part et d'autre de forêts primaires, mais derrière la frondaison de droite, la forêt a été entièrement rasée à perte de vue. C'est toute la partie occidentale de cette forêt du Menabé Antimena figurant sur notre carte qui a été oblitérée. Seuls de jeunes baobabs ont survécu au massacre. Nous sommes consternés et ne comprenons pas pourquoi et comment cela a pu se faire ni au bénéfice de qui ! Il n'y a pas plus de plantations que de villageois.

« Quel gâchis ! Si au moins tout cela était transformé en champs pour nourrir les populations !

— Si, en fait ! Regarde, il y a des gens qui ont planté quelques épis de maïs à la main. Mais on voit bien qu'il n'y a pas d'entreprise, ni de multinationale et encore moins l'État derrière tout ça. »

Autre mauvaise nouvelle : dès que nous nous arrêtons, nous nous faisons dévorer par les moustiques. Sonia trépignait pendant mon vol, en battant l'air de ses mains et en claquant les monstres sanguinaires sur mes mollets. Pas moyen de baisser culotte sans se faire sucer le sang au passage. Cela promet !

« Il faudra bien veiller à s'asperger d'anti-moustiques sur les jambes tous les matins ! »

Nous reprenons notre progression sur la piste. Les flaques ont disparu au profit de bourbiers remplis de branches aux extrémités coupées à la machette, donc pointues comme des lances. Après s'être fait écorcher une ou deux fois, on fait attention. Mais ces ornières comblées de boue et de branches sont des chausse-trapes pour nos zébus et pour nos roues. Dans un de ces trous anodins, les deux roues se coincent, les zébus tirent, redoublent d'efforts, mais, rien à faire, ils ne parviennent pas à sortir la charrette : on a l'impression que la difficulté est pourtant seulement de l'ordre d'un trottoir à remonter. Bizarre, bizarre ! Une inspection approfondie sous notre carriole révèle une nouveauté. Les quatre brides qui assemblent l'axe des roues aux lames-ressorts se sont desserrées et ont glissé vers l'avant sous la traction animale. Ainsi l'axe a-t-il reculé de 2 centimètres sur ces mêmes lames-ressorts, ce qui a eu pour conséquence de bloquer les roues sur les patins de frein se trouvant à l'arrière. Nous sommes tankés, roues bloquées.

Première panne de charrette ! Comment réparer ? J'installe la bâche sur la boue et me glisse sous notre véhicule pour réfléchir. Je desserre encore un peu les boulons des brides, qui sont comme des U avec des filetages aux extrémités, mais ceux-ci sont très rouillés car ils ont été façonnés dans des fers à béton de mauvaise qualité. Heureusement j'ai du dégrippant. L'idée m'apparaît soudain : il faut tirer la charrette dans l'autre sens, vers l'arrière, en coinçant les roues. Pour ce faire, nous trouvons un tronc d'arbre mort que nous calons derrière, puis nous attachons notre paire de zébus à l'axe des patins de frein. Surgissant de nulle part, des jeunes nous ont rejoints, attirés par tout ce tintouin d'ordres et de contre-ordres. D'abord patibulaires, ils s'amusent bientôt de notre embarras. Nazy connaît l'un d'eux qui l'a déjà aidé dans un convoyage de zébus volés. Ils nous prêtent main-forte.

En deux essais, nous y parvenons, surtout quand je comprends qu'il me suffit de resserrer la manivelle de frein pour faire avancer l'axe sur les lames-ressorts… fastoche ! Une fois les brides en place, je les resserre en prenant garde à ne pas foirer les filetages sinon nous serions condamnés à abandonner la charrette ici, le temps d'aller en chercher de nouvelles à Morondava. Et je découvre ainsi notre talon d'Achille : les huit boulons de nos quatre brides. Notre aventure ne peut se faire sans eux. Entre autres choses. Nous repartons dans les bourbiers putrides au fond desquels les branches pourrissent, dégageant ce relent fétide des vieux bouquets dans leurs vases.

Dans l'après-midi, la piste se couvre d'un sable humide à gros grains. Les zébus peinent mais la pression est constante, alors ils assurent. Ce qui est dur à gérer pour eux, ce sont les contraintes différentes auxquelles sont soumises les roues car le joug n'est fixé qu'en un point sur le timon central. Ainsi, en cas de blocage de la roue gauche, c'est le zébu de droite qui va subir un violent coup dans sa bosse et la charrette va dévier vers la gauche. Quand la surface est homogène comme dans ce sable, les deux bêtes se répartissent équitablement l'effort, même si « Babe le rusé » a toujours tendance à être un peu en retrait. Il est moins fort que Mainty. Pourtant, les deux sont des zébus entiers, ce qui ne laisse pas de susciter chez les badauds qui se penchent pour s'en enquérir des soupirs d'admiration teintés de surprise, qui font la fierté de nos bouviers. Les moteurs de notre Lamborghini de brousse gagnent en puissance ce qu'ils vont perdre en endurance, nous dit-on. Nous verrons bien. Là encore, c'est une première : on ne voyage d'habitude qu'avec des bœufs.

Les charrettes que nous croisons sont radicalement différentes. Ce sont des plateaux de planches brutes et légères montées sur un axe portant les fameuses roues « impérissables » ou sur un cadre en tubulures sous lequel ont été soudés des bras de suspension de 2 CV avec les roues qui vont avec. Elles sont basses, légères, branlantes et mobiles. Les zébus aussi sont différents, ils semblent plus hauts sur pattes, plus maigres, avec une bosse plus petite. Leur allure n'est pas la même, ils préfèrent le trot ou le pas filé et sont un peu menés comme des chevaux. Rien à voir avec le pas lourd et lent de nos deux laboureurs à grosse bosse. Philaé s'en amuse :

« Je n'imagine même pas Babe capable de courir ! Il est trop paresseux mon chériiiii ! »

Le silence est revenu avec le rythme. La moiteur de l'air est suffocante en plein midi. Nous buvons comme des trous, et sommes percés comme des outres. L'eau ressort instantanément, ce qu'il faut éviter, d'autant plus que nos réserves fondent à vue d'œil. Nazy, maigre, tendance malingre, ne boit pas et ne transpire pas. Trop fort ! Devant nous, de drôles d'empreintes striées se répartissent régulièrement de part et d'autre de grandes zébrures sur le sable. Sonia se marre :

« Regarde, Alex ! Il y a un type bourré qui s'est mis des gants au bout des pieds pour faire croire qu'il marchait sur les mains, et là ! il s'est cassé la binette, on voit qu'il a roulé sur le dos… »

Nous essayons de déchiffrer ces rébus sur le sable, quand soudain mon sang ne fait qu'un tour, Nazy hoche la tête :

« *Voay !*

— Punaise ! Un crocodile !

— Quoi ? Un crocodile ? En pleine forêt ? »

Nous avons peine à le croire. Les traces ne trompent pas : les pattes sont grosses comme des gants de cuisine, mais griffues et crochues, et leur amplitude donne la mesure, une bête dépassant les 2 mètres, c'est-à-dire la longueur de la caisse de la charrette. Le ventre a frotté de loin en loin, la queue a laissé ses stigmates sur la piste pendant une centaine de mètres avant de disparaître dans le fossé. Il est sûrement passé la nuit dernière. Ulysse, l'amoureux des reptiles, est fasciné :

« Alors là, je savais pas qu'il existait des crocodiles de forêt ! Mais qu'est-ce qu'ils peuvent bien faire là ?

— Il y a sûrement des trous d'eau pas loin, tu sais ! Ils doivent venir y pondre pour être tranquilles ! »

Nous sommes bientôt interrompus par une flaque plus grande que d'habitude, et pour cause, c'est une rivière qui a débordé et a choisi la piste pour lit.

« La voilà ta rivière à crocodiles ! Les enfants, on prend des bâtons et on sonde la piste devant la charrette ! Ulysse, si tu veux monter, tu peux !

— Non, ça va ! »

Nous avançons prudemment, de l'eau jusqu'aux genoux, en scrutant la surface couverte de lentilles d'eau.

« Les crocos ont peur des hommes, et ils ont raison, alors on ne risque rien… »

Je dis ça, mais je n'en mène pas large quand même. Nazy a choisi le côté gauche, moins profond, toutefois l'eau ondule de la même façon que dans les grands nids-de-poule que nous avons traversés et vient flirter avec notre bas de caisse contenant la batterie et notre convertisseur. C'est la limite de notre garde au sol. Aller plus profond nous ferait courir le risque de provoquer un court-circuit dramatique pouvant mettre le feu à la charrette. La jauge est juste au-dessus de mon genou. Quand j'arrive à mi-cuisse, c'est trop profond. Et je cherche un autre passage pour la charrette.

La scène est magnifique. *Fanantenana* navigue comme un cygne sur le vert cru des lentilles d'eau, dans cet univers crocodilien qui pourrait receler des périls si nous y passions de nuit ou si nous n'avions pas pris nos précautions en tapant sur l'eau comme nous l'ont appris nos équipiers de la traversée du fleuve Mahazilo. Mais, entourés de toute cette eau croupie nous finissons par crever de soif ! Nos bouteilles sont vides. Je me vois mal filtrer ce marigot pour en tirer de l'eau potable. Quand nous ressortons de la rivière, un camion arrive dans l'autre sens. Nous demandons de l'eau à son chauffeur. Il n'a pas de bidon, mais nous vend deux bouteilles d'eau minérale. Juste assez pour une soupe aux nouilles et la réhydratation nocturne.

En fin de journée, à partir de 16 heures, je commence à regarder où nous pourrions camper. Nous n'avons pas vu un endroit plat et dégagé de la journée, pas repéré un seul embranchement par lequel nous aurions pu nous enfoncer un peu dans la forêt de gauche. Quant aux zones défrichées, elles sont encombrées de bois mort et de rejets rendant très difficile l'établissement d'un campement. Par ailleurs, de part et d'autre de la piste, les sous-bois sont très inondés. Impossible d'y dresser une tente. Pas vraiment le choix. La lumière du jour déclinant très vite, nous sommes bientôt contraints de nous arrêter sur le bas-côté. De toute façon, nous avons la piste pour nous. Sonia lance dans la pénombre :

« Et qu'est-ce qu'on fait si un crocodile nous rend visite cette nuit ? »

Nous plantons la tente juste derrière la charrette et faisons un feu devant. Nazy va attacher les zébus dans la forêt. Le temps de tout faire, la nuit est tombée d'un seul coup. Et les moustiques sont sortis. Sonia se replie dare-dare dans la tente en râlant. Nous sommes en train de dîner dans le silence à peine troublé par les slurp de notre soupe aux nouilles et les coassements cristallins de petites grenouilles, quand nous entendons venir un grincement lugubre. Nous tendons l'oreille. Nazy scrute la nuit, son regard se durcit. Bientôt, de l'obscurité la plus totale surgit une charrette escortée par des hommes armés de lances. Puis une autre, et encore une autre, sur lesquelles sont assises des femmes et des enfants. Les hommes nous frôlent sans nous saluer, en échangeant à peine un regard. Fantomatiques. J'entends Nazy dire à Éric :

« *Antandroy izy ireo*[1] *!* »

1. « Ce sont des Antandroy ! »

Les fameux *dahalo* redoutés de tous, en famille et en migration.
« Ils voyagent de nuit pour échapper à la chaleur du jour !
— Ils ont bien raison, mais ce ne sont pas des touristes, eux : ils n'ont pas besoin de voir le paysage ! » s'exclame Ulysse, ce qui nous détend tous !

Mercredi 1er avril, parc de Kirindy, Pk 550

La nuit a été bonne. Nous avons eu la possibilité de soulever tout un pan de la tente pour voir à travers la moustiquaire et laisser passer la fraîcheur. En début de nuit, nous avons été assourdis par la stridence des grillons qui emplissaient l'espace d'un brouillard sonore. Puis, plus tard nous avons été bercés par les trilles gutturaux de l'engoulevent malgache. Tataro ! Tataro-ro-ro-ro-ro ! C'est son nom, mais aussi l'onomatopée de son chant decrescendo. Après un bol de porridge avalé au lance-pierre et un café chaussette, nous nous mettons en route vers le parc de Kirindy. Nous sommes dans le pays depuis bientôt un an et nous allons enfin visiter notre premier parc et voir nos premiers animaux sauvages !

Nous sommes à mi-parcours entre Belo et Morondava. La forêt dense semble miraculeusement préservée des deux côtés de la piste dans ces parages. Le panneau de l'entrée du parc ne tarde pas. Il affiche l'image d'un foussa, ce redoutable prédateur des lémuriens, car c'est un des seuls endroits où l'on est presque sûr d'en apercevoir en saison sèche. Pas de chance, nous sommes en saison humide. En dessous est stipulé : *Formation, études et recherches, écotourisme.* Kirindy est une forêt privée, protégée par l'association malgache Fanamby, financée par l'Allemagne, et qui gère de nombreux parcs naturels dans le pays. Nous tournons à gauche. Le lodge que nous voulons rallier est à 5 kilomètres. Nous immortalisons la scène quand Éric pousse un cri horrifié :
« *Bibilava bé*[1] !
— Oh ! Regardez, les enfants ! Un boa ! »

De près de 2 mètres de long, il traverse la piste que nous allions prendre. Quel heureux présage ! Les enfants le suivent dans la brousse. Sa robe imite à s'y méprendre les feuilles mortes par une alternance des taches noires et marron, chaque écaille formant le

1. « Un gros serpent ! »

pixel d'un camouflage futuriste avec cependant un zigzag crème sur le dos pour la touche cubiste. Il avance, imperturbable, en faisant fi de notre présence à ses côtés.

Ulysse va se poster sur son passage et ne bouge plus, espérant se faire frôler par le monstre. Ce dernier se dirige droit vers lui. Je filme la scène.

« Tu sais pourquoi il tire la langue, Ulysse ?

— Oui ! Pour sentir ! C'est comme ça qu'il attrape les phéromones…

— Tu sais qu'il ne voit qu'en infrarouges ? Même s'il vient vers vous n'ayez pas peur !

— Oui ! Il doit me voir comme une grosse tache rouge et jaune !

— C'est ça, regarde ! Il dévie un peu sa course pour t'éviter, tu es une beaucoup trop grosse proie pour lui ! »

Il se joue d'un tronc qui lui barrait la route en lui passant dessus, dessinant ainsi, un court instant, un magnifique oméga, puis disparaît silencieusement dans son monde. Comme si tous les figurants de Kirindy s'étaient passé le mot, nous sommes gâtés sur le chemin du lodge : cela commence par la visite de splendides papillons *demodocus* noirs ponctués de jaune avec deux belles ocelles rouges sur les ailes postérieures. Un peu plus loin, sur une souche exposée au soleil, nous attend dans la posture d'un gardien, un *Oplurus* de Cuvier inquisiteur, lézard fier avec son collier noir et sa queue hérissée de piquants.

« Et là, papa ! Regarde ! Un *Phelsuma*, c'est mon préféré ! »

Vert fluo strié de rouge, il est le lézard emblématique de Madagascar. En dessous, une chenille rouge vif hérissée de piquants, qui ne figure sûrement pas à son menu.

« Tu vois le signal qu'elle envoie ? "Ne me touchez pas !" Ça aussi, c'est de la sélection naturelle ! »

Plus nous avançons, plus nous entendons bruire les sous-bois de part et d'autre de la piste. Ce parc est une ancienne exploitation forestière suisse de 10 kilomètres de côté, avec le lodge en son centre. Nous ne tardons pas à y arriver. À peine sommes-nous garés devant la réception que les branches des arbres au-dessus de nos têtes sont secouées en tous sens. Ils sont là ! Les lémuriens ! À l'endroit où on les attendait le moins ! Sautant d'un arbre à l'autre, se poursuivant, s'agrippant, dégringolant et se rattrapant de justesse. Les premiers que nous voyons en liberté. Nous commençons aussitôt la visite avec Monique, notre guide :

« Les plus familiers, ce sont les *Eulemur fulvus rufus*, ou les lémuriens à front roux qu'on appelle *gidro* ! Ils se sentent en sécurité autour du camp car ailleurs, ils sont braconnés de façon impitoyable par les forestiers.

— Ils sont trop mignons ! »

Philaé n'en peut plus de joie, aussi excitée que les petits primates. Nous nous approchons de l'arbre dans lequel ils batifolent. Ils ont le museau noir encadré d'yeux orange bordés de poils blancs surmontés d'un front roux, comme leur nom l'indique. Le reste des poils soyeux est d'un brun cendreux uniforme. Nous pourrions presque les caresser en tendant la main, tant ils sont proches de nous. Leurs mouvements sont saccadés, un peu paranoïaques, ils sont sans cesse en train de regarder derrière eux et de décamper, comme si le péril était à la fois partout et nulle part, comme s'ils jouaient à se faire peur. Ils ne restent pas en place. Pourtant ils ne semblent pas particulièrement nous craindre.

« Leur prédateur est le foussa, c'est pour cela qu'ils sont toujours en alerte car il y en a beaucoup à Kirindy ! »

Un peu plus loin, une autre espèce se distingue en exécutant de grands bonds d'arbre en arbre.

« Regarde, papa ! Ils sont blancs ceux-là !

— Ce sont des propithèques de Verreaux, reprend Monique. Vous venez d'entrer dans leur territoire et vous en verrez peut-être jusqu'au sud du pays, même si leur habitat disparaît de plus en plus. Ils ne boivent jamais, ils ne se nourrissent que de feuilles. Leur longue queue leur sert de balancier lors de leurs sauts vertigineux. »

Ils sont plus grands et ont la tête plus ronde que les *gidro.* Ils sont tout blancs, hormis le museau, la calotte crânienne, l'intérieur des oreilles et les paumes des mains. En fait, sous leurs poils blancs, leur peau est noire. Nous sommes en extase et les contemplons de longs moments, la larme à l'œil.

Monique s'en émeut :

« Mais vous avez dû voir des lémuriens sur la piste depuis Tsimafana, non ?

— Pas un seul, pas un cri, rien…

— Alors, c'est encore plus grave que ce que je pensais.

— C'est comme si toute la faune des environs s'était réfugiée ici, où elle est protégée par les touristes.

— Oui, on peut dire ça, les animaux savent très bien où est leur intérêt, comme les hommes d'ailleurs… ! »

Dans les sous-bois, nous sommes attirés par un bruit de feuilles sèches retournées. Nous approchons à pas feutrés, courbés comme des Sioux. Doté d'une longue queue droite, un bel oiseau haut sur pattes fouille la terre de ses griffes et recule pour l'inspecter comme le ferait une poule faisane.

« C'est un coua géant, le plus bel oiseau de notre forêt. Je ne sais pas si vous voyez mais il a le pourtour des yeux bleu fluo, ponctué d'une tache violette, le tout cerclé de noir ! Comme un masque de carnaval !

— Oui ! Je vois ! Il est magnifique ! J'adore son jabot orange ! » s'exclame Sonia.

Mais l'oiseau est furtif et timide. Il s'éclipse après cette vision fugitive.

« Voilà ! On garde le reste pour la visite nocturne ? Vous verrez, la nuit on voit beaucoup plus de choses ! C'est un tout autre monde qui se réveille !

— Oh ! C'était déjà bien le jour ! Merci, Monique ! » lui répond Philaé, encore sous le charme des joyeux lémuriens.

Au camp, nous nous retrouvons à déjeuner avec une équipe du WWF en mission dans les mangroves. Un bel Italien de Castel Gandolfo nous dresse son bilan :

« Comme toute la forêt entre ici et la mer a été détruite, les bûcherons s'en prennent maintenant à ces écosystèmes très fragiles ! Ils ont fait des pistes pour aller se servir, alors maintenant, c'est plus facile pour évacuer le bois. Comme vous le savez les mangroves sont des pouponnières pour les poissons marins et sont une source de richesse pour les populations locales avec les crabes de mangroves.

— Alors comment faites-vous pour protéger ces marais ? demande Philaé.

— Nous tâchons de sensibiliser les villageois et les pêcheurs à ce problème et finançons des programmes de plantations de mangrove.

— Et ça marche ? »

Il fait une moue chagrine.

« On ne sait pas, seul l'avenir le dira. En fait, on paie les gens pour qu'ils protègent la mangrove. Mais cela ne les empêche pas de vendre aussi le bois aux gens qui viennent le chercher… Ils jouent sur les deux tableaux. Ce n'est pas facile de leur faire comprendre que ce n'est pas dans leur intérêt à moyen terme. Mais seul le court terme importe dans leur vie… Une chose est sûre, la mangrove recule partout, sauf dans les endroits où nous intervenons. L'ennui, c'est qu'on donne moins d'argent que ceux qui viennent acheter le bois, alors je me pose des questions sur l'aspect durable de notre approche. »

Dans l'équipe, il y a une Malgache de Tana, très aimable, un Suisse et une Canadienne. Tous nous font part de leur désillusion. Ils sont venus du bout du monde, à leurs frais car ils ne sont que stagiaires, pour protéger des écosystèmes détruits par des locaux qui n'en ont cure. Betty, la Canadienne, résume la situation en quelques phrases de son accent chantant :

« Ventre affamé n'a point l'oreille écologique ! On n'a pas la solution ! Il faut bien qu'ils nourrissent leurs enfants ! C'est peut-être du côté du planning familial qu'il faudrait agir. »

Après le déjeuner, nous rendons visite à Falke et Hawke, deux Allemands qui gèrent la station de recherche scientifique de Kirindy financée par l'Allemagne. Dans des bâtiments derrière les cuisines du lodge, ils ont tout un attirail scientifique fait de paillasses couvertes de fioles et d'instruments de mesure avec de grands congélateurs alimentés par une impressionnante usine solaire. Ils étudient un caméléon endémique de cette forêt, le *Furcifer labordi*. Des cages en moustiquaires souples en recèlent à foison. Falke extrait un mâle, tandis que Hawke attrape une femelle. Nous poussons tous un cri :

« Incroyable ! Ils ont un nez ! »

Et nous rions de bon cœur.

Le mâle est vert pomme avec des lèvres blanches, des bandes latérales blanches et ce curieux appendice long de 2 centimètres et arrondi au bout.

« Il aurait dû s'appeler le *Furcifer cyrani* ! » s'exclame Sonia.

Falke rigole.

« Ce caméléon a été nommé et décrit en 1872 par Alfred Grandidier qui a fait le tour du pays en quatre ans et a écrit un livre en quarante volumes : *L'Histoire physique, naturelle et politique de Madagascar*. Une somme ! Mais je ne crois pas qu'Edmond Rostand avait déjà écrit *Cyrano de Bergerac*, à l'époque ! »

Nous sommes bluffés par la culture de ce jeune Allemand. Il reprend :

« Jean Laborde, vous le connaissez, a été consul de France en plus d'avoir été l'ingénieur attitré de la reine. Alors est-ce en hommage à son travail ou à son nez, ça, on ne le sait pas !

— Mais ce n'est pas la longueur de son nez qui est le plus intéressant chez ce caméléon, ajoute Hawke, c'est sa longévité, la plus faible de tous les caméléons ! Il ne vit qu'entre trois et cinq mois ! Entre novembre et avril, alors que son incubation dure entre deux cent dix et trois cents jours ! Il vit deux fois plus longtemps dans son œuf ! »

Nous faisons des yeux ronds.

« En fait, c'est une adaptation au climat et au biotope particulier de cette forêt sèche.

— Forêt sèche ? Mais il y a de l'eau et de la boue partout !

— C'est trompeur ! Seulement pendant la courte saison des pluies ! À partir de maintenant, il ne va plus tomber une goutte d'ici novembre prochain. Dans sept mois. Donc le biotope est assez pauvre et résistant. La forêt est très dense pour conserver le peu d'humidité qui remonte des sols sablonneux. Si on la coupe, l'évaporation est encore pire ! C'est la désertification assurée à moyen terme… Le fait que ces caméléons soient aussi les plus petits représentants du genre *Furcifer* est une réponse à ce stress environnemental. En bref, ils ne sont vivants que pendant la saison des pluies. Tous ceux que vous voyez là vont mourir d'ici une ou deux semaines. »

Philaé et Ulysse sont catastrophés. Falke reprend :

« Alors moi je fais des prélèvements sanguins que je congèle et qui sont étudiés en Allemagne pour déceler les hormones qui accélèrent le vieillissement ou pour voir si c'est inscrit dans leur ADN. Tout ça, bien sûr, pour étudier les hormones ou les chromosomes inverses, ceux qui prolongent l'existence.

— Et comment faites-vous les prélèvements ? demande Philaé innocemment.

— Je leur fais des piqûres ! Je suis le pro de la piqûre miniature ! »

Avec Hawke, ils font la paire ! Ce dernier ne veut pas être en reste :

« Moi, j'étudie leurs selles et leurs parasites !

— Des parasites ?

— Oui, ils ont des tiques spécifiques et toutes sortes de bactéries intestinales particulières qui expliquent aussi peut-être leur faible longévité ! Alors je regarde tout ce petit monde au microscope ! »

Le soir, au dîner, nous essayons d'en savoir un peu plus au sujet des destructions des forêts alentour. Sous le couvert de l'anonymat, on ose nous répondre :

« C'est un homme politique de Morondava qui, par électoralisme, a lancé des milliers de pauvres gens et de forestiers sur la piste avec haches et bagages en leur “donnant” les forêts du Menabé Antimena, et en leur garantissant que des grossistes karana[1] ou chinois leur achèteraient les arachides ou tout le maïs qu'ils pourraient produire. Ces Malgaches ont commencé par revendre les bois rares, puis ils ont fait du charbon avec le reste, et maintenant ils viennent planter de temps en temps quelques poignées de maïs à la main. Le problème, c'est qu'une fois que l'écosystème est détruit, c'est irréversible : toutes les espèces animales disparaissent avec lui ! Ils ont même réussi à modifier le climat ! Sans ces forêts, la sécheresse arrive beaucoup plus vite !

— Le plus triste, c'est que cela s'est fait en à peine trois ans, entre 2007 et 2010 : c'est une conséquence tragique de l'instabilité politique du pays dans le combat pour le pouvoir entre Marc Ravalomanana et Andry Rajoelina. Qui s'est aggravé pendant la transition de Rajoelina. Et rien n'a changé depuis l'instauration du nouveau président Rajaonarimampianina !

— Donc Kirindy est vraiment un sanctuaire ?

— Oui, mais nous sommes une toute petite réserve ! La nuit, on entend même des bûcherons frapper sur des arbres. Ils viennent prélever un ébène ou un palissandre. Quand on débarque, ils s'en vont, et reviennent la nuit d'après. La pression reste très limitée même si on est là. Et tout le reste autour est voué à disparaître si le gouvernement ou le monde ne prend pas la mesure de la dévastation !

— Bon ! On va la faire cette visite nocturne pour se remonter le moral ? »

Dès la nuit tombée, une tout autre faune s'éveille. Au sol, nous cherchons le rat sauteur géant. Tina est notre nouveau guide :

« C'est une sorte de gerboise géante, de la taille d'un lapin avec de grandes oreilles. Mais avec la queue, ils font bien 70 centimètres de long. Si on en voit, ce sera sûrement une famille parce qu'ils font leurs petits pendant la saison des pluies et qu'ils sont monogames : ils restent fidèles toute leur vie, pas comme les humains !

— Si ! Nos parents sont monogames ! » s'indigne Philaé.

---

1. Nom donné à l'importante communauté indienne du pays, accueillie par le pouvoir colonial dans les années 1950, pour tenir des postes administratifs ou commerciaux. Souvent quincailliers ou vendeurs de tissus dans les villes de province, ils tiennent à Tana le haut du pavé du fait de leurs talents entrepreneuriaux. Communauté très endogamique, les Karana sont victimes de brimades ou de persécutions lors des crises politiques chroniques.

Rires dans le groupe. La forêt est très sonore, entre crissements d'insectes, stridulations de grillons, chants de grenouilles et appels de chouettes. Nous serpentons entre des troncs fins et élancés portant des canopées très denses encombrées de parasites épiphytes. Mais pas l'ombre d'une queue de rat ou de foussa. Nous nous contentons d'insectes, de batraciens ou d'oiseaux endormis sur leurs branches. En revanche, nos lampes frontales n'arrêtent pas d'intercepter des petits diamants sauteurs :

« Ce sont des yeux de microcèbes : les plus petits primates du monde ! Ils pèsent entre 50 et 60 grammes, pour 12 centimètres de corps et 12 centimètres de queue.

— Ça ressemble plus à un rongeur, comme un loir, qu'à un primate ? interroge Ulysse.

— En fait, ce classement est dû à la dentition, à la taille du cerveau, à la vision stéréoscopique et au pouce opposable. Ils ont de vraies petites mains !

— Alors nous descendons des microcèbes ?

— Non, mais nous avons un ancêtre commun qui devait lui ressembler, et nous avons évolué, alors que lui n'a pour ainsi dire pas changé ! »

Partout autour de nous, quand nous promenons le faisceau de nos lampes, nous surprenons leurs yeux qui brillent et s'éteignent en un clignement pour se rallumer plus loin. Leur agilité dans les branches est phénoménale. De vrais Speedy Gonzales !

Dans l'arbre d'à côté, à l'affût, une couleuvre arboricole en ferait bien son dîner. D'une livrée beige quadrillée, très distinguée, elle attend un loustic imprudent.

« Ils ont beaucoup de prédateurs : les chouettes effraies, les hiboux, les faucons, les serpents, les foussas. Ils sont en début de chaîne alimentaire, c'est pour ça qu'ils sont si véloces ! Mais ils ont une grande fécondité. Les mâles sont polygames et chaque femelle donne chaque année deux ou trois bébés qui pèsent 5 grammes à la naissance ! Plus petits qu'un morceau de sucre ! »

Ulysse s'est endormi. Debout. Appuyé contre sa mère. Ce qui amuse Tina.

— Les microcèbes le font aussi ! On appelle ça la "dormance" ! Ils peuvent s'endormir pendant plusieurs jours pour traverser les périodes de disette durant la saison sèche. Les scientifiques pensent que c'est grâce à cette faculté qu'ils ont réussi à faire la traversée depuis l'Afrique sur des radeaux de branchages, il y a soixante millions d'années.

— Lui aussi est résistant ! renchérit Sonia en montrant Ulysse. C'est grâce à ça qu'il va réussir à faire le tour de Madagascar à pied ! C'est le *Microcebus ulyssus* ! »

Nous quittons la forêt de Kirindy à la fois rassurés et inquiets. Rassurés car il suffit de protéger des espaces naturels pour que la faune y foisonne à nouveau. Inquiets car partout la nature, hors des réserves, se dégrade à une vitesse effarante. Il faut sauver ce qui peut l'être tant qu'il est encore temps. La sanctuarisation de cet endémisme unique au monde est un enjeu d'envergure international. Dans deux jours, nous avons rendez-vous avec une des sept merveilles du monde malgache : la célèbre allée des Baobabs, aux portes de Morondava. Un objectif que nous avons en ligne de mire depuis notre départ. Notre première récompense. Mais il nous reste une soixantaine de kilomètres à parcourir. Le temps de la désirer ardemment.

Avec les premiers rayons du soleil arrivent les premières mouches. Elles viennent à la source minérale et vitaminée. Nous avons repris notre marche sur ce fil entre la forêt, à gauche, et les brûlis à droite. Il y a beaucoup moins d'ombre. Dès 9 heures, c'est la fournaise. De profondes ravines creusées dans la latérite mobilisent notre vigilance. La charrette pourrait y verser aisément. Par endroits, les deux côtés de la piste sont défrichés. Seuls les baobabs hirsutes tendent leurs bras désespérés dans le ciel bleu comme des géants excédés implorant le Créateur. Toute cette destruction nous tape sur le système. Nous croisons enfin les norias de ces pauvres hères qui remontent à pied de Morondava : bûcherons illégaux, dévoreurs de brousse, une hache sur l'épaule, une serpe à la main, et un petit baluchon pour seul bagage. Le profit n'est pas pour eux. Est-il pour quelqu'un d'ailleurs ? À ce triste jeu, tout le monde y perd.

Les petites plaies que nous avions aux pieds se sont infectées à force de marcher dans les marigots. Des abcès à staphylocoques gonflent et frottent sur les sangles de nos sandales. Rougeur, chaleur, douleur, et un peu de jaune au milieu du rouge, cela ne trompe pas… Philaé, Ulysse et moi prenons des antibiotiques : cloxacilline sodium, plus efficace que l'amoxicilline. La chaleur épouvantable nous contraint de faire une pause toutes les heures, l'occasion d'une inspection et désinfection générale de toutes les plaies, griffures, écorchures, piqûres, jets d'acide de tel insecte, brûlure provoquée par telle plante, bouton qui suppure, croûte qui a sauté. Hexomédine, Bétadine, Biseptine et Biafine à la rescousse ! L'occasion aussi de se goinfrer d'un melon jaune farineux, prolifique en cette saison, que des passants nous vendent et que Sonia a le génie d'agrémenter avec du sucre et du citron. Un régal de fraîcheur.

La pause de midi est interminable, pour laisser passer la fournaise.

« Le plus dur, ce n'est pas de marcher, ce n'est pas de se priver, ce n'est pas la promiscuité, c'est de ne pas pouvoir se laver quand il fait si chaud.

— Moi, ça va, me répond Sonia, dès lors que je peux me laver les mains. »

Quelle femme !

Les enfants profitent aussi de ces pauses pour câliner leurs zébus couchés. Ulysse s'allonge à plat ventre sur le dos du sien pour un petit roupillon, tandis que Philaé s'adosse à Babe comme dans un canapé pleine peau, pour lui raconter des histoires. Elle est devenue végétarienne depuis la mort de Mena. Même si nous respectons son choix et sa détermination, nous espérons que ça lui passera, parce que la nourrir en brousse devient difficile. J'essaie de mettre un peu de corned-beef dans ses nouilles mais rien n'y fait : c'est *niet* !

« J'aime Babe comme un chien ! C'est mon animal de compagnie. Tu mangerais ton animal de compagnie ? Bon, alors c'est non ! »

J'essaie avec les sardines en la charriant un peu :

« Et celles-là, ce sont tes animaux de compagnie ?

— Non, mais j'aime pas les sardines !

— Philaé, aide-moi ! Trouve une solution ! Il faut que tu manges des protéines si tu veux grandir !

— Je veux bien un œuf !

— Haha ! Tu es donc cannibale ?

— … ?

— Philaé Poussin !

— Ouarf ! Ouarf ! Très drôle ! »

Délicieuses relations père-fille… À chaque pause son souvenir. Comme ce nuage de papillons roux ayant fondu sur notre bâche kaki posée sur un bidon jaune. Spectacle féerique, gratuit et poétique. Un bouquet palpitant, un feu d'artifice silencieux, une mystérieuse effusion de vie. Ces attentes, quand elles ne sont pas agrémentées de prises de bec avec les enfants, sont forcément contemplatives, dans le zin-zin, le crin-crin et le bourdonnement de la brousse, au métronome des pulsations cardiaques de nos jugulaires dilatées sur lesquelles perlent des gouttes de sueur qui finissent dans la petite cupule entre les clavicules à la base du cou. Je m'occupe à les compter comme une clepsydre corporelle.

Quand le soleil décline, nous en profitons pour rattraper le retard. Nous marchons trois heures dans la nuit sous la pleine lune. C'est comme une douche de fraîcheur. Au loin sur la droite, nous percevons pour la première fois la rumeur de la mer dans un grondement sourd. Un nouveau bruit de fond. Des engoulevents volettent au-dessus de nos têtes. Ils nous frôlent en un souffle de velours, le bec grand ouvert pour gober des insectes. Posés à même la piste, comme de gros martinets de la taille de pigeons, ils sont presque dépourvus de pattes, si bien camouflés qu'on les prend pour des morceaux de bois tombés sur la piste, mais qui décollent subitement sous nos pas. En vol, deux taches blanches au coude de l'aile semblent clignoter dans la nuit.

Ce soir, la lune s'est levée dans notre dos et projette de longues ombres devant nous. Loin en avant de la charrette dans cet écrin nocturne apaisé, Sonia et moi marchons d'un même pas. Nous nous prenons la main et se dessine devant nous un grand M. Dieu que je l'aime !

Samedi 4 avril 2015, allée des Baobabs, Pk 606

Ils ont déboulé d'un coup ! Et se sont mis au garde-à-vous ! Leur chef, un colosse immense au tronc ventru et à l'empaumure majestueuse, a ouvert le bal. Plus nous nous approchons de lui, plus il semble grandir tant son gigantisme dépasse toutes les références. Ici on les appelle *Reniala*, les mères de la forêt. Avec leurs fûts de 15 mètres de haut et leurs huit cents ans, ils appartiennent à la plus grande des six espèces endémiques de l'île : *Adansonia grandidieri*, ainsi nommés par Alfred Grandidier qui en a révélé la splendeur au monde. Il y en a deux cents répartis sur trois cents hectares. Et une trentaine en rang d'oignons de part et d'autre de la piste. Ils sont là ! Séculaires ! Tutélaires ! Depuis Paris nous en rêvions, et ce rêve est devenu réalité : nous sommes arrivés ici à pied et ces seigneurs de la terre nous font une haie d'honneur. Nos cœurs battent la chamade pour cette petite fête intérieure, empreinte de fierté et de gratitude. Comme dans une allée nuptiale, nous ralentissons – nous savons qu'il n'y a qu'une seule première fois –, célébrant ainsi nos noces avec Madagascar devant l'autel de la nature.

Par hasard, nous croisons, en route vers le lodge dont nous venons, Patrick Rajaobelina, le président de Fanamby qui gère Kirindy. Nous lui disons tout le bien que nous pensons de sa forêt et nous inquiétons de tout ce que nous avons vu ailleurs.

« Ce sont des phénomènes de masse incontrôlables. La nature est la variable d'ajustement des crises, ici. Vous savez, même cette allée est menacée : regardez toutes ces rizières ! Les gens ont détourné une rivière pour les étendre jusqu'ici. Ce n'est pas le biotope des baobabs. Un baobab ne pousse pas les pieds dans l'eau. Les sols humides ne tiennent pas ses racines, qui sont des racines de surface, alors au moindre coup de vent il y en a qui tombent. Le cyclone Chedza en a fait tomber deux sur l'allée cette année. À ce rythme-là, elle peut avoir disparu dans quinze ans si on ne fait rien. Notre objectif est de déplacer ces rizières vers l'est et d'assécher la zone. Sans ça, avec les sautes d'humeur climatiques nous allons continuer à perdre des baobabs. »

Nous décidons de rester deux jours sur place pour contempler la course du soleil sur leurs fûts majestueux, leur chatoiement dans le couchant, lire les marques du temps sur leurs blessures et scarifications, le jeu de la lumière dorée sur ce palimpseste de pulpe ayant traversé les âges. Plus tard, le lever de la lune sème sur ces antennes cosmiques une neige d'argent. Nous sommes aux premières loges de ce spectacle immobile et grandiose.

Avant le soleil couchant, des touristes ont subitement afflué : des Japonais. Venus à l'heure dite, gantés et masqués pour une photo et une… prière ! En effet ces arbres titanesques sont considérés comme ayant un *kami*[1] très puissant, sorte de force spirituelle qu'ils viennent vénérer pour s'en imprégner.

Quand je dis à Ulysse que ces gens ont fait vingt heures d'avion, vont rester trois jours dans le pays pour venir embrasser ces arbres et capter leur énergie, il questionne :

« En fait, c'est comme des dieux pour eux ? Ils viennent en pèlerinage ?

— C'est tout à fait ça. »

Ce soir, des jeunes du village, spontanément, investissent l'allée et se mettent à danser un *tsapiki*[2] énergique. Au son nasillard d'un

1. « Esprit » dans le shintoïsme.
2. Danse traditionnelle du sud-ouest de Madagascar.

petit transistor, garçons et filles se mettent en rond à la queue leu leu et imitent les mouvements syncopés et staccato du maître de danse en tête de file. Cela commence par des pas fendus, à la façon des menuets, des salutations à droite puis à gauche, puis cela va crescendo en mimant les métiers, l'agriculteur avec sa houe, le bouvier avec son fouet, le rameur en soulevant la poussière, le semeur, en tournant comme un derviche, le guerrier, un pas en avant, un pas en arrière, pour finir en mélange atomique entre Rabbi Jacob et des génuflexions cosaques. Ils rient de bon cœur et sont bien coordonnés. De la sueur coule dans leur dos. Les ombres gigantesques de leurs bras, projetés sur les troncs des baobabs bleuis par la lune, se mêlent aux mouvements des branches qui semblent applaudir cette liesse. Ce soir, les hommes sont en harmonie avec la nature. Une autre forme de prière.

23

Morondava

Dimanche 5 avril 2015, Morondava, Pk 636

Nous rallions la mer à Morondava : notre traversée d'est en ouest est terminée. Nous allons dorénavant suivre la côte vers le sud. Plus de six mois nous auront été nécessaires pour quitter Tana et franchir ces centaines de kilomètres de pistes acrobatiques soumises aux aléas climatiques et aux *dahalo*. En charrette, dans un pays enclavé, le temps et l'espace se dilatent. Madagascar ne s'offre pas facilement, même aux voyageurs intrépides. Mais l'authenticité est à la clef de ces efforts et notre voyage est entré dans une autre dimension. Morondava est une sérieuse étape, une des grandes villes qui vont jalonner notre parcours au même titre que Tuléar, Fort-Dauphin ou Tamatave. Si nous y parvenons, de l'autre côté de l'île, à l'autre bout du monde…

Nous avons déjà le sentiment d'avoir accompli un exploit, alors que nous n'avons encore pour ainsi dire rien fait. Ce pays est immense.

Dans les faubourgs de la ville nous renouons avec une subite prospérité dont témoignent les étalages des échoppes de bord de route. Sonia ne se sent plus de joie :

« Regarde, Alex, il y a des avocats, des tomates, des concombres, des aubergines, des courgettes, c'est le paradis ! »

Le doux fumet de brochettes cuites sur le trottoir parvient jusqu'aux narines d'un Ulysse alléché :

« Des *moussakiki* ! »

C'est le nom sakalava des *masikita*[1]. La réjouissance est la même.

1. Prononcer « masquite ».

« Il y a même des samoussas ! »

Les femmes à leurs étals nous saluent.

« *Salama tompoko !*

— *Salama tsara !* »

C'en est fini des « *Mana ahoana tompoko* » des Hautes Terres. À chaque région sa salutation. Les femmes voilées font leur apparition ainsi que nos premières mosquées. La population est plus bigarrée, plus mélangée, plus noire. Les sens en éveil, nous sommes à l'affût de toutes ces nouveautés qui aiguisent notre curiosité. Quand on arrive en ville, la charrette ne passe pas inaperçue. Quelques vendeurs merina reconnaissent son origine et vantent les mérites des grandes roues à des locaux qui n'en ont jamais vu. Ils se tirent par la manche pour la suivre quelques instants. Je surprends leurs commentaires : « Ça, c'est vraiment une charrette qui peut passer partout ! »

Nous slalomons dans la cohue des pousse-pousse et les cyclo-pousses quand un vieil homme nous aborde :

« Vous êtes les Poussin ?

— Vous devez être Dada Paul ! »

C'est le père d'une amie d'Antsirabé qui a demandé à ses parents de nous accueillir. Ils dirigent la petite école primaire Les Moineaux. Ils auront quatre volatiles de plus à nourrir ce soir ! Nous ne tardons pas à entrer dans la cour. Mme Yvonne, en longue robe psychédélique, nous y accueille maternellement :

« *Faly mahafantatra*[1], madame Yvonne !

— Appelez-moi "Mama Vonne" !

— *Misaotra fandreisana*[2] *!*

— *Tsy maninaka*[3] *!* Les amis de mes enfants sont mes enfants aussi ! »

Le temps de garer la charrette entre un portique Mickey et une petite classe de princesses, de caser les zébus dans une allée pleine d'herbes folles à brouter, nous filons voir la mer en cyclo-pousse. Un boutre dans le soleil couchant célèbre notre arrivée sur la plage de Nosy Kely à marée basse. Ses deux voiles auriques précédées d'un foc ouvrent une nouvelle page de Madatrek sur laquelle s'écriront d'autres promesses et d'autres difficultés. On nous dit d'ores et déjà

1. « Enchanté de vous connaître. » Prononcer « faly ma fantatche ».
2. « Merci pour votre hospitalité ! »
3. « Aucun souci ! »

que la piste du Sud n'ouvrira qu'en juin dans le meilleur des cas. Sommes-nous tombés dans un cul-de-sac ? Nous repoussons cette question à plus tard.

L'heure est à la fête. Toute la famille Rabemazava est réunie pour Pâques et nous rentrons célébrer notre arrivée au son de l'accordéon. Dada Paul est le seul accordéoniste à des centaines de kilomètres à la ronde ! La nuit tombée, à la lumière de notre charrette transformée en bar par les enfants, il nous interprète des airs sentant bon les terroirs de France. Apéro pastis THB, cacahuètes et chips. Nous sommes touchés par l'accueil de cette famille. Cela ne nous est pas arrivé si souvent que ça depuis notre départ de Tana. Nous voyons danser ce couple exemplaire sur un slow des Platters, sous une pleine lune de bon aloi. Heureux.

Nous parlons longuement avec Alexandrio, le fils prodige, le plus jeune agrégé de chirurgie orthopédique de France, à seulement trente-cinq ans, revenu au pays à l'appel du président de la République, pour prendre la direction de l'Hôpital universitaire de Diego Suarez. Sa femme, Lanto, exquise et distinguée, est fière de lui :

« Il est bac + 17 ! Il a fait ses études et son internat à Saint-Quentin-en-Yvelines, près de chez vous ! »

Elle-même est médecin généraliste. Ça tombe bien ! Ulysse tombe malade, il vomit, torturé par de violentes coliques et 39 de fièvre. Il a sans doute abusé des brochettes ! Nous allons le coucher. De retour dans la cour, nous parlons du traumatisme que nous a causé la perte de la petite Teza et de tous les enfants dénutris que nous avons vus plus au nord.

« Cela vient d'un manque de moyens et d'un manque d'éducation. Madagascar n'était pas aussi dur autrefois. Il y avait moins d'enfants. Les couples étaient plus stables. Avec la pauvreté, toutes les formes de misère augmentent, les mères sont dépassées. L'agriculture a été complètement abandonnée, les hommes n'ont plus d'emploi, alors ils ne restent pas en brousse, sauf pour charbonner. Il faudrait trouver les financements pour faire de vrais programmes de renutrition. Par exemple, nous avons ici à Morondava la plus grande ferme de spiruline du pays, elle est juste de l'autre côté du mur, à l'évêché. Vous voulez la visiter demain ? Je connais bien l'évêque Marie-Fabien, je vous le présenterai. »

Ulysse va mieux dès le lendemain matin. La purge a été courte. Il se joint courageusement à nous pour la visite. Mais c'est au tour de Sonia de se plaindre de douleurs aux reins et d'une faiblesse extrême. Elle fait contre infortune bon cœur et serre les dents. On verra plus tard !

Monseigneur Marie-Fabien Raharilamboniaina nous reçoit dans son nouvel évêché en chantier. Un magnifique bâtiment à trois étages avec varangues et colonnades, donnant sur de longs bassins verts de spiruline. L'homme a une stature de colosse et des mains de maçon : un vrai prêtre bâtisseur, mais comme beaucoup de prêtres, c'est aussi un courant d'air.

« Je suis désolé, je dois aller célébrer une messe d'enterrement. Je vous remets entre les mains du directeur de la ferme, M. Randriamifidy et l'on se retrouve pour le déjeuner. Bonne visite ! »

Calme et posé, le directeur nous explique par le menu toutes les étapes de la culture de ce phytoplancton miracle. Les bassins sont tout en longueur, arrondis au bout, et divisés en leur milieu par une paroi qui permet la rotation d'un courant : un peu la forme d'une piste de cirque romain.

« Ici, vous avez 4 000 mètres carrés de culture, divisés en vingt-cinq bassins. Pour cultiver la spiruline il ne faut que deux choses : de l'eau pure et du soleil !

— Mais qu'est-ce que c'est la spiruline ? demande Ulysse. Si c'est du plancton, c'est comme une mini-crevette ?

— Non, qui dit phytoplancton dit végétal ! C'est une petite algue microscopique en forme de ressort spiralé, très riche en protéines végétales, en chlorophylle et en phycocyanine. Elle est aussi riche en minéraux comme le calcium, le fer, le magnésium et en vitamines comme la vitamine B12, et des acides aminés, sans oublier le bêta-carotène.

— Comme dans les carottes ?

— Oui, sauf qu'il y en a trente fois plus dans la spiruline ! »

Philaé éclate de rire :

« Imagine une carotte verte ! »

Ulysse, plus concentré, revient à la question :

« Mais si vous les plantez dans l'eau, ces algues, vous les prenez où ?

— En fait, elles se reproduisent ! Chaque cellule se divise toutes les sept heures, donc la croissance est exponentielle !

— Waouh ! Toutes les sept heures ? Donc le volume se multiplie par huit tous les jours ?

— Oui, à trois conditions : il faut les nourrir, les brasser pour les oxygéner et les récolter pour qu'elles ne pourrissent pas ! Il ne faut pas qu'il y ait de soleil direct, c'est pourquoi nous avons ces panneaux d'ombrage amovibles, et surtout pas de pluie. Nous avons un forage profond de 80 mètres pour alimenter les bassins en eau très pure. »

Des roues à aubes électriques créent un courant circulaire dans le bassin.

« Et qu'est-ce que vous leur donnez à manger ?

— C'est un secret, mais je vais te le dire : un mélange de jus de clous rouillés et de pipi humain pour apporter de l'azote ! On met aussi un peu d'engrais bio, de bicarbonate de soude et de sel marin ! »

Philaé, qui avait la main dans l'eau vert fluo, la retire promptement en faisant la grimace.

« Tu sais, ce ne sont que quelques litres dans des centaines de mètres cubes d'eau ! »

Nous nous dirigeons vers une femme en train de récolter un des bassins. Elle a disposé deux tamis en tissus très fin l'un sur l'autre et verse des bassines d'eau verte dessus. Il faut faire ce geste de très nombreuses fois avant de voir le tissu se colorer, tant les cellules sont microscopiques.

Éric reprend son exposé.

« La spiruline est un phytoplancton à l'origine de la vie sur Terre car elle a participé à la création de l'oxygène de l'air grâce à la photosynthèse. Beaucoup plus tard, les Aztèques et les Incas la cultivaient comme un aliment sacré car en plus de nourrir, elle stimule le système immunitaire et détoxifie le corps. »

La dame gratte avec une raclette le tissu blanc chargé de dépôt vert dans une bassine. Cette purée liquide est ensuite mise dans un tissu vert très résistant, aux mailles serrées, qui, roulé en boule, est placé sous un système ingénieux de presse par gravitation. Un petit chariot lesté d'un bloc de béton est avancé sur des rails qui forment un balancier et sous lequel, à l'extrémité, on dispose la boule de spiruline dans un pressoir. Le chariot est avancé toutes les dix minutes d'un mètre, et en une demi-heure, l'eau est expulsée de la spiruline. Au déballage, on obtient une purée plus dense, d'un vert intense.

« On dirait le gâteau de Shrek ! plaisante Sonia. Mmmmh ! Avec l'odeur de Shrek aussi ! »

Je me lance dans une tentative de dégustation sous le regard horrifié de Philaé.

« … Étonnant ! Ça a le goût de fromage… vert… »

Sonia, intriguée, essaie à son tour :

« Mais non, ça a le goût d'épinards. »

Ulysse, qui en raffole, dépasse sa réticence :

« Mais non, ça a le goût du jaune d'œuf… dur ! »

Des goûts et des couleurs…, avis aux amateurs !

Nous passons ensuite aux séchoirs. Éric poursuit :

« On met la pâte dans des pistolets à mastic afin de déposer des filaments sur des claies grillagées que l'on introduit dans nos fours à dessiccation. C'est Codegaz, l'association du personnel de Gaz de France, qui nous a offert l'installation. Ces fours fonctionnent donc au gaz. Nous ne devons pas dépasser 60 °C pendant trois heures. Le résultat est ici, ces filaments secs, qui se cassent facilement en petits vermicelles que l'on peut consommer tels quels, ou que l'on réduit en poudre dans un broyeur. Ulysse, tu veux essayer de faire une claie au pistolet ? »

Le marmot ne se le fait pas dire deux fois, sous le regard amusé des ouvriers.

« Quant à toi, Philaé, tu peux aller au laboratoire pour aider les filles à mettre la poudre dans des sachets, et les sceller ensuite. »

Masquée, chapeautée et gantée, assise devant une balance électronique, elle accomplit sa tâche avec application : 30 grammes par sachet. Quand elle a fait ses cent sachets promis, elle va à la boutique jouer à la petite marchande avec la bonne sœur d'astreinte. Quelle satisfaction de pouvoir vendre les sachets qu'elle vient de remplir ! Ulysse, lui, ne décolle pas du pistolet…

Une jeune femme accompagnée de sa mère ressort de la boutique. Je l'interroge :

« Pourquoi avez-vous acheté de la spiruline ?

— C'est bon pour notre santé !

— Vous allez en donner à vos enfants ? »

Amusée et gênée à la fois, elle me montre son doigt dépourvu d'alliance :

« Non, c'est pour moi ! Je ne suis pas mariée, alors je n'ai pas d'enfants. »

Elle repart dans un rire charmant, sous l'œil complice de sa maman.

Éric s'adresse alors à nous :

« Nous avons été très touchés par votre témoignage à propos de la petite Teza, alors nous allons vous offrir tous les sachets que vos enfants ont faits ce matin, comme ça vous pourrez les distribuer en route à ceux qui en ont besoin et dans les dispensaires que vous croiserez. À raison de 3 grammes par jour, chaque sachet est une cure de renutrition de dix jours. »

Nous sommes pleins de gratitude. Il renchérit, comme pour s'excuser :

« C'est le prédécesseur de Mgr Marie-Fabien qui a créé cette ferme, Mgr Donald Pelletier, un Américain qui avait été en poste sur la Tsiribihina dans les années 1980 : il connaissait déjà les problèmes de dénutrition là-bas. Ça n'est que justice ! Merci d'alerter le monde sur ce fléau silencieux ! »

Au déjeuner, l'évêque Marie-Fabien nous dit le peu d'illusions qu'il a à propos de la classe politique qu'il côtoie du fait de son statut officiel :

« Nous avons un dicton qui dit que lorsque que vous mettez des crabes dans un panier, ils ne pensent pas à en sortir, ils ne pensent qu'à se battre. Ces gens-là n'ont pas le temps de s'occuper des affaires du pays. Ils ne pensent qu'à leur survie. Le vrai scandale permanent de cette ville, c'est la Jirama[1], comme d'ailleurs dans toutes les grandes villes. Nous avons à peine six heures d'électricité par jour. Comment voulez-vous qu'une entreprise, un hôtel, un restaurant, une menuiserie, un exportateur de crabes se développe ? La chaîne du froid est quasi impossible à tenir ! Et ne croyez pas que les délestages soient le fait de la pénurie de gazole, ou des mauvais payeurs, ou encore de problèmes techniques, même s'il arrive que faute d'entretien, les génératrices tombent en panne, car il y a des pièces d'usure !

— Mais alors d'où vient le problème ?

— Ha ha ha, on voit que vous venez de la brousse, vous ! Vous ne savez pas comment ça fonctionne ici ! Le détournement ! Le gazole de la Jirama est revendu par des cadres corrompus aux compagnies de taxis-brousse, quand ils ne possèdent pas eux-mêmes, ou leur famille, une compagnie. Et toute la ville est ainsi tenue en otage. C'est le plus grand détournement d'argent officiel du pays ! En revanche, quand vous avez un mois de retard de paiement de votre consommation, ils sont impitoyables : ils vous coupent l'électricité. Tout le monde est donc contraint d'acheter des groupes électrogènes

1. Société nationale d'exploitation de l'électricité.

pour pallier les carences du pouvoir. Et à l'étage supérieur l'État empoche l'argent mais ne paie pas les factures de Total... qu'ils ont beau jeu de blâmer pour la pénurie de pétrole. Quelle compagnie pourrait indéfiniment vendre du carburant à crédit ?

— Nous avons vu tant de rivières en crue, ce pays est un vrai château d'eau, avec toutes ces Hautes Terres ! Il devrait y avoir beaucoup plus de barrages hydroélectriques, non ? Je crois qu'il n'y en a que deux importants !

— Vous avez raison, mais cela tuerait le business de la Jirama. Alors ces projets-là, qu'ils soient chinois ou européens, sont systématiquement reportés sous de fallacieux prétextes. Nos élites ne souhaitent pas vraiment de développement, sinon elles investiraient dans les infrastructures, les routes, les ports, les barrages, les grands travaux ! C'est pour cela que j'ai dû m'y mettre et que je suis devenu un prêtre BTP : béton, travaux, prière ! Je refais en permanence des routes d'accès, des ponts, des écoles, des dispensaires... Par exemple, là, maintenant, je dois trouver l'argent pour construire trois cents salles de classe dans mon diocèse : j'ai huit mille élèves à scolariser. Et sur l'ensemble du Menabé, c'est cent cinquante mille enfants qui recherchent une place à l'école. Et ensuite, il faudra trouver et rémunérer les professeurs ! Heureusement que l'Unicef et l'Europe sont là pour les financements car s'il fallait compter sur le gouvernement, il ne se passerait pas grand-chose dans ce pays ! Le changement n'arrivera qu'avec le renouvellement des générations, à condition qu'elles puissent être éduquées correctement, ce qui n'est pas garanti. Le niveau scolaire chute de façon régulière. Bien rares sont, par exemple, les bacheliers qui maîtrisent une langue étrangère, le français ou l'anglais. Revenez dans dix ans ! Bien peu de gens pourront vous parler comme je le fais moi-même... »

L'après-midi, Nazy vient nous voir, gêné, en finassant comme s'il avait un problème. Alexandrio nous traduit :

« Sa femme veut qu'il rentre, pour planter des haricots, elle n'aime pas le savoir en ville, sans elle. Il dit qu'il aurait bien aimé continuer mais que ce n'est plus possible.

— OK ! Nous comprenons. Nous le remercions et le félicitons de son sens des responsabilités. Priorité à la famille bien sûr ! Merci beaucoup ! »

Le fier *dahalo* reconverti repart après une gentille étreinte avec Ulysse, le nouveau petit maître de Mainty, pour lequel il avait un faible car il a un fils du même âge. Nous missionnons alors Éric pour nous trouver un nouveau collaborateur en ville. Sonia, quant à elle, fait des allers-retours incessants aux toilettes et son mal se révèle aigu. Un rapide interrogatoire par Lanto conclut à une amibiase qu'elle a contractée en buvant l'eau du robinet de la ville :

« Mais ça ne se fait pas du tout ! On ne boit jamais l'eau du robinet !

— En venant de brousse je croyais être immunisée !

— Mais non, l'eau de brousse est bien meilleure, ici le tout-à-l'égout côtoie des canalisations coloniales vétustes qui n'ont jamais été entretenues. »

Le lendemain, avec Éric, je me mets en quête d'un artiste peintre pour réaliser une seconde peinture sur notre charrette. Nous souhaitons qu'elle représente l'allée des Baobabs, le site emblématique de la ville. Nous avons prévu un tableau pour chaque grande ville étape afin de faire de notre véhicule une œuvre d'art évolutive, porteuse des trésors et des talents du pays ! Dans un magasin de souvenirs, je repère des toiles faites par un certain Antoine Gabin. On nous indique sa maison sur la plage. Nous nous y rendons parmi les immondices, les sacs plastique et les ruines de bâtiments ensablés par les cyclones.

« Toc ! toc ! toc ! *Hodi !*

— *Mandroso !* »

Torse nu, élancé, le catogan bien tendu et des Ray-Ban sur le nez, l'artiste nous accueille, et, après une brève présentation, accepte l'idée que je lui soumets. Taiseux, énigmatique, il ne pose pas la moindre question.

« Une allée des Baobabs ? Sur votre charrette ? C'est possible ! »

Nous lui donnons notre adresse en espérant le voir le lendemain. Comme il est très impoli dans la culture malgache de dire non, il nous est toujours très difficile de savoir si un oui est un oui. Mais cette fois-ci nous n'avons pas noté de signes contradictoires comme la tête penchée vers le bas, le petit silence de malaise…

Je débriefe avec Éric :

« Tu crois qu'il va venir ?

— Oui t'inquiète, il va venir… »

De retour à la maison, je trouve Sonia livide sur son grabat. Elle râle de douleur. Je commence à m'inquiéter. Le Flagyl tarde à faire son effet. Elle est méconnaissable : je la sais résistante et l'ai rarement vue dans cet état. Son amibiase carabinée semble avoir aussi contaminé les reins. Ulysse a préféré rester à son chevet en sacrifiant la visite d'un parc animalier avec tous nos hôtes, car elle avait envie de jus de citron pressé. Cher petit ange gardien !

Au bout de quelques jours d'angoisse, Sonia se remet pourtant et la fin des vacances de Pâques a sonné. Une horde bruyante de moineaux déferle dans la cour et nous levons le camp après de chaleureuses embrassades avec nos amis Rabemazava. Nous migrons vers Nosy[1] Kely, le quartier touristique de la ville, dans une grande et belle paillote de plusieurs étages ouverte à tous les vents : *Nofy Kely*, le « petit rêve ». D'inspiration plus balinaise que malgache, elle n'est pas en front de mer mais donne sur le canal, côté mangrove. Une Italo-Anglo-Belge y accueille routards et back-packers qui n'ont pas les budgets pour la clim et les chambres privatives : Laetitia Wittock est enchantée de pouvoir héberger notre charrette, nos zébus et notre histoire. Elle possède, avec son associé Fred Bouvier, un magnifique boutre, le *Nofy Bé*, le « grand rêve », avec lequel ils emmènent les baroudeurs faire des croisières-plongées sur toute la côte ouest entre Nosy Bé et Tuléar. Le bateau est à quai dans le canal, derrière la paillote à trois étages. Nous en rêvons, mais nous avons opté pour la charrette, alors il faut assumer.

Sur la plage, le lendemain, nous déchantons : le sable est couvert d'étrons. Pas un, pas deux, des centaines, à perte de vue… comme un champ de mines dans un cauchemar.

« Oui, c'est comme ça, pour les Vezo, l'ethnie locale, il est *fady* de faire ça dans des trous, dans la terre, là où sont enterrés les morts, alors ils vont sur la plage à marée basse, et la marée montante nettoie tout, avec les crabes et les crevettes !

— Gloups !

— Alors, les hôteliers qui reçoivent des touristes se battent, bien sûr. Ils ont en général un gardien de plage chargé de ratisser et de chasser les poseurs de culotte juste devant chez eux, mais pas à côté.

— Mais on ne voit pas de papier-toilette ?

— Heureusement qu'ils n'en utilisent pas ! pouffe Laetitia. Tu imagines les rubans blancs emportés par le vent ! Ils utilisent des petits bâtons, paraît-il !

— Non !

— Si ! Et j'ai un ami hôtelier farceur qui sème partout sur sa plage des bâtonnets qu'il a pris le soin de tremper dans du piment rouge ! »

---

1. *Nosy* : île ; *nofy* : rêve ; *kely* : petit ; *bé* : grand. Nosy Bé : « grande île ».

Nous rions de bon cœur.

Sur la plage, de très nombreuses toilettes publiques financées par tous les organismes possibles et imaginables restent désespérément fermées.

« Pourquoi aller s'enfermer dans un endroit malodorant plutôt que d'aller face à la mer comme tes parents, tes grands-parents et leurs parents t'ont appris ? »

Vu comme ça…

« Je croyais que cette odeur qui flotte à Nosy Kely, ça venait d'un problème d'égouts qui refoulent ! Maintenant je comprends que c'est simplement apporté par le vent marin en provenance de la plage !

— On s'habitue, tu sais ! Moi, je ne la sens plus cette odeur ! »

Laetitia a grandi dans un palace italien : son grand-père maternel était un des plus grands chirurgiens ophtalmologistes du pays. Elle a fondé un cabinet de comptabilité en Angleterre, a habité des châteaux en ruine avec un mari surfeur, puis a tout plaqué pour vivre sa bohème à l'ombre de cette paillote et sur son boutre. Sous ses habits en lin de couleur et sa petite tresse rasta transparaissent ses origines aristocratiques et sa bonne éducation. Elle est accueillante et cordiale, joviale et enthousiaste comme savent l'être les Belges. Elle a toutes les qualités !

Morondava n'a pas beaucoup de charme. Le maire vient de faire raser les arbres centenaires de la belle allée arborée qui menait au front de mer par des trottoirs ombragés, pour y construire un marché de petits pavillons en carrelage immonde où s'écoule, en plein cagnard, la camelote chinoise en plastique clignotant. Seule la poste, à l'angle de la rue, en pur style architectural des années 1930, avec ses trois arcades, sa varangue à jalousies et son sigle PTT Art déco, évoque ce qu'a pu être cette ville aujourd'hui sinistrée. Il nous tarde de mettre les voiles.

À la place du peintre Antoine Gabin, Éric revient le lendemain avec un possible bouvier. Répondant au nom de Revelo[1], des pieds larges comme ceux des hobbits, les yeux très écartés, un front étroit et une poigne d'homme franc, il parle d'une voix grave un français impeccable. Il s'extasie devant notre charrette dont il a entendu parler par une tante qui travaille en cuisine au lodge de Kirindy. Il est lui-même guide touristique et a travaillé quelques années pour une ONG belge qui tenait une école et un dispensaire. Pêcheur vezo, il

1. Prononcer « Revel ».

conduit mieux les pirogues à balancier que les charrettes mais me rassure en rigolant :

« Je suis malgache ! J'ai ça dans le sang ! Je vais apprendre tout de suite ! »

J'adore. Je sens que l'on va bien s'entendre.

Il est embauché *ipso facto* et prend aussitôt les choses en main en conduisant les zébus à un pâturage qu'il connaît ; Éric, étranger merina dans cette région sakalava, ne se sentait pas les coudées franches pour agir et semble soulagé. Ils vont faire une bonne paire.

Sur ces entrefaites, deux jeunes gens viennent tenter de nous vendre un petit crocodile. Les enfants rappliquent illico !

« Oh oui ! Papa, dit oui !

— Ça ne va pas, non ? C'est formellement interdit ! C'est un animal protégé et qu'est-ce qu'on en ferait dans la charrette ?

— Vous pouvez l'empailler ! dit un des gamins qui semble familier des touristes. Je connais quelqu'un qui sait le faire. »

Philaé se rembrunit et s'invente un regard qui tue.

Ayant du mal à formuler les arguments pour inciter ces jeunes à relâcher cette pauvre bête, j'appelle Serge Rajaobelina de l'association pour la protection des parcs naturels Fanamby et applique mon téléphone à l'oreille du plus grand. Son visage blêmit. Je ne sais pas ce que le président de Fanamby lui dit, mais il laisse soudain tomber le seau dans lequel il transportait la bestiole et décampe avec son camarade d'infortune. Nous voilà avec un crocodile sur les bras pour le plus grand bonheur d'Ulysse et de Philaé. Ils partent chacun une main sur l'anse du seau en commençant à débattre du prénom à attribuer à l'animal.

Avant de quitter la ville, nous nous offrons un bon dîner dans un vrai restaurant à touristes : La Capannina. Nous pénétrons en franchissant le seuil dans un monde de calme et de volupté, de sourires et de gentillesse. Cette sensation d'être accueillis comme des êtres normaux, de ne plus être dévisagés avec surprise ou inquiétude, de ne plus être à la merci des curieux, de ne plus être sous pression… Soit on gravite dans cette sphère soit on patauge dans l'autre et le passage entre les deux est toujours un choc. La salade de tomates-mozzarella avec copeaux de jambon de Parme au basilic fait pleurer Sonia. Steak de zébu pour Ulysse, omelette-frites pour Philaé, poissons divinement grillés pour nous. Nous nous pourléchons les babines avant d'être achevés par un fondant au chocolat malgache à se damner.

« Certes, vu comme ça, un dîner pareil, après avoir vu l'allée des Baobabs, et avant d'aller se coucher dans la chambre climatisée au bord de la piscine du quatre étoiles, Le Palissandre, Morondava prend un tout autre visage !

— Vive le tourisme !

— Mais qu'est-ce qu'on fout en charrette ? »

Dire que nous avons bien dormi chez Laetitia serait mentir. Entre les coqs déglingués, les batailles de chiens, le karaoké voisin qui s'éteint à cause du délestage et se rallume avec un groupe électrogène, les immenses chambres froides où un exportateur chinois entasse tous les crabes de mangrove de la région et qui tournent à plein régime, notre sommeil est aussi clignotant que nos yeux au réveil. L'impression d'être ivres sans alcool ! Sans bouchons d'oreilles, nous serions morts.

Un matin, se pointe Antoine Gabin quand on ne l'attendait plus, avec son talent et un joint à la main pour seuls outils…

« Mais où est votre matériel ? Vos pinceaux, votre peinture ? »

Il sort de sa poche arrière un pauvre pinceau déplumé.

« Je n'ai que ça… »

Laetitia m'explique :

« C'est la règle ici : les ouvriers arrivent très souvent les mains vides, il faut leur acheter les marteaux, les scies, les clous, les pelles, qu'ils revendent en fin de chantier. Entre un outil qu'ils risquent de se faire voler et 10 kilos de riz, ils n'hésitent pas une seconde. »

Nous revenons du quincaillier karana avec sept petits pots de peinture à l'huile et une bouteille de white spirit et l'artiste se met à l'œuvre dans le second cartouche, à droite de celui de Tana, à la hauteur de la roue gauche que nous devons démonter pour ça. Heureusement Laetitia a tout ce qu'il faut ; cric, cales, chiffons. Nous décidons de reprendre l'idée du cadre ovale. Antoine y circonscrit aisément la perspective de l'allée des Baobabs empruntée par notre charrette de face. Je filme la totalité de la scène sur trépied pour pouvoir l'utiliser en time-lapse dans notre film et profiter ainsi du processus créatif. Le résultat dépasse nos espérances. Que de talents dans ce pays !

Nous passons le reste de la journée aux derniers préparatifs et courses pour ce réel re-départ.

« Papa, cette fois-ci tu ne nous fais pas le coup du : “Les enfants, l'aventure commence vraiment à partir de maintenant” ?

— Ben si ! Il paraît qu'il n'y a plus de piste, qu'elle est sous l'eau, qu'il y a d'immenses fleuves à traverser, des marécages à perte de vue, mais désormais sans villageois pour nous aider. On nous a dit qu'on ne pourrait rallier Belo-sur-Mer par la terre que dans trois mois ! Comme on ne peut pas attendre, on va essayer ! Donc, oui ! l'aventure commence vraiment ici ! »

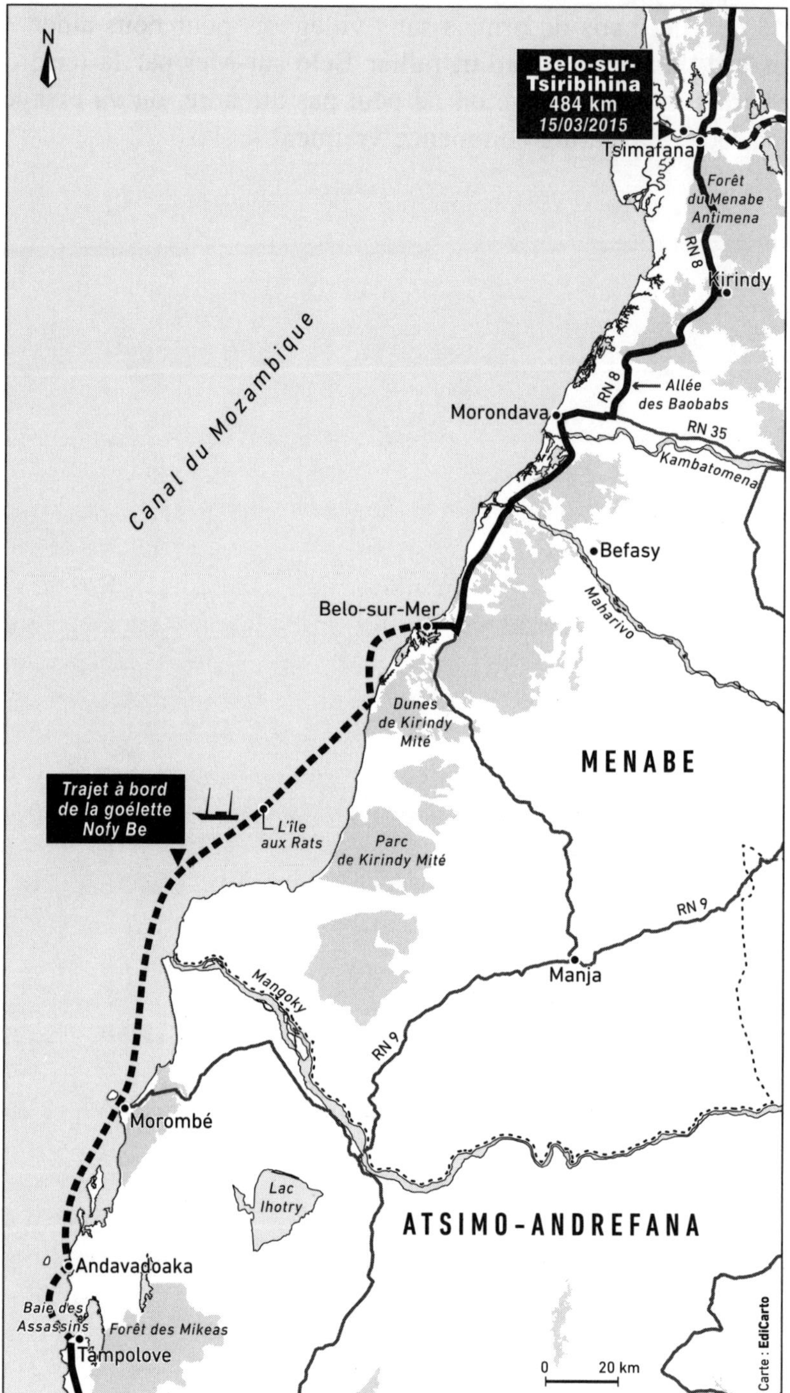
N
Belo-sur-Tsiribihina
484 km
15/03/2015
Tsimafana
Forêt du Menabe Antimena
RN 8
Kirindy
Canal du Mozambique
RN 8
Allée des Baobabs
Morondava
RN 35
Kambatomena
Befasy
Belo-sur-Mer
Maharivo
Dunes de Kirindy Mité
MENABE
Trajet à bord de la goélette Nofy Be
L'île aux Rats
Parc de Kirindy Mité
RN 9
Manja
Mangoky
RN 9
Morombé
Lac Ihotry
ATSIMO-ANDREFANA
Andavadoaka
Baie des Assassins
Forêt des Mikeas
Tampolove
0
20 km
Carte : EdiCarto

Côte vezo

24

Objectif Belo-sur-Mer

Mardi 14 avril 2015, rives de la Kambatomena, Pk 688

Un carrefour, et de ce choix va dépendre le reste de nos vies. Nous tournons à droite, plein sud. C'est fait. *Alea jacta est.* La charrette est chargée à bloc. Au sortir des faubourgs de la ville, la piste défoncée disparaît comme prévu sous les inondations. Elle est néanmoins empruntée par des gens qui pataugent en provenance de la brousse pour venir vendre ou acheter des choses au marché, et par des charrettes qui apportent à la ville des sacs de charbon. Cela nous rassure. La distance à parcourir pour rallier Belo-sur-Mer est sensiblement la même que celle qui nous sépare de Belo-sur-Tsiribihina, sauf que la piste promet d'être bien pire, et sans aucun recours.

Premier signe encourageant, dès les premiers kilomètres, Revelo assure. Il est au taquet, sur tous les coups, conduit les zébus comme s'ils les connaissait depuis toujours, abat à la hache un épineux qui empêchait le passage. Il a le coup de main. Mais un sable mouvant nous arrête net. Heureusement, les zébus ne se sont pas fait piéger, mais la charrette s'enfonce, nous devons creuser à l'*angady* un rail de sortie. Plus loin, à nouveau dans l'eau, elle manque de verser dans un trou dissimulé dans la piste-rivière en faisant un craquement sinistre sous le choc. Enfin, dans une ornière en argile séchée, le bandage de droite se déchausse. Pas le temps de le remonter tout de suite, il ne faut pas s'arrêter en plein décollage. Nous l'enroulons et le fixons à l'arrière.

Xavier est un tantinet secoué dans son seau. Oui, le petit crocodile s'appelle Xavier… Dieu sait où, dans quelle circonvolution neuronale Philaé est allée chercher ce prénom ? En trois heures d'efforts constants nous n'avons parcouru que 5 kilomètres. Ça promet ! Nous faisons la pause déjeuner en équilibre sur une butte exondée. Les passants éclatent de rire quand ils nous croisent ! J'en demande la raison à Revelo.

« Ils n'ont jamais vu une charrette avec un toit ! Dans notre culture vezo on rit pour montrer sa surprise face à la nouveauté ! Vous savez, pour se saluer on ne dit pas "Comment vas-tu ?", ici, on dit "*In vao vao ?*", "Quoi de neuf ?" ; et la réponse et toujours "*Tsisy*", "Rien", parce que nos vies sont très simples et sans grandes nouveautés. On redoute les changements. Alors une nouveauté comme cette famille *vazaha* et cette charrette *betafo* fait rire les gens car ils expriment ainsi leur surprise et leur joie. Ils ne se moquent pas de vous ! »

Quelle Providence nous a envoyé Revelo ! Nous allons apprendre tant à son contact, via son truchement. Voyager dans ce pays sans « filtre » serait inconscient ou suicidaire. Depuis Tovo et ses fines analyses, nous étions un peu *lost in translation* !

« J'ai posé la question aux charretiers, me rassure Revelo, aucun ne vient de Belo, mais ils me disent que ça passe, qu'il y a de l'eau partout mais que ça passe. »

L'après-midi nous voit enchaîner les bourbiers de couleurs différentes : des blancs, des rouges, des gris ! Des couches successives maculent la charrette. Nous passons à la hauteur d'une ancienne ferme coloniale. L'Église réformée FJKM l'a transformée en léproserie. La piste est déviée pour la contourner et des panneaux d'interdiction empêchent de s'en approcher. Au loin, nous voyons quelques silhouettes penchées marcher à pas menus entre des bâtiments délabrés.

« C'est quoi un lépreux ? demande Ulysse.

— C'est quelqu'un malade de la lèpre, une bactérie qui s'attaque à la peau et aux terminaisons nerveuses. Et si on ne fait rien, elle peut manger les pieds et les mains.

— Et ça ne se soigne pas ?

— Si ! Il suffit de prendre des antibiotiques et de se laver souvent. Mais ici les gens sont trop pauvres ou trop démunis pour ça. À l'époque où on ne comprenait pas bien les modes de transmission des virus et des bactéries, on parquait les lépreux ensemble et ils devaient se déplacer avec une crécelle pour que les gens ne les approchent pas. Ils étaient condamnés à la mendicité pour vivre. »

À Betany, petite bourgade de l'autre côté de l'embouchure de la rivière de Morondava, nous avions rencontré sœur Rinalda, une vieille Italienne venue en 1974 à Diego avec deux autres consœurs pour s'occuper de cinq cents lépreux. Elles s'étaient partagé le travail : Rinalda lavait à la main les bandages couverts de sanies, et les deux autres faisaient les pansements du soir au matin. Sonia en avait été toute retournée. Sœur Rinalda semblait pourtant s'excuser quarante et un ans après du rôle qu'elle avait tenu : « Moi, je n'étais pas assez forte pour les porter sur leur lit, j'avais choisi la lessive ! J'ai fait ça plus de vingt-cinq ans ! » Les yeux bleus perçants, un nez d'aigle, le cheveu court sur un large front plat trahissaient résolument une femme d'action. Beauté et bonté faisaient un feu d'artifice sur les rides de son sourire. Elle passait sa retraite à s'occuper d'un petit dispensaire et d'une école primaire pour les villageois de cette banlieue de Morondava. Combien de saintes et de saints anonymes ont œuvré dans ces brousses malgaches ? Qui écrira leur histoire ?

Nous poussons longtemps en fin de journée notre charrette dans le sable mou. Nous n'avons pas eu le courage de remonter le bandage droit et la roue enfonce beaucoup plus que l'autre en faisant virer la charrette à droite. Idiot. C'est la première chose que je fais quand nous rallions les berges sablonneuses du fleuve Kambatomena pour la nuit.

Le camp s'installe dans la quiétude du soir. Le chant des grillons remplace les karaokés de Morondava. Une douce brise vient rafraîchir les brûlures du jour. Nous allons nous décrasser dans le fleuve et revenons monter la tente et vider la charrette. Nous allons pouvoir dormir du sommeil du juste après tous nos efforts. Mais avant cela, nous avons une promesse à accomplir : libérer Xavier. Nous partons dans la nuit à la lumière de nos lampes frontales. Philaé porte sa chemise de nuit rose comme celle de Wendy dans Peter Pan, Ulysse son petit pyjama bleu de marin, et mon cœur se serre à les voir accomplir courageusement leur mission. Philaé est secouée de sanglots :

« J'aurais voulu le libérer demain matin.

— Mais ce serait cruel pour lui, une nuit de plus dans son seau ! lui dis-je d'une voix douce.

— J'aurais bien aimé le garder…

— Ce n'est pas pour son bien, tu le sais Philou.

— Il commençait à devenir gentil.

— Son bien c'est de le relâcher ! »

Elle s'accroupit, les pieds dans l'eau, et le pose délicatement à la surface en rouvrant ses doigts. Le petit animal flotte et se met à onduler instantanément, tirant à Philaé des pleurs venus du cœur.

« Xavier ! Xavier !… Il est trop mignon… »

Le voilà qui, tout heureux d'avoir recouvré la liberté, disparaît dans la nuit.

« Bravo, Philaé, tu dois être fière de ce que tu as fait et tu peux être heureuse pour lui, ce n'est pas un animal domestique, sa place est dans la nature ! »

Mais Philou, résignée, me rétorque :

« Il va se faire croquer par les autres crocodiles. »

Levé avant l'aube le lendemain, je suis tout de suite rassuré : un train de charrettes traverse le fleuve, large comme la Seine mais peu profond. Elles ont de l'eau jusqu'au plateau. Les zébus ne sont pas débâtés, ils n'ont pas besoin de nager, ils avancent sans problème sur le fond sablonneux. Le niveau de l'eau leur arrive juste sous le ventre. Le courant est faible. Nous n'avons donc pas à vider la charrette, seulement démonter le bloc batterie-convertisseur. Reste une seule inconnue : comme notre charrette est beaucoup plus lourde que les leurs, va-t-elle s'enfoncer ?

Une fois le porridge avalé au lance-pierre, nous nous mettons à l'eau en maillot de bain. Deux hommes musclés nous prêtent main-forte spontanément. La charrette descend dans le lit, s'y pose et y roule sans difficulté. Quel soulagement ! Ces bandages nous sauvent, quel que soit le terrain. Les zébus vont leur train de sénateur et nous marchons groupés autour de la charrette pour ne pas tenter les crocodiles. Nous croisons au milieu du fleuve un gamin avec une cage remplie de petits perroquets inséparables vert émeraude. Je demande à Revelo :

« Qu'est-ce qu'il compte en faire ?

— Il va les revendre, c'est très bon à manger ! »

Heureusement Philaé n'a pas entendu.

« Papa ! Papa ! Regarde les perroquets ! Il va en faire quoi le garçon ?

— Les vendre comme oiseaux de compagnie, comme des canaris.

— C'est cruel !

— Rappelle-toi ! Pas plus tard qu'hier tu voulais garder un crocodile ! »

Je marque un point.

Sur l'autre rive, un berger fait paître un troupeau de chèvres.

« Il n'y a pas de moutons ici, Revelo ?

— Ah non ! C'est *fady* chez les Vezo !

— Pourquoi les moutons et pas les chèvres ?

— C'est comme ça, je ne sais pas vraiment pourquoi, c'est un interdit qui vient du passé. Certains disent que c'est parce qu'un jour dans un village tout le monde est devenu malade, d'autres parce que c'est un symbole chrétien. En fait, on n'en mange pas parce que nos ancêtres nous ont dit de ne pas le faire, et comme on a peur de les contrarier, on respecte.

— Tu n'as jamais mangé de mouton ?

— Jamais.

— Mais du porc, oui.

— Oui. Mais les Vezo musulmans n'en mangent pas. Chaque village a ses *fady*. Il y en a qui se répandent dans d'autres villages par mariage, car on épouse aussi les *fady* de sa belle-famille. Chez ma femme, par exemple, ils n'ont pas le droit de manger de la raie, alors que dans la mienne oui. Mais pour respecter ses ancêtres on ne mange plus de raie à la maison, et nos enfants feront de même.

— Et ils savent pourquoi ?

— Oui, un de ses *razany* est mort transpercé par l'ardillon d'une raie.

— Et vous en avez beaucoup d'autres des *fady* ?

— Oh oui ! Par exemple on n'a pas le droit de rire en mangeant du miel ! »

Sonia éclate de rire, et se reprend aussitôt.

« Euh ! Pardon… C'est parti tout seul.

— C'est pas grave, c'est juste des mots, ce n'est pas interdit : c'est les actes qui le sont ! Toujours pour ne pas contrarier nos ancêtres afin qu'il ne nous arrive pas malheur. Mais ils ont quand même le sens de l'humour !

— Et tu as d'autres interdits ?

— On n'a pas le droit de manger de dauphin, ni de montrer du doigt les baleines. Et si on veut montrer quelque chose, de toute façon, on doit avoir l'index plié. On n'a pas le droit de vendre de la viande de tortue, mais on a le droit d'en acheter.

— Et comment tu expliques cela ?

— Je ne sais pas vraiment mais je pense que c'est pour interdire de les pêcher et de les tuer. En revanche, quand une tortue se prend dans les filets et se noie, cela évite que sa viande ne soit perdue. Et on fait une réparation…

— … ?

— Oui, c'est un rituel durant lequel le chef du village ou un vieux fait un petit sacrifice et une prière pour les ancêtres. Mais par rapport aux autres ethnies, les Antandroy par exemple, on a beaucoup moins de *fady*. Les autres nous appellent le *foko malemy fanahy*[1]. On est un peuple plus tourné vers la mer que vers la terre et on n'a jamais été des guerriers. Dès qu'il y avait un danger, on sautait dans nos pirogues et on mettait les voiles ! »

Nous sommes interrompus dans cette conversation passionnante par la énième disparition de la piste. Dans ces cas-là, on la cherche en se dispersant. Bientôt l'un d'entre nous crie aux autres qu'il l'a retrouvée. Beaucoup d'arbres sont tombés à cause du cyclone Chedza, d'autres ont été renversés par les crues, d'autres enfin ont poussé, si bien que nous ne trouvons plus de tracé clair. Les traces des charrettes qui nous ont précédés ont toutes des directions différentes. Nous en suivons une qui semble aller tout droit mais sommes vite arrêtés par un arbre, puis un autre. Nous tournons. Puis une branche. Les charrettes locales sont si basses qu'elles se faufilent sous les buissons épineux. Par ailleurs, leur timon est beaucoup plus court, permettant un rayon de braquage plus serré. Nous sommes coincés. La marche arrière n'est pas commode. Pas le choix, il faut tailler. J'empoigne la *fibara*, sorte de serpe fixée au bout d'un long manche et Revelo saisit la hache : nous dégageons la voie. Les épineux m'écorchent vite. Je me protège avec le gant de cuisine. Pas le moindre souffle d'air dans ces taillis, nous étouffons. Je pars en éclaireur. À 30 mètres de là, je retrouve un semblant de piste. Il nous faut une heure ensuite pour les parcourir avec la charrette. Je suis HS. Deux hommes arrivent derrière nous. Revelo discute avec eux.

« C'est un père et son fils. Ils vont jusqu'à Belo. »

Je saute sur l'occasion.

« Demande-leur s'ils acceptent de nous accompagner moyennant le même salaire que toi. Ils mangeront avec nous, on leur prêtera des couvertures. »

Petit conciliabule. Ils opinent du chef. Je leur demande leurs noms :

« Zigzag et Dankie ! »

---

1. Le « peuple doux ».

J'éclate d'un rire communicatif dont ils demandent tout de même la raison à Revelo. Je m'excuse, confus, en espérant n'avoir pas commis un *fady*, et m'en explique :

« Cela fait plus d'une heure qu'on avance en zigzag dans les fourrés, et *dankie*, dans une langue d'Afrique du Sud, cela veut dire "merci" ! J'en conclus que ce sont vos ancêtres qui vous envoient pour nous sauver ! »

Revelo traduit, et la satisfaction se lit sur le visage de ses interlocuteurs.

« *Ha ha ha vazaha ity misy falala pomba*[1] *!* »

La cadence augmente d'un coup. Dotés tous les deux de *fibara* bien lourdes et bien aiguisées, ils marchent en éclaireurs et taillent d'avance les branches qui vont poser problème au passage de notre grand toit, si bien qu'à trois, nous allons suffisamment vite pour que la charrette ne s'arrête plus. Cela devient même un jeu. Nous faisons feu de tout bois, en tirailleurs, en nous dépassant l'un l'autre une fois notre besogne accomplie. La brousse s'ouvre à notre passage.

D'ordinaire, c'est une équipe des salines de Belo-sur-Mer qui ouvre la piste dans l'autre sens à la fin du mois de mai, avec un camion et une quarantaine de bûcherons. Nous pratiquons une trouée pour eux ! Mais malgré tous nos efforts, nous battons notre record de lenteur : 3 kilomètres en trois heures.

Quand nous sortons de ces taillis, nous retrouvons la piste mais elle est remplie d'une eau noire. Je pars sonder : trop profond ! Il faut contourner. Nous devons alors sinuer dans une végétation plus luxuriante de palmiers et d'euphorbes et tenter de suivre le tracé de l'itinéraire. Nous avons l'embarras du choix : on s'engage sur l'un ou l'autre un peu au pifomètre. Quand on a pris une option, on ne peut plus regretter car le demi-tour est impossible. Une piste, droite à l'origine, est ainsi condamnée à s'allonger à la faveur des détours et dérivations dues aux accidents de l'histoire : telle fondrière est devenue infranchissable, tel arbre tombé, trop gros pour être coupé. Alors de contournement en détournement nous serpentons en permanence dans un univers dépourvu de repère.

Seul le murmure de l'océan à l'ouest nous évite de marcher à la boussole. Parfois, nous tombons sur un os : un arbre nous bloque le passage. Dans l'un de ces culs-de-sac, Zigzag attaque à la hache une grosse euphorbe. Un latex blanc se met à lui couler dessus.

1. « Ce *vazaha*-là, il respecte notre culture ! »

Me revient soudain en mémoire un passage des *Aventures en mer Rouge* d'Henry de Monfreid :

« Attention ! C'est très dangereux pour les yeux ! Une goutte sur la cornée et ça peut rendre aveugle ! »

C'est ainsi qu'on punissait les voleurs de perles et les esclaves mutins. Notre ami n'en a cure et redouble d'efforts. Quand il a fini, il réalise que la sève est aussi irritante pour la peau et se met à gesticuler en tous sens pour arracher son tee-shirt troué, comme si une guêpe était entrée dedans, sous les rires de l'équipe. Je suis consterné. Zigzag se rince dans une flaque et nous reprenons notre parcours du combattant. Ouf ! L'énergie que met Revelo dans ces opérations de franchissement m'impressionne. Il pousse Mainty, le stimule comme un coach dans les efforts ponctuels à fournir pour passer sur une souche ou ressortir d'une ornière. Comme s'il actionnait un turbo. Il a une bonne anticipation des problèmes et a trouvé en Éric un collaborateur docile. Jour après jour il gagne en maîtrise, et le voir manier les rênes, le frein et les queues de zébu est digne d'un spectacle d'aurige ! Sans lui, la poursuite de notre voyage et la traversée de ces marais eût été tout simplement impossible, et je bénis la femme de Nazy qui a rappelé son mari au bercail et la Providence qui a conduit Revelo vers nous !

Parfois, la tension retombe et une portion intacte de piste nous offre un répit. Dans l'une d'elles, nous tombons sur une flaque en cours d'assèchement dans laquelle agonisent des centaines de têtards. Pas question de rouler dedans. Zigzag et Dankie viennent aux nouvelles.

« Pourquoi vous vous arrêtez ?

— Les enfants ont décidé de sauver ces têtards ! »

Ils hallucinent. Philaé, accroupie en train de remplir son seau de rescapés, se tourne vers Revelo :

« Chez nous, c'est *fady* de tuer les grenouilles ! »

À leur tour de rire.

En quelques allers-retours vers l'étang mitoyen, l'opération est un succès. Tandis qu'ils libèrent doucement les batraciens parmi les nénuphars mauves, je les félicite :

« Bravo, les enfants ! Vous êtes peut-être en train de sauver une espèce de grenouilles rarissimes ! »

L'après-midi, après une soupe aux nouilles express nous reprenons notre progression sur une piste sans obstacles mais noyée. Nous pataugeons en cadence sous des tunnels de toiles d'araignée gigantesques reliant les buissons au-dessus de nos têtes – heureusement plus haut que le toit de la charrette, sans quoi elle serait embobinée dans un cocon de soie. La vision est fascinante et dantesque : arachnophobes s'abstenir ! Menaçantes et immobiles, de la taille d'une main, mais fort heureusement plus graciles, ces néphiles dorées trônent par centaines, par milliers au cœur de leurs toiles, formant des constellations d'étoiles noires dans le ciel bleu. Nous passons en silence, sous leurs innombrables yeux scintillants accrochés à cette canopée diaphane.

« Tu ne trouves pas que ça ressemble à une rue de Paris recouverte de décorations de Noël ? »

Ulysse, du haut de ses sept ans, reste cool :

« Moi, ça me ferait plutôt penser à Halloween ! Elles ne me font pas peur ces araignées, on n'est pas des mouches ! Si on ne les dérange pas on ne risque rien ! »

Dans les frondaisons, un couple de coucals, des oiseaux bavards mi-pies, mi-corbeaux à longue queue noire mais aux ailes rousses lui répond en cascades glougloutantes. Rares sont les bruits dans cette brousse, nous sommes à l'affût de tout. Parfois, haut dans le ciel, tournoie un rapace, dont le cri mélancolique résonne longtemps.

Quand le soir tombe nous marquons une courte pause, puis décidons de marcher de nuit tant que la piste nous y autorise. Il faut rattraper le temps perdu ce matin. Nous n'avons fait que 8 kilomètres. Heureusement, nous sommes épargnés par les obstacles. Nous nous enfonçons paisiblement dans les ténèbres sans lune. Les enfants sont d'un courage exemplaire, ils avancent dans le noir comme de petits métronomes.

« Tu as vu, papa ! On finit par faire comme les Antandroy qui nous avaient dépassés dans la forêt de Kirindy.

— C'est vrai, Ulysse, tu te souviens ! Il faut toujours s'accorder avec ce que font les gens. C'est quand même plus agréable de marcher par cette fraîcheur.

— Et comment font les zébus ? Ils n'ont pas de frontale !

— Ils voient mieux que nous la nuit ! Car dans la nature, c'est à ce moment-là que leurs prédateurs attaquaient. Le jour ils sont un peu myopes : ils ne voient bien que l'herbe qu'ils broutent !

— Comment tu sais ça ?

— Je me suis occupé de vaches dans les alpages suisses quand j'étais étudiant ! Je te raconterai ces histoires une autre fois. »

Toute la journée, en toute occasion, nous parlons avec nos enfants. *In fine*, c'est peut-être le but premier de ce voyage. Participer à leur éducation, les voir grandir. Quoi de plus merveilleux que d'être témoins de ces jeunes intelligences en formation. Notre choix de vie est peut-être un peu radical : j'ai souvent des scrupules à leur imposer toutes ces épreuves du fait de nos conditions de voyage, mais des journées comme celles-ci sont riches d'apprentissages et d'ouverture au monde réel.

« Allez, Ulysse ! C'est toi qui cherches le lieu de camp ce soir ! »

La chose n'est pas aisée. Seule la piste offre un espace dégagé. Nous scrutons la brousse avec le faisceau de nos lampes frontales en espérant y trouver une faille, une clairière. Seuls les massifs troncs des baobabs rompent l'uniformité griffue des taillis. Nous marchons longtemps avant de tomber sur un espace dégagé par des bûcherons.

« C'est un campement de coupeurs de *katrafay*.

— *Katrafay* ?

— Oui, tu sais, ce sont les charrettes qu'on croise, chargées de bottes de gaules rigides qu'ils revendent en ville pour les palissades et les enclos ! Nous l'utilisons pour le mât de nos pirogues. »

Quel bonheur que d'arriver à l'étape ! Moment béni de l'installation du camp pour jouir du repos bien mérité après le travail accompli. Cette journée de bûcheronnage a été la plus dure depuis notre « folle journée » de Soavinandriana.

« Tu te souviens de Soavinandriana, Sonia !

— Oh mon Dieu que c'est loin… »

Une fois la tente montée, nous nous retrouvons autour du feu. Malgré la présence de toute cette eau, il y a peu de moustiques. Sonia met de la musique sur notre enceinte Bluetooth. Le thé ne tarde pas, avec des petits biscuits, le temps que le riz cuise. Ce soir, c'est l'air de Nadir des *Pêcheurs de perles* de Bizet qui résonne dans la futaie, suivi du duo des fleurs dans *Lakmé* de Léo Delibes. Nous aimons les contrastes mais avant tout les histoires d'amour ! Et puis nous bavardons à propos de voyages du côté de Ceylan et de l'Inde. Sonia et moi sommes transportés par les trilles sur fond de grillons forestiers, et cette douche sonore lave toutes les ardeurs du jour. Les enfants ont succombé au marchand de sable mais réussissent cependant l'exploit, dans leur demi-sommeil, d'avaler les cuillerées de riz que je présente à leur bouche en titillant leurs lèvres. Avec Madatrek, le dicton « Qui dort dîne » prend un autre sens : Qui dort dîne quand même !

Les jours se suivent, et se ressemblent. De la boue, de l'eau, du sable, des épines, des nénuphars, des baobabs, mais aussi l'apparition de nos premières didieracées, sorte de cactus en chandelles courbes, hautes comme des maisons, dont les rangs d'épines alternent avec des petites feuilles rondes. Ces transitions botaniques signifient beaucoup pour nous. Cela veut dire que nous avançons. Les baobabs sont toujours là, de plus en plus nombreux. Nous empruntons même une nouvelle allée inconnue et non moins spectaculaire. C'est merveilleux d'avoir l'impression de faire une découverte ! Des arpents de maïs sont parfois enchâssés dans la forêt, plus loin c'est un carré de manioc.

Nous tombons enfin sur notre premier village. Nous y sommes attirés par le bruit d'une fontaine et tombons sur une scène surréaliste : un gros tuyau de plastique noir crache une eau pure et fraîche avec un débit de 10 centimètres de diamètre, transformant la place principale du hameau de paillotes en bourbier sans nom. Après nos épisodes de sécheresse et de soif en eaux troubles et glauques, toute cette eau gaspillée nous fiche la nausée. Des cochons se rafraîchissent dans cette grande bauge opportune créée dans ce désordre. Un fier panneau *Captage artésien, coopération japonaise* signe cet enfer pavé de bonnes intentions.

« Depuis combien de temps ça coule comme ça ? »

Revelo traduit à la petite foule assemblée autour de notre charrette.

« Depuis avant la saison des pluies ? Et y a-t-il un projet de ferme ? De bassins d'élevage, de pisciculture, de spiruline, de canal d'irrigation, d'agriculture, de je-ne-sais-pas-quoi ? »

La réponse est unanime.

« *Tsy misy !* »

Les bidons pleins d'eau cristalline et sublime, nous repartons en nous noyant dans l'insondable gâchis de cette initiative : que diable les Japonais venaient-ils faire dans cette galère ?

À la sortie du village, Ulysse repère des *mena kely* dans un présentoir. Cela fait bien longtemps que les enfants n'ont pas eu droit à leurs beignets favoris. Jusqu'à mi-mollet, mes pieds sont recouverts d'une boue grise depuis le tuyau magique. Je demande à la propriétaire si elle n'a pas un seau d'eau pour que je puisse me les nettoyer. De mauvaise grâce, elle m'en apporte un rempli d'eau souillée. Je me dis que cela fera l'affaire pour mes pieds, et plutôt que de transformer sa paillote en marécage, je déchausse mes sandales et les trempe dedans. Que n'avais-je fait ? La voilà qui revient furibarde et m'invective en me traitant de tous les noms d'oiseaux ! Revelo rapplique, attiré par les cris. Il comprend tout de suite la situation :

« Aïe ! Tu as commis un *fady* ! Elle dit que c'est très grave ce que tu as fait. Qu'elle ne pourra plus jamais utiliser son seau, que tu dois le lui rembourser. »

J'ai ravalé ma salive et me suis plié en deux comme il convient quand on s'excuse avant de lui régler son seau. Elle s'est calmée tout de suite. Il m'a fallu quand même quelques kilomètres avant de pouvoir en rire. Le bled s'appelait Manometinay. On s'en souviendra...

Les gens que nous croisons en brousse ne sont pas très sympathiques : ils nous lancent des regards noirs, ne répondent pas à nos saluts, comme s'ils se méfiaient. J'interroge Revelo :

« Ce sont des Bara, ces guerriers redoutés dans tout le pays ?

— Non, les Bara sont plus haut dans l'intérieur, sur les plateaux. Ici, ce sont des Masikoro qui vivent dans les terres, juste derrière la côte où sont les Vezo. Ils sont un peu entre les deux. C'est vrai qu'ils ont mauvaise réputation. Les Vezo sont souvent en conflit avec eux. Nous, on est tranquilles : on est pêcheurs, on vit sur la plage. Eux, ils ne savent pas trop s'ils sont agriculteurs, bûcherons, charbonniers ou éleveurs. En plus, depuis quelques années, ils se sont mis à la pêche à cause des collecteurs, et ils font n'importe quoi. »

Un matin, peu de temps après le re-départ, nous tombons sur le fleuve Maharivo.

« Waouh ! Il est beaucoup plus large que la Kambatomena..., s'inquiète Sonia.

— À vue de nez je dirais 1 kilomètre...

— Regardez, il y a des piquets pour indiquer l'itinéraire à suivre ! » remarque Revelo.

Nous allons tester. En effet, en restant entre les rangées de gaules plantées dans le sable, le niveau d'eau ne change pas. Un banc de sable affleurant au milieu du fleuve est notre premier objectif. Comme la chose semble facile, je sors le drone pour enfin prendre de la hauteur dans ces espaces de platitudes infinies. Je coordonne tout le monde et lance le *Go !* J'attends que la charrette descende dans le fleuve et prenne un peu de distance pour décoller. Je réalise quelques passages en basse altitude pour me réhabituer à l'appareil car je vole toujours très prudemment, et décide enfin de faire une montée verticale. Sur l'écran, le paysage s'élargit et la charrette devient un minuscule sucre flottant sur les eaux brunes. Au loin, dans la courbure de l'horizon, je distingue la mer. C'est à ce moment-là que je vois deux *papango* fondre sur mon drone. Ce sont des milans noirs, prédateurs de la taille d'éperviers, qui voient d'un mauvais œil cet intrus bourdonnant sur leur territoire. Attaques ! Piqués ! Intimidations ! Ils passent et repassent en virant devant mon objectif pour le plus grand bonheur du réalisateur mais pour la plus grande angoisse du pilote qui redoute de perdre à nouveau son drone. Une fois les images en boîte, je ne force pas ma chance et ramène à moi ce concentré de technologie. Tout guilleret, je retrouve la charrette sur le banc de sable. Revelo revient du repérage :

« Les 20 derniers mètres sont un peu trop profonds pour garder les bagages, mais pas assez pour la faire flotter. Le courant n'est pas trop fort, on ne risque rien, il faut juste la vider. »

Un attroupement de jeunes s'est constitué sur la berge. Revelo part en « embaucher » une dizaine pour nous aider à la manœuvre. La noria se met en place et tous les bagages se retrouvent en tas sur le talus, gardés par Philaé. Puis nous taillons à l'*angady* la berge limoneuse pour aménager une pente de remontée. Au tour de la charrette. Le seul danger est qu'elle soit renversée par le courant si elle décolle du fond. Quand tout est prêt, je me mets à l'eau du côté de la roue gauche prêt à « passer la roue » en tournant les barreaux comme une roue de bateau. C'est la méthode la plus efficace. Zigzag se positionne à la roue droite et Dankie coordonne la poussée des jeunes.

« *Alefa !* » Revelo galvanise son attelage, je crie : « *Mitosika*[1] *!* »

Et, dans un effort conjugué, nous propulsons la charrette à travers ce bras d'eau comme un hors-bord, puis sur la butte d'un seul élan ! Waouh ! Nous devenons des pros ! Pour célébrer ce succès, nous allons ensuite jouer dans l'eau avec les enfants du village de Faratenina.

Le paysage s'ouvre un peu avec l'apparition de grands lacs circulaires couverts de nénuphars. L'un d'eux nous offre un campement de rêve. Grâce à un vol de drone, je me rends compte que les nénuphars sont absents en son centre et sur ses bords et que le lac ressemble à s'y méprendre à un œil géant à pupille noire et iris

1. Qui signifie « Poussez ! » Prononcer « mitousk ».

vert, dont les cils seraient les ombres des baobabs plantés sur ses berges. L'œil de la brousse. Mais contrairement à l'œil de Sauron dans *Le Seigneur des anneaux*, celui-ci n'a pas vu le larcin dont nous avons été victimes sur les rives de la Kambatomena : Sonia n'a plus de chaussures et doit poursuivre en tongs.

Elle repart, imperturbable :

« C'est pas grave, de toute façon, je ne les portais presque plus ! »

Moins affairés avec la hache, nous avons plus de temps pour nous pâmer sur la beauté sauvage de la nature. Zigzag et Dankie nous rassurent sur la suite de l'itinéraire et nous quittent.

Au bout de six jours de ce régime, nous débouchons enfin sur la lagune de Belo-sur-Mer, baignée par le soleil couchant. D'un seul coup, la brousse cède à nouveau la place aux didieracées fantomatiques dressant leurs doigts tordus hérissés de piquants vers le ciel. Il nous semble avoir pénétré un autre monde, avoir réussi notre pari téméraire, fait mentir les sceptiques de Morondava. Nous félicitons chaudement Revelo et Éric par des poignées de main qui en disent long sur notre gratitude. Nous formons une super équipe. Même les zébus ont droit à leurs congratulations de la part des enfants, et Babe se voit affublé de mon chapeau par Philaé, morte de rire de sa facétie. Nous célébrons ce moment avec un ban malgache en frappant des mains selon un rythme particulier :

« *Lamako*[1] !

— Clap ! Clap ! Clap ! Clap !

— *Lamako !*

— Clap ! Clap ! Clap ! Clap !

— *Avereno*[2] !

— Clap (dix fois) !

— *Avereno !*

— Clap (dix fois) !

— *Atambaro*[3] !

— Clap (de fin) ! »

---

1. Le lamako était une sorte d'instrument cérémoniel constitué de deux mâchoires de bovin que l'on frappait ensemble lors d'assemblées royales pour recueillir l'attention ou ovationner un orateur. Ce ban est aujourd'hui utilisé en toutes circonstances pour des félicitations, clôturer les discours de victoires, les remises de diplôme, les mariages.

2. « Répétez ! »

3. « Rassemblez ! »

Au loin, nous apercevons l'antenne téléphonique de la ville. Il ne nous reste plus que les salines à traverser. Nous décidons de dresser le camp à cet endroit, ivres de joie et de liberté.

Dans cet espace ouvert, une brise divine vient panser nos brûlures du jour d'un baume marin. Je m'allonge sur la selle de la charrette posée sur le sable. Torse nu. Les étoiles s'allument dans le ciel tandis qu'Éric allume le feu pour le thé du soir. Le crépitement des branches ne tarde pas à envoyer des petits brandons danser dans le firmament. Ulysse vient s'allonger sur moi, comme un petit léopard sur sa branche, et s'endort aussitôt. Sa tête sur mon torse, son souffle dans mon cou, sa petite main sur mon épaule. Le moment est ineffable. Nous sommes là, en ce bout du monde, en famille, dans une nature sauvage dépourvue de la moindre nuisance, porteurs d'une saine fatigue, soulagés d'être tirés d'affaire, à attendre que le riz cuise. Dans aucun palais mon bonheur n'a été plus complet qu'en cet instant précis. Je réalise que c'est un des plus beaux moments de ma vie. Et m'endors aussi.

« Allez, Mainty ! Au travail ! Il faut y aller. »

Les enfants sont allés chercher leurs zébus pour les bâter eux-mêmes.

Ils viennent de leur faire de gros câlins dans le soleil levant, Philaé accroupie à bisouter la truffe de Babe, Ulysse la tête de côté sur le front de Mainty, les deux mains caressant son jabot flasque sous le menton. Jour après jour ces complicités se renforcent et créent un lien indéfectible entre leurs âmes. Les bovins débonnaires ne semblent pas insensibles à ces tendresses et paraissent même vouloir leur faire plaisir et leur obéir quand ils voudraient bien nous résister. Enfants et animaux parlent la même langue de l'innocence. Cette relation ne laisse pas de nous remplir d'aise et compense peut-être en partie le manque de camarades de jeu pour Ulysse et Philaé.

Coup de chance ce matin, la marée est basse et la lagune nous offre un raccourci à travers une immense étendue de sable blanc baignant dans 1 centimètre d'eau. Nous pataugeons sur un miroir cristallin et pur sur lequel se reflète notre équipage. Nous croisons deux charrettes montées sur pneus, dont les chauffeurs, fascinés par la contemplation de la nôtre, se rentrent dedans. Quelle rigolade !

Les enfants courent après des petits crabes violonistes, dont la pince droite, bien rose, accuse un dimorphisme impressionnant : elle est aussi grande que le corps tandis que la gauche est minuscule. L'occasion d'un cours sur la sélection naturelle.

« D'après toi, Philaé, comment cette pince est devenue plus grosse que l'autre ?

— Euh… Parce que les crabes sont droitiers ?

— Ha ha ha ! Ça voudrait dire qu'il y aurait transmission des caractères acquis ? Ce n'est pas prouvé, en revanche ce qui l'est, c'est que la sélection s'est faite par la reproduction, les femelles choisissant les mâles avec la plus grosse pince, qui un jour est devenue rose. Et c'est devenu un avantage pour la bagarre et aussi pour la pêche : une grosse pince pour tenir la proie et une autre petite pour la triturer. Mais ce qui a dû être déterminant dans la sélection des mâles, c'est la parade nuptiale, sinon les femelles, elles aussi, auraient une grosse pince. »

Cette idée fait se tordre de rire Philaé qui se met à nommer ses crabes, Eva-Marguerite, Jean-Gérard, Emma-Louise et Ulysse junior…

Mais il ne faut jamais vendre la pince de crabe avant de l'avoir pêché. Le fond de la lagune se couvre d'argile collante qui ralentit considérablement notre allure. La marée a commencé sa renverse et il nous reste une large portion à parcourir. Au diable les crabes, nous restons concentrés sur l'objectif sans mollir. Dans les derniers mètres, la charrette se tanque. Rien à faire, il faut la vider avant que l'eau ne monte trop haut. Nous nous y employons dans la blancheur aveuglante de cette argile chargée en sel. Il ne sera pas dit que nous arriverons facilement à Belo. Tout se mérite plus difficilement qu'ailleurs dans ce pays. Rien n'est jamais gagné.

Nous refaisons le plein d'eau à Antsiramandray, petit bourg des employés des salines. Ils ont peine à croire que nous ayons ouvert la piste à leur place. Les 5 derniers kilomètres dans le sable auront raison de nous. Il est si profond et si mou que les zébus jettent l'éponge. Pétage de durite. Ils ont trop soif et trop chaud. Nous sommes contraints de faire la pause déjeuner tout près du but. Nous n'avons pas d'autre réalité que notre charrette, nous ne pouvons pas la mettre avant les zébus ! Et cette antenne qui nous nargue, qui nous fait croire que l'étape est proche, alors qu'elle semble s'éloigner.

Mais il n'y a rien à brouter pour les zébus dans ces dunes piquetées d'euphorbes. Nous finissons à l'arrache. Au loin le panneau *Belo-sur-Mer* semble annoncer notre libération, mais non, l'hôtel

Entremer est plus loin, comme son nom l'indique, sur une langue de sable entre une grande lagune et le canal du Mozambique. Sprint final au ralenti. Nous approchons. Laurence Ink vient à notre rencontre et les portes d'Entremer s'ouvrent comme une ligne d'arrivée après un dur marathon.

25

Nofy Bé

Belo-sur-Mer, dimanche 19 avril, hôtel Entremer, Pk 779

Il faut avoir souffert, il faut s'être privé de presque tout pour pouvoir mieux goûter aux plaisirs simples et quintessentiels d'un thé glacé, d'une petite serviette parfumée, d'une vue ombragée sur la mer ouverte à la brise, d'un sable ratissé, d'un champ de vision dépourvu du moindre plastique. Tant de douceur après tant de dureté est un choc inexplicable : le soleil, la température et le sable sont les mêmes, et pourtant tout change dès qu'on franchit un seuil. Laurence Ink, auteur-ethnologue-aventurière, nous a ouvert les portes de son concept de sobriété hôtelière. Svelte et altière au regard perçant, elle a jeté son dévolu sur Madagascar après avoir été trappeur dans le Grand Nord canadien en tenant une pourvoirie. Elle reçoit simplement ses hôtes dans des cases où le luxe se reconnaît à la simplicité des moyens, l'épure et l'intelligence de chaque aménagement.

« Je n'ai pour l'instant que trois cases d'invités, je ne cherche pas à en avoir plus, et deux sont prises, vous avez de la chance ! Et en plus une surprise vous attend ! »

Nous tombons nez à nez avec les Leroux remontant de la plage ! Nos amis d'Antsirabé qui avaient gardé nos enfants pendant notre traversée de la zone rouge ! Nous nous tombons dans les bras. Les enfants sont ravis de retrouver leurs camarades de jeux : ils foncent faire trempette dans une mer céruléenne.

Avec Laurence, nous partageons une amitié particulière avec feu Robert Laffont, l'éditeur qui nous a tous deux lancés et auquel nous conservons une gratitude éternelle. Laurence et lui s'étaient rencontrés dans le Grand Nord canadien où Robert allait s'oxygéner, loin

30

31

32

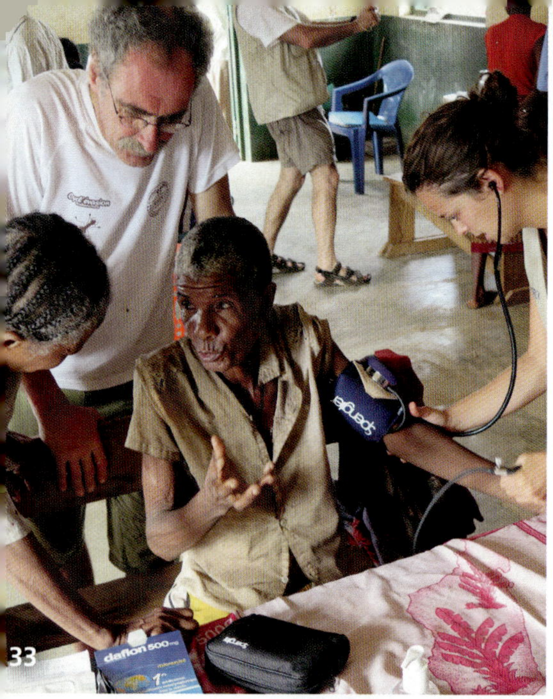

33

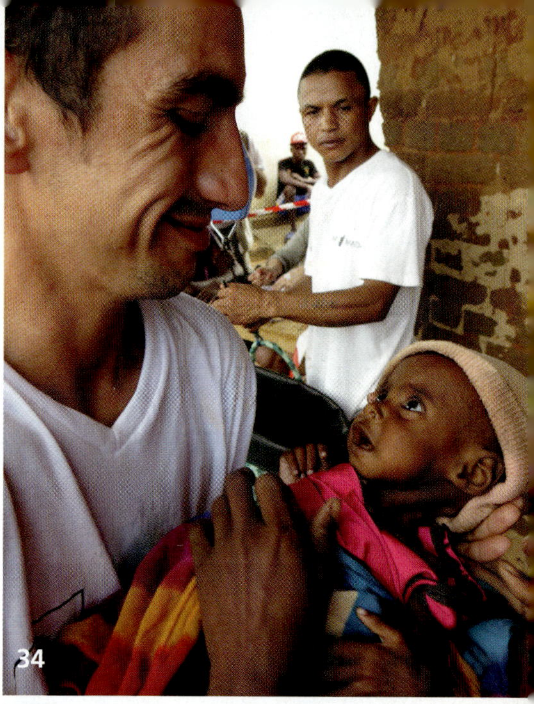
34

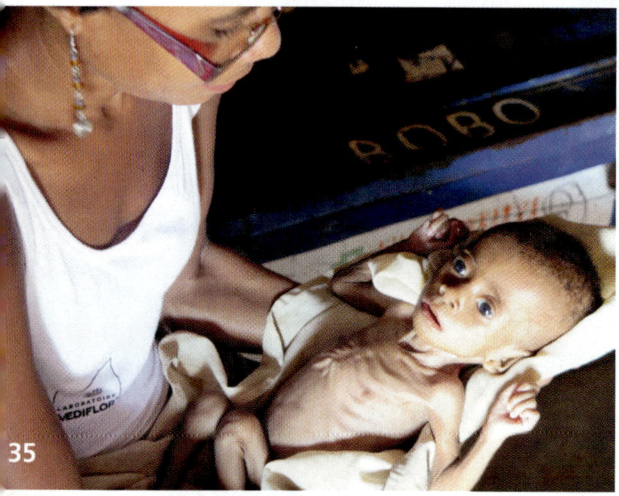

35

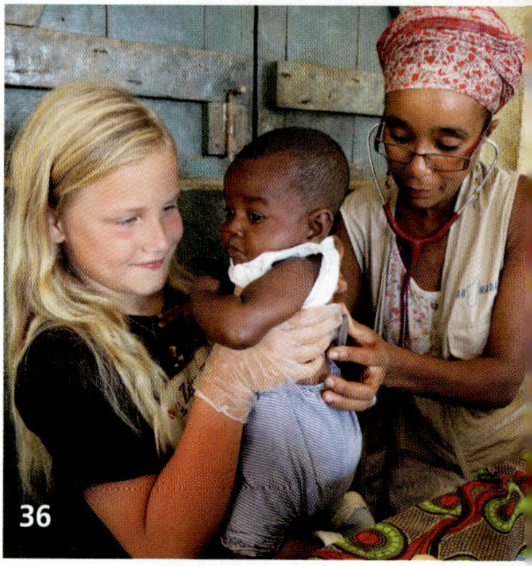
36

37

38

39

40

41

42

43

44

45

46

47

48

49

50

51

52

53

54

55

56

du parisianisme délétère. Il nous parlait souvent d'elle et rêvait de nous la présenter. C'est chose faite outre-tombe sur cette lagune entre les mers aujourd'hui. Après des études communes à Sciences-Po, Laurence et moi partageons, aux dires de Robert, la même quête de vérité dans la simplicité, loin des faux-semblants.

Grande tablée du soir autour d'un immense plateau de fruits de mer préparé par Laurence avec un soin méticuleux. Des huîtres sauvages décollées au couteau sur les rochers, des pétoncles récoltés dans le sable de la baie, des oursins au gingembre citron, des crevettes du lagon, le tout arrosé par une THB fraîche ! Nous nous gobergeons au septième ciel gustatif.

Laurence nous raconte l'histoire de Belo-sur-Mer :

« C'est un roi malgache, Radama II, qui, en 1862, a demandé à Napoléon III de lui envoyer des charpentiers de marine pour créer une flotte de commerce. C'est ainsi qu'est arrivée la famille Joachim en provenance de La Réunion. L'objectif était de concurrencer les boutres arabes qui avaient le monopole du cabotage parce qu'il fallait être musulman pour monter à bord de ces bateaux qui sillonnaient le canal du Mozambique. Radama II souhaitait avoir sa propre flotte malgache exempte de trafics d'esclaves. C'est ainsi qu'est née cette tradition de goélettes bretonnes, qu'ils appellent *boutry*.

— Et il y en a en construction actuellement ?

— Oui ! Il y en a bien une vingtaine ! Demain, vous devriez aller visiter le chantier de M. Claude, où se trouve le boutre le plus avancé. Il est adorable et parle bien français, il pourra tout vous expliquer. »

Belo-sur-Mer est un havre sur une côte de plages et de récifs dépourvus d'abris pour les bateaux. Une langue de mer pénètre profondément dans les terres en offrant un cadre idéal entre une dune littorale et la ville pour l'établissement d'un chantier naval. La brousse sauvage et impénétrable qui s'étend sur des dizaines de kilomètres derrière les salines offre le bois nécessaire aux charpentiers de marine. Nous nous présentons chez M. Claude en bordure de lagune.

« *Hodi !?*

— *Mandroso !* »

M. Claude nous ouvre la porte du terrain sur lequel il construit son bateau.

« Merci de nous accueillir ! Alors vous êtes *fundi*[1], monsieur Claude ?

1. Charpentier de marine.

— Oui je suis un des *fundi* de la ville : je suis charpentier naval, je construis des bateaux ! »

Nous passons devant une adorable maison de bois à varangue, d'inspiration plus réunionnaise que malgache. Des bougainvillées apportent la couleur, des cocotiers l'image de carte postale, des poules de quoi faire une omelette, des chats chassent les souris et confèrent au chantier une tranquillité sereine. Le bateau est là, à l'arrêt. Sonia fait la candide :

« Ah oui ! C'est une sacrée coque ! Depuis quand la construisez-vous ?

— Plus de trois ans.

— Ah bon ? Et pourquoi est-ce si long ?

— Ça dépend de l'argent !

— Et il ne s'abîme pas, entre les arrêts du chantier et les rentrées d'argent ?

— Non, c'est un bois imputrescible qui dure presque cent ans ! L'eau douce ne lui fait pas de mal. La quille est en *katrafay*, un bois jaune et serré qui ne se fend pas, les couples et l'ossature sont en *nato*, le bois le plus lourd et le plus solide de la région. Le pont et les bordés sont en *anakaraka*, de la famille du palissandre. On les trouve dans la brousse à une quinzaine de kilomètres d'ici, et on récupère aussi des pièces sur les vieux bateaux.

— Et vous le fabriquez pour qui ?

— Pour nous-mêmes !

— Et qu'allez-vous transporter avec ?

— Surtout le sel des salines de Belo. Vous avez vu, la piste est très difficile, alors qu'avec un vent portant on est en moins d'un jour à Morondava ! Et dans l'autre sens, on redescend tout ce dont Belo a besoin : du riz, du maïs, du ciment, de la bière. Mais on va aussi vers le sud, jusqu'à Tuléar ! »

Je me dirige alors à l'avant du bateau pour en apprécier le profil et la symétrie. De verticaux à l'étrave, les bordés deviennent horizontaux deux mètres plus loin. Cela implique une impressionnante torsion des planches à la limite de la rupture.

« C'est magnifique cette ligne qu'on voit comme ça ! On dirait le ventre d'une baleine. Vous avez des plans ?

— Nous avons des jeux de gabarits ! Ce sont les profils des membrures, numérotés de un à quarante, avec des cotes. On se les transmet de père en fils depuis le temps des Joachim. Il y a plusieurs modèles en fonction du tonnage qu'ils peuvent transporter. Le mien va être un 80 tonnes : c'est la taille maximale.

— Ce sont des bateaux qui vont à quelle vitesse ?

— Ça dépend du vent, mais l'avantage sur cette côte, c'est qu'il est régulier et prévisible, donc, même si on ne va pas très vite, 3 à 8 nœuds maximum, on est sûr d'arriver. Ce sont des bateaux ventrus et lourds. Le seul danger, ce sont les récifs. Il faut bien les connaître. Il y a beaucoup d'épaves partout. Chaque année, il y a au moins cinq *boutry* qui coulent, souvent faute d'entretien. Mais il y en a cinq qui sont mis à l'eau, alors ça s'équilibre ! Sur les deux cents qui naviguent, ce n'est pas beaucoup ! dit-il en riant.

— Et comment faites-vous le calfatage entre les planches clouées ?

— Avec des lanières de couvertures en coton de récupération. On les enfonce au ciseau entres les bordés, et on les recouvre d'une colle malgache faite avec du lait d'euphorbe.

— Ah ? Le latex blanc qui est si dangereux pour les yeux des bûcherons ?

— Oui ! C'est ça ! Quand on le cuit, il devient noir comme ça, et on fait fondre du plastique dedans pour le renforcer.

— Et vous-même, vous savez naviguer ? Même par gros temps ?

— Oui pas de problème ! Je suis *fundi*, capitaine et commerçant.

— Et vous lui avez choisi un nom, à ce bateau ?

— Oui…

— Et ce n'est pas *fady* de le dire avant son baptême ?

— Non ! Il va s'appeler *Porte-Bonheur* !

— *Tsara vintana* !

— C'est ça !

— Alors longue vie à *Porte-Bonheur* ! J'espère qu'il vous portera chance ! »

En sortant, M. Claude nous emmène voir la sépulture d'un des trois frères venus avec leur père Enasse, en provenance de La Réunion à l'appel du roi. Sur un tombeau surélevé en béton, une maquette de goélette rappelle leur vocation. Un panneau de bois stipule : « Ci-gît Joachim Ludovic Emmanuel[1] 1850-1902 ». Une petite palissade de bois qui protégeait la sépulture des chèvres s'est écroulée, des détritus trahissent l'abandon du site. Mais la mémoire de cet homme perdure surtout à travers le savoir-faire de ces *fundi*

1. À Madagascar, on commence par le nom de famille.

qui perpétuent des gestes et des formes apprises il y a plus d'un siècle. C'est le dernier chantier de goélettes du monde.

Au retour, nous passons devant un gendarme qui nous attendait.

« Bonjour je suis le chef du poste avancé de Belo. Je n'ai pas voulu vous interrompre dans votre tournage, mais j'ai entendu dire que vous vouliez continuer votre route avec votre charrette ? Tout d'abord permettez-moi de vous féliciter d'être arrivés jusqu'ici. Cela n'a pas dû être facile, surtout avec vos enfants ! Nous faisons le chemin à pied pour relever le poste, et nous savons par quoi vous êtes passés. Cependant, j'ai le regret de vous annoncer que vous ne pourrez pas aller plus loin. La piste du sud vers Manja et Morombé est fermée. Nous sommes en cours d'opération contre un groupe de *dahalo* retranchés dans la forêt, et nous ne savons pas quand cela se terminera. Je crois que vous devrez retourner à Morondava. Mais maintenant que vous avez ouvert la voie ce devrait être moins difficile ! »

Coup de massue. Tout s'écroule.

Nous ruminons cette mauvaise nouvelle en rentrant chez Laurence. Hors de question de faire demi-tour ! Il faut passer coûte que coûte ! Appeler notre ami général de Tana ? Attendre ? Ça se bouscule dans nos têtes. La réponse nous est donnée par Laurence :

« Mais pourquoi ne prendriez-vous pas la mer ? »

Nous nous regardons, avec Sonia.

« Bonne idée ! Mais qu'est-ce qu'on fait de la charrette ?

— Vous devriez pouvoir la charger en la démontant un peu. Mais les zébus, ça, j'en suis moins sûre… Vous pouvez peut-être les vendre ici et en racheter après Morombé ? »

Voyant la tête d'Ulysse et de Philaé, elle se ravise.

« Non, ce n'est pas une bonne idée…

— Si ! Je vais appeler Laetitia Wittock, de Morondava, pour lui demander ce qu'elle en pense.

— Je la connais très bien, elle fait souvent une pause terrestre ici avec son boutre *Nofy Bé* et ses clients ! »

Je l'appelle et lui explique notre situation.

« Oui ! On peut passer vous prendre, ça tombe bien : on doit aller chercher un groupe à Tuléar, votre destination ! Pour la charrette ? On se débrouillera… Je vais réfléchir, on trouvera sûrement une solution. Quant aux zébus, tu devrais chercher un petit bateau à moteur qui pourrait les transporter ! »

Je raccroche. Quel pays incroyable ! Tout y est toujours impossible et possible dans la foulée ! Comme la palpitation d'un cœur : systole, diastole ! Contraction ! Libération ! Madagascar est un pays où l'on se sent vivant ! Nous sommes excités comme des puces ! Les enfants sautent de joie en poussant de grands cris. Laurence, toujours pleine de ressource, a une longueur d'avance :

« Il y a M. Dorothé au village, il a un petit teuf-teuf à moteur qui pourrait faire l'affaire. Laissez-moi l'appeler. Pendant ce temps-là, passez à table : tout est prêt ! Salade de concombres et tartines de sardines, vous m'en direz des nouvelles ! »

Comble de perfectionnisme, les tranches de pain ont la forme de Madagascar !

Après toutes ces émotions, nous allons profiter d'une bonne sieste dans notre bungalow. Quand nous émergeons, Laurence nous confirme le rendez-vous avec M. Dorothé.

« Il vous attend ! Il m'a laissé entendre que ce serait possible. Allez vous mettre d'accord sur le prix et la destination. N'hésitez pas à négocier, il est dur en affaires ! »

Il habite près de l'église, une construction moderne en béton blanc, contrastant avec les paillotes au ras des dunes. Nous le surprenons en train de ravauder des filets : il tend les mailles avec ses orteils et tournicote sa navette autour d'une aiguille de bois pour faire les nœuds.

« Alors, où voulez-vous que je les dépose, vos zébus ? Des demandes originales, j'en ai eu ! Mais des comme ça, jamais ! Pour votre information, plus c'est loin, plus c'est cher bien sûr, à cause du retour ! Moi je vous conseille Morombé, car ce sera plus pratique pour nous pour décharger les zébus car ils ont là-bas un palan portatif, et on pourra y aller d'une traite, sans escale.

— C'est d'accord ! Le boutre *Nofy Bé* nous déchargera un peu plus loin avec notre charrette, à la baie des Assassins, mais ce n'est pas grave, les zébus nous rejoindront à pied avec nos gars !

— Et bien, c'est réglé ! Ça vous coûtera le carburant, le salaire de mes marins, la location du bateau, les frais de déchargement et les frais de retour. Ça roule ?

— Ça roule ! »

Jamais une négo n'a été si rapide. Nous sommes surpris. Je le taquine !

« *Mavitribitrika ianao grave bé*[1] *!* »

---

1. « On peut dire que vous êtes efficace, vous ! »

Il éclate de rire :

« *Waow ! Vazaha mahai miteny Gasy tsara*[1] *ianao !* »

Le chargement a lieu de nuit, le lendemain soir. Babe et Mainty nous suivent gentiment dans le noir, à marée basse. Le village résonne de veillées mortuaires et des cris des pleureuses. Comme ces rassemblements familiaux durent plusieurs jours, cela donne souvent aux villages, la nuit, une touche mélancolique. Des gens nous frôlent dans l'obscurité. La croix du Sud scintille au-dessus de nos têtes.

« *Tandremo ! Misy maro Taï*[2] *!* Allumez vos lampes frontales ! »

En effet ! La nuit, à marée basse, les abords des villages sont ici aussi minés. Le canot de bois est incliné sur sa quille. Trois gaules supportent une planche coulissante pour le chargement : notre invention ! La preuve que l'on n'invente rien… Nous couchons à tour de rôle les bêtes dessus, et reprenons nos exercices de roulé-boulé du zébu ! J'en profite pour scier les cornes de Mainty, chose que je n'avais pas pris le temps de faire à Massiakamy. M. Dorothé a pensé à tout :

« J'ai lesté le fond du bateau avec des sacs de sable afin que le roulis soit moins fort en mer pour vos bovidés. »

Une fois à fond de cale, les zébus sont déficelés, relevés, et séparés par un espar[3]. Ils sont tête-bêche afin de ne pas se donner des coups de corne dans les yeux. Le temps de tout faire, la marée s'est levée et le bateau se met à talonner d'impatience. Éric et Revelo montent à bord avec des instructions, un laissez-passer délivré par les gendarmes, les passeports de nos zébus, des bottes de *mololo* et de quoi tenir dix jours. La coque se libère bientôt et c'est avec un pincement au cœur que nous voyons notre équipe s'enfoncer dans une nuit d'encre, sur ce teuf-teuf de fortune, chantant longtemps dans la lagune jusqu'à n'être plus qu'une petite palpitation absorbée par la rumeur de la mer.

À bord du Nofy Bé*, vendredi 24 avril, Pk 779*

Au petit déjeuner Laurence vient aux nouvelles :

« Alors, le chargement s'est bien passé ?

— Oui ! Impeccable !

1. « Waow ! Vous parlez bien malgache pour un *vazaha* ! »
2. « Attention il y a plein d'étrons ! »
3. Long bout de bois multifonctions sur les bateaux.

— Regardez qui est arrivé cette nuit ! Ça va être votre tour ! »

Elle nous montre au loin, l'index plié tant elle est acculturée aux traditions vezo, la magnifique goélette orange à l'ancre, le *Nofy Bé*.

« La marée descend, il va bientôt beacher[1], alors il faut vous préparer. »

Notre amie Laetitia de Morondava ne tarde pas à arriver, toujours joyeuse et bienveillante, vêtue de lin mauve et coiffée d'un bob rose délavé. Passé les embrassades, elle nous dit avec sa pointe d'accent belge :

« Bon, les amis ! C'est vraiment un bon timing ! On va vous faire contourner l'obstacle de Morombé ! On va passer une super semaine à bord. Vous allez voir ! Mada par la mer c'est pas mal non plus ! Ça va être plus facile en tout cas ! »

Quelle drôle de vision que celle de notre charrette emportée par les membres d'équipage qui roule sur les flaques d'eau de mer vers son embarquement !

La chose paraît compliquée. Deux palans descendus des deux mâts sont accrochés aux extrémités de notre véhicule à couple. Mais en quelques brassées sur les cordages, la voilà qui se soulève comme une plume grâce à l'effet démultiplicateur des poulies. Je m'affaire alors au démontage des roues, des brides, et de l'axe. Et plouf, fait le boulon dans la flaque ! Tout s'arrête. Il faut le retrouver. Le voilà ! Ouf ! Je démonte ensuite le timon car la charrette va être déposée en position transversale sur le pont entre la cabine et la descente de soute, dans un espace de son exacte largeur. Coup de chance. Allégée de 300 kilos, elle s'élève dans le ciel, et va, moyennant quelques contorsions, se poser comme la soucoupe plongeante sur le pont de la *Calypso*. Au repos.

La quille cule, talonne, et racle le fond. Le bateau vibre et encaisse les coups comme une tape sur l'épaule, puis se met à tanguer : il est libre. Il a fallu attendre toute la journée que la marée remonte assez haut pour quitter le petit lagon. Nous larguons les amarres dans le soleil couchant. Le capitaine Tiana fait mettre les voiles. Les 27 tonnes du *Nofy Bé* se meuvent alors et avancent comme par enchantement. Sans bruit et sans drame : naturellement. Mon Dieu que c'est moderne la voile ! Et l'antenne de Belo qui avait été notre phare dans la brousse, avec ses petits feux rouges au sommet, s'éloigne lentement. Les enfants ne se sentent plus de joie.

1. Se poser sur le sable.

Un nouvel univers s'ouvre à eux loin de la boue, des épines et des privations. Ils l'ont bien mérité. Dès le premier soir, nous sommes soignés aux petits oignons. Devenir touriste c'est changer de pays, c'est pénétrer celui d'Alice au pays des merveilles ! Plus besoin de lutter et de se battre. Tout vient à nous : apéro, dîner, bière fraîche ! Il flotte sur Madatrek comme un parfum de vacances.

« Alors, Laetitia, présente-nous ton équipage !

— Bien sûr ! À la barre, vous avez le capitaine Tiana : sans lui, ce bateau serait une épave. C'est lui le vrai patron qui l'entretient, le bichonne comme si c'était le sien. Après, vous avez ses trois hommes d'équipage : le beau gosse, là, c'est Prions-Jésus car il est né un 25 décembre (tout le monde se marre), le musicien du bord c'est Dida, il met une ambiance du tonnerre, et Celin c'est lui qui monte en haut du mât sans les pieds, à la seule force de ses bras pour aller décoincer un bout ou mettre en place les petites voiles de flèche. Enfin le nerf de la guerre : le cuisinier Dali, dont c'est le premier voyage !

— Et toi tu es l'amirale !

— Non, je suis juste la chanceuse qu'on promène dans le lagon, comme une lady anglaise d'une autre époque ! rigole Laetitia en se renversant en arrière. C'est un choix de vie ! J'avais envie d'aller avec le vent et de ne plus me battre contre les réglementations. Mais c'est grâce à mon équipage extraordinaire. Ils sont tous nés sur la mer, ils font de la pirogue depuis qu'ils sont tout petits. Ils ont commencé à travailler sur les boutres vers l'âge de treize ans comme mousses, ils connaissent tous les recoins du bateau et surtout les patates de corail dangereuses dans le lagon : ils ont un vrai GPS dans le ventre !

— Et ce boutre ? Il existe depuis combien de temps ?

— C'est Fred Bouvier, mon associé, qui a mis trois ans à le construire, en travaillant comme un fou, sur la plage, comme un vrai Vezo : une aventure incroyable, tu te rends compte ? On a fait notre premier voyage en juin 2009. À Madagascar, j'ai trouvé au fil des années qu'il y avait comme une règle de trois. On s'était dit : “On va pouvoir le faire en un an, et avec 30 000 euros, ça va aller !” Eh bien, on a mis trois ans et près de 100 000 euros.

— Waow ! Moi j'avais prévu un an et demi pour faire le tour du pays, et tu vois, dans quinze jours cela fera un an qu'on est là et on n'a fait que 779 kilomètres ! Bon il faut dire qu'on a été longs à partir !

— La préparation, ça fait partie du voyage ! Mais avec la règle de trois, vu comme vous avancez, tu peux miser sur quatre ans et demi[1] !

— Aïe ! C'est pas prévu ça !

— C'est comme ça à Mada ! Car il y a des choses que tu ne contrôles pas ! Une des raisons pour lesquelles on a mis plus de temps, c'est parce que notre *fundi* avait le coude particulièrement léger et qu'il y avait souvent des occasions de boire à Belo-sur-Mer. Quand il se prenait une cuite, il était parti pour deux semaines. Et puis après, il était de nouveau sobre pendant deux ou trois semaines et il bossait super bien !

— Le bateau n'a pas l'air trop tordu ?

— Non, je dois dire qu'il a bien travaillé, mais heureusement que Fred était là pour veiller aux finitions, car c'est ça qui fait la différence entre un boutre de transport et un bateau pour faire des croisières avec des invités : tu n'as pas envie qu'ils se mettent des échardes grosses comme ça dans les pieds !

— Et tu en sais un peu plus sur les frères Joachim, grâce auxquels cette tradition est née ?

— Je crois que c'est d'abord à Tamatave qu'ils avaient commencé à construire des bateaux, mais en 1863 le roi Radama II a été assassiné à cause de son amitié avec les Français, alors les Joachim ont été chassés, comme tous les étrangers. Tu sais ça a toujours été "je t'aime, moi non plus !" avec la France, car les Anglais jetaient de l'huile sur le feu et provoquaient sans cesse des troubles. Deux frères, Ludovic et Albert Joachim, sont revenus en 1888, mais ils se sont alors fixés à Tuléar. Puis, apparemment, comme il n'y avait pas assez de bois dans les parages, ils sont arrivés à Morondava à partir de la conquête française de 1895, parce que l'administration coloniale y a financé la création de leur école de charpentiers de marine. De là, enfin, ils ont préféré s'installer à Belo pour être plus près de la forêt. Ludovic est mort en 1902 et Albert en 1932. Dans le village, il n'y a plus un seul témoin de cette époque, mais tout le monde se souvient de "Bébéa" ! Il se faisait appeler Bébert ! »

Devant nous, la Croix du Sud semble un cerf-volant de traction. La voie lactée brillante comme une immense queue de comète sème sur la mer des paillettes d'argent. Les gars commencent leur tour de quart et nous allons dormir dans la soute familiale compre-

1. Nous mettrons quatre ans et trois mois.

nant huit couchettes. Nous nous assoupissons, heureux et soulagés par la tournure des événements, bercés par le doux clapot. Merci Madagascar ! Merci de nous offrir une autre facette de ton visage sauvage !

À l'aube, le bateau est à l'ancre. Nous émergeons, le petit déjeuner est prêt : pain perdu-sirop d'érable. Une tuerie.

« Je vous présente la grande dune littorale du parc de Kirindy Mité !

— Dis-moi ! On était à Belo-sur-Tsiribihina, puis à Kirindy, on arrive à Belo-sur-Mer et maintenant à Kirindy Mité ! La toponymie ce n'est pas leur truc dans le coin on dirait ! Ça donne l'impression de faire du surplace !

— C'est vrai, vous allez retrouver beaucoup de noms similaires dans le pays, mais il y a combien de Saint-Martin en France ? Et puis ce Kirindy Mité n'a rien à voir avec ce que tu as vu ! Le panorama de là-haut est incroyable ! »

Nous gagnons la rive dans l'annexe avec Laetitia pour faire l'ascension d'une dune similaire à celle du Pila mais coiffée çà et là de touffes de palmiers *mokoty*[1]. Au loin, le *Nofy Bé* à l'ancre nous semble être un galion des temps anciens et nous partons à la découverte d'une terre vierge : incroyable sensation qu'ont dû ressentir tant d'explorateurs. Le débouché sur la vue de l'autre côté confirme ce sentiment. Peu de paysages sur terre offrent une telle impression de vastitude. Nous nous asseyons au sommet dans le sable chaud. Une forêt plate s'étend à l'infini au-delà d'une lagune où jacassent quelques oiseaux criards. Des bosquets de baobabs surgissent dans cette mer de brousse grisonnante, comme des forteresses imprenables. Des *papango*[2] tournoient dans le ciel tandis que décollent par rafales des vols de canards siffleurs, de courlis et des bouquets d'aigrettes blanches.

« Mais visez là-bas avec vos jumelles ! Sur le bord du lac !

— Waaah ! Des flamants roses ! Incroyable !

— Oui, on dit que c'est un groupe qui est venu un jour d'Afrique de l'Est, sans doute poussé par une tempête, et qui n'est plus reparti ! Vous en verrez d'autres plus au sud ! Ici, en tout cas, ils ne sont pas

1. Prononcer « moukoute ». Dont les feuilles sont utilisées par les Vezo pour le toit de leurs cases, des panneaux et des paniers.

2. Milans noirs.

dérangés : c'est un des trois plus grands parcs du pays avec 722 kilomètres carrés, et ces mangroves sont sacrées pour les Vezo. »

Nous redescendons en courant, avec le sentiment d'être des privilégiés d'avoir pu, sans efforts, et sans des dizaines d'heures de pistes défoncées, contempler ces immensités sauvages. En outre, quand nous verrons des espaces naturels détruits, nous pourrons toujours nous consoler en nous disant que nous avons vu Kirindy Mité.

26

À la voile dans le canal du Mozambique

Les équipiers mettent les voiles.

« Et maintenant où va-t-on ? demandé-je à Tiana.

— À Andriamitaroka ! L'île aux Rats !

— Et elle est par là ? »

J'indique vaguement une direction.

« Oui !

— Mais comment tu le sais ? On ne voit rien ! »

Il pointe son doigt vers son front en riant :

« Moi je sais ! Je l'ai dans la tête ! »

Le fameux GPS intégré ! Le vent est doux, l'allure installée, le déjeuner se prépare. Philaé a droit à un Bonbon Anglais glacé et nous optons pour un cocktail de jus corossol-ananas.

Les goélettes ont deux mâts. Le grand mât est à l'arrière, le mât de misaine à l'avant. Les deux lourdes voiles en coton de Madagascar sont gonflées dans l'alizé. Ce sont des gréements auriques, trapézoïdaux, dont le bord supérieur est tendu par une vergue reliée au mât par un jeu de poulies. Ce sont des voiles dites « à cornes ».

« Quelles surfaces font-elles ?

— Fred te répondrait mieux que moi, mais je crois que c'est 37 mètres carrés derrière et 48 mètres carrés devant. Quand on sort toutes les voiles, avec le foc, la trinquette et les deux voiles de flèche, je sais qu'on a 172 mètres carrés de toile !

— Et à quelle vitesse on peut aller ?

— Je crois que la vitesse max c'est 8 nœuds[1] au grand largue, par 20 nœuds de vent ! »

1. 15 kilomètres à l'heure.

Voici d'ailleurs les voiles de flèche qui s'élèvent l'une après l'autre au-dessus des haubans. Celin est monté dans la mâture et s'assure du bon positionnement de ces petits trapèzes montés au tiers qui viennent s'épanouir au-dessus des voiles, donnant à notre embarcation un petit air de caravelle. Le foc bien sûr, depuis le bout dehors jusqu'à son point d'amure derrière le mât de misaine, est la première voile sortie et la dernière rentrée. Un détail qui a son importance, la voile de misaine n'a pas de baume, donc il n'y a aucun risque de se cogner la tête sur le pont !

Nous sommes allongés dans le filet du bout-dehors, au ras des flots, devant l'étrave, espérant voir apparaître un dauphin escorteur.

« On n'est pas bien, là ? On va un tout petit peu plus vite que la charrette.

— Et puis surtout…

— Sans efforts !

— Et puis voilà, on ne sue pas !

— Pour une fois, on est devant, et non derrière à pousser ! »

Portés par un bon vent de terre, nous ne tardons pas à arriver à l'île aux Rats, qui fait partie de la réserve protégée de Kirindy Mité. C'est un îlot plat, à peine plus grand qu'un stade de foot, piqueté de filaos éméchés. Il est censé être inhabité. Nous y découvrons des familles de pêcheurs qui ont tiré leur pirogue sur la plage. D'autres prennent la mer avec leurs belles voiles carrées toutes rapiécées de couleurs.

« Ce sont des nomades de la mer, des Vezo qui ont élu domicile ici, sous la pression des collecteurs qui leur demandent sans cesse plus de poissons. Les gendarmes viennent une ou deux fois par an les déloger, car c'est une réserve naturelle, mais ils reviennent la semaine suivante. En fait, ils considèrent qu'ils sont ici chez eux, et ils n'ont pas tout à fait tort…

— Et pourquoi l'île s'appelle l'île aux Rats ?

— Eh bien parce qu'il y en a énormément, surtout qu'ils se nourrissent de tous les déchets de la pêche. C'est *fady* de les tuer ou de les manger, alors ils prolifèrent. On va descendre à terre, vous pourrez aller voir le campement des pêcheurs. Moi je dois rendre visite à une petite brûlée que je soigne à chaque passage et dont je dois vérifier la bonne cicatrisation. »

Sur la plage, d'adorables enfants aux mèches folles, blondies par le soleil et le manque de vitamines, viennent nous accueillir et nous prendre par la main. La vision est édénique. Le campement l'est un peu moins. Dans une puissante odeur de poisson séché, parmi des monceaux de détritus en tous genres, s'alignent des cercles de blocs de corail au centre desquels des femmes sont accroupies autour de grandes marmites qui bouillonnent et dont elles surveillent le contenu en faisant tinter des couvercles en alu.

« Les nomades ne mangent qu'une fois par jour et c'est bientôt l'heure du repas. »

Une ribambelle de poissons ouverts en deux sèche sur un fil, une guirlande de poulpes sur un autre. Le soleil en transparence y fait luire des couleurs mordorées. Derrière, des amoncellements de carapaces et d'os de tortues prouvent qu'ils ne les vendent pas comme le *fady* le stipule : ils les consomment.

« Combien sont-ils sur l'île ?

— On compte une cinquantaine de pirogues, soit environ deux cent personnes. Mais ils vont et viennent.

— Oh ! Regarde, il y a une pirogue qui arrive ! Regarde tous les enfants qui se précipitent ! Allons voir ! »

Nous y allons avec Prions-Jésus.

Pour le pêcheur que je suis, la vision est un choc. Le frêle esquif est rempli presque à ras bord de sublimes poissons. Je m'exclame et pousse des cris d'admiration, m'attirant la sympathie de tous :

« C'est incroyable ! C'est une pêche miraculeuse ! Des carangues, des lutjans, des capitaines, des mérous, des carpes rouges ! Oh ! Un petit requin, t'as vu Ulysse ? Et là ! Une énorme dorade rose ! Waow ! Magnifique ! Et c'est tous les jours comme ça ? »

Prions-Jésus pose la question. Le pêcheur opine du chef.

« Ils étaient combien à bord ? Ils ont pêché comment ? À quel endroit ? Je veux tout savoir ! »

Mon excitation suscite le rire des enfants.

« Ils étaient deux, ils sont partis hier à la même heure, ils ont pêché toute la journée au harpon et toute la nuit à la ligne, sur le bord d'un tombant à une quinzaine de kilomètres d'ici.

— Et il y a à peu près combien de kilos ?

— 140-150 kilos ! Ils le savent précisément, car les collecteurs leur achètent au poids ! »

Le contenu bigarré est entassé comme un butin dans de grands sacs de riz et traîné sur le sable par des jeunes filles. L'une d'elles s'amuse à fouetter son petit frère avec une murène gluante.

Les pirogues sont magnifiques, avec un profil très particulier. Il faut imaginer un canoé-kayak dont la section serait un V très étroit, deux fois plus haut que large, taillé dans un bois presque aussi léger que du balsa : le *farafatsy*[1]. La proue et la poupe ont un galbe arrondi comme un couteau à beurre, surmonté d'un brise-lame rebiquant vers l'avant et pointant vers le ciel afin d'empêcher que les vagues ne remplissent l'esquif. En fait, elles ressemblent à des praos polynésiens. Certaines sont peintes avec soin de motifs géométriques multicolores. Beaucoup sont rapiécées de bouts de bois chevillés en d'improbables assemblages cubistes trahissant une parfaite maîtrise alliée à une incroyable économie de moyens.

À l'avant, un petit oiseau de bois aux ailes déployées sert de fétiche porte-bonheur au-dessus d'un petit mouchoir de tissu faisant office de penon[2] pour indiquer le sens du vent. Un long balancier disposé loin à tribord permet à l'assemblage gracile de tenir sur l'eau et d'haubaner un long mât souple et fin de *katrafay*. Œuvrant comme une sorte de tangon, la livarde est encore plus longue : elle permet de tendre en diagonale l'angle supérieur de la grande voile carrée, l'angle inférieur étant le point d'écoute arrière. Légère et surtoilée – à peu près 20 mètres carrés –, n'offrant presque aucune résistance avec sa carène en couteau, cette pirogue est d'une impressionnante vélocité. Le contrôle de la gîte se fait en déplaçant un marin sur le balancier comme le poids d'une balance sur son fléau. La voile carrée, restant toujours verticale, conserve sa puissance optimale. Lâcher le point d'écoute permet de réduire la vitesse. La direction est assurée par une longue pagaie appuyée sur le flanc de la pirogue qui fait office de gouvernail. Redoutablement simple et efficace. L'engin de toile et de balsa peut atteindre les 25 nœuds au grand largue ! Le point de faiblesse ? La jonction entre les deux bras du balancier et la frêle pirogue : elle ne supporte pas les torsions provoquées par les mers trop formées, mais sur les lagons et les mers couchées par un vent de terre, elles filent comme des boules sur un billard !

---

1. *Givotia Madagascariensis*, gros arbre pulpeux au tronc lisse et argenté ressemblant à un baobab, de la famille des euphorbiacées. En voie critique d'extinction. Prononcer « faravatch ».

2. Petit bout de laine fixé sur le bord de fuite des voiles pour contrôler l'écoulement des filets d'air.

De retour à bord du *Nofy Bé*, Laetitia nous explique :

« De telles pêches miraculeuses sont devenues très rares à Madagascar. Grâce à cet îlot, les pêcheurs peuvent atteindre des hauts-fonds qui leur sont normalement inaccessibles. En principe ils n'ont pas le droit de pêcher autour de l'île, qui est une réserve naturelle. Mais les nids des pauvres tortues qui ont la malheureuse idée de venir pondre ici sont systématiquement pillés par exemple…

— Et qui sont ces collecteurs ?

— Ils viennent de Morombé deux fois par semaine en vedette rapide et raflent tout dans de grandes glacières. Il y a deux ou trois compagnies concurrentes qui ont mis ce système de collectes en place pour alimenter en poisson les hôtels de l'île Maurice. Mais la pression est telle que nous sommes inquiets pour l'avenir des Vezo : comme tu as pu le voir ils ne s'enrichissent pas, mais ils ne se rendent pas compte qu'ils hypothèquent leur avenir, car à ce rythme-là, la source va bientôt se tarir… »

L'après-midi, c'est à notre tour de mettre la tête sous l'eau avec les enfants. On estime que la longueur du récif corallien malgache est de 1 000 kilomètres : c'est donc la plus grande barrière de corail au monde après celle de l'Australie. Un habitat essentiel à de nombreuses espèces.

Dès les premières patates de corail, c'est un festival ! D'abord des demoiselles juvéniles, bleu ciel, font un panache au-dessus des coraux corne de cerf où elles trouvent refuge à notre approche. Puis en ressortent. Puis y retournent, comme dans une pulsation. En dessous naviguent des cochers avec leur long fouet traînant et autour d'eux virevoltent des couples de poissons-papillons. Aux premières loges, dans son anémone, le poisson-clown nous jette un œil de concierge excité, et nous attaque quand nous approchons trop près nos masques de sa loge. Des petits chirurgiens noirs de passage cherchent des madrépores à brouter, un petit poisson-coffre noir à pois blancs dodeline comme un automate, perdu dans ses pensées, un poisson-trompette, jaune canari, cherche un copain pour faire la fête ! La féerie ne fait que commencer. Ce monde du silence est en fait saturé de crépitements, de sifflements, de grognements et de claquements ténus. Les bulles de nos tubas s'ajoutent à cette symphonie aquatique. Philaé est déjà très à l'aise et descend sans problème à 5 mètres. Ulysse est encore un peu jeune, Sonia le surveille en surface.

« Alors, Philou ! Comment tu trouves ça ?

— Waaah ! Je ne pensais pas qu'il y en aurait autant ! On se croirait dans un supermarché en trois dimensions avec des rayonnages et des gens se croisant dans tous les sens. »

Elle aurait pu dire un aquarium, mais non, elle a choisi l'image du supermarché ! Où est-ce qu'elle va trouver tout ça ?

Nous replongeons au pied de la patate. Et là, dans une anfractuosité, en suspension au-dessus de son lit de sable, une splendide rascasse volante nous toise d'un œil rogue : « Ne vous approchez pas les gars ! Qui s'y frotte s'y pique ! » *Pterois volitans* ! Avec ses voiles de tulle caramel accrochés à chaque rayon de nageoires, elle pourrait passer pour une danseuse orientale inoffensive ! Philaé fait des yeux ronds dans son masque. De retour à la surface je la mets en garde :

« Il faut toujours que tu regardes où tu poses ta main sur le rocher. Chacun de ses appendices est une seringue qui contient un poison qui peut te tuer ! Il y en a plein parce qu'ils n'ont pas de prédateurs ! »

Sur les fonds sableux couverts de posidonies, nous découvrons les très étonnants poissons-rasoirs qui se déplacent en bancs, la tête en bas. Et puis il y a le concombre de mer au corps mou : il défraie la chronique dans le pays car il est l'objet d'un braconnage sans merci au profit des marchés asiatiques où il est vendu pour ses vertus prétendument aphrodisiaques. Il a pour ainsi dire disparu des lagons, ce qui pose de graves problèmes écologiques. Laetitia nous a appris que pendant le Nouvel An chinois, l'holothurie (c'est son nom officiel) se négocie autour de 800 euros le kilo à Hong Kong. Comment résister à la tentation de le pêcher, dans un pays si pauvre ? Une seule solution pour l'avenir, afin de satisfaire le marché et de restaurer l'écosystème : son aquaculture ! Je remonte avec un concombre ayant échappé à la razzia pour le montrer aux enfants :

« Vous voyez, c'est comme un gros ver dodu ! Le sable entre d'un côté et ressort par l'autre… C'est ça que les Chinois achètent très cher pour le manger en tranches avec du riz. Il a des fonctions de filtration, et dans l'écosystème il est très important. Et il est en voie de disparition aussi. On va aller le cacher au fond d'une grotte, ça vous dit ? »

Mais Laetitia met fin à nos barbotages.

« Allez les petits Poussin palmés ! Il faut remonter, on doit lever l'ancre ! »

Nous quittons l'île aux Rats, direction Andavadoaka, la plage au rocher percé.

Ce soir nous avons droit à un concert pendant un succulent dîner de thon fumé et de gambas à l'ail avec du riz safrané : tout l'équipage en uniforme nous interprète des airs de pop malgache alternés avec des tubes de Francis Cabrel dont Prions-Jésus est fan ! Sous voile, sur ce bateau-bois en eaux libres, le cap sur la Croix du Sud, les paroles prennent une tout autre dimension : « Petite Marie », « Je l'aime à mourir », « Les chemins de traverse » composent en mon cœur une déclaration d'amour à Sonia que je contemple assise sur ce pont à la lumière d'une lampe-tempête, la larme à l'œil à l'évocation de tant de souvenirs communs. Femme tout-terrain, elle est partout à sa place et je suis heureux de pouvoir offrir à notre famille ce qui ressemble singulièrement à des vacances.

Je suis interrompu dans mes pensées par les cris de Tiana appelant à l'aide : un énorme poisson a mordu à la traîne derrière le bateau. Nous le remontons à plusieurs en prenant garde de ne pas nous couper sur le nylon tranchant du fil lorsque le monstre donne des coups de queue désespérés. Quand sa tête apparaît dans le faisceau de nos lampes frontales, nous n'en croyons pas nos yeux : un barracuda géant !

Quelle joie à bord parmi l'équipage ! À la pesée, il accuse 20 kilos pour 180 centimètres. Et ça tombe bien, car demain c'est mon anniversaire !

Nous naviguons toute la nuit à la voile, hantés par ces léviathans sous la coque.

Quand le jour se lève, nous sommes à l'approche de Morombé. Nous devons nous arrêter pour faire des courses et le plein d'eau. Nous débarquons pour voir ce qu'est devenue cette ville qui, dans les années 1920, était célèbre dans le monde entier pour sa production de pois du cap, de gros haricots nourrissants.

« Tu te rends compte, ils en produisaient ici 21 000 tonnes et cela partait de Tuléar vers La Réunion, l'Afrique du Sud et l'Europe. Madagascar était le premier producteur mondial ! Aujourd'hui, la production oscille entre 4 000 et 9 000 tonnes, en fonction de la sécheresse et des cyclones. On ne peut pas vraiment dire que ce soit un progrès ! Il y avait du coton aussi, mais tout ça, c'est fini… »

Quelques maisons coloniales témoignent de cette prospérité passée. Des boutres sont en chantier sur la plage. Dans le passage qui conduit à la rue principale, une femme a installé sur des tréteaux une énorme carapace de tortue fumante dans laquelle des clients piochent des bouts de viande avec des piques en bois. Nous passons sans sourciller, puis je chuchote à l'oreille de Laetitia :

« Je croyais que c'était interdit ?

— Pas si elle a été prise par accident au filet. Et la dame ne doit pas être vezo : sans doute une Bara ou une Masikoro. Voilà comment ils s'arrangent.

— Tu as vu le tee-shirt que portait l'un des hommes ?

— Non.

— C'était un tee-shirt de l'ONG "Save the turtles".

— Non ! Tu rigoles !

— Si, si ! Tu verras au retour.

— Oui, je sais que cette association est assez active entre ici et Andavadoaka avec une autre ONG qui s'appelle Blue Venture. Ils essaient surtout de sensibiliser les villageois contre le pillage des nids. »

Pendant que l'équipe va faire les courses, nous allons voir le chantier du boutre et rencontrons son accueillant propriétaire, M. Donné. Il nous confirme que Revelo et Éric sont bien arrivés deux jours auparavant et que le déchargement des zébus s'est passé sans encombre avec un grand palan !

« Ils ont dû partir précipitamment vers le sud car les bouchers du village faisaient monter les enchères pour vos zébus ! Tout le monde a cru que j'avais passé commande pour le baptême de mon bateau, car on sacrifie toujours des zébus ! »

Dans son entrée, un maki farouche est attaché en laisse par la taille : c'est notre premier maki, l'emblème de Madagascar ! Nous sommes enfin entrés dans son territoire ! Il est pour nous le premier ambassadeur du Sud. Mais il est prisonnier.

« C'est le gardien de mes marchandises. Il mord tous ceux qui s'approchent ! »

Le bateau sent fort la peinture neuve. Il est rouge, jaune et vert : ça me rappelle vaguement quelque chose…

« J'ai voulu le peindre aux couleurs du mouvement rastafari car je suis un adorateur de Bob Marley et pour la fierté africaine ! Ça fait quatre ans que je travaille dessus ! Il ne me manque que les voiles. »

M. Donné est bien embêté car il a perdu son *fundi* à qui il devait beaucoup d'argent et qu'il ne pouvait plus payer : il lui manque aussi toutes les planches du pont, et le moteur…

« Mais ce n'est pas grave, le lancement est la semaine prochaine pour profiter des grandes marées ! Je vais commencer à naviguer avec des marchandises pour pouvoir rembourser ce que je lui dois, et je finirai le bateau planche par planche ! »

Des enfants rieurs jouent avec un énorme papillon retenu par un fil de coton. Comme un mini-cerf-volant vivant. Philaé est consternée. Ulysse fasciné. Le pauvre insecte lutte et s'épuise contre la gravité. La conversation s'est arrêtée. Nous suivons l'évolution du lépidoptère qui s'élève dans le ciel en espérant qu'il se libère, mais qui redescend, épuisé. Soudain, le maki bondit de sa loge comme un diable de sa boîte et n'en fait qu'une bouchée, déclenchant l'hilarité générale. Au-dessus du lémurien nerveux, un chromo kitsch de Jésus avec un Sacré-Cœur dégoulinant de sang semble répandre des flots de rédemption sur tout cela. Pour l'accueil et le temps de la visite, nous offrons une planche à M. Donné, en lui souhaitant bonne chance pour son lancement. Nous quittons Morombé mal à l'aise, heureux de n'y être point passés en charrette, et rassurés que nos bouviers n'y aient pas traîné.

Le vent est tombé. Nous repartons au moteur. Je monte au sommet du mât pour méditer sur cette nature sauvage et souffrante, ces écosystèmes menacés, et cette humanité livrée à elle-même pour se débrouiller et survivre. C'est mon quarante-cinquième anniversaire aujourd'hui. Les choses se bousculent un peu dans ma tête. Le sens de ce voyage, les sacrifices qu'il impose, les risques qu'il nous fait prendre, les expériences rares qu'il nous fait vivre, les durs enseignements qu'il nous dispense, les rencontres exceptionnelles qu'il suscite, les joies extraordinaires qu'il nous réserve après les épreuves, et les désillusions qu'il cloue parfois à l'angle des jours après de grands moments d'exaltation. Tout reste en suspension, rien n'est définitif, nous avançons, nous apprenons, et jour après jour se dresse une image un peu plus nette de ce pays, de ses problèmes, de ses atouts, de ses charmes et de ses freins.

Les vibrations du moteur me remontent dans le dos par le mât. Se peut-il vraiment que ce petit battement, ce petit cœur carbonique, cette petite chose insignifiante soit si néfaste dans cette immensité bleue ? Je me dis que lorsque Venise, Amsterdam ou New York disparaîtront sous les flots, les Malgaches n'y seront pour rien. Mais qu'en revanche nous apparaîtront comme une hérésie coupable ces milliards de moteurs à explosion qui auront précipité la perte de notre civilisation. En deux siècles, nous aurons relâché tout le carbone patiemment emmagasiné sous terre pendant des millions d'années par dame Nature.

La paille et la poutre… Je redescends et prie Laetitia de mettre les voiles.

« Mais on risque d'arriver de nuit à Andavadoaka… Vous ne verrez le rocher percé que demain !

— Ce n'est pas grave. »

Comme pour me remercier, un souffle de renverse se lève et l'équipe sort toutes les voiles pour en profiter.

Sonia tire avantage de la navigation pour faire l'école. Ulysse va s'installer à son petit bureau dans la charrette avec vue sur mer. Leçon du jour : accord du participe passé. Philaé révise ses tables de multiplication encore et encore, tandis que je couche mes impressions du jour dans mon cahier. La navigation se prête bien au travail. L'équipe prépare le repas de ce soir.

Au crépuscule, une vigie à l'avant surveille les têtes de roche et patates de corail signalées par des taches sombres ou claires entre deux eaux. Le déclin du jour est un peu angoissant tant qu'on n'a pas atteint le mouillage.

« Il faut rester vigilant et ne pas se fier aveuglément au GPS intégré ! »

Nous arrivons de nuit à Andavadoaka et jetons l'ancre devant l'ONG Blue Venture. Tout l'équipage est en uniforme siglé *Nofy Bé* en grandes lettres orange fluo. Après un divin mojito, j'ai droit à un concert d'anniversaire suivi d'un succulent dîner de brochettes de barracuda. Dali a même réussi à me concocter un gâteau dans le fond de sa cocotte. Quatre bougies entières pour les dizaines et une demi-bougie au milieu célèbrent mes quarante-cinq premières années et mon premier anniversaire à Madagascar. Que demander de plus ? Je suis l'heureux père de deux merveilleux enfants, le mari d'une femme exceptionnelle et je fais ce que j'aime faire : je voyage, je filme et j'écris, en passant sur ce bateau une des plus belles semaines de ma vie.

Un rocher percé, cela me parle. J'ai grandi au Québec et le mien était en Gaspésie, titanesque, couvert de fous de Bassan. Celui que me révèle l'aube est blanc, miniature, en calcaire. Une pirogue de chasseurs sous-marins passe devant, altière, la voile rapiécée de patchs caramel, chocolat et violine. Une œuvre d'art contemporain, ancestrale. Correspondances.

Sous l'arche, en masque et tuba avec les enfants, nous tombons nez à nez avec un diodon géant, le gardien du temple. Totalement inoffensif, il nous regarde de ses grands yeux qu'il a proéminents sur une tête globuleuse. Remontés à la surface, les enfants se marrent comme des baleines et leur rire se répercute sur la voûte de l'arche :

« On dirait E.T. ! »

Imperturbable dans son alcôve, Mr Diodon voit descendre tour à tour ces humanoïdes palmés pour le contempler. Il prend des poses. Côté droit ! Côté gauche ! Il n'a rien à craindre, il est recouvert de piquants acérés et peut se gonfler en avalant de l'eau. De plus, son foie contient une toxine mortelle qui dissuade tous les prédateurs. Ça l'aide sans doute à rester cool dans ces eaux où il ne fait pas bon avoir des nageoires ! Partout autour du rocher, de petits bénitiers retroussent leurs lèvres mauves ou pourprées. Les bivalves se referment à notre approche, et Philaé pousse des cris dans son tuba en s'imaginant se coincer un doigt dedans.

À côté de nous, un bateau de jeunes plongeuses anglaises se met à l'eau avec des bouteilles d'air comprimé. Ce sont des stagiaires de Blue Venture. Nous allons barboter au-dessus d'elles. À partir d'un point GPS, elles tendent de longs fils sous l'eau vers le large et le suivent avec un carnet pour inventorier tous les coraux et animaux qu'elles croisent en chemin. À la fin de leur plongée, nous les retrouvons sur la plage. Philaé les interroge :

« Que faisiez-vous sous l'eau avec vos tablettes ?

— Nous faisions du monitoring. Cela nous permet de suivre, au fil des années, l'évolution des populations de coraux, de madrépores, de bénitiers, de concombres de mer. Nous les comptons, tout simplement, sur des lignes parallèles, espacées de 5 mètres dans tout le lagon. Chaque jour une nouvelle.

— Et ça vous coûte cher ces stages ?

— Pas plus qu'un stage de plongée normal, mais on a l'impression d'être plus utiles ! On fait beaucoup de sensibilisation auprès des pêcheurs, on essaie de développer chez eux une prise de conscience environnementale car ils doivent apprendre à ménager leurs ressources. On les paie par exemple pour aller replacer des petits bouts de corail qui sortent de nos pépinières. On essaie aussi avec des concombres de mer, mais ils reviennent la nuit pour les repêcher et les revendre…

— On a remarqué qu'il y avait plein de bébés bénitiers !

— Ça c'est pas nous, c'est la nature ! Mais c'est vrai ce que tu dis ! Depuis qu'il est interdit de les pêcher, on a nous-mêmes constaté un retour des bénitiers, mais cela se fait au détriment des poulpes par exemple… Car il faut bien qu'ils mangent ! Alors on essaie de créer, en concertation avec les autorités villageoises, des moratoires dans le temps : nous définissons des zones protégées où les poulpes peuvent se reproduire aussi, car ils sont très prolifiques, il suffit de leur laisser un peu de temps. D'un autre côté, il ne faut pas se leurrer, les Vezo sont des super-prédateurs, ils ne vivent que de la mer : dans nos quatre-vingt-trois villages sur sept *fokontany*, on a compté six mille deux cents personnes, dont 91 % sont des pêcheurs.

« N'oubliez pas néanmoins qu'ils ne pêchent pas pour leur consommation personnelle, mais sous la pression de la nôtre, via le réseau des collecteurs. C'est la limite de notre action ici. En fait, pour être efficaces et protéger à la fois la mer et les Vezo, il faudrait interdire l'exportation des poissons de récif. C'est un écosystème trop fragile, qui est déjà très impacté par le réchauffement climatique et l'acidification des océans. Dans le meilleur des cas, si on parvenait à le restaurer, il pourrait juste nourrir cette population, mais pas les hôtels de la terre entière ! J'espère que tu te joindras à nous dans ce combat quand tu seras plus grande ! »

Sur la plage, des enfants jouent avec des maquettes de pirogues. Ulysse se joint naturellement à eux en exprimant son admiration par des onomatopées universelles. Fabriquées avec des échardes de *farafatsy*, des tiges de bambou et gréées de voiles en sac plastique, elles respectent parfaitement les proportions de leurs aînées. Notre garçon est aussitôt intégré dans le groupe et un bambin lui tend charitablement son jouet. Il s'incline alors dans un petit *misaotra* et se glisse dans l'eau avec les autres pour se mettre sur une ligne de départ imaginaire.

« *Iray, roa, telo*[1] *!* » décompte le chef de bande.

Et les voilà lâchées dans le vent ! L'une capote, une autre survire, mais la majorité file vent du bas comme des poissons volants au ras des flots, jusqu'à ce qu'une risée plus forte que les autres ait raison

1. « Un, deux, trois. »

des jouets les plus audacieux qui avaient donné un instant l'illusion qu'ils étaient télécommandés par des petits zéphyrs malicieux. Le gagnant est celui qui est allé le plus loin ! Des cascades de rires sanctionnent tous ces carambolages et c'est à celui qui courra le plus vite en remontant la plage et le vent pour se remettre en place. Les manches de cette régate de poche se succèdent pour la plus grande joie des spectateurs que nous sommes, assis au premier rang d'une course charmante d'enfants nus et de fétus emportés dans le vent.

De retour sur le bateau, Ulysse et Philaé font leurs études scientifiques en rapportant à bord deux douzaines d'étoiles de mer *pentacer-aster* qu'ils alignent sur le plat-bord pour une analyse descriptive.

« Vous devez d'abord les décrire !

— Alors, elles ont cinq bras…

— Oui, d'où le préfixe *penta*, qui veut dire “cinq” en grec.

— Elles sont couvertes de sortes de verrues jaunes…

— Oui, d'où les trois lettres *cer* pour *ceros* qui veut dire “cornes”, comme dans rhinocéros !

— Et *aster* ?

— Ça veut dire “étoile” ! Comme dans astéroïde ! Tu vois, les scientifiques qui ont découvert ces espèces à la fin du XIXe siècle ont construit leurs noms avec des racines grecques !

— Et vous, pour quelle raison vous nous avez choisi des prénoms grecs ?

— Philaé c'était pour l'amour et en souvenir du temple du même nom, en Égypte, dans les parages duquel elle a été conçue ! Et toi, Ulysse, c'était pour les voyages au long cours ! Pourtant tu as été fait moins loin : toi tu es le cadeau d'un voyage à Rome ! »

Les deux se fendent la poire.

« Mais revenons-en à nos étoiles ! Première déduction : si vous en avez trouvé autant, juste sous le bateau, c'est que ça ne se mange pas. Première hypothèse : peut-être qu'elles remplacent le vide laissé par les concombres de mer dans la filtration du sable. Seconde hypothèse : les larves de ces étoiles de mer, qui sont un zooplancton pélagique avant de se fixer au sol, ne sont plus mangées par leurs prédateurs naturels, à savoir les alevins des petits poissons de récif, car ceux-ci manquent sans doute à l'appel pour cause de surpêche. Troisième hypothèse, les concombres régulaient la population des étoiles en mangeant leurs larves dans le sable ! Un écosystème c'est vraiment une chaîne de conséquences rétroactives ! Aristote, un philosophe grec très célèbre qui a été le précepteur d'Alexandre le Grand, disait : “La nature a horreur du vide !” Et effectivement, quand l’homme fait un trou dans un écosystème, celui-ci est comblé par une autre espèce qui en profite, mais c’est souvent une espèce dite “nuisible”. Ainsi, les pullulations de méduses sont une preuve de la surpêche, car les alevins et les petits poissons mangent aussi les larves de méduses, comme les tortues mangent les méduses adultes. Donc si tu supprimes les sardines qui mangent les larves et les tortues qui mangent les adultes, les populations de méduses explosent ! De toute façon, quand une espèce pullule, c’est jamais bon signe. »

L’une après l’autre les étoiles, mobiles sur leurs centaines de petits pieds à ventouses, retournent dans l’eau.

« Philaé, tu vérifies juste qu’elles retombent bien sur le ventre. Tu les retournes sinon ! »

Après cette mission, notre fille va promener les canards du bord qui attendent pathétiquement leur dernière heure dans une cage attachée en surplomb au-dessus de l’eau pour que leurs fientes ne salissent pas le pont. Le barracuda géant leur a accordé un sursis. Quelle vision que ces deux canards tenus en laisse tournant autour du bateau, tantôt paniqués par le monstre palmé les poursuivant, tantôt ravis de pouvoir dégourdir leurs pattes et lustrer leurs plumes !

Quant à moi, en ce premier jour du reste de ma vie, je décide de rajeunir en me rasant intégralement la barbe. Mais je le fais en deux temps, en commençant par le côté tribord. Ce qui est amusant c’est que personne ne remarque au premier regard cette asymétrie. Sonia, Laetitia, Dali ne s’en rendent compte qu’en cours de conversation avec moi : ils éclatent de rire. Contrairement à la plupart de mes semblables, c’est quand je me sens en vacances que je me rase. Mais toutes les vacances ont une fin : demain nous rallions la baie des Assassins, notre terminus en bateau.

Vendredi 1er mai 2015, baie des Assassins, Tampolove

Ironie du sort, nous avons contourné Morombé pour éviter les voleurs de zébus et nous trouvons refuge dans la baie des Assassins. Laetitia nous raconte l’origine de ce toponyme.

« Vous savez que l’océan Indien était redoutable ! Alors les galions portugais de retour des Indes, chargés de trésors, prenaient le canal du Mozambique pour se mettre à l’abri de la houle et bénéficier des bons vents de terre. Ils passaient donc forcément devant l'entrée de cette baie : une baie si étroite qu'elle est bien dissimulée. Deux fois par jour cette dernière se vide avec la marée descendante en créant un courant de 7 ou 8 nœuds : je ne sais pas si vous imaginez, mais cela fait du 15 kilomètres à l'heure ! Ajoutez à cela la vitesse du vent et une embarcation légère, les pirates pouvaient fondre sur les gros bateaux et les prendre par surprise. En général, il n'y avait pas de quartier, pas de prisonniers. Voilà l'origine du nom ! »

Nous bénéficions quant à nous d'un courant rentrant. Nous ne sentons rien sinon que les voiles mollissent : la montée sur le tapis roulant liquide a été progressive. La côte se met pourtant à défiler à toute vitesse. C'est surréaliste ! Des vagues se creusent à rebours du courant, comme dans un torrent de montagne, et se dessine clairement dans la mer une véritable rivière. La marche arrière est impossible ! Nous sommes emportés par le flux comme une coquille de noix. À la pointe sud de l'embouchure, se dresse une maison de deux étages. C'est celle d'un Suisse connu comme le loup blanc : Pierrot ! Il nous a vus, il nous attend, et fait de grands saluts de la main à notre passage éclair.

Le *Nofy Bé* pénètre dans la baie, le courant s'apaise et, sur son erre, va doucement jeter l'ancre sous la maison de Pierrot. Le voici qui descend les marches et vient à notre rencontre.

« Bonjour les Poussin ! Vous tombez bien ! C'est un beau cadeau ! C'est le jour de mon anniversaire ! On va fêter ça comme il faut ! Vous ne me connaissez pas encore, mais moi je vous connais ! J'ai suivi tous vos épisodes d'Africa Trek ! Je suis un grand fan ! »

Magie de la vie. Ici, sur une autre planète. Un ami inconnu. Taureau comme moi.

27

Magouilles et Mikea

Tsimivola, baie des Assassins, samedi 2 mai 2015,
Pk 779 toujours...

« Je crois que je vais vous accompagner un bout de chemin ! Il faut que je me change les idées ! »

Le grand Pierrot – 1,95 mètre –, Suisse égaré en ce bout du monde battu par les vents, vient de fêter la veille, jour de notre débarquement, ses cinquante ans. Autour d'un grand feu, comme ceux qu'utilisaient les naufrageurs pour précipiter les bateaux en quête de havre sur les récifs, nous avons célébré ce cap en dansant et en buvant outre mesure divers alcools frelatés qui se rappellent à nous en ce matin beaucoup trop lumineux pour nos crânes endoloris. Guinness, rhum arrangé, THB et vin blanc du Cap ne font pas bon ménage.

Il nous a logés dans un magnifique bungalow de galets ouvert sur le lagon, construit pierre à pierre de ses propres mains.

« Je suis un parfait autodidacte : j'ai travaillé en Suisse à la DDE, j'installais les panneaux sur le bord des routes et je répandais le gravier sur les bas-côtés. Mais ce qui m'intéresse dans la vie c'est le bricolage : je m'exprime à travers mes mains. J'ai restauré des chalets, travaillé dans des garages, dans des stations de ski, des vignobles de fendant, j'ai ensuite été embauché par des assurances pour percer les coffres-forts, j'ai fait cent métiers dans ma vie, puis un jour j'en ai eu assez de tourner en rond en Suisse, j'ai voulu vivre l'aventure alors j'ai mis tous mes outils dans un container, et je l'ai fait déposer ici, sur ce terrain que j'avais trouvé à acheter. »

Et c'est là que ses ennuis ont commencé. Sur fond de paysage paradisiaque, il nous conte ses malheurs.

« Comme vous le savez peut-être, à Madagascar, les *vazaha* ne peuvent pas être propriétaires, ils doivent être associés avec un Malgache. J'ai donc acheté ce terrain titré n° 5866 avec un ami de toute confiance, Victor José Rakoto, adjoint du député de Morombé. Victor est parti y finaliser les actes administratifs pour l'obtention d'un bail emphytéotique. Un mois plus tard, j'ai reçu la visite d'un *karana* avec le titre de propriété à son nom : mon "ami" venait de lui revendre mon terrain. Il avait "oublié" de mettre mon nom dans la case copropriétaire, ce salopard... Depuis cinq ans, je m'épuise en procédures administratives contre cette escroquerie ! J'ai fait 20 000 kilomètres à moto entre les différents tribunaux. Il y a contre moi un mandat d'arrêt et d'expulsion. Les gendarmes sont venus m'arrêter plusieurs fois avec les menottes : à chaque fois, je paie la caution, mais pour la maison je ne me laisserai pas faire ! »

Une magnifique petite blondinette métisse répondant au doux nom d'Esperanza Bé, la « grande espérance », joue devant nous avec les enfants et des coquillages dans le sable.

« J'ai mis le terrain d'à côté avec la plage à son nom ! Au moins s'ils viennent me faire la peau, elle ne perdra pas tout. C'est pour elle et sa mère que je me bats, et pour ne pas donner raison aux escrocs. De toute façon, ils n'auront pas la maison. J'y foutrai le feu si je suis débouté. C'est trop facile ! J'ai tout fait ici ! C'est une question de principe ! »

Ah ! la rigueur suisse, si étrangère aux rouages des tropiques... Je lui suggère une solution.

« Tu crois que ça l'intéressera vraiment de s'installer ici, dans des ruines, ce *karana* de Morombé ? Si j'étais toi, j'irais lui racheter le terrain et je le mettrais au nom de ta fille. Même s'il te le revend deux fois plus cher alors qu'il n'a rien fait ! Ça sera de bonne guerre... C'est la "règle de trois" de notre amie Laetitia qui s'applique ! À mon avis, ça serait plus efficace que tous ces conflits sans fin !

— Ah ça non alors ! Je suis marié à Diana qui est de Tuléar, je n'ai plus rien en Suisse, c'est ici que je veux vivre, ce n'est pas à moi de tomber dans leurs combines tordues ! Je suis défendu par le président du *fonkontany* de Tampolove qui m'a autorisé par un document officiel à m'installer ici, soutenu par toute la communauté locale : j'ai creusé des puits, refait l'école, le CSB[1], la mairie, l'épicerie du village. C'est pas ces parasites qui n'ont rien fait pour les gens d'ici qui vont me virer avec leur escroquerie. Ils n'ont qu'à se débrouiller entre eux : le Victor, il n'a qu'à rembourser le *karana*. Moi j'ai payé une fois, je paierai pas trois fois ! On sait compter, nous en Suisse ! Ils ne sont pas tombés sur le bon numéro en tombant sur Pierrot ! Nous, les Vaudois, on n'a pas l'habitude qu'on nous la fasse à l'envers ! »

Une fois le *Nofy Bé* posé sur le ventre, nous pouvons débarquer la charrette. L'opération est bien plus facile que le chargement. L'axe, les roues et le timon sont remontés en un rien de temps. Éric et Revelo sont arrivés hier soir avec les zébus, complètement sur les rotules, tandis que la fête battait son plein. « On entendait la musique depuis des heures ! Et la maison était la seule chose lumineuse dans la nuit ! » Ils nous ont raconté le déchargement des zébus sans encombre, les enchères des bouchers de Morombé puis les rencontres de *dahalo* en chemin, avec lesquels ils ont dû négocier des droits de passage : la bourse ou la vie ! Mais grâce à son cran et à son sang-froid, Revelo a su leur tenir tête et a sauvé nos bêtes. Quel chic type ! Il fait mentir au quotidien toutes les histoires de trahison et de fourberie qu'on nous raconte au fil de notre progression.

« Allez ! Pour se changer les idées je vous emmène voir les baobabs sérigraphiés de Tampolove ! nous dit Pierrot. Vous savez conduire un quad ? »

Au bout d'une demi-heure de rugissements de machines dans le sable mou, à sinuer entre les massifs de didieracées et d'euphorbes, nous débouchons sur une grande plaine sèche où semblent posés comme des pachas égarés de gros baobabs obèses aux courtes branches. Dans cette brousse famélique où il semble si dur de pousser autrement qu'avec des épines et des sèves épaisses et corrosives, ces géants de pulpe ventrus à peau rose semblent une anomalie monumentale : des châteaux sur le sable !

« Curieusement, ce sont aussi des *grandidieri*, mais ici, ils n'ont pas du tout poussé comme ceux de Morondava, fins et élancés. Les spécialistes pensent que c'est dû aux propriétés du sol et à l'adaptation : ils sont comme des humains en manque d'exercice qui mangeraient des cochonneries devant la télé », dit notre Suisse avec son accent impayable.

1. Centre de santé de base. Sorte d'infirmerie de brousse.

Nous nous bidonnons.

Mais ces arbres ont une autre particularité : sur l'écorce sont dessinés les motifs géométriques de cercles concentriques, à l'image de ceux que peignent les aborigènes d'Australie, avec des points et des traits. Ces motifs sont magnifiques et fractals, se répétant tout autour des troncs en arabesques florales.

« Alors ce sont des peintures exécutées par les mystérieuses tribus mikea que l'on dit hanter ces forêts sèches ?

— On pourrait le croire, n'est-ce pas ? Mais pas du tout, c'est naturel, ce sont comme des mycoses ! »

En ce début de saison sèche, les feuilles pointent au bout des trognons de branches, et les petits bras dénudés et potelés de cette kyrielle de personnages habillés de sérigraphies naturelles inspirent Sonia :

« Moi, ces baobabs me font penser aux danseuses de Botero vêtues de pagnes tahitiens ! »

Je m'envole dans le ciel avec mon drone pour immortaliser leur ballet dans le soleil déclinant. À Madagascar, même immobiles, les merveilles naturelles s'animent le soir par le jeu des lumières chatoyantes du couchant.

« Moi, je vois la danse des hippopotames en tutu rose dans le dessin animé *Fantasia*...

— Dites-moi, les Poussin, vous avez fumé quoi à bord du *Nofy Bé* ?

— Ha ha ha ! On n'a pas besoin de fumer ! On est comme ça au naturel ! » répond Sonia en riant.

L'équipe du *Nofy Bé* nous enchante le soir d'un petit concert autour du feu. Toutes les lumières du bateau sont allumées dans la baie : il ressemble, flamboyant, à ces grands voiliers de luxe de la Riviera. Laetitia interroge Pierrot :

« D'où vient le nom de cette presqu'île rocheuse qui ferme la baie : Tsimivola ?

— Tout le monde a toujours cru que ce bout de caillou était un repaire de pirates puisque c'est d'ici qu'ils observaient le passage des galions portugais et donnaient le signal de l'attaque. On imaginait que leur magot était enterré ici ! Depuis, des générations de Malgaches ont fait des trous partout pour trouver des coffres pleins de pièces d'or, et à chaque fois ils n'ont rien découvert, d'où le nom qui signifie : "Il n'y a pas d'argent !" À bon entendeur, salut ! Mais aujourd'hui, c'est moi qu'ils prennent pour un pigeon et qu'ils veulent plumer !

— Dites-moi les Poussin, j'ai entendu que Pierrot venait avec vous demain : que diriez-vous si on vous accompagnait pour la matinée ? J'ai envie de me dérouiller les jambes et je n'ai jamais marché dans la forêt des Mikea ! »

De bon matin, la caravane se met en branle avec les musiciens du *Nofy Bé* en tête de cortège pour nous escorter de leurs guitares et leurs belles voix. Les saltimbanques partent en brousse sous la houlette du grand Pierrot, bavard comme une pie borgne jacassant des histoires pas piquées des vers :

« Quand je quitte la maison pour mes procès, je dis toujours à mes employés de nourrir les chiens, mais ils prennent le riz pour eux et vont le revendre, les petits malins ! Et quand je reviens mes chiens sont squelettiques ! Alors j'ai trouvé la parade. J'ai deux réserves de riz, une pour eux, et une pour les chiens : et j'urine dans cette dernière avant de partir, en leur disant bien de ne pas confondre ! Depuis, mes chiens ne maigrissent plus ! »

Impayable. Il a une histoire derrière chaque pierre et chaque dune de la piste, normal, c'est lui qui l'a ouverte.

« Je regrette un peu, car maintenant, trois fois par semaine, des camions 4 x 4 chargés de grosses glacières viennent récolter les poissons dans les villages vezo sur toute la côte. À cause de ça, il n'y a plus moyen d'en acheter ! Ils raflent tout ! Et les prix ne font qu'augmenter ! On passera voir le dépôt d'Antsepoka tout à l'heure, au milieu des dunes. »

Le sable laisse bientôt place à des rochers calcaires tranchants comme des lames que la charrette franchit comme elle monterait des marches.

« Ce sont d'anciens récifs de corail ! Ma maison est fabriquée comme ça, en roche corallienne. Je retrouve dedans des fossiles de coquillages.

— C'est la même matière que les célèbres tsingy ?

— Oui sauf que les tsingy sont sortis de l'eau il y a plus longtemps que ces rochers, ont été soulevés beaucoup plus haut par les poussées telluriques, et sculptés simultanément par des pluies acides torrentielles pendant des millions d'années. »

La piste s'enfonce ensuite dans des taillis si épais que la lumière ne les traverse presque plus. Laetitia demande alors à Pierrot :

« Et les Mikea, tu en penses quoi ?

— Je ne dis pas qu'ils n'ont pas existé ni qu'ils n'existent pas, mais cela fait longtemps qu'on n'en a plus vus dans les parages ; c'est un peu un mythe alimenté par les tour-operateurs pour faire rêver les touristes. La vérité, c'est que la vie est beaucoup trop dure dans cette brousse et qu'ils n'ont plus aucune raison de s'y cacher ! À mon avis, ils se sont fondus peu à peu dans la population vezo et massikoro. Ils n'ont d'ailleurs jamais été très nombreux.

— Et d'où venaient-ils ?

— Y en a qui disent que c'étaient des Vazimba, les premiers habitants de l'île, exterminés par les Merina, d'autres qui disent que c'étaient des gens en cavale qui venaient se planquer là. Mais je ne vais pas inventer, tu trouveras plein de gens pour t'en parler le long de la côte, comme en Suisse tu trouves plein de gens pour te parler des dahuts ! »

Nous nous mettons alors en quête d'herbe pour nos zébus qui étaient mis au régime forcé sur le corail pelé de Tsimivolo. Chacun muni d'un couteau ou d'une serpe, nous nous éparpillons comme des Mikea sous les buissons pour récolter, une par une, les précieuses touffes de graminées. La végétation a considérablement changé. Les *samata*, des *euphorbia stenoclada*, rares et clairsemés plus au nord, sont ici dominants. Ce sont ces arbres sans feuilles mais dont la verdure turgescente et épineuse contient ce fameux latex blanc.

« Les Masikoro en donnent à manger à leurs zébus, vous devriez tenter !

— On a déjà essayé depuis Morombé ! lui répond Revelo. Babe ne veut rien savoir, et Mainty en prend du bout des lèvres, puis le recrache. Lui, il se débrouille pour manger les feuilles des buissons, mais Babe, on a beaucoup de mal à le nourrir ! »

Au bout d'une demi-heure à se griffer les avant-bras dans les épineux, nous revenons avec deux grands sacs de riz remplis de carburant pour nos bêtes : de quoi finir la journée. Le moment pour nous de partager une soupe aux nouilles avec notre équipe de gastronomes du *Nofy Bé*. Laetitia est horrifiée :

« Non vraiment ! Je pourrais tout supporter dans votre aventure mais pas ça ! Sonia tu es vraiment héroïque ! Vous aussi les enfants ! »

Après ce déjeuner au lance-pierre, c'est l'heure des embrassades avec nos amis. Quelle semaine de rêve nous avons passé à leur bord ! Ils s'en retournent à leur beau bateau. Ils arriveront à Tuléar bien avant nous !

« Merci pour ce “grand rêve” que tu nous as offert, chère Laetitia, et tu n’oublieras pas de remercier ton acolyte Fred Bouvier pour l’excellence de sa réalisation !

— Allez ! On se donne rendez-vous l’année prochaine à Nosy Bé quand vous aurez fini votre tour !

— Waow ! Génial ! Ça c’est une super carotte ! »

L’après-midi, nous passons par le village d’Antsepoka qui nous révèle encore un autre visage de ce pays : là, sur des dunes proprement sahariennes couvrant une immense surface de sable blanc, des petites cases en *mokoty* éparses servent de refuge aux pêcheurs qui passent le plus clair de leur vie sur la mer. Paysage fantomatique grouillant de joyeux enfants aux cheveux hirsutes roulant dans les dunes. Nous avons laissé la charrette dans la forêt, nous ne sommes qu’un groupe de touristes comme les autres et avons droit aux mêmes sollicitations, et aux mêmes pauses grimaçantes pour faire des photos que nous ne prenons pas. Quels drôles de tics ! Un comble : les clips des rappeurs américains et leurs postures stéréotypées ont contaminé ces enfants les plus purs et les plus éloignés d’un monde si artificiel !

Dans la petite épicerie à moitié avalée par une barkhane trônent deux immenses glacières en plastique bleu marine. Elles sont remplies à ras bord de tout ce que la mer peut offrir. Les poissons dans celle de gauche, les céphalopodes dans celle de droite : poulpes, encornets, calamars. Le contraste entre la misère du cadre et l’opulence de cette corne d’abondance me met mal à l’aise.

« Pierrot, tu crois que ça peut durer longtemps à ce rythme-là ?

— Non ! C’est sans cesse plus dur, ils vont sans cesse plus loin. Les lagons sont vides, ils prennent de plus en plus de risques en haute mer, et reviennent avec des pirogues de moins en moins chargées. Mais tant qu’il y en a encore, ils y vont tous, ça reste moins difficile que l’agriculture, et c’est ce qu’ils savent faire de mieux ! »

Au retour nous passons par le puits situé au cœur d’un groupe de cases à moitié recouvertes par les dunes mouvantes. Des jeunes filles échevelées et charmantes y font la queue. Je passe la tête dans la buse de béton pour constater que 5 ou 6 mètres plus bas il est pour ainsi dire à sec. Dans le sable humide, une petite flaque permet juste à une boîte de conserve couchée sur le côté de se remplir un peu et de remonter l’équivalent du contenu d’un petit verre. La jeune pêcheuse la remonte d'un coup de poignet sec comme si elle avait ferré un poisson et reprend son manège, verre après verre.

« Et ils n'ont que ce puits ?

— Oui c'est une ONG Terres-en-mêlées, qui essaie de développer le rugby pour les filles dans la région qui l'a creusé l'année dernière. Sans ça, il n'y aurait pas d'eau ici.

— Du rugby pour les filles ?

— Oui, ça ne paraît pas une priorité, mais en fait ils font un travail formidable d'éducation et d'autonomisation des femmes, le fameux *woman empowerment*. En gros, ça développe leur combativité, le rugby : je t'assure qu'après un match, elles se font respecter, les filles ! Elles ne passent plus si facilement à la casserole, si tu vois ce que je veux dire ! Mais il n'y a pas que ça, ils refont les écoles, les centres de santé, organisent des matchs régionaux, ils sont les seuls à venir dans des endroits aussi reculés qu'ici, et grâce au sport ils font des choses formidables.

— Et comment les gens faisaient-ils pour vivre ici avant ce puits ?

— Ils connaissent des sources dans les rochers tout le long de la côte, et ils remplissent des bidons. Les puits, ils les utilisent de façon très marginale, car d'abord ils n'en creusent pas, ensuite ces derniers peuvent véhiculer des maladies, et en plus ils s'ensablent très vite. »

Nous repartons à notre charrette avec un sachet d'encornets :

« En voilà que les Chinois n'auront pas ! »

Notre chemin de brousse s'enfonce gentiment dans la lumière dorée en serpentant au cœur de denses frondaisons. À tout instant, il nous semble que la forêt va nous engloutir. Elle est particulièrement silencieuse et énigmatique et nous avons le sentiment d'être épiés. Une autre espèce de petit baobab se cache ici avec sa forme caractéristique en bouteille : le baobab *fony*, *adansonia rubrostipa*, une des sept espèces endémiques de l'île. Ils nous tendent des grappes de fruits ronds couverts de velours marron. Pierrot nous en cueille aisément avec son allonge de géant :

« Tu vois, s'il y avait des Mikea dans les parages, ils les auraient cueillis avant nous ! »

À l'intérieur des cosses, des fruits en forme de gousse d'ail sont recouverts d'une pulpe blanche et poudreuse qui fond délicieusement sous la langue comme des bonbons acidulés pour enfants.

« C'est très riche en vitamine C ! »

Ulysse attrape de nombreux serpents qu'il promène sur quelques centaines de mètres en leur racontant droit dans les yeux des histoires secrètes avant de les relâcher. Iront-ils les conter aux habitants de ces futaies obscures ? Nous nous apprêtons à faire notre dernier kilomètre avant de chercher un lieu pour la nuit, quand soudain déboule en face de nous une charrette au galop qui n'a que le temps de se jeter dans le décor. Nous avons frôlé de justesse l'accident. Les passagers ont été propulsés dans des buissons épineux dont ils s'extirpent en rigolant. Plus de peur que de mal !

Place à la stupéfaction et à la comparaison des véhicules. Ils hallucinent sur le nôtre, le leur est encore d'un modèle différent : une charrette montée sur ressorts, avec un simple plateau sur lequel s'entassent les sacs et les passagers, une sorte de RER local. Nous les regardons repartir avec leurs zébus hauts sur pattes, non pas au galop mais au trot à l'amble ! Surréaliste !

« Croyez-moi si vous vous voulez, ici ils appellent leurs zébus : "seval" !

— On comprend pourquoi ! Ce sont de vrais chars romains, leurs trucs ! »

Nous ne tardons pas à trouver un petit espace dégagé dans la futaie pour garer la charrette, planter la tente et faire un feu. Les yeux plantés dans les flammes, Pierrot nous parle de Tuléar :

« Faudra vous méfier à Tuléar ! C'est la ville des coups fourrés. Il m'y est arrivé les pires histoires ! Je m'y suis fait voler mes papiers, mon téléphone, mes appareils photo, même dans les hôtels ! Là-bas, les gens nous voient comme des gâteaux à picorer. Et pourtant vous voyez, ça ne m'a pas dégoûté ! Je suis toujours là et j'aime ce pays ! On s'y sent vraiment vivant ! Mais il ne faut pas se laisser faire. Remarquez, je ne peux pas être plus loin de Tuléar qu'ici, j'habite le bout du bout de la piste. La baie des Assassins, c'est comme un cul-de-sac !

— Et qui sont les clients habituels de ton bungalow ?

— Des touristes qui font des raids en quad depuis Tuléar. Ils mettent trois ou quatre jours pour monter, restent deux jours et redescendent. C'est une super destination pour eux ! Dans notre petit lagon, ils peuvent faire du kite, on va voir les baobabs, les pêcheurs, et on s'offre du bon temps ! Il y a aussi des surfeurs en quête de vagues magiques : quand la houle rentre fort et que le courant sort de la baie, ça lève une gauche de folie sur le bord du lagon ! »

28

Coquilles et citernes

Ambatomilo, au Pirate amoureux, Pk 817

Marcel était plombier, Martine était caissière. Jeunes retraités, ils se sont installés ici, sur une plage déserte à l'infini, avec des caisses et des caisses de livres. Elle est devenue une des meilleures tables du pays, de celles qui font s'exclamer les fines bouches : « Quoi ? Tu ne connais pas Martine, du Pirate amoureux » ? C'est une adresse d'initiés. Tamara nous en avait déjà parlé à Tana, c'est dire si sa réputation la précède. Martine pleure son Marcel, emporté par un cancer l'année dernière. Des lunettes d'hypermétrope agrandissent ses yeux bleus débordant de générosité. Elle porte un petit chapeau de paille qui semble vissé à ses cheveux gris bouclés et une robe marinière bleu marine.

« Salut Pierrot ! Ça me fait plaisir de te voir. Tu passes toujours en courant d'air ! Merci de me ramener du monde. J'ai besoin qu'on me remonte le moral. C'est vraiment moche la vie sans Marcel ! »

La maison bleue est sur la dune, à un jet de pierre de la mer, croulant sous les bougainvillées fuchsia. L'intérieur est si propre et dépourvu du moindre grain de sable que nous osons à peine entrer. Martine nous met à l'aise.

« C'est fait pour vivre, les maisons ! Et ça n'est vivant qu'avec des hôtes ! Ne vous inquiétez pas, on balaie quatre fois par jour, c'est pour cela que les planchers sont si brillants. Venez les enfants j'ai des cadeaux pour vous. Quel plaisir de vous recevoir ! Je n'ai pas l'occasion de voir beaucoup de petits *vazaha* par ici ! »

Elle les attire vers une bibliothèque d'où elle extrait pour Ulysse un grand album, *Le Monde en marche*, qui étale sur de grandes planches toutes les inventions créées par l'homme depuis celle du feu. Notre fils s'y plonge aussitôt. Pour Philaé, elle dégote un roman pour jeunes filles, *Cœur vanille*, qui fait aussitôt ses délices.

« Quant à vous, je vous propose une spécialité de la maison, la Caïpi, avec des citrons verts du jardin, s'il vous plaît ! »

Dans le soleil couchant, nous sirotons cet élixir de vacances tandis que, depuis la charrette illuminée garée devant le perron sur fond de lagon, je fais jouer sur notre enceinte mon répertoire éclectique allant de Charles Trenet à Niagara, en passant par Elvis et les Beatles. Martine entre en transe et nous finissons tous les quatre par danser des rocks endiablés, pieds nus dans le sable du bonheur. Pierrot passe de Sonia à Martine tout en continuant la conversation entamée avec l'autre ! Quel phénomène ! Et qu'ils sont déjà loin les marais vers Belo ! Ils étaient la clef de toutes ces plages paradisiaques qui s'annoncent peuplées de tauliers et d'hôteliers merveilleux.

Nous passons ensuite en cuisine assister au spectacle de la préparation du carpaccio de thazard de Martine, célèbre au-delà des mers !

Dans un plat à découpe traditionnel malgache qui se présente comme une sorte de petit billot carré dressé tel un ergot au cœur d'un saladier de bois massif, Martine découpe de fines tranches de filets préalablement prélevés sur le dos de ces beaux prédateurs argents et fuselés. D'un petit coup de la pointe du couteau elle écarte les délicates lamelles qui s'empilent proprement au pied du petit carré de bois. Sonia s'émerveille de l'ingéniosité simplissime de cet ustensile. Martine abonde :

« Ce truc, c'est génial, tu peux même le faire sur tes genoux, assise sur la plage avec du poisson frais sans que le moindre grain de sable vienne pourrir ton travail ! Je ne peux plus m'en passer. J'en emmène partout avec moi, et j'en offre à tout le monde, c'est un cadeau idéal ! »

Ady gasy ! La débrouille malgache ! Nous adorons ces objets, fruit du génie et de la diversité créatrice des différentes cultures, uniques en leur genre.

Je remarque sur les flancs de son plan de travail en béton blanc des incrustations d'éclats de coquillages. Je m'enquiers de leur origine.

« Ce ne sont pas des coquillages mais des coquilles d'œufs d'Æpyornis ! Tu sais, ces grandes autruches préhistoriques qui vivaient par ici ! »

Que n'a-t-elle pas dit là ! En tant que Poussin, l'œuf d'Æpyornis est depuis très longtemps chez moi une réelle obsession ! Le plus grand œuf de toute la création ! Plus gros que tous ceux des dinosaures ! Neuf litres de contenance pour 35 centimètres de haut et 1 mètre de circonférence ! Pondu par un cul de la même taille ! Celui d'un ratite de 3 mètres de haut qu'on appelait l'oiseau-éléphant tant il pesait lourd. Cinq cents kilos sous les plumes ! Son fémur ressemblait même à celui de nos célèbres proboscidiens dont il tenait le nom. Une putain de grosse volaille ! Je n'en peux plus de joie !

« Et où les as-tu trouvés ?

— En creusant une fosse septique pour un bungalow derrière la maison, on est tombés sur un amoncellement, à 1 mètre sous la dune. Sans doute une déchetterie… On a même trouvé des tessons de poteries au milieu : c'est bien la preuve que des gens habitaient sur ces plages dans les temps anciens, et quand la pêche n'était pas bonne, ils allaient dénicher des œufs dont les coquilles s'entassaient derrière leurs cases ! Ici même !

— Ben oui ! Tu te rends compte ! Comment résister ! Une omelette de neuf kilos ! Le délire ! L'équivalent de cent cinquante œufs de poule ! Tu pouvais nourrir toute la tribu avec ça ! D'autant plus que ça ne devait pas être difficile d'effaroucher les gros volatiles pour leur piquer leurs œufs ! Les scientifiques pensent que c'est ce qui a conduit à leur disparition plutôt que la chasse, car cela devait être exceptionnel de pouvoir abattre un tel monstre.

— Je crois que cela ne devait pas être si difficile que ça : des vieux dans les villages racontent que leurs ancêtres les poussaient avec des chiens et des torches vers les marais où ils s'enlisaient et pouvaient être achevés facilement. Pour moi, cela ne fait pas si longtemps que ça, je dirais, au XVIIe ou au XVIIIe siècle ?

— Pourtant, comme tu as dû le lire, aucun voyageur occidental n'en a jamais vu ! En tout cas, aucun témoignage crédible n'a jamais été rapporté.

— Tu sais, ils ne faisaient qu'effleurer le pays, et la plupart du temps c'étaient des naufragés, qui finissaient captifs des tribus côtières, sakalava, vezo, mahafaly ou antandroy. Oh ! à ce propos ! Il faudra que je vous prête un livre extraordinaire : *Le Journal de Robert Drury*, dont on dit qu'il serait le dernier livre de Daniel Defoe qui aurait recueilli le témoignage d'un marin anglais ayant fait naufrage en 1701 chez les Antandroy, plus au sud, et qui a survécu à des aventures rocambolesques pendant quinze ans. Avec les livres de Grandidier, cela fait partie des plus anciens témoignages sur la vie des gens qui peuplaient ces côtes ! Et demain matin, je te déballerai ma caisse de bouts de coquilles, c'est promis ! »

Pendant le dîner, elle nous raconte sa relation avec le village d'Ambatomilo qui s'est passablement dégradée au fil des années.

« Quand on est arrivés, on a été un peu trop généreux : on soignait tout le monde, on a refait l'école, on a organisé le marché aux poissons, on a même fait construire un boutre pour le chef du village, afin qu'il puisse faire plus de commerce ! Oh, mon Marcel, qu'est-ce qu'il s'est décarcassé pour eux. Un peu comme toi, Pierrot ! Puis un jour, on a appris que le chef avait revendu le boutre sans nous prévenir, pour payer des funérailles, des dettes et je ne sais quoi.... Quelle déception cela a été ! Alors depuis, on n'a plus fait grand-chose, c'est un peu chacun chez soi. J'essaie juste de donner du travail aux femmes. J'ai une super équipe. Mais là encore, il faut faire attention, il ne faut pas s'emballer. Je vais vous raconter une petite histoire qui en dit long. Il se trouve que je suis super exigeante pour le linge. Il faut que les draps de mes clients soient nickel. J'ai formé les filles au trempage, car elles frottent comme des brutes, elles trouaient tous mes draps. Puis au rinçage, car l'eau est toujours un peu saumâtre ici, et surtout à la seconde trempe. C'est sûr que cela prend un peu plus de temps, mais il faut laisser le temps aux enzymes de faire leur travail. Elles sont devenues de vraies pros ! J'étais tellement contente d'elles que je les ai augmentées. Qu'est-ce que je n'avais pas fait ! De jour en jour, mon linge revenait de plus en plus sale. J'étais bien récompensée de mes largesses... Je râlais, je râlais, puis j'ai fini par découvrir le pot aux roses : mes filles, mieux payées, sous-traitaient le travail auprès de lavandières plus expéditives. Il a fallu que je reprenne les choses en main, en rebaissant le tarif. C'est pas facile de les aider, tu sais ! Mais à force j'ai développé une devise ici : "Rien n'est jamais gagné, mais tout est toujours possible !"

— Je l'adopte pour notre charrette ! Tu permets ? »

Dès le petit déjeuner desservi le lendemain matin, nous étalons un à un avec Ulysse et Philaé les centaines d'éclats de coquilles d'œufs d'Æpyornis que Martine nous a apportés dans des cageots à légumes. Pierrot est retourné chez lui à l'aube. Nous les rangeons en colonnes par couleur sur le principe que chaque œuf a pu être jeté à une époque et à une profondeur différente, conditionnant une conservation spécifique. Elles ont des tonalités différentes : des cendreuses, des crème, des ivoire, des blanches immaculées. L'épaisseur des coquilles nous offre aussi quelques indices. Certaines semblent fossiles, d'autres cassées hier avec les pores apparents et la surface brillante. L'idée est bien sûr de faire un puzzle et de tenter de reconstituer tout ou partie d'un œuf. Idée fondée sur le fait que, si le gisement était une déchetterie, une fosse, un tas d'ordures historique ou préhistorique, nous avons là de nombreux œufs mélangés. Cela mérite bien une journée de repos et peut-être la création d'une vocation d'archéologue !

Mais la chose n'est pas aisée. Chaque pièce est une sorte de triangle ou de trapèze baroque et concave dont les bords irréguliers ne trouvent pas leurs complémentaires. Nous manipulons, retournons, photographions mentalement les pièces en vain pendant de longues minutes sans succès. Les enfants ne tardent pas à s'éclipser. Coup de chance ! Je pousse bientôt un cri de victoire qui les fait revenir. Je n'ai pas trouvé deux pièces qui s'accordent mais un indice scientifique bien plus important ! Je dispose l'éclat devant Ulysse et lui demande de l'examiner :

« Que vois-tu d'intéressant sur cette coquille ? »

Il la prend, la tourne et la retourne, les lèvres pincées et les sourcils haussés :

« Je ne vois pas trop… sauf qu'elle est cassée là, mais c'est bien normal puisque c'est un œuf cassé.

— Mais non Ulysse, tu as raison ! C'est très important déjà de savoir ça ! Que cet œuf ne s'est pas cassé tout seul ! Tu as sous les yeux la preuve d'une percussion par objet contondant ! Ce n'est pas rien ! La preuve scientifique qu'il a été mangé, donc déniché et rapporté au village, où il a cédé sous le coup d'un pic en os ou en bois dur comme le montre la rotondité de la perforation ! Bravo, docteur Poussin ! Vous avez fait une découverte importante pour la science ! Et là Philaé, qu'est-ce que tu vois ? »

Je lui désigne des petits tessons de poterie qui ont été trouvés au même endroit.

« Qu'est-ce que cela apporte comme information ? »

Adorable, elle finaude et minaude :

« Eh bien qu'ils ont été mangés, mais ça on le savait déjà…

— Mais encore ?

— Je ne sais pas moi, qu'ils ont été mangés dans des bols en terre ?

— Oui ! C'est probable, et c'est très important ! Cela veut dire que ce ne sont pas des œufs préhistoriques mais qu'ils ont été mangés dans les temps historiques où les gens savaient cuire l'argile et faire des poteries. Je ne connais pas assez l'histoire de Madagascar mais je ne crois pas déraisonnable d'émettre l'hypothèse qu'ils n'ont pas plus de cinq cents ans. Après, qu'est-ce que tu remarques sur les tessons ?

— Je vois des petites stries et des motifs croisés un peu comme les feuilles d'un palmier, et une petite lèvre crénelée avec des petits points enfoncés avec un bout de bois.

— Magnifique ! Belle description ! Et tu dirais que c'est fait avec les pieds ou avec soin ?

— Avec soin ! répond-elle en rigolant.

— À la bonne heure ! Je le pense aussi ! Je vois de la délicatesse et une certaine forme de recherche, ce qui plaide pour une technique bien maîtrisée et une pratique assez avancée, donc à mon avis pas très ancienne, mais là encore je ne connais pas du tout l'histoire de la poterie dans ce pays. Tu vois, le travail d'archives et de laboratoire est indissociable des fouilles sur le terrain ! Les scientifiques passent parfois plusieurs années à traiter, décrire et étudier les objets prélevés en une semaine de fouilles !

— Sinon, tu sais comment on peut dater les poteries ? relance Ulysse.

— Il y a deux grandes méthodes : l'une est coûteuse et ne fonctionne que sur les poteries très anciennes, c'est la datation au carbone 14. C'est un isotope radioactif du carbone qui se dégrade avec la précision d'une horloge. Pour t'expliquer simplement, on mesure son degré de radioactivité qui dit combien d'électrons il a perdu depuis sa création et cela te donne, à un siècle près, la date de sa cuisson ! L'autre c'est par analogie et comparaison. On va trouver des poteries du même style dans des sépultures plus faciles à dater ou dans des couches géologiques connues qui lui donneront son âge. Ainsi, on peut avoir des présomptions et établir des fourchettes. Mais comme en toute chose, la seule chose dont on est sûr, c'est qu'on n'est jamais sûr à 100 %. »

Tout en donnant ces explications aux enfants, je continue à manipuler de gros morceaux de coquilles en tentant de les apparier au hasard, de façon mécanique puisque le regard analytique n'y est pas encore parvenu, quand soudain deux pièces s'emboîtent parfaitement !

« Waaaaaah ! Regardez ! J'en ai retrouvé deux qui vont ensemble ! »

Les cris de joie ameutent la maisonnée.

« Regardez, regardez ! Papa a réussi à en recoller deux ! Trop bien ! Moi aussi je veux en trouver ! »

Nous établissons une méthode pour mettre les chances de notre côté. Nous prenons un morceau fixe dans la main gauche avec une fracture assez reconnaissable et nous passons au scanner de nos yeux toutes les pièces une à une pour voir si nous lui reconnaissons le même tranchant sur un autre éclat. Nous avons mis toutes les pièces « sur le dos », à savoir le côté convexe ou bombé sur la nappe. Rapidement, avec cette méthode, Philaé comme Ulysse trouvent leur petite paire !

Quel bonheur que de contempler ces petits Poussin tenter de recoller des coquilles cassées et léchées sans doute il y a quelques siècles par d'autres enfants de leur âge !

« C'est si triste que cette espèce ait disparu ! gémit Philaé. Ce serait trop bien si les Æpyornis existaient toujours dans la brousse !

— Tu as raison, il n'y a rien de plus triste que la disparition d'une espèce, car à ce que je sache, à part les virus, on n'a jamais vu l'apparition de nouvelles espèces ! Ça prend beaucoup trop de temps ! Et de nos jours, les disparitions du fait de l'activité humaine et de la réduction des espaces naturels sont beaucoup trop rapides. C'est pour ça que certains scientifiques disent que nous vivons une période d'extinction de masse ! Aujourd'hui ce sont les rhinocéros, les lémuriens, les grands prédateurs et des milliers d'espèces qui sont concernées, mais l'Æpyornis comme le mammouth sont parmi les premières à avoir disparu à cause des hommes !

— Mais peut-être que si on trouve un œuf intact, on pourrait retrouver de l'ADN dedans qu'on pourrait transmettre à une autruche pour essayer de recréer l'espèce ! J'ai vu que des chercheurs russes tentaient de faire ça avec de l'ADN de mammouth de Sibérie !

— C'est vrai ce que tu dis, Ulysse ! Ce serait formidable, non ? Mais je crois que la glace conserve mieux l'ADN que le sable, même si je n'en suis pas sûr ! Et puis si ça marche, on ne recréera pas un mammouth, mais un éléphant avec certaines caractéristiques du mammouth ! Les espèces sont des trésors uniques ! Il y a tant de choses à apprendre et à découvrir ! »

Au déjeuner, Martine nous fait part de son principal problème.

« Je vais peut-être être obligée de fermer. Mon puits donne de moins en moins !

— Pour quelle raison ?

— Je ne sais pas, c'est sans doute le changement climatique, la raréfaction des pluies et la montée de la mer. Car mon puits est influencé par les marées maintenant !

— Ah bon ? Comment est-ce possible ?

— L'eau douce flotte sur l'eau salée, comme vous le savez. À marée basse, l'eau de mon puits est douce, mais à marée haute, les infiltrations d'eau salée l'emportent. Donc je puise pour la journée à marée basse, mais pas trop, sinon cela fait venir l'eau de mer. Et je ne peux pas recevoir des clients s'ils ne peuvent pas se doucher après leur journée de quad ! Vous verrez, tout le monde a le même problème sur cette côte. Ça nous sauve aussi ! Grâce à cette problématique, il n'y aura jamais de tourisme de masse par ici. »

Le matin du départ, pendant que Revelo prépare la charrette, Éric et Philaé partent chercher les zébus. Quand ils déboulent de la dune, nous poussons un énorme éclat de rire : Babe est entièrement tagué, couvert de smileys rouges, de cœurs, de petits mots d'amour autour de ses taches noires. Philou n'est pas peu fière de son coup ! Quelle drôle de petite fille créative ! Du street art de brousse ! Elle a eu la même idée que cette exposition Vach'Art qui avait vu en 2006 les Champs-Élysées envahis par des vaches multicolores en résine, peintes par de grands créateurs au profit d'un programme pour lutter contre la faim et les pandémies en Afrique !

Pour la première fois depuis que nous longeons la côte, la piste nous ménage des vues exceptionnelles en suivant de près le bord de mer. Enfin le Madagascar des cartes postales et de ses plages blanches immaculées ! Un fort vent solaire s'est levé de la mer, perpendiculaire au rivage, qui propulse les pirogues vezo à des allures impressionnantes dans le lagon. Elles vont et viennent dans les deux sens, fusant au ras des flots. Le patchwork multicolore de leurs voiles rapiécées tranche sur le bleu turquoise. Il y a dans l'air de l'allégresse. Les didieracées résistent bien aux assauts du vent. Leurs grandes chandelles hérissées de piquants sont comme des mains pleines de doigts tendus vers le ciel. Elles signent ce paysage de façon singulière avec leurs collègues, les *samata* aux reflets d'argent.

Aujourd'hui vient à notre rencontre un ami très cher, Éric Chartier, qui est un des premiers à nous avoir susurré le mot Madagascar à l'oreille, tandis que nous cherchions une destination de voyage au long cours pour remplacer notre projet japonais. Nous savions qu'il avait construit dans ce pays une maison sur une plage et qu'il y menait de sérieuses actions humanitaires avec son association Humada aux réunions de laquelle il nous avait souvent conviés en France. Et cette invitation permanente : « Venez quand vous voulez à Mada, je vous passe les clefs », théorique et de principe, allait être enfin honorée ce jour-là et en plus en sa présence. Ce nom poétique comme un coquillage mystérieux, cent fois évoqué, « Ankaramifoka », allait prendre chair.

Nous savons qu'il a quitté Tuléar hier avec un chauffeur et une grosse voiture remplie de courses. Toute la matinée, nous nous attendons à le voir débouler à un tournant de la piste et tendons l'oreille pour tenter de discerner la note particulière du haut régime des moteurs malmenés par le sable profond sur le fond sonore de la mer. Mais rien. Nous nous cachons à l'abri du vent et du soleil dans les buissons pour préparer notre soupe aux nouilles du midi. Les enfants sont déçus, ils sont passés en mode « vacances permanentes » depuis qu'ils ont goûté aux joies du *Nofy Bé* et la marche, lente et pénible dans le sable, leur paraît moins justifiée qu'une bonne baignade dans le lagon. Philaé argumente :

« Ben oui ! Pourquoi perdre du temps, passer des heures à marcher quand on pourrait arriver plus vite et s'amuser plus vite, pour profiter de la mer.

— C'est vrai, mais si on avait fait ça, on n'aurait jamais vécu toutes nos aventures, les traversées de fleuves, tu n'aurais pas sauvé Xavier, ton petit crocodile, les têtards, on n'aurait pas campé dans tous ces endroits magiques, on irait d'hôtel en hôtel comme de simples touristes, alors que là, on découvre des choses passionnantes en chemin. »

La question ne se posait pas quand il n'y avait pas d'hôtels…

Sur ce, le moteur tant attendu se met à rugir dans le fond de l'air, d'abord ténu, puis soutenu, par ruades. Le gros Nissan Patrol gris pointe bientôt son museau devant la charrette. Éric en descend, fraternel et ému de nous trouver là, dans *sa* brousse, pour de belles accolades ! Grand, les cheveux très bruns et bouclés, il a l'élocution lente des sensibles au grand cœur.

« Alors là ! Vous me bluffez ! Vous êtes arrivés à passer par le nord ! Vous avez fait un truc de fous ! Vous en êtes à combien de kilomètres depuis Tana ?

— Huit cent trente ! En quatre-vingts jours de marche mais étalés sur six mois de voyage effectif !

— Et moi, j'étais il y a deux jours à Marseille ! Quelle folie ! Allez ! Vous y êtes presque ! Il ne reste que 15 kilomètres à peu près jusqu'à Ankaramikofa !

— Ah ! Alors, ce ne sera pas pour ce soir !

— Comment ça ? Il est à peine 13 heures, il vous reste plus de quatre heures avant le coucher du soleil ! En trois heures de marche vous devriez pourvoir le faire ?

— Dans ce sable mou et profond, on ne fait que du 2,3 kilomètres à l'heure... On est des vrais charretiers, nous !

— Ha ha ha ! Comme mes ancêtres sans doute ! Alors voilà ce que je te propose, reprend-il après un instant de silence, je vous emmène tous en voiture et on laisse tes gars venir à leur rythme ! »

Cris de joie et de liesse des enfants. Je croise le regard de Sonia qui lève les mains en signe d'impuissance. Éric a fait 12 000 kilomètres pour nous retrouver. Mais j'ai mon équipe. Je croise le regard de Revelo, impassible et imperturbable. Je tranche :

« C'est marrant, on venait d'en parler avec les enfants ! Je ne peux pas lutter ! Je te confie la famille, ils vont pouvoir aller se baigner, mais je reste solidaire avec mes bouviers. On vous retrouvera soit tard ce soir, soit demain matin, ça dépendra des zébus en fait ! »

Le temps de transbahuter leurs sacs dans la voiture et nous nous retrouvons seuls. Le vent est tombé d'un coup. Il fait chaud et lourd. Pour combler ce vide soudain, je mets la musique à fond : Ennio Morricone *and co* à la rescousse ! Les thèmes des plus célèbres westerns s'élèvent dans la brousse alors que se remettent à tourner nos belles roues dans le sable. Nous devenons *Le Bon, la Brute et le Truand*, tiercé gagnant, mais dans quel ordre ? *Il était une fois dans l'Ouest*... de Madagascar résonne parfaitement avec les petits grincements de *Fanantenana* : les sifflets des *Âmes fières* rythment le pas lent des bêtes, et les trompettes de *Rio Bravo* transforment comme par magie les didieracées en géants saguaros !

Je retrouve les enfants sur la plage, au paradis, le lendemain matin. Philaé a enterré son petit frère sous le sable. Il n'en ressort qu'un tuba. Le môme a du cran. Il s'entraîne à ne pas être claustrophobe. Elle a, quant à elle, réalisé en relief une grande sirène aux seins drus pudiquement habillée d'algues et couverte de coquillages. Sonia trempe comme une bouteille au frais dans le lagon, coiffée d'un grand chapeau de paille, un livre à la main. Tout baigne. Ça valait le coup de resquiller les 15 derniers kilomètres !

Éric a bâti sa maison en pierre de corail taillée. Un corps de bâtiment simple abouté de deux petites avancées formant deux chambres avec de grandes baies vitrées dominant la plage. Un toit à forte pente couvre l'ensemble. Autour d'un verre de jus d'orange qui me fait l'effet d'une bombe vitaminée, il me présente son grand ami Honoré Nomery, maire de Manombo, et son fils Cytise, directeur local de l'association Humada, avec lesquels il a pu mener toutes ses actions de développement sur la côte. L'homme mûr a le front large des gens de pouvoir, la voix grave et les mots posés. D'une autorité naturelle, il compense sa petite taille par l'intensité du regard qu'il pose sur vous, les coudes sur la table, les mains jointes. Éric engage la conversation :

« Alex, tu as ici présent un grand spécialiste des Mikea, car je crois que le sujet t'intéresse ?

— En effet ! Comment les connaissez-vous ? Vous en avez déjà rencontré ?

— Oh oui ! J'ai vécu parmi eux pendant sept ans, j'étais l'instituteur de leur premier village : Ankiliabo, donc je les connais bien.

— Certaines personnes remettent en cause leur existence en tant que peuple et parfois même leur existence tout court !

— En fait les premiers ont raison, ce n'est pas réellement un peuple différent des autres Malgaches, car ce sont des Malgaches à part entière, mais ils ont développé un savoir-faire et un mode de survie unique au monde, qui en font une communauté distincte. Ce sont des gens qui ont appris à vivre dans cette brousse sèche pendant plusieurs générations, sans feu, sans eau douce, sans habitat, et même parfois sans vêtements ! Mais tout cela se perd, bien sûr. Ils ne sont plus très nombreux, peut-être entre deux cents et trois cents personnes, mais à l'époque coloniale, ils étaient sans doute des milliers ! Ils existent donc bien, ils ne sont pas une légende. Mais ils sont en passe d'en devenir une…

— Et à l'origine, qui étaient-ils ?

— Des Malgaches ayant fui les autorités pour plein de raisons différentes, successivement, à plusieurs époques : ce sont d'abord des gens qui cherchaient à échapper aux chasseurs d'esclaves, puis aux conscriptions royales, puis coloniales, puis nationales, se dérobaient à la justice ou se cachaient de créanciers. En somme, tous ceux qui avaient besoin de se faire oublier pour une raison ou pour une autre sont venus s'abriter ici. Ils ont pris le maquis. Ils ont surtout développé un modèle social unique, dispersé et toujours en mouvement, sans villages, par petits groupes familiaux, juste en se nourrissant de tubercules et de feuilles !

— Ils ont une langue propre ?

— Ils parlent une langue proche du vezo, qui est proche du malgache. Ils ont une vie très simple, alors ils ne parlent pas beaucoup. Ils sont en train de disparaître car leur forêt meurt sous les coups des bûcherons qui l'attaquent par-derrière – le long de la RN 9 qui mène à Manja – et aussi parce que beaucoup d'entre eux se rapprochent des villages vezo où la vie est quand même bien plus agréable. J'ai longtemps milité dans une association, la FIMAMI, qui essaie de les défendre en protégeant leur forêt et leur mode de vie, tout en leur apportant un minimum d'infrastructures et d'éducation. Je pourrais vous en parler pendant des heures mais nous devons aller voir le château d'eau qu'Éric a fait construire dans ma ville. »

Je me tourne vers notre hôte :

« Un de tes projets avec Humada ?

— Oui, on a un problème de malfaçon sur ce chantier. Ça t'intéresse de venir voir ?

— Oui, bien sûr ! Je vais le proposer aux enfants. »

De retour sur la plage, je les vois jouer avec un chien blanc doté de grandes oreilles caramel. Ça rigole dur ! La marée a baissé, l'animal court en tous sens, en faisant de grands cercles autour d'eux. Sonia remonte de la plage, je l'interroge :

« Il vient d'où ce clébard ? Du village ?

— Non, il vient de chez notre voisin, un certain Guillaume de Béjarry, qui est coincé à Tuléar pour régler des affaires personnelles, alors le chien s'ennuie et vient s'amuser avec les enfants.

— Tu veux venir voir la citerne d'Éric à Manombo ? »

Courageusement, mais à contrecœur, elle abandonne sa plage et un *Paris-Match* pour recoiffer sa casquette de cadreuse.

« Tu connais ma passion pour le béton ! Je le fais vraiment pour Humada ! »

Tandis que nous roulons vers Manombo, Éric me désigne en chemin – toujours avec l'index replié comme il est d'usage chez les Vezo – toutes ses réalisations en près de dix ans, depuis la création de son association. Ici un puits, là une école, et un autre puits, un pont, un collège, un internat pour jeunes filles, un marché couvert : un projet par village, à raison d'un projet par an en moyenne.

« Mais le chantier qui m'a le plus appris a été mon plus gros échec ! Le canal vezo ! L'idée pourtant paraissait bonne ! Il s'agissait d'irriguer 5 000 hectares pour les rendre productifs, au bénéfice des populations riveraines. Qui pourrait être contre ? Je ne te raconte pas la galère pour les mettre d'accord ! Ils me disaient tous oui, et dès que j'avais le dos tourné ils se disputaient entre eux ! Le tracé passait par une douzaine de villages, alors il fallait faire d'interminables *kabary* à chaque fois pour tout expliquer, et passer des heures à écouter ! Et c'est quand je croyais que les problèmes étaient réglés qu'ils commençaient, en fait ! Si tu savais les milliers de sacs de béton qu'on a coulés, les milliers de journées ouvrées qu'on a payées ! On s'est défoncés pendant six ans pour un demi-succès. Le canal n'a fonctionné qu'une saison dans son intégralité, puis a été coupé par un village qui voulait garder toute l'eau, car ils avaient un différend avec le village en aval ! Je n'ai d'ailleurs jamais su de quoi il s'agissait ; une histoire de dot impayée, ou un truc du genre, complètement hors sujet par rapport aux enjeux !

— Et la première partie fonctionne toujours ?

— Oui, jusqu'au premier village qui garde tout pour lui. Ils ne veulent pas partager.

— Et ça ne t'a pas découragé pour ton château d'eau ?

— Hé hé hé ! J'ai appris entretemps comment ça fonctionnait ici ! L'eau du château d'eau ne sera pas gratuite ! C'est une société d'économie mixte qui va la gérer ! Il y aura une dizaine de bornes fontaines et les gens viendront faire la queue pour remplir leurs bidons en réglant le fontainier. Tu as déjà dû voir ça ailleurs à Mada !

— Oui ! Ça marche bien comme système d'après ce qu'on m'a dit... S'il n'y a pas de magouilles avec les fontainiers !

— C'est vrai ! Mais il faut bien des hommes pour surveiller et encaisser sinon les robinets seront cassés et les compteurs volés. On a enfoui 13 kilomètres de tuyaux ! La garantie, c'est qu'on fournit une eau pure grâce à la qualité du captage souterrain. Le forage nous a d'ailleurs coûté une blinde ! On est allés chercher l'eau à 40 mètres sous la roche calcaire[1] ! »

1. Cinq ans après, le château d'eau est fonctionnel, mais le système des bornes fontaines a échoué, justement à cause des malversations des fontainiers. Il a été remplacé par un système d'adduction à des privés solvables qui revendent l'eau aux autres et entretiennent ainsi leur investissement.

Après deux heures de piste éprouvante vers le sud, nous gagnons la commune rurale de Manombo, chef-lieu de cette côte vezo. Le moteur a beaucoup chauffé dans un sable marron d'une profondeur inédite. Je m'en inquiète pour notre futur passage en charrette.

« Non ! Pas de souci, il y a des pistes plus directes le long des plages. Nous, on les évite à cause des cailloux tranchants. »

Nous rallions bientôt le château d'eau. Construit au sommet d'une butte, il consiste en une citerne blanche et cylindrique.

« Il peut contenir combien de mètres cubes ?

— Cent mètres cubes ! Il fait 5 mètres de haut et 8 mètres de diamètre. En termes de béton, il faut compter l'équivalent ! On en a coulé 100 mètres cubes ! Les sacs de ciment ont été livrés par deux cents charrettes à l'époque ! Pour les fondations, on a payé les femmes du village : elles ont apporté 100 tonnes de graviers concassés au marteau ! »

Nous escaladons les barreaux extérieurs pour aller inspecter la cuve. Par une grande ouverture carrée sur le toit plat, nous penchons nos têtes dans le réservoir.

« Regarde ! On a dû gratter tout l'enduit d'étanchéité ; il n'y avait pas assez de ciment et trop de sable dans le mélange : la citerne fuyait, et le toit bougeait quand on montait dessus ; on a dû le casser et le refaire. Quand on a recoupé les factures et le nombre de sacs versés dans les toupies, on s'est rendu compte que cent soixante-quinze sacs de ciment s'étaient "évaporés" !

— Mais les murs et les fondations sont bons ?

— Oui, nickel, heureusement ! Ils ont été faits en trois mois sous la supervision d'une jeune stagiaire française sortant d'une école de TP. Et dès qu'elle est partie, c'est là que les ennuis ont débuté. Les ouvriers et les contremaîtres ont commencé à se disputer : certains devaient être pour, et d'autres contre cette arnaque ! L'entreprise s'appelait Vatsy, elle nous avait été imposée par le bailleur : le genre de combine avec rétro-commission, si tu vois ce que je veux dire ! On les a attaqués, et ça n'a pas loupé : ils nous ont attaqués en retour, en nous réclamant 10 000 euros d'impayés. Tu parles, j'avais tout payé rubis sur l'ongle ! Eh bien figure-toi qu'on a perdu notre procédure, malgré l'intervention d'Honoré : on a appris ensuite que Luc Yarra, le président du tribunal de Tuléar, s'était arrangé avec Vatsy pour se partager les 10 000 euros saisis sur notre compte pour la procédure. Mais, chose étrange, c'est exactement le montant de ce qui restait sur notre compte. À mon avis, le banquier a dû recevoir aussi un petit cadeau pour cette information précieuse ! La morale de l'histoire c'est que dans ce pays, si tu ne veux pas avoir de problème avec la justice, tu fermes ta gueule ! Ils ont un super dicton qui dit ça : "Malheur au coq qui chante dans la nuit !" Du coup, la réparation est entièrement pour ma pomme. Mais c'est de ma faute, j'ai appris : j'aurais dû fermer les yeux sur ces cent soixante-quinze sacs ! Je n'avais qu'à être là. C'est comme ça que ça marche ici… Ils appellent ça la "gratte" ! Moi je dois avancer, ne serait-ce que pour tous les villageois qui se sont déjà investis ! Et tout simplement parce qu'ils n'ont pas d'eau ! »

En me redressant après tout ce temps la tête en bas, j'ai comme une envie de vomir…

« Fais pas cette tête-là ! Tout va bien ! L'entreprise qui a déjà refait tout le toit est super ! Ils vont refaire l'intégralité de la surface intérieure avec de l'enduit hydrofuge et une résine étanche. Regarde, ils ont commencé à le faire dans les fissures ! »

Sur le chemin du retour je lui demande ;

« Rappelle-moi comment tu es arrivé ici ? Pourquoi Mada ?

— Je suis venu en vacances avec un ami investisseur et j'ai eu un coup de foudre pour cette côte sauvage et ces gens si doux et si démunis. Il y a aussi eu une belle histoire d'amitié avec un certain Fernand Daniel, un homme extraordinaire, qui était l'adjoint d'Honoré à l'époque. Il avait servi sous les drapeaux français. Il avait besoin d'une école à Salary, il m'a proposé un terrain, je n'ai pas pu m'empêcher de l'aider. Et c'est comme ça que de fil en aiguille tout a commencé…

— Je sais que tu travailles dans l'immobilier en France, mais du coup ce n'est pas vraiment des vacances quand tu viens ici : tu replonges dans le béton ! »

Il éclate de rire.

« C'est vrai ! J'en profite très peu ! J'ai toujours des matériaux de construction à aller chercher, des salaires à verser, des problèmes à régler… Jamais le temps d'aller à la pêche, de faire du kite ou d'aller plonger !

— Ta femme et tes quatre enfants ne te le reprochent pas trop ?

— Les enfants si, un peu, mais ils sont contents de venir ici une fois tous les quatre ans ! On ne peut pas plus, car les vols pour Mada sont beaucoup trop chers. Quant à Charlotte, elle me soutient, elle est top !

— Mais alors, pourquoi tu fais tout ça ? Tu ne serais pas mieux sur la Côte d'Azur, à faire du cata ou à siroter du rosé sur un yacht, puisque tu habites Marseille ?

— Oh non ! D'abord, l'été on fuit la Côte d'Azur ! Et ensuite, tu sais j'ai eu de la chance dans ma vie, j'ai bien réussi dans les affaires avec mes restaurants à Prague alors je ressens le besoin de partager cette chance. J'ai lu quelque part que si quatre-vingt-dix millions de millionnaires s'occupaient de quatre-vingt-dix personnes, il n'y aurait plus de pauvres sur terre ! Alors je fais ma part ! »

Le colibri bâtisseur.

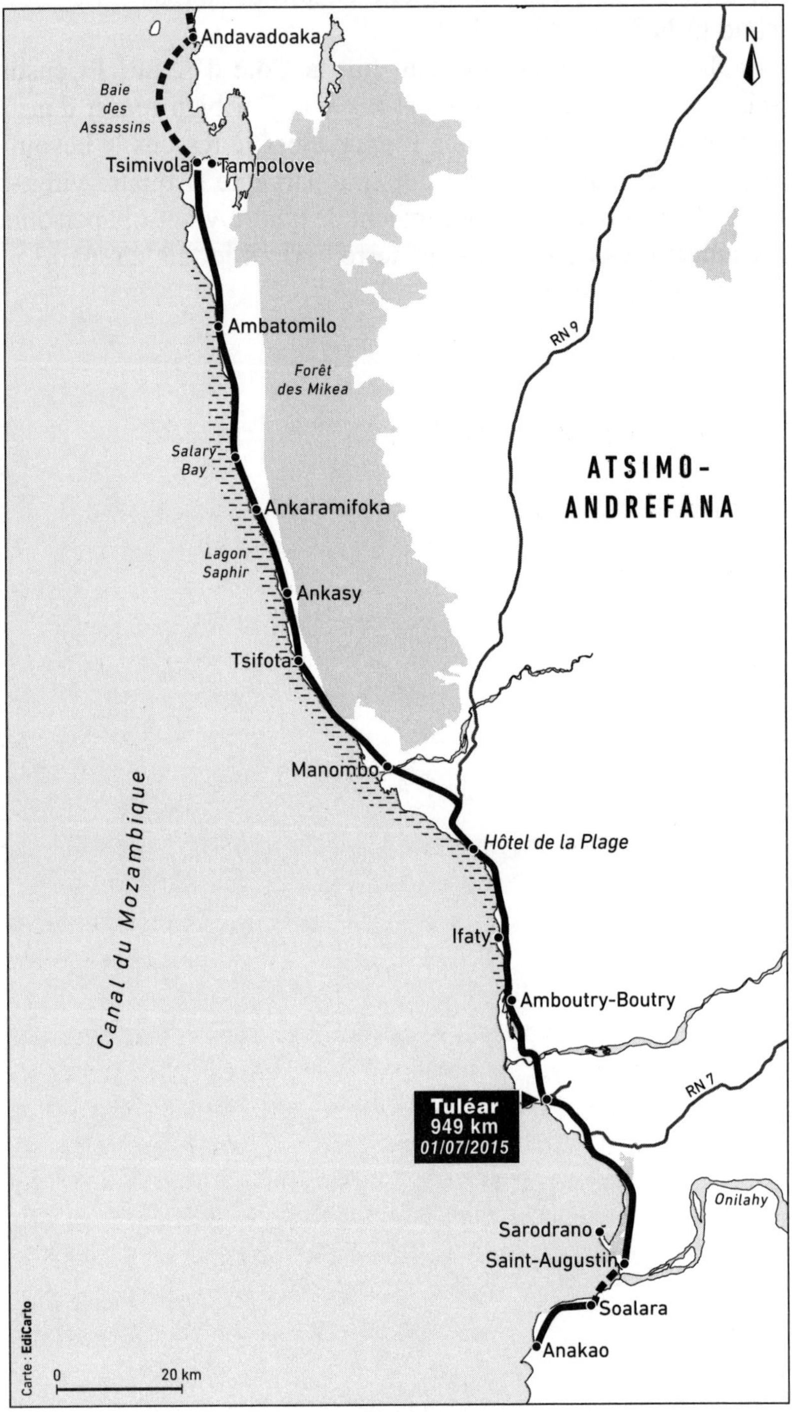

Lagon Saphir

29

Lagon Saphir

Salary Bay, jeudi 14 mai 2015, Pk 847

« Le soir du 7 août 1774, le premier pilote avait ordonné de prendre des ris aux huniers et de carguer la grand-voile parce qu'il s'attendait à trouver la terre très bientôt. Il recommanda également au troisième pilote qu'il fasse bonne vigie durant la nuit car ils allaient croissant vers la terre, et qu'on le prévînt si le vent venait à fraîchir. Quand il reçut le rapport du quart à cinq heures du matin, il trouva la grand-voile amurée[1]. On lui dit qu'elle avait été déployée parce que le vent s'était calmé et que le commandant était présent quand elle fut larguée. Comme l'aube allait se lever, le premier pilote laissa aller sous voile de la même manière, supposant qu'il aurait mer ouverte pour naviguer jusqu'au lever du jour. Toutefois, à cinq heures trente du matin du 8 août il s'écrasa sur le récif de Salary, se brisa, se remplit d'eau, et coula jusqu'à la grande écoutille[2]. »

Nous avons découvert ce récit passionnant du naufrage de la *Nossa Senora do Monte do Carmo*, vaisseau portugais en route vers Goa, dans le livre de Pierre Van den Boogaerde, *Le Grand Livre des épaves de Madagascar*[3]. L'auteur y recense une centaine de naufrages célèbres sur les côtes malgaches tout au long de son histoire, de ceux des premiers Indonésiens à la Seconde Guerre mondiale

1. Bordée.
2. Ouverture rectangulaire dans le pont d'un bateau, destinée au passage ou au chargement ou déchargement des marchandises et provisions de bord.
3. Éditions Orphie, 2010.

en passant par ceux des Arabes, des Portugais et des Anglais, sans oublier les Français. Nous avons perdu dans ces eaux un des plus grands trésors de notre histoire : la cargaison du *Soleil d'Orient*. De retour des Indes chargé d'or, il conduisait vers Louis XIV des ambassadeurs du Siam chargés de présents extraordinaires, éléphants d'or constellés de pierreries, canons ciselés d'argent, coffres de diamants. Il aurait fait naufrage, emporté par un cyclone au large de Fort-Dauphin, perdu corps et biens.

Pierre Van den Boogaerde, fonctionnaire international passionné de plongée et d'archéologie sous-marine, a occupé son temps libre pendant ses quatre ans de poste à Madagascar comme directeur du FMI à inventorier toutes ces épaves, à en retrouver des traces et des témoignages dans toutes les archives du monde, et à réunir toutes ces fabuleuses histoires dans ce livre sur lequel nous sommes tombés chez Éric.

« Oui ! Salary Bay est à 10 kilomètres au nord, tout près de l'endroit où je vous ai retrouvés ! Il y a un super hôtel avec un club de plongée qui organise des plongées sur les canons de la *Nossa Senora* !

— Les quoi ?

— Les soixante canons que le bateau transportait pour renforcer la défense du port de Goa ! Ils sont là étalés sur le récif dans 7 mètres d'eau ! Vous savez plonger ? »

Nous ne nous le sommes pas fait dire deux fois.

Michèle Cotsoyannis, légende vivante du tourisme à Madagascar, nous accueille de bonne heure au Salary Bay où, avec son mari Philippe, ils ont construit sur un promontoire rocheux un village de vacances blanchi à la chaux aux petits airs de Mykonos. *Zanatany* d'origine grecque et pied-noir, ils ont été les premiers à créer un hôtel sur cette côte sauvage en 2003. Michèle nous remet entre les mains de Guillaume Benhaïm, le moniteur remplaçant du club en l'absence de Fred Lucas.

Chaleureux, il nous reçoit entre les combinaisons de néoprène et les blocs de plongée au gonflage. Il a un petit air de Joe Dassin avec un sourire en coin bien sympathique qui met en confiance. Deux vitrines exposent des vestiges remontés du naufrage : boucles de ceinturon en laiton, fourchette en argent, fiole en verre, encrier de bronze, silex de mousquets et perles de corail rouge. À l'entrée du club déjà, deux petits canons de bord annonçaient tout de suite la couleur !

« À part les canons, la *Nossa Senora* ne transportait que du cuir d'ameublement, de la verroterie et de la pacotille, à l'exception de nombreux vitraux pour les palais portugais et les églises en construction à Goa. À chaque plongée, on trouve soit des petits bouts de verre, soit des baguettes de plomb, soit encore, mais plus rarement, une perle de corail ou deux. »

Nous partons dans un petit hors-bord et sortons par la passe qui se trouve en face de l'hôtel.

« Elle est loin l'épave ? demande Philaé.

— Non juste là, à droite, sur le récif ! Ils n'ont pas eu de chance ! À quelques mètres près, ils entraient dans le lagon sans même s'en rendre compte et se posaient sur le sable ! »

Nous jetons l'ancre.

« C'est ici ?

— Oui, juste devant nous ! Je ne sais pas si vous pouvez distinguer la tache sombre ? Eh bien les canons sont là : ils étaient bien rangés à fond de cale, et comme sous le choc le bateau s'est fendu instantanément, les canons n'ont plus bougé depuis. On trouve d'autres vestiges en tirant une ligne imaginaire vers le nord-est : des ancres, de plus petits canons, des boulets, car l'épave s'est lentement démantibulée sous l'effet des vagues, et les débris ont tous été emportés dans le même sens.

— Et il y a eu des survivants ? s'inquiète Ulysse.

— Oui, tout le monde a survécu au naufrage, c'est pour ça qu'on sait très bien ce qui s'est passé ce jour-là. Ils avaient des chaloupes et, tu vois, la côte n'est pas loin. Ils ont même pu récupérer des choses à bord : le journal du capitaine, ses affaires et de la pacotille pour échanger avec les gens du village de Salary qui les ont nourris. Le capitaine est aussitôt parti au Mozambique chercher du secours, mais quand il est revenu, un mois plus tard, la moitié de l'équipage était mort de faim et de "fièvres tropicales" comme on disait à l'époque ! Allez ! Il est temps de mettre la tête sous l'eau ! On s'équipe ! »

Dès la mise à l'eau, ils apparaissent, 7 mètres en dessous, bien alignés sur le plat récif raboté par les tempêtes. Le bois a bien sûr disparu, ne restent que ces bouches-à-feu muettes pour l'éternité dans le silence de la mer. Nous descendons. Les canons forment quatre groupes symétriques, les uns derrière les autres mais de part et d'autre d'un axe, sûrement à bâbord et tribord de la quille, pour équilibrer la charge. Cette orientation indique le sens du bateau quand il a achevé là brutalement sa dernière course. Un léger courant nous fait planer au-dessus des lourdes masses de fer. Enrobées d'une gangue de concrétions multicolores, leurs formes fuselées se distinguent très nettement. Nous les caressons au passage, les yeux écarquillés d'émerveillement. Ils font à peu près 2,50 mètres de long. On distingue clairement le bouton de culasse, avec sa boule centrale requise pour la hausse des tirs, les deux anses de levage, et, de part et d'autre, les deux tourillons qui reposaient sur l'affût de bois, ce chariot qui permettait de faire reculer la pièce pour la charger par la gueule. Enfin, évasée au bout de la volée, la bouche de ces canons devenue alcôve pour petits habitants.

Nous les passons en revue. Ici un crabe, là un fier gobie gardant courageusement l'entrée de son repaire, souvent une petite murène aux premières loges pour bondir sur sa proie. Des papillons virevoltent entre les fûts, des cochers avec leurs longs fouets se tiennent à leur ombre, à l'abri du courant.

Je laisse Guillaume et Sonia poursuivre leur tour, et me mets en quête des meilleurs angles et des meilleures lumières pour réaliser des images avec ma caméra sous-marine. Quand je les ai en boîte, je laisse libre cours à un vieux rêve d'enfance : je vais fouiller dans le sable sous les canons. Des crevasses dans le récif corallien sont remplies de sédiments que je balaie de la main : me reviennent alors en tête tant d'images de documentaires d'expéditions océanographiques, Cousteau, Jean-Yves Empereur, ou la découverte des épaves de *La Boussole* et de *L'Astrolabe* échouées sur le récif de Vanikoro dans les îles Salomon, ces navires dans le naufrage desquels périt La Pérouse après trois ans d'une formidable exploration du Pacifique, en 1788. Quatorze ans après la *Nossa Senora*… Mécaniquement j'époussette le sable en quête de perles de corail ou de bouts de verre pour enrichir la vitrine du club de plongée, quand je tombe sur des éclats de boulets, sans doute du lest de cale, puis sur des agrégats de boulets intacts. Je prends mon temps, j'oublie que j'ai une famille ! Dans 7 mètres d'eau les bouteilles d'air ne se vident pas facilement.

Guillaume et Sonia viennent me faire signe qu'ils remontent. Je montre à Guillaume mon manomètre qui indique que j'ai encore beaucoup d'air et il me fait signe en retour d'en profiter. Il va enchaîner quant à lui avec des baptêmes pour les enfants. Quel bonheur ! Apprenti chasseur de trésors, je m'applique systématiquement dans les interstices sous les canons, sans réelle volonté de trouver quoi que ce soit, juste pour le bonheur de chercher comme un chien de chasse à la poursuite d'un effluve, quand soudain je dégage une surface verte : une petite plaque de cuivre. Mon cœur exulte : une trouvaille ! Je la saisis, elle porte un rivet. Le dessous laisse voir des reflets dorés polis par le sable.

Ma bouteille est enfin presque vide. Je remonte en faisant un palier de sécurité de trois minutes à 3 mètres, ce qui me permet de suivre les évolutions d'Ulysse avec Guillaume au-dessus des canons. Quelle vision ! Quelle chance ! Dans quel autre pays que Madagascar peut-on plonger ainsi librement sur un galion du XVIIIe siècle ?

Quand je sors la tête de l'eau, la mer résonne de cris de joie. Philaé est en transe !

« Papa ! C'est le plus beau jour de ma vie ! La plongée c'est fantastique ! On a l'impression dc voler comme un oiseau sous-marin.... Euh ! Je sais que ce n'est pas possible, mais c'est l'impression que j'ai eue ! En revanche j'ai été un peu déçue car il n'y avait pas de bateau sous l'eau ! »

Guillaume, revenu en surface, rigole :

« Philaé, c'est pas Eurodisney ici ! Tu sais, le galion a coulé il y a deux cent quarante ans ! Alors tu penses bien qu'il ne reste plus de bois !

— En revanche que penses-tu de ce bout de cuivre ? dis-je en tirant de la poche de ma "stab" mon vestige.

— Pas mal ! C'est un bout de blindage en cuivre, toute la coque en était recouverte sous la ligne de flottaison. On en a retrouvé des caisses entières mais ça devient de plus en plus rare ! Les villageois ont depuis longtemps repêché l'essentiel pour le revendre aux ferrailleurs. »

Au niveau du rivet, sur la tranche, je constate une double épaisseur qui prouve la jonction entre deux plaques. Tout en se déséquipant, Guillaume reprend :

« Ce qui est incroyable c'est de savoir que la *Nossa Senora* a été construite à Salvador de Bahia au Brésil pour commercer avec l'Inde et s'est échouée ici ! C'est du cuivre brésilien du XVIIIe siècle que tu tiens entre tes mains... On parle de mondialisation aujourd'hui, mais ça fait longtemps qu'elle est en cours ! Curieusement, l'épave n'a été découverte qu'en 1986 par Robert Sténuit, le célèbre archéologue sous-marin belge.

— Et ses canons ? Ils avaient quelle portée ? demande Ulysse toujours friand d'informations balistiques.

— Ce sont des canons de dix-huit, c'est-à-dire qu'ils tiraient des boulets de 18 livres, soit 9 kilos ! Ils équipaient les navires de guerre et les batteries côtières. Il fallait dix hommes pour servir chaque pièce ! On ne dirait pas mais ils font 2,5 tonnes ! Depuis un fort, ils pouvaient tirer à 3 kilomètres et ajuster leur tir, mais sur les bateaux ils s'en servaient surtout à bout portant dans les combats bord à bord pour démâter ou couler l'adversaire. »

Nous allons célébrer cette belle plongée autour d'un succulent déjeuner au Salary Bay, où Michèle nous a réservé un traitement de faveur.

« Figurez-vous que je vous suis sur Facebook depuis le début de votre voyage ! Je ne croyais pas que vous arriveriez jusqu'ici !

— Tu sais, on a fait à peine plus de 800 kilomètres ! Quand tu penses aux milliers de kilomètres qu'il nous reste à faire pour accomplir le tour de l'île ! Je ne sais pas si on y arrivera ! C'est fou ce que c'est dur d'avancer dans ce pays !

— Ce n'est pas facile pour nous non plus ! Tu as vu les atouts du lieu ? On se décarcasse comme des beaux diables pour maintenir la qualité de notre prestation mais on tourne avec 15 à 20 % de remplissage : c'est juste de quoi payer les salaires de nos vingt-cinq employés et faire tourner la boutique.

— Et pourquoi les touristes ne viennent-ils pas plus ? »

Le bout de son nez fait un petit tour, hésitant entre le fait d'aller droit au but ou d'émettre une banalité. Elle opte pour le but.

« Air Madagascar ! Les vols intérieurs sont beaucoup trop chers et toujours en retard quand ils ne sont pas purement et simplement annulés. Alors on a des clients qui restent dans l'incertitude plusieurs jours à Tana en attente de leur vol ! Ils ne peuvent même pas visiter la ville pendant ce temps-là car ils doivent se pointer à l'aéroport à 6 heures du matin ! Quand ils arrivent enfin ici, ils sont fumasses ! La moitié ne reviendra jamais à Mada malgré toutes les fleurs qu'on peut leur faire ! Les autres deviennent des passionnés… Remarque ça fait le tri ! »

Nous rions de concert. Elle reprend.

« Le deuxième problème, c'est l'aviation civile ! Ils bloquent le développement des nouvelles compagnies privées : le tourisme ne pourra jamais se développer dans ce pays tant que des compagnies privées ne voleront pas en tous sens comme en Afrique avec des Cessna Caravan par exemple ! Ils sont cinq cents fonctionnaires pour cinq avions qui volent, et ils sont débordés ! Nous, par exemple, on s'est ruinés pour faire une super piste pour contourner l'obstacle Air Mad, mais venir en petit avion privé coûte entre 2 500 et 5 000 euros, c'est de la folie ! De mon point de vue, il faudrait une remise à plat d'Air Madagascar et l'ouverture du ciel malgache ! C'est à croire que le tourisme est le cadet de leurs soucis : non seulement ils ne font rien pour nous aider, mais ils nous enfoncent en permanence ! Je suis à la tête d'un syndicat d'opérateurs économiques, j'ai créé le concept de "Lagon Saphir" pour ce magnifique espace naturel qui va d'ici à Tuléar ! Vous allez voir ! C'est unique au monde ! Des plages de sable blanc comme ça, à l'infini ! »

Encore une bouteille à la mer jetée dans notre charrette !

« Et toi, Guillaume, qu'est-ce qui t'a fait venir à Mada ?

— Les impôts !

— … ?

— Oui, j'avais créé une boîte de paysagisme à Nice, je bossais comme un malade, je faisais un chiffre de fou, mais un jour j'ai eu un rappel de charges impayées qui m'a calmé, puis ensuite j'ai reçu la note des impôts ! Non seulement j'étais à sec, mais en plus j'avais une ardoise de 34 000 euros, alors j'ai dit *ciao* ! Plus jamais ça !

— Et pourquoi Tuléar ?

— Mon père y venait souvent retrouver des potes. Je l'ai accompagné pour me changer les idées, puis pour m'occuper j'ai ouvert un restaurant, le Lakana-Sucre, qui cartonne, puis un autre, le Bœuf, où je te fais un médaillon de zébu Rossini qui déchire, mais je n'arrivais pas à avoir du pain à la hauteur, alors je me suis formé sur internet et j'ai ouvert une boulangerie, qui cartonne…

— Ça c'est vrai ! Guillaume fait le meilleur pain du pays ! Il ne manque plus qu'une fromagerie pour que cela soit parfait ! »

Nous éclatons de rire… chers Français du bout du monde !

De retour à Ankaramifoka, nous retrouvons Éric sur le départ.

« Il faut que j'aille à Tuléar régler des papiers, et dans la foulée je rentre en France. On a un problème avec la fosse septique ici, alors je vous propose de vous installer chez Dominique, mon associé et ami d'enfance, dans le bungalow que je vous ai montré l'autre jour au bout de mon terrain, il est d'accord. Cityse va bien s'occuper de vous ! Vous pouvez rester le temps qu'il vous plaira !

— Waow ! Tu seras passé en coup de vent !

— Dix jours aller-retour France-Mada c'est déjà beaucoup pour moi ! Il n'y a que vous qui vivez au XIXe siècle ! Le monde continue à tourner pendant ce temps-là ! Mais surtout ne changez rien, prenez votre temps, c'est vous qui avez raison ! »

Nous coulons là quelques jours heureux, sans objectif, sans tournage, à regarder passer les pirogues, à faire des châteaux de sable, à manger des crêpes préparées avec amour par Rychise, la sœur de Cytise, dépêchée par Honoré pour nous être agréables. Le Madagascar rêvé. Le Madagascar réel. Aussi réel que l'autre que nous arpentons depuis plusieurs mois. L'autre côté de la pièce. Un Madagascar bien loin des questionnements lourds que nous portons dans notre charrette comme un fardeau : enclavement, misère, abandon des élites, banditisme, crises alimentaires et sanitaires, déforestation, épuisement des ressources. Le Madagascar des touristes, par opposition à celui des « opérateurs économiques » qui nous ont raconté leurs malheurs et leurs déceptions. Le Madagascar de carte postale. Nous devons bien veiller à ne jamais prendre parti pour les uns ou pour les autres, à ne pas juger. Nous sommes journalistes, reporters, nous écoutons, nous essayons de comprendre les équilibres et les déséquilibres, nous essayons de voir les signes avant-coureurs, nous sommes des observateurs.

La vie de nos voisins vezo s'articule entre le départ à la pêche et le retour de la pêche. La nature est bien faite, réglée comme du papier à musique, vent de terre pour partir le matin, pétole en fin de matinée pour pêcher tranquille et renverse en début d'après-midi pour rentrer avec un vent de mer et le repas du soir. Depuis la nuit des temps, les hommes vivent sur ces côtes à ce rythme solaire.

Mario est toujours là ; oui, il s'appelle dorénavant Mario ce chien rigolo aux grandes oreilles de fennec qui ne nous quitte plus. Encore une drôle d'invention de Philaé : mais pourquoi diable Mario ?

« Parce qu'il me fait penser à Mario Bros avec sa truffe rose et sa tache orange sur le front : on dirait une casquette ! Et puis parce qu'il court partout dans tous les sens ! »

Bon, va pour Mario ! À tout prendre, c'est mieux que « Quéquette », car tel était son nom.

Un matin, je pars avec un jeune pêcheur d'Ankaramifoka choisi par Cytise : Tandremo. Il parle un peu le français qu'il a appris à l'école du village construite par Éric.

L'esquif de *farafatsy* est vraiment léger. Quand nous le soulevons sur la plage pour le tirer à l'eau, les bras du balancier se démantibulent. Ça commence bien. Tandremo les rafistole avec des bouts de ficelle. Je cale mes fesses à l'avant, mes hanches se coincent dans l'étroitesse de la pirogue. Les pieds doivent se tenir l'un derrière l'autre car le fond est un angle. Nous partons à la pagaie.

« Tandremo ? Cela ne veut pas dire "attention !" ? »

— Si ! s'esclaffe-t-il. Quand j'étais petit je faisais beaucoup de bêtises, je suis tombé dans le feu plusieurs fois, alors c'est le prénom que ma mère a choisi pour moi !

— Tu m'as dit que tu avais arrêté tes études en troisième, pourquoi ?

— Je ne veux pas travailler en ville, je suis bien ici, je suis libre. »

Comme je suis près du mât il me demande de libérer la voile enroulée sur la livarde en tirant sur un bout. Elle se déploie d'un seul coup d'un seul, automatiquement. Il me demande ensuite de lui passer le point d'écoute qu'il fixe d'un nœud sommaire au bras arrière du balancier et la pirogue décolle instantanément. J'ai juste le temps de recaler mes fesses dans l'étroite coquille. Jamais vu une mise en place aussi efficace. Pas de chichi chez les Vezo. Nous traversons le lagon en dix minutes sur une eau plate.

« On ne pêche pas dans le lagon ?

— Non ! Ça fait longtemps qu'il n'y a plus rien ! On pêche dehors ! »

Je comprends vite ce que veut dire dehors. Traversant une petite passe praticable uniquement en pirogue, nous sommes éjectés du lagon par un fort courant sortant et nous retrouvons en haute mer parmi les déferlantes. L'embarcation se met à grincer, à couiner, à se démantibuler. Tandremo saisit le gourdin qui lui sert d'ordinaire pour achever les poissons, donne des coups à droite à gauche sur tous les bouts de bois branlants et tout rentre dans l'ordre. L'eau aussi, à gros bouillons.

« Tu peux prendre l'écope et vider l'eau ? »

Je ne me le fais pas dire deux fois. Et nous voilà dans la houle, avec un mini-bateau qui coule et moi qui le renfloue, paniqué. Un petit coup d'œil à Tandremo me rassure, tout a l'air normal… Il cherche un coin et libère bientôt le point d'écoute de la voile. La pirogue se met à la cape. Je dois alors me mettre debout pour redresser la livarde et la lier au mât après avoir enroulé la voile. Dans un équilibre précaire, je reste concentré, chassant de mes pensées l'idée que je vais couler debout sur ce truc en balsa étroit comme un kayak. Tandremo s'est mis à l'écope naturellement. C'est une question de rythme. Il faut que l'eau sorte plus vite qu'elle n'entre. À l'arrêt, tout se calme.

Nous faisons le bouchon sur la houle et l'eau cesse d'embarquer. Tandremo se met à dépiauter le filet en boule à ses pieds. Quand il a trouvé la première pierre, il la laisse couler et le filet défile à sa suite : il le déploie en le tenant par la ligne des bouchons de bois. Les coquillages et bouts de corail qui le lestent cognent et font résonner la coque avant de disparaître dans les eaux bleues. Pourquoi là plutôt qu'ailleurs ? Mystère ! Quand la bouteille de rhum en plastique – qui sanctionne le bout du filet et permet de le retrouver – se met à flotter, Tandremo me passe un bout de mousse autour duquel est enroulé un fil. J'y accroche un petit poisson attrapé à l'aube à la senne de plage par ses sœurs. Et nous voilà pêchant dans le silence sous le soleil. D'un regard circulaire il repère au loin d'autres pêcheurs.

« Tu les connais ?

— Oui, on se connaît tous ! C'est la couleur des voiles. On a chacun nos coins ! »

Quand le plomb touche le fond que j'estime à une douzaine de mètres, il remonte quelques brassées et laisse redescendre lentement, et remonte. Je l'imite. Nos mouvements de bras ressemblent à ceux des semeurs. Je laisse coulisser le fil à la pliure de ma première phalange de l'index et ressens les moindres touches en direct. L'imagination se met en branle. Nous sommes aux aguets pour ferrer à bon escient.

Il a bientôt une première touche et remonte un soldat rouge à grand œil.

« C'est bon tu peux jeter l'ancre. »

Nous avons un peu dérivé mais avons toujours la bouteille de rhum en visuel. Je reprends ma pêche et le fil de la conversation.

« D'après toi, pourquoi il y a moins de poissons dans la mer ?

— Les Chinois. Ils passent avec de gros chalutiers au large et prennent tout !

— Oui mais pas les petits poissons du récif qu'on est en train de pêcher, là ?

— Ceux-là, il y en a encore. C'est les gros qui manquent. »

De fait, les poissons multicolores ne tardent pas à se succéder au fond de la pirogue au rythme d'un toutes les cinq à dix minutes.

Écureuil rouge, perche d'or, capitaine, capucin à bande jaune, petit perroquet vert, labre clown, chirurgien noir, poisson savon ou petite vieille. Tout y passe. Quand il n'a plus d'appâts, Tandremo découpe un des poissons les moins prisés et me tend les cubes de chair que j'hameçonne côté peau.

« Et comment tu te vois dans cinq ans ? Tu veux te marier ?

— J'ai envie de continuer la pêche. C'est comme ça que je suis heureux. Je ne veux rien changer. Oui, j'aurai deux ou trois enfants, pas plus.

— Et la vie au village ça va ?

— Depuis qu'il y a l'école et le puits, la vie est bien meilleure. Heureusement qu'il y a aussi le collège et le CSB de Tsifota qu'Humada a construit. Mais il y a l'insécurité…

— L'insécurité ?

— Oui, on se fait attaquer par des *malasso*…

— Des *dahalo* ?

— Non, des bandits, tout simplement…

— Et qui sont-ils ?

— Des gens de l'intérieur des terres. Des Masikoro. *Ratsy foko*[1] *!*

— Mais que vous volent-ils ? Vous n'avez pas grand-chose !

— Ils prennent des casseroles pour revendre l'aluminium, du riz quand il y en a, ils volent parfois même nos filets pour aller pêcher eux-mêmes.

— Et comment ils font pour voler le village ? Vous ne vous défendez pas ?

— Ils entrent à trois ou quatre dans une case et menacent de tuer la personne si elle crie ; en une minute ils saisissent ses biens et disparaissent dans la nuit. Quand l'alerte est donnée il est trop tard.

— Et cela arrive souvent ?

— Deux ou trois fois par an. Mais de plus en plus souvent. Ils ne sont jamais arrêtés. *Tena ratsy foko*[2] *!* répète-t-il contrit en dodelinant de la tête.

— C'est pas facile la vie ici ! *Sarotra fiainananao*[3] *!* Notre ami Éric nous a raconté ses malheurs avec ses chantiers, il veut faire le bien et cela lui attire des histoires, des procès, des embrouilles… »

1. « Des mauvaises gens ! »
2. « C'est vraiment des mauvaises gens ! »
3. « Elle est dure votre vie ! »

Tandremo semble hésiter, donne deux brassées de fil et reprend :

« Monsieur Éric ? Il est trop doux et trop gentil, alors les mauvaises gens en profitent. *Manararaotra*[1] *!* Mais il faut lui dire qu'il fait tellement de bien aux braves gens qu'il ne doit pas se décourager. Chez nous, il ne faut pas être trop tendre, sinon on se fait avoir. Il faut être dur pour se faire respecter. »

Et pour préciser sa pensée il ajoute :

« Il faut être dur mais juste ! *Mila mafy fa anatin'ny rariny !* »

En deux heures, nous avons tiré de l'eau une grosse douzaine de petits poissons. Nous remontons les lignes et Tandremo prépare les fusils harpons.

« On va essayer d'en rapporter un beau ! »

Je me mets à l'eau avec un engin bricolé et rafistolé.

Voir le fond de l'eau, ça rassure. Mais pas le moindre poisson en vue. Tandremo plonge et se promène dans les profondeurs en espérant débusquer un mérou ou trouver une langouste à trou. Je préfère quant à moi l'agachon : se couler au fond, faire le mort, bien camouflé, et attendre la venue des prédateurs. Au-delà de la prédation, j'aime la dimension contemplative de l'agachon. Être au fond, dans le calme de l'apnée et de la bradycardie, ce divin ralentissement du cœur. Et le ballet des alevins multicolores devant le masque, petits néons bleus, poissons transparents, crevettes. Le temps s'arrête. Et puis parfois, déboule, inquisiteur et nerveux, un carnassier qui vous prend pour une proie ou un importun : « Qui t'es toi ? Qu'est-ce que tu fous là ? Dégage ! » Détente : « Tching ! » fait la flèche à bout portant. « La curiosité est un vilain défaut ! » Mais là, rien. Désert. Apnée après apnée, vide sidéral, pas le moindre bout de queue de poisson pélagique, barracuda, carangue, waho, thazard, non plus que de seigneurs benthiques, mérous, lutjans ou vivaneaux.

Au bout d'une heure à faire les ludions, nous jetons l'éponge. Bredouilles.

« *Loaka tsy misy ! Tena grave bé*[2] *!* » conclut laconiquement Tandremo.

Retour au filet. À l'approche de la bouteille de rhum, il se met à frapper la surface rageusement avec sa pagaie. Je l'imite. Comme si nous punissions la mer d'une bonne fessée ! « Voilà ce qui arrive quand on n'est pas généreuse ! »

1. « Profiteurs ! » Prononcer « manararotche ».
2. « Il n'y a plus de poissons ! C'est vraiment grave ! »

« Pourquoi on fait ça ?

— Pour faire peur aux poissons ! S'il y en a près du filet, ils vont se jeter dedans ! »

En effet. Trois de plus montent à bord, frétillants. Cela veut dire que le filet n'avait rien pris avant les coups de boutoir.

Tandremo est content malgré tout de sa pêche. Il a assez pour nourrir la famille et troquer quelques poissons avec les voisins contre du manioc ou une poignée de riz. Nous rentrons. Le vent s'est inversé, la marée aussi. Nous pénétrons dans le lagon sans encombre et sans embarquer d'eau. Je suis soulagé, amariné. À quelques encablures du bord, il se met face au vent et me demande de jeter l'ancre à côté d'une patate de corail.

« Je vais aller inspecter un trou ! »

Il se met à l'eau avec son harpon et plonge. Je le vois tourner à la base du rocher, disparaître en dessous et ressortir soudain avec une masse informe au bout de son harpon.

Quand il monte dans le bateau, il me tend la flèche, au bout de laquelle gesticule un poulpe palpitant. La pauvre bête tente désespérément d'extraire l'axe de métal qui la transperce, à l'aide de ses puissants tentacules. En vain : l'ardillon relevé empêche tout recul. Quelques coups de gourdin éclaboussants mettent un terme à cette agonie. Tandremo affiche maintenant un beau sourire.

« Quand le trou est vide, le lendemain un autre poulpe a pris la place ! »

La mer est pardonnée ! Elle a été prodigue encore aujourd'hui…

30

Le zèbre d'Ankasy

Toutes les bonnes choses ont une fin. Nous devons reprendre la route vers le sud. Mais l'étape ne sera pas longue. On nous a parlé du fabuleux lagon d'Ankasy et de ses mystérieuses rayures parallèles. Nous voulons en avoir le cœur net.

Mario, fou de joie, nous a emboîté le pas. Il ne va tout de même pas abandonner ses nouveaux amis Ulysse et Philaé ! J'essaie d'abord de le chasser, de lui dire de rentrer chez lui :

« Allez ! Ouste ! À la maison ! Va-t'en ! Allez[1] ! »

Il semble me répondre, tout sourires, en remuant la queue :

« Attends ! Elle est trop belle ta charrette ! J'ai envie de la suivre ! T'inquiète, je vous escorte en dehors de mon territoire et ensuite je vous laisse tranquilles ! »

Les enfants viennent en renfort !

« Non papa ! Laisse-le venir un peu avec nous ! S'il te plaît ! Siteplé ! Siteplé ! »

Ils me font un tel cinéma que je laisse faire.

Sonia s'en lave les mains d'impuissance.

Et nous voilà partis avec le clebs du voisin, à la grande joie des mouflets.

La piste continue à longer cette côte enchanteresse, les plages de sable blanc à l'infini, désertes de constructions. C'est à la fois énigmatique et magique. On ne sait quoi souhaiter comme avenir pour ce joyau : surtout pas un Palavas-les-flots… Les difficultés d'accès de cette côte la sauvent. L'incurie administrative et les forces de

---

1. « Allez ! » veut dire « Dégage ! » en malgache. À ne jamais utiliser contre un humain. Emploi réservé aux chiens.

blocage peuvent être des facteurs de conservation. Ici, le tourisme ne peut être qu'écotouristique et respectueux, modeste et qualitatif, en harmonie avec les populations locales au mode de vie à l'équilibre si vulnérable. En aucun cas un tourisme de masse : investisseurs, passez votre chemin !

Nous sommes tourmentés par ces témoignages successifs d'épreuves et de désillusions que subissent les étrangers pleins de bonne volonté qui s'installent ici pour créer soit des structures hôtelières soit des associations humanitaires, soit les deux. Nous savons bien que l'enfer est pavé de bonnes intentions. Mais il y a peut-être aussi une grande part de naïveté à se mettre dans des situations pareilles. Une méconnaissance des ressorts culturels qui articulent les relations que l'on juge à l'aune des siens. Sonia me rabroue :

« Il faut faire attention à ne pas charger notre cœur de tous ces griefs afin de ne pas laisser tourner dans nos têtes ce petit refrain du "tous des pourris" ou "tous des voleurs" qui nous empêcherait de voir la beauté qui peut exister même sous les hardes de la misère.

— Tu as raison bien sûr !

— Ça vient aussi du fait que depuis quelque temps sur cette côte, on passe sans cesse et sans transition du confort des *vazaha* et du tourisme à la pauvreté des Malgaches de brousse. C'était plus simple avant, quand n'y avait pas ce contraste, ces différences, ces tentations inévitables ! »

Au débouché d'une dune, la vue nous coupe le souffle ! Nous n'en croyons pas nos yeux : le lagon fluorescent est zébré de bandes parallèles si sombres qu'elles paraissent noires. Allant de la plage au récif, elles sont si droites qu'elles semblent artificielles ! Quel dieu antique, quelle puissance extraterrestre, quelle civilisation perdue a pu inventer un tel message de beauté envoyé vers le ciel comme les géoglyphes de Nazca sur le plateau péruvien ? Nous descendons sur la plage. Je lance le drone pour avoir une vue générale.

Le tableau est stupéfiant ! La charrette s'inscrit dans ce paysage unique au monde et semble gravir un à un les barreaux d'une échelle. Des pirogues aux voiles multicolores, rasant le rivage, viennent en sens inverse, chargées de bidons d'eau. Le temps se suspend. Ces véhicules des temps anciens se croisent en une scène d'un autre âge, avant l'oléocène. Nous vivons là, nous le ressentons à l'instant même, un des plus beaux moments de tout notre voyage. Comme si nous marchions au ralenti dans une autre dimension affranchie du temps. Quand nous parvenons au bout de la plage, un homme s'approche de nous. Nous sommes assommés par la lumière et l'intensité de cet instant vécu.

« J'étais sûr que vous passeriez par la plage ! C'est beau, n'est-ce pas ! Bonjour les amis ! Moi c'est Laurent ! »

Un autre Suisse. Nous avons du mal à nous remettre de cette émotion esthétique et je reste abasourdi et coi, presque titubant ; je parviens tout de même à bafouiller :

« On a croisé un zèbre géant couché dans le lagon ! »

Il se marre.

« La première fois ça fait un drôle d'effet ! Comme après avoir fumé un joint ! Venez ! Je vous ai préparé un petit rafraîchissement ! Vous devez avoir soif ! »

Laurent Bettex nous accueille chaleureusement avec sa ravissante femme Maroussia. Trois adorables enfants métis déboulent bientôt en apprenant que deux de leurs semblables viennent d'investir les lieux : Johanna, Jonathan et Yoann. Ici, pas de complexe avec le sable, le sol du restaurant, ouvert à tous les vents, est en sable finement peigné comme un jardin zen. Un cocktail de corossol glacé nous réconcilie, s'il en était besoin, avec la vie.

« On n'a pas un seul client en ce moment, vous êtes les bienvenus pour rester quelques jours : je rêverais de faire ce que vous accomplissez ! Je me suis lancé dans des grands raids en quad, mais votre trip, c'est autre chose ! Ça ne s'achète pas ! Venez, je vais vous montrer votre bungalow, vous vous installez et pendant ce temps-là on vous prépare un bon déjeuner. Que diriez-vous de pâtes aux pétoncles ? On les prépare encore mieux qu'à Venise : les *linguini alle vongole* d'Ankasy ! Vous m'en direz des nouvelles ! »

Mada d'hôtes en hôtels c'est un autre sport ! Qui osera dire que nous ne l'avons pas mérité ? Nous prenons cette hospitalité et cette générosité comme elles viennent. Comme des cadeaux après nos litres de soupe aux nouilles à l'ombre des buissons, comme des largesses avant nos futures épreuves.

L'après-midi, je suis impatient d'aller tirer au clair les énigmatiques zébrures.

« C'est à marée basse et quand le soleil est au zénith qu'on voit les contrastes les plus forts ! Allons-y ! »

Nous partons en bateau. Je demande à Laurent de me larguer sur une zébrure noire. Je me mets à l'eau avec ma caméra go-pro pour tenter de lever l'énigme.

Je plonge dans trois mètres d'eau. Rien au fond, ni algues, ni rochers, ni rien de noir. Je remonte.

« Tu m'as déposé sur une bande blanche ! »

Il regarde autour de lui.

« Non ! Là, on est sur le noir ! »

Je remets la tête sous l'eau. Le sable est blanc. C'est à en devenir chèvre. Je nage perpendiculairement pour aller voir une bande blanche et plonge.

Un élément de réponse me parvient aussitôt : dans le blanc, le sable est extra-fin. Il s'aligne selon un cordon comme un long dos d'âne. Je reviens en arrière sur la bande noire en longeant le fond. L'eau y est 2 mètres plus profonde. Les bandes noires sont donc les creux de grandes ondulations. Le sable, tout aussi blanc, mais de plus grosse granulométrie, contient de nombreux bouts de corail. Je remarque alors que des sillons sur le fond sont perpendiculaires aux cordons blancs. Eurêka ! J'ai la solution ! Je remonte à bord. Laurent est tout ouïe :

« Alors, les bandes blanches ce sont de grands dômes de sable blanc extra-fin qui renvoient un max de lumière car l'apex n'est pas très loin de la surface, environ 1 mètre, et les bandes noires sont aussi blanches mais elles sont en creux, 2 mètres plus bas, donc à 3 mètres de la surface. Le sable est organisé en sillons très serrés perpendiculaires c'est-à-dire parallèles à la plage. En fait, je crois que c'est un piège à lumière !

— Génial ! Voilà plus de dix ans qu'on est là, on a émis plein d'hypothèses en tous genres, mais jamais celle-là ! »

Le sortilège de sable est levé, le zèbre démasqué ! Les parallèles d'Ankasy sont un phénomène hydraulique ondulatoire créé par les marées vidant le lagon selon un équilibre subtil entre de très nombreux paramètres. Comme les dunes du Sahara, toujours semblables, jamais identiques, singulières et uniques, orientées dans le sens du vent. Qui sait si ces parallèles ne se déplacent pas lentement au fond du lagon ?

L'apéro du soir voit défiler un bon nombre de THB glacées suivies de cocktails sophistiqués. Mon dieu que le tourisme a du bon ! Faut-il vraiment en baver avec notre charrette pour mieux apprécier toutes ces merveilles et tous ces soins ? Faut-il le mériter pour mieux en jouir ? Pour ne pas se blaser ? La décoration du lieu est en harmonie avec les éléments naturels. Des vertèbres de baleine servent de sièges ou de meubles, leurs côtes de lampadaires, le toit en fibres naturelles dessine une carapace de tortue, des bois flottés forment des sculptures organiques, des coquilles d'Æpyornis trouvées dans la dune sont négligemment disposées sur un parapet en palissandre à côté d'une sublime arête de poisson séchée transmuée en œuvre d'art. Ulysse a élu domicile dans un crâne de cachalot dont l'occiput est comme un fauteuil œuf ! Il a trouvé un phasme géant dans un *samata* tout proche. Son mimétisme hallucinant de précision le plonge dans des transports de joie. Nous sommes bien.

« Allez ! On passe à table ! Maroussia vous a concocté sa spécialité : des œufs mimosa au crabe de mangrove !

— Tu es de quel coin de Mada, Maroussia ?

— Je suis de Diégo-Suarez, la capitale du Nord ! J'espère que vous passerez un jour chez nous !

— Waow ! Dans une autre vie ! On ne sait même pas si on va réussir à atteindre le Sud un jour !

— En attendant, profitez de ces crabes ! Tant qu'il en reste ! On me les a apportés tout à l'heure.

— Ils sont malheureusement de plus en plus petits, reprend Laurent, la pression sur la ressource est trop forte. Après ça, on aura des langoustes grillées au beurre de combava. Pareil, les langoustes diminuent : j'essaie de sensibiliser les pêcheurs mais ce n'est pas facile. En tout cas, moi, je n'accepte jamais les petites.

— Et que vois-tu comme solution ?

— La sanctuarisation. On n'a pas le choix. Il faut qu'il y ait des endroits interdits où la nature peut se régénérer pour ré-ensemencer le reste où la pression restera forte.

— Et qui surveille ?

— C'est là le problème. Je crois que les communautés doivent le faire elles-mêmes. À elles de punir les contrevenants. C'est leur avenir qui est en jeu ! »

Les langoustes arrivent. Un feu d'artifice. Elles fondent en bouche et le combava apporte la touche citronnée mâtinée d'exotisme remplaçant avantageusement l'ail ou les herbes de Provence. Nous nous pourléchons les babines. Un petit namaqua blanc du Cap rythme ces agapes. Je reprends la conversation que nous avions eue avec Michèle Cotsoyannis :

« Et d'après toi, pourquoi c'est si dur pour les touristes de venir jusqu'ici ?

— C'est tout un ensemble qui en fait un vrai parcours du combattant ! Mais ce n'est pas pour me déplaire : ceux qui arrivent jusqu'ici l'ont mérité ! C'est comme une victoire. Mada ça se mérite ! C'est comme vous ! Mais il y a plein de raisons. D'abord il y a la mafia des loueurs de voitures de Tana : c'est bien plus rentable pour eux de louer un Land Cruiser avec chauffeur à cent euros par jour pendant quinze jours que de laisser partir les clients en avion. Et puis évidemment "Air Mad m'a tuer" ! Dans le genre : "je persécute les passagers il n'y a pas mieux !" Le problème c'est que le gouvernement réquisitionne les avions à la dernière minute pour telle ou telle inauguration à l'autre bout du pays ! Et tous les plannings valsent ! Ils croient que cette compagnie c'est le GLAM[1] et qu'ils peuvent en disposer à loisir. Les touristes sont juste là pour la déco ! Les billets sont chers et les avions affichent complet, pourtant, ils sont à moitié vides, c'est un scandale. Les rares touristes paient plein pot pour compenser les billets de complaisance donnés aux familles ou aux amis du pouvoir. Il n'y a que 30 % de passagers payants à bord, c'est-à-dire nos clients, les autres volent aux frais de la princesse. Cela fait des années que cela dure et qu'on le dénonce.

— Michèle nous a dit que cela venait aussi de l'aviation civile...

— C'est vrai qu'ils sont encore plus tatillons que les Suisses en termes de sécurité ! De ce côté-là rien à redire ! Il n'y a jamais eu de crash : les avions sont super bien entretenus, les pilotes sont de vrais pros ! Les conditions de vol sont très difficiles ici : une aérologie de montagne et de mer à la fois, et puis les pistes sont anciennes. Mais ce principe de précaution poussé à l'extrême les paralyse. Et puis ils ne veulent surtout pas avoir à maintenir en état les quatre-vingt-treize aérodromes qu'il y avait tout autour du pays dans les années 1960. Ils préfèrent garder l'argent... Du coup nous on est en train de construire une piste juste derrière avec un partenaire à qui j'ai revendu une partie de la plage. On ira voir le chantier demain !

— Mais les petits avions coûtent encore beaucoup trop cher...

— Pour les touristes qui ont déjà payé un vol international, oui, mais pour les riches Malgaches qui sont dans les mines, ou les ressources naturelles, ça reste très accessible. Et eux ne veulent pas se taper les trois ou quatre jours de RN 7. Ils décollent de Tana tôt le matin et sont là pour le déjeuner. C'est cette clientèle-là que je cherche à développer.

— Rien à voir avec le schmilblick, mais je poursuis une autre enquête : que penses-tu des Mikea ? »

1. Groupe de liaisons aériennes ministérielles.

Laurent marque un temps d'arrêt, écarquille les yeux, et, théâtral, les mains largement entrouvertes, déclame :

« Les Mikea sont invisibles ! Si tu vois un Mikea, c'est que ce n'est plus un Mikea ! »

Et, plus sérieusement :

« En fait, les Mikea existaient tant qu'ils se cachaient ! C'est-à-dire qu'ils n'existaient pas. Et maintenant ceux qui sortent de la forêt, tu les vois mais ce ne sont plus des Mikea, donc ils n'existent plus. »

Paradoxe imparable.

Soudain, en se levant de table, Philaé pousse un cri :

« Waow ! Qu'est-ce que c'est que ça ? »

Un bernard l'ermite gros comme un escargot vient de lui pincer l'orteil. Tout le monde éclate de rire. Derrière nous, tout le restaurant est envahi par ces visiteurs nocturnes.

« Ce sont nos nettoyeurs ! Après leur passage, tout est nickel ! Grâce à eux, on n'a pas une seule blatte ! »

Ils déboulent de partout comme des zombies mécaniques sur leurs petites pattes.

« Waaah ! C'est *freaky* tous ces *creepy crawlies* ! » s'exclame Philaé en utilisant son vocabulaire de « djeun ». Jonathan et Yoann sont morts de rire.

« J'ai une idée, dit alors Laurent, chacun choisit son bernard et on va organiser une course ! »

Après avoir balayé le sable et numéroté au marqueur la coquille de chaque champion, il dessine un cercle au centre d'un grand cercle.

« On pose tous ensemble nos bernard dans le petit cercle et le premier qui sort du grand cercle a gagné ! »

Et c'est parti mon kiki ! La salle de restaurant se remplit de cris de bookmakers, les crustacés sont lancés à toute vapeur dans toutes les directions. Le mien prend la tête, mais en s'approchant de la ligne d'arrivée tourne à gauche et se met à la suivre. Celui d'Ulysse pique un sprint vers une zone d'ombre et remporte la première manche.

« Attends ! On a besoin d'un tiercé ! »

Yoann s'égosille, encourage sa coquille – les bestioles n'en font qu'à leur tête, la course est pleine de rebondissements – mais cette dernière fait demi-tour : il en tombe à la renverse en poussant un cri dépité. Le bernard de Sonia, le plus gros, dans un coquillage « sept doigts » un peu amoché, décolle soudain de la case départ quand on ne l'attendait plus, et fait le lièvre en ligne droite pour rattraper la tortue de Philaé ! Qui va l'emporter ? L'ambiance monte d'un cran ! Lièvre ou tortue ? La tension devient paroxystique ! Les serveuses nous prennent pour des fous. Comme de bien entendu, la tortue l'emporte ! Philaé exulte, Sonia arrive en troisième position. Puis le mien se décide à franchir la ligne après un tour complet !

« Les bernard des Poussin sont vainqueurs ! conclut Laurent. Quant à ceux des Suisses, ils sont pas encore très réveillés ! »

Et c'est reparti pour une revanche… puis une belle… puis une autre…

Bonheur de voir nos enfants rire de bon cœur à ces jeux innocents parmi ces drôles de zèbres !

« Aujourd'hui on vous emmène pique-niquer à l'“îlot sable”.

— Génial ! Qu'est-ce que c'est ?

— C'est un banc de sable qui se découvre à marée basse : on tend une grande voile et des parasols pour avoir de l'ombre et on joue à plein de trucs ! On déjeune les pieds dans le turquoise entre ciel et mer ! Tu verras c'est super ! »

Et nous voilà partis sur deux barques à voile avec glacières et tables pliantes.

Mario, désespéré de ne pas faire partie de la balade, fait des allers-retours sur la plage en aboyant. En plein milieu du lagon une rayure, plus large que les autres, nous accueille sur le dos du zèbre.

« OK ! Le banc est découvert pendant trois heures ! Profitez-en ! »

Lâcher de mouflets : les enfants sont en liesse. Quelle joie de les voir s'amuser dans leur monde. Ils se courent après, s'attrapent, se roulent dans le sable comme des chiots, éclatent de rire sur un signal incompréhensible, repartent en sprintant comme des chats qui auraient vu un fantôme en ayant au passage renversé une bouteille et fait gicler du sable partout. Car c'est bien plus drôle de venir s'écrouler dans nos pattes.

« Allez jouer plus loin les enfants ! »

Des enfants. C'est quand même ce qui leur manque le plus depuis notre départ. Les autres enfants. Nous avons des scrupules bien sûr. Nous leur imposons notre choix de vie qui les éloigne d'un monde de candeur et d'insouciance. En même temps, ce manque construit des êtres sociaux capables de s'entendre avec n'importe qui dans n'importe quelle langue. Mais d'un autre côté, nous devons veiller à ne pas trop charger leurs esprits de considérations qui ne sont peut-être pas encore de leur âge. Afin de les préserver. De ne pas leur faire porter ce fardeau trop lourd pour leurs épaules innocentes. C'est une évidence qui me vient avec un soupçon de culpabilité, une bière fraîche à la main, sous le soleil implacable du lagon.

Dressée sur un espar planté au milieu de l'îlot, la voile dessine dans le ciel la protection d'une aile d'oiseau géant. Après un plateau d'huîtres sauvages dénichées le matin même par Maroussia dans les rochers à l'aide d'un crochet de fer, des brochettes de carangue grillées sur un petit *fatapera*[1] et un bol de riz safrané, nous passons aux jeux. Course en sac, course tout court, et match de foot bien sûr ! Johanna, Jonathan et Yoann nous battent à plate couture dans tous les domaines ! Courir sur le sable c'est un autre sport ! Surtout le ventre plein. Les courbatures vont être au rendez-vous demain pour la reprise.

La mer montante siffle la fin de partie. Nous démontons le camp les pieds dans l'eau. Quel bel après-midi ! Merci les Bettex ! C'est encore plus beau lorsque c'est éphémère.

Dans la nuit Sonia reçoit un coup de fil de sa sœur.

« Non ma Sonitchka, son état s'est considérablement dégradé, tu ne le verras pas à Noël prochain... Si tu veux le voir et que tu as la possibilité de rentrer, c'est maintenant...

— C'est donc si grave ? »

C'en est fini des délices du Lagon Saphir. Tuléar : il nous reste une centaine de kilomètres à couvrir. Sans doute une semaine. Nous réservons une place dans un avion pour le retour de Sonia.

« Va voir ton père, ne t'inquiète pas pour nous. On va remettre les enfants à l'école et je vais avoir plein de travail sur les films, les photos, les reportages et pour préparer la suite : on va t'attendre le temps qu'il faudra, va le voir en paix ! »

Sonia me tombe dans les bras. Quel sacrifice pour elle que de marcher loin de son père malade ! Je vois bien qu'elle a parfois la tête ailleurs, et qu'elle s'éloigne de la charrette pour pleurer discrètement. Elle se réveille parfois en sueur en pleine nuit, imaginant son père suffoquant sous la torture de son cancer du poumon, et chasse cette vision cauchemardesque en se blottissant contre moi. Pauvre chérie.

1. Petit brasero à charbon de bois.

Tandis que nous chargeons les derniers sacs dans la charrette et prenons le temps de sincères embrassades avec la famille Bettex, une vieille chienne bringée, toute mitée, aux tétons frottant sur le sol, vient boiter devant nous. Mario rapplique et lui renifle les deux truffes.

« C'est sa mère ! nous dit laconiquement Laurent.

— Non ! Le stremon[1] ! C'est pas possible ! s'indigne Philaé.

— Si ! Je le sais, c'est moi qui ai donné le chiot à Guillaume ! La pauvre ! Les chiens du village lui tombent dessus en permanence. Elle va finir par y laisser la peau. Au fait ! Je l'ai eu au téléphone, Guillaume, il est toujours à Tuléar, il m'a dit que vous n'avez qu'à continuer avec Mario, comme ça vous le lui rapporterez ! »

Cette perspective fait se renfrogner aussitôt Ulysse et Philaé.

Les jours suivants voient s'égrener des petits villages désordonnés, de plus en plus encombrés de détritus et d'épaves, comme si c'était la signature de l'approche de la capitale régionale. Le charme du Lagon Saphir est rompu. Nous ne longeons plus de plages. Les pistes sont plus défoncées et le sable plus profond. Nous distribuons au passage nos sachets de spiruline dans les CSB des bourgs que nous traversons, mais sans grande conviction ni gratitude en retour. Un peu comme si c'était normal. Avec même parfois une pointe bizarre de suspicion…

Nous souffrons comme prévu dans le sable profond à l'approche de Manombo où nous allons dresser la tente dans la cour devant la mairie.

Mario enchante les enfants. Il marche devant la charrette, en éclaireur, les oreilles dressées en pavillons, à l'affût du moindre bruit dans les broussailles. Son instinct de chasseur s'exprime à point. Sur un mystérieux appel, il disparaît soudain dans la brousse, lève des compagnies de francolins et revient tout content à la charrette en remuant la queue. Là où ça se corse, c'est lors de notre entrée dans les villages ! Il se précipite systématiquement sur tous les chiens qu'il voit, ce qui donne lieu à des batailles homériques dont il revient baveux ou ensanglanté. Pas génial pour la « fraternité entre les peuples ». Notre passage jette un froid, ou un chaud, c'est selon ! Je n'aime pas du tout ça. Ce chien est un problème et je me réjouis d'avance qu'il retrouve son propriétaire dans une semaine.

1. « Monstre » en verlan.

« Souviens-toi comme il se pelotonnait le soir devant la chambre des enfants à Ankaramifoka pour les protéger, fidèle au poste, toute la nuit, le défend Sonia. Moi quand j'ai vu ça, il a conquis mon cœur ! Au moins on n'aura pas de problème de sécurité la nuit ! Tout le monde nous met en garde à l'approche de Tuléar... »

En attendant, je trouve une stratégie. Quand j'avise au loin l'entrée d'un village, je le mets à la laisse avec un bout de cordage que j'accroche à l'arrière de la charrette, le contraignant à marcher en dessous du véhicule, comme cela se pratique sur les hautes terres : « *Mario Alefa ! Ambani sareti*[1]. »

Mais cette méthode a aussi ses inconvénients : c'est Mario qui est alors attaqué par les chiens qui fusent de toutes parts, entre les roues, entre nos pattes, ou celles de nos zébus. Nous sommes obligés de sortir des bâtons pour protéger notre chien et nous devons traverser les villages en accélérant le pas. Là encore, un non-sens. Les chiens aboient, la caravane passe !

La nuit, nous sommes tranquilles en revanche. Les éventuels importuns passent leur chemin en entendant grogner la bête ! La forêt disparaît jour après jour, au profit de landes pelées dont on nous dit qu'elles accueillaient jadis des champs de coton et qu'il existe un projet chinois de relancer cette culture.

Nous rallions ainsi la RN 9, qui relie Tuléar à Morondava en passant, non par la côte, comme nous l'avons fait, mais par l'intérieur des terres. Une entreprise chinoise vient de l'élargir afin de la goudronner ultérieurement mais déjà le phénomène de la « tôle ondulée » provoqué par les roues de camions en a refaçonné la surface. *Fanantenana* avance avec le hoquet et nous crachons nos poumons à chaque fois qu'un camion nous dépasse. Nos derniers jours avant Tuléar ne vont pas être une sinécure. Nous retrouvons aussi notre cortège de suiveurs désœuvrés, foules spontanées que nous traînons hors des villages dans notre sillage pendant quelques kilomètres. Ce serait agréable s'il s'agissait d'étudiants curieux ou de gens bienveillants, mais ce sont surtout des individus avinés et braillards. Certains déclenchent des attaques de Mario qui ne sait plus s'il doit nous protéger ou se cacher. Il sort ainsi intempestivement de dessous la charrette comme un diable de sa boîte, en semant la zizanie parmi nos poissons-pilotes. Philaé et Ulysse ont repris l'habitude d'aller se cacher dans la charrette. Bref ! Vivement que cela cesse.

1. « Allez Mario ! Sous la charrette. »

Un soir, alors que nous cherchons dans une zone périurbaine un endroit, une maison ou un terrain qui pourrait accueillir notre charrette, notre tente et nos zébus, nous tombons sur un panneau « Hôtel de la Plage ». Nous allons voir. Un beau jardin de plantes endémiques de la côte ouest nous rappelle les paysages fabuleux que nous avons traversés. Georges Filiu nous accueille d'abord un peu froidement.

« Vous n'avez pas réservé. Nous sommes complets. Il reste bien un bungalow mais il n'est pas prêt. » Puis, en voyant les enfants sortir de la charrette, il s'adoucit un tantinet.

« Et vous comptez aller où comme ça, sinon ?

— Je ne sais pas. Un endroit où on pourrait camper ?

— Ah non ! Ça c'est possible à la rigueur en brousse – et encore – mais ici c'est beaucoup trop dangereux ! Vous savez, Tuléar ça ne rigole pas ! On s'est fait attaquer l'année dernière par des hommes en armes. Il a fallu les déloger au fusil de chasse ! On a eu de la chance ! En tout cas, moi je ne vous laisse pas repartir dans la nuit avec des enfants. Allez, entrez ! »

Je me sens un peu piteux mais plein de gratitude pour son paternalisme bourru. Les enfants réintègrent instantanément la sphère touristique avec un naturel fait de Coca glacé et d'amuse-gueules. Deux groupes occupent l'hôtel. Les clients vont d'un pas traînant du bar à la terrasse en négligé du soir, répandant les effluves de leur shampoing, de leur déodorant ou de leur eau de toilette. C'est fou ce que ça cocotte un touriste le soir ! Nous devons aussi dégager une odeur, mais pas la même, car on nous toise de haut : « Mais que font ces gueux dans le lobby ? » Tout va mieux quand nous revenons de la douche après avoir pris possession de notre bungalow. Nous prenons place pour un délicieux dîner accompagné par les chants de la chorale de la paroisse locale qui nous emporte dans de puissants trémolos et répons à plusieurs voix, en dansant et en dégageant une énergie phénoménale. Nous sommes conquis.

L'idée de replonger dans la poussière, le bruit et la foule sur cette route nationale dès le lendemain matin me déprime. Je crois que nous allons nous octroyer une journée de repos. Il se trouve que c'est dimanche et Yannick, le fils de la famille, est instructeur de kitesurf et que je rêve depuis longtemps de m'initier à cette discipline. Le divin petit déjeuner du lendemain ainsi que l'opportune disparition des enfants à la plage ont raison de ma pugnacité à vouloir sans cesse aller de l'avant.

Je jette alors une boutade à destination de la piste et de notre obligation de rallier Tuléar pour voir Sonia s'envoler : « Encore un instant, monsieur le bourreau ! »

31

Tuléar

Amboutry-Boutry, mardi 26 mai 2015, Pk 949

« Alex ! Il faut que je te parle… »

Alors que nous marchons vers Tuléar, Revelo me prend à part, le visage fermé.

« Tu as vu la vieille femme avec qui je viens de discuter ?

— Oui.

— Elle m'a mis en garde. Elle a entendu des gens qui disaient que des bandits nous attendaient dans 6 kilomètres, dans la plaine d'Ambondrolava, ils veulent nous voler nos zébus.

— Et merde ! »

Je me retourne et vois au loin la dame en noir filer à pas menus.

« Qu'est-ce qu'on fait ? relance Revelo.

— On temporise. »

Coiffé d'un feutre beige, un monsieur très digne qui nous suivait depuis une heure en poussant sa bicyclette au dérailleur cassé se joint à notre conversation poliment, dans un vieux français impeccable.

« Bonjour, je me présente, je suis le président du *fokontany* du prochain village, puis-je vous renseigner ? »

Je me plie en deux et m'adresse à lui avec la déférence qui convient.

« C'est fort aimable à vous, cher monsieur. Nous venons d'apprendre une bien mauvaise nouvelle. On vient de nous prévenir que nous allions être la cible probable d'une attaque par des bandits du côté de la plaine d'Ambondrolava… »

Son visage se glace subitement. Il marque un temps d'arrêt et nous siffle :

« Il faut vous cacher, vite ! Ici, par exemple ! Là ! Dans cette maison. Je connais le propriétaire, c'est un *vazaha* de La Réunion. Il n'est pas là en ce moment. Je vais aller expliquer la situation au gardien en lui disant que vous êtes ses invités, sans lui parler des bandits bien sûr. Attendez-moi ! »

Le ciel nous a dépêché deux anges gardiens. Tout est si soudain. Sonia vient aux infos.

« Qu'est-ce que vous manigancez ? Il faut avancer, rappelle-toi ! Georges Filiu nous a dit qu'il ne fallait pas aller au-delà d'Ifaty après 3 heures de l'après-midi, et là on est en plein dedans.

— Justement... »

Je lui fais le topo. Elle blêmit.

« Et merde...

— À qui le dis-tu !....

Le président du *fokontany* revient en pressant le pas.

« *Alefa !* Faites entrer votre charrette ! Tout est arrangé. »

Le portail est à 100 mètres. Nous nous y engouffrons et garons notre véhicule derrière une maison à varangue donnant sur la mangrove.

« Cette bande de Masikoro est très connue dans la région, nous précise le vieux monsieur. Ils sont une quarantaine. Ils ont installé un campement de fortune dans l'arrière-pays. Depuis plusieurs mois, ils rackettent et rançonnent tout le monde. Ils s'en prennent aux simples pêcheurs, leur volent leurs bicyclettes, leurs poissons, tout ce qu'ils peuvent. Dernièrement ils se sont mis à enlever des enfants de pêcheurs, pour les libérer contre rançon... Cela fait longtemps que j'alerte les autorités, mais personne ne bouge pour nous. Nous ne sommes que de modestes pêcheurs. Je vais prévenir notre patrouille nocturne qui fait des rondes autour du village et je vais poster près d'ici un *zama*[1]. C'est un ancien *dahalo* reconverti dans la sécurité et la protection des villageois. Il est très redouté. Sous sa bonne garde, vous ne craindrez rien. Sur ce, je vous dis bonsoir ! Restez là, et ne bougez plus jusqu'à demain matin ! »

Sur la varangue, face à la vue, nous nous organisons une fin d'après-midi scolaire avec les enfants du gardien. Sonia, pleine de

1. Guerrier protecteur, un peu sorcier, couvert de gris-gris. Ils sont le plus souvent vêtus de noir, font vœu de chasteté, et abstinence d'alcool. Ils sont redoutés de tous, ont la réputation d'être à l'épreuve des balles et reçoivent un écot de la part des populations qu'ils protègent.

sang-froid, reprend son tablier de maîtresse d'école : « Sortez vos trousses et vos cahiers les enfants ! » Quelle autre femme aurait pris la nouvelle avec autant de flegme ?

Pendant ce temps-là, je fais feu de tout bois avec mon téléphone. Je préviens en premier le général Rasolofo, chef d'état-major de la gendarmerie nationale. Puis notre ami Éric Pillet, de Madawatt[1], qui nous attend de pied ferme à Tuléar. Il va prévenir le colonel Janvier, chef de la gendarmerie de la ville et le consul de France honoraire, Jacky Ménard. Puis j'appelle Patrick Cejudo, notre ami d'Assistance Plus à Tana, qui a des contacts haut placés un peu partout. Je me dis qu'avec ça nous sommes blindés. Et je me détends.

« Pourquoi cela s'appelle Amboutry-Boutry ici ? » demande Revelo au gardien.

Ils palabrent un moment en faisant des gestes de la main vers le nord, l'index plié.

« C'était l'ancien chantier de boutres de Tuléar ici, au bord de ce canal qui donne dans le grand lagon de Mangily. Et quand toute la forêt derrière a été rasée, ça s'est arrêté. »

Au crépuscule, je vais jeter un œil au portail vers le sud. Accroupi à l'entrée du village, drapé dans un *lamba* noir, le *zama* veille avec sa lance antandroy. Je suis rassuré. Nous passons une soirée tranquille même si je tends l'oreille à l'affût de tout bruit suspect.

À 9 heures du matin, Jacky Ménard m'appelle :

« Tout est arrangé. La commissaire divisionnaire, Mme Vavy, va venir vous voir avec une section du GIR, le groupement d'intervention rapide qui va vous escorter à pied toute la journée, jusqu'à votre entrée dans la ville. À ce soir ! Vous me trouverez dans mon bureau au lycée français. »

Une heure plus tard, jolie et bien habillée, débarque la commissaire – et ses tortues ninja – tout étonnée de nous voir :

« C'était donc vrai ! J'ai cru à une blague avec cette histoire de *vazaha* et de charrette ! Je suis en poste depuis peu et j'ai pensé que c'était une sorte de bizutage ! Bon ! Tout va bien se passer. Trois hommes vont vous escorter, un militaire, un gendarme et un policier : le GIR est une force interarmes que nous avons créée pour lutter contre toutes les corruptions. Voici mon numéro, appelez-moi s'il y a le moindre problème. Bonne journée et bienvenue à Tuléar, la ville du soleil ! »

---

1. L'entreprise qui nous a offert nos panneaux solaires.

Le temps de bâter les zébus, nous décollons avec nos trois gardes du corps. Il est déjà 10 heures et le soleil cogne : nous prévoyons plus de 20 kilomètres pour rallier la ville.

Nos pandores s'appellent Lebon, Riddick et Dominique.

« Riddick ? Comme *Les Chroniques de Riddick* avec Vin Diesel ?

— Oui ! »

Ils se marrent. C'est du Sergio Leone en *live*. J'en déduis que Dominique est le « truand ». Il s'indigne :

« Non ! J'ai été élevé chez les sœurs à Saint-Joseph de Tuléar ! »

Les deux autres se poilent, kalachnikov à l'épaule, et nous emboîtent le pas. Ils ont tous les trois des uniformes différents, l'un kaki en rangers, les deux autres en noir mais avec des variantes. L'un porte une casquette Police et à l'épaule un insigne rouge « Qui ose gagne » souligné d'une épée, l'autre le sigle GIR dans le dos : ils nous confirment qu'ils appartiennent aux trois armes et participent à des opérations conjointes sous la gouverne du Bianco[1].

Nous traversons le premier village en passant presque inaperçus. Le petit monsieur au feutre beige nous fait un salut de la main devant son bureau du *fokontany*. Il ne s'est rien passé, tout s'est bien passé. Fausse alerte. Nous ne tardons pas à pénétrer dans une vaste zone de landes pelées et défrichées où des ouvriers chinois s'affairent à des ouvrages d'art et nous essayons d'imaginer où les bandits auraient pu nous tendre leur embuscade. Les soldats roulent leur mécanique bien huilée derrière nous.

« Ça nous rappelle les marches d'entraînement à l'école militaire ! »

Nous partageons des histoires de *dahalo*, d'opérations, de *fokonolo* et de vindicte populaire, et sommes rassurés encore une fois par les qualités et l'exigence morale de ces jeunes recrues.

« Nous faisons notre travail : nous arrêtons les bandits, mais après, ce qu'en fait la justice ne nous appartient pas. Et c'est là que le bât blesse : ils sont trop souvent relâchés sans procès et sans poursuites…

— Et d'après vous, la criminalité augmente ou elle a toujours été stable ? Car, dans le coin, ce sont les pauvres qu'on vole. Hier un président du *fokontany* nous a dit que la rançon à payer pour l'en-

1. Bureau indépendant anti-corruption, créé pour lutter contre les trafics d'influence au sein des autorités.

lèvement d'un enfant était de 200 000 ariary, soit à peine 50 euros ! Ça paraît dingue !

— En fait, c'est la misère et la pauvreté qui augmentent. Donc les gens font n'importe quoi pour survivre et nourrir leurs enfants. Nous avons un dicton malgache qui dit : *Ny olombelona tsy maina, tsy lena*, "Les hommes ne sont pas mouillés ou secs" ! C'est-à-dire que les choses ne sont pas noires ou blanches et des gens bien peuvent commettre des larcins par nécessité. Notre problème à nous, en tant que forces de l'ordre, c'est de faire respecter la loi, qui, elle, est écrite noir sur blanc. Après, la justice l'interprète comme elle veut, et les avocats sont là pour défendre les fautifs… »

Nous croisons une caravane de nombreuses charrettes et de familles entassées avec tout leur barda remontant vers le Nord. Sonia en profite :

« Tu vois ! Tout le monde flippe et tout le monde est prudent ! Eux aussi voyagent en convoi ! »

À 13 heures, nous rallions le poste avancé de gendarmerie de Belalanda, encombré de soldats endormis et de véhicules. Nous en profitons pour marquer une pause soupe aux nouilles à l'ombre d'une paillote. Dominique, parti aux nouvelles, revient avec une information explosive :

« Il y a eu une opération conjointe à l'aube pour déloger les bandits. Ils ont kidnappé une petite fille hier et volé des zébus il y a deux jours. Armée, gendarmerie et policiers sont allés à leur village pour des interrogatoires mais ils se sont fait tirer dessus pendant plus d'une heure. Heureusement il n'y a pas eu de blessés de notre côté, mais il y a eu de la casse chez les *malasso*[1] ! Tout le village a été brûlé et les familles dispersées.

— Mon Dieu ! La caravane qu'on a croisée tout à l'heure…, s'écrie Sonia en portant sa main à la bouche.

— Vous savez, vous n'y êtes pour rien, répond Dominique qui a compris ses scrupules, vous avez juste été le détonateur du déclenchement de l'opération, cela fait longtemps que ces bandits persécutaient toute la région, et qu'elle était mise en place. Vous n'êtes pas les premiers *vazaha* auxquels ils comptaient s'en prendre. Il y a un mois, ils ont tué un motard français qui revenait de Tuléar avec des couches pour son bébé pour lui voler sa moto ! L'attaque qu'ils projetaient contre vous a été la goutte d'eau qui a fait déborder le

1. « Bandits ».

vase ! C'est bien ! Des milliers de gens vont dormir plus tranquilles maintenant. »

L'entrée dans la ville, au bout d'une interminable étendue fleurie de sacs en plastique et de décharges sauvages nous fait rire jaune quand nous passons à la hauteur de la réclame « Tuléar, Ville du soleil ». Philaé ajoute avec son petit air angélique :

« Moi je dirais plutôt "Ville des poubelles au soleil !"

— Nous, on dit : "Tuléar *tsy miroro* !" ajoute Revelo en riant, "Tuléar la ville qui ne dort jamais !" Moi je suis content d'arriver ! On va pouvoir faire un peu la fête ! »

À contresens déboule soudain en klaxonnant un buggy rutilant. Éric Pillet, Ray-Ban sur le nez et crâne rasé, en descend comme Bruce Willis descendrait d'un Hummer au retour d'Armageddon ! Il nous embrasse comme du bon pain :

« Punaise, vous nous avez bien fait flipper hier. On a remué toute la ville et secoué toutes les huiles pour vous sortir de là ! Si vous vouliez arriver incognito c'est râpé ! Bienvenue à Tuléar ! On passe d'abord voir Jacky, pour régler et libérer ces messieurs, ensuite on vous a réservé une petite surprise, puis on passe au bureau, puis je vous conduis à la maison : ce soir c'est pizzas ! Ça vous va comme programme ?

— Affirmatif ! »

Propriétaire du magasin Trajectoires, Éric représente de nombreuses marques de quads et de motos et en loue aux touristes. Il porte un pistolet à la ceinture, dissimulé sous son tee-shirt. Quand il croise mon regard sur son arme, il m'en donne tout de suite la raison.

« Je suis en procès avec de nombreux salopards dans cette ville, qui s'amusent à me menacer en permanence, alors je leur envoie ce signal : "C'est quand vous voulez les gars !" Dans cette ville soit tu te couches, soit tu restes debout avec des yeux derrière la tête ! Et dans ce cas-là on te respecte. Ici, les faibles se font broyer et jeter aux crabes. »

Chaud, Tuléar, chaud ! On ne va pas s'ennuyer avec Éric !

Jacky Ménard nous accueille, en sueur et pressé, dans son bureau du lycée.

« Alors voilà, j'ai avancé pour vous la somme pour payer les frais de déplacement de la commissaire, l'essence et le salaire des soldats. Vous comprendrez qu'ils n'ont pas les moyens de les payer de leur poche…

— Oui, bien sûr… »

Nous le remercions et réglons la somme demandée sans sourciller. Nous tentons de détendre l'atmosphère :

« Ça ne doit pas être facile d'être consul de France dans cette ville ! Vous devez en voir des vertes et des pas mûres !

— … Honoraire ! Consul honoraire ! me reprend-il. Vous avez raison, la plupart du temps c'est pour aller reconnaître des morts… Mais j'ai pris cette charge pour éviter que ces morts soient trop nombreux, justement, alors je passe mon temps à déminer les conflits matrimoniaux, traquer les mariages gris et à arrondir les angles. Je suis heureux que tout se soit bien passé pour vous. Je n'aurai qu'un conseil à vous donner : ne sortez pas le soir. Mais j'ai confiance, avec Éric, vous êtes entre les meilleures mains possibles. Bon séjour ! »

Nous reprenons notre marche dans la ville.

« Waaah ! Regarde ! Il y a des trottoirs ! Il ne manque plus qu'un feu rouge ! » s'amuse Sonia.

Des mécaniciens réparent les cyclopousses le long des boulevards où de belles maisons des années 1930 succèdent à celles des années 1950, en béton peint avec leurs inspirations Bauhaus ou Le Corbusier. Sur le terre-plein central, des arbres décoratifs ont été récemment mutilés sauvagement : pourquoi tant de haine ? Partout, les cyclopousses sillonnent la ville dans tous les sens, en sifflant les potentiels chalands, comme sifflent les merles des Moluques voletant de palmiers en frangipaniers. La ville est sèche comme un os de seiche.

Aux carrefours, de grands et hideux panneaux publicitaires nous rappellent la vulgarité de la société de consommation, son arrogance cuistre et son décalage avec la vie de la majorité qui n'y a pas accès. Passent en dessous des gamins pieds nus qui jouent en poussant de vieux pneus avec deux bâtons. Des vendeuses de rue portent de petites vitrines sur la tête remplies de tranches d'ananas ou de *koba*[1], sorte de pâte d'arachide et de riz parfumée au miel. Ulysse éclate de rire :

« Regarde papa, la peinture sur le mur ! Le restaurant s'appelle le Zébu philosophe ! Il a même des petites lunettes ! »

Plus loin, c'est une petite école privée « d'expression française » qui attire notre attention : elle s'appelle « La Puissance » ! Nous promenons notre regard sur toutes ces nouveautés en nous laissant

1. Prononcer « coube ».

porter par le flot de la circulation. Nous débouchons bientôt sur le boulevard Gallieni qui conduit au front de mer, quand nous entendons comme une rumeur lointaine. Au fur et à mesure de notre progression, elle se précise, prend corps comme une pulsation, un battement, un rythme d'orchestre. Éric file devant, nous lâchant :

« Continuez tout droit ! Ne vous arrêtez pas !

— On dirait une fanfare ! s'exclame Sonia. Oh le grigou ! Il a prévu une réception officielle ! »

Nous continuons notre marche. Le rythme est trop chaloupé pour être celui d'un ensemble militaire, trop exotique pour être celui de majorettes. Nous approchons de plus en plus, nous brûlons, le mystère se lève d'un coup : un groupe de batucada se produit devant le vieux cinéma Le Tropic. Et ce sont des enfants qui jouent en rythme sur des bidons.

« Quelle délicate attention ! Qu'ils sont mignons et talentueux ! » s'émeut Sonia.

Ulysse et Philaé ont les yeux exorbités : la puissance du son est phénoménale. Nous garons la charrette. Les zébus restent zen. Mario aboie en cadence. Sur le tympan du bâtiment est inscrit en grandes lettres : ONG BEL AVENIR. Un bel hidalgo vient à nous :

« Bienvenue à Tuléar ! nous dit-il avec un accent à la Julio Iglesias. Les enfants du Bloco Malagasy sont ravis de vous accueillir ! »

Je glisse à l'oreille des nôtres :

« C'est de la musique brésilienne qui vient des bidonvilles. Je crois que ce sont des enfants des rues, la plupart orphelins, qui apprennent à jouer dans cette ONG. C'est cool non ?

— J'adore ! » répond Philaé.

Des acrobates se mettent à réaliser des sauts périlleux et des rondades flips sur le trottoir, sans matelas et sans filet. La cheffe d'orchestre anime son petit monde avec précision et maestria.

« Tu aimerais savoir faire les mêmes acrobaties, Philaé ?

— Oh oui ! trop !

— On reviendra les voir ! Peut-être qu'ils t'apprendront ? »

Tuléar, 1er juin, retour à l'école, Pk 973

Éric et Lalao nous ont accueillis comme des princes dans une grande maison fonctionnelle, sans chichis, où nous avons pu garer la charrette. Ils ont dû filer à Tana pour réceptionner des containers de panneaux solaires Victron dont ils sont importateurs exclusifs à Madagascar avec une autre de leurs sociétés, Madawatt, qui équipe en solaire les hôtels de la côte. Nous avons la maison pour nous. Les zébus ont eu tôt fait de ravager leur mini-jardin.

« T'inquiète ! Les plantes vertes c'est pas mon truc ! » m'avait rassuré avant de partir notre John McClane[1] personnel.

Revelo et Éric sortent nos bêtes tous les jours hors de la ville pour les faire pâturer ailleurs. Ça leur prend toute la journée. Dès ce matin lundi, nous accompagnons les enfants au collège Étienne de Flacourt, nom du gouverneur de Fort-Dauphin au XVIIe siècle et rédacteur en 1661 du premier livre sur l'histoire du pays[2]. Il est mort dans l'attaque de son bateau par des pirates, au large de Lisbonne.

Dès le franchissement du portail, nous retrouvons une ambiance de collège français, de gamins avec cartables sur le dos, de cour goudronnée propre, de parterres fleuris, de préaux ombragés. Ulysse est très nerveux. Il souffre depuis les attentats de *Charlie Hebdo* d'un syndrome de l'attachement. Nous étions à deux rues de là lorsque le drame s'est passé lors de notre retour en France pour Noël. Il avait déjà mal vécu l'angoisse de la séparation à Antsirabé quand nous avions traversé sans les enfants la zone rouge avec le péril *dahalo* en guise d'épée de Damoclès au-dessus de nos têtes. Et de retour à Paris où il se croyait en sécurité, il a découvert qu'aucun endroit sur terre n'était réellement à l'abri de la barbarie des hommes. Il avait ensuite discrètement reconnecté son cordon ombilical sans que nous le remarquions vraiment, parce qu'il était toujours resté avec nous depuis. Nous avions eu quelques alertes et quelques indices bien sûr, et le diagnostic avait été posé par une pédopsychiatre qui nous avait dit que cela passerait avec le temps. Mais c'est encore trop tôt. Ce matin, à l'heure du rassemblement dans la cour d'école, il est pris de palpitations.

« Je ne comprends pas ce qui m'arrive, j'ai le cœur qui s'emballe ! J'ai des suées ! J'ai l'impression que je vais m'évanouir… »

Crise d'angoisse. Pauvre chou. C'est donc plus grave que prévu. Ce n'est pas passé. Il faut dire que notre arrivée à Tuléar n'a pas non plus été de tout repos. Il ne nous est rien arrivé, certes, et nous ne leur avons pas tout dit, mais les enfants ont bien vu qu'il s'était passé quelque chose d'anormal.

---

1. Personnage principal de la série de films *Die Hard*, dont Bruce Willis est l'interprète.
2. *Histoire de la grande Isle Madagascar*, Karthala, Paris, 2007.

Après les présentations à sa maîtresse, la découverte de son bureau et notre discours à sa classe pour relater brièvement notre aventure, vient le moment fatidique de la séparation ; nous nous dirigeons vers la porte. Il se lève alors et se précipite entre nos jambes, en pleurs. Ses camarades sont consternés. Sonia s'accroupit et lui dit :

« Si je m'assieds dans le fond de la classe, tu acceptes de rester ?

— Oui ! » fait-il avec un immense soupir de soulagement.

Je m'éclipse discrètement. Heureusement, le vol de Sonia pour Tana n'est que vendredi. Espérons qu'il parviendra à s'acclimater d'ici là !

Mercredi après-midi nous faisons une sortie en famille vers la baie de Saint-Augustin, avec Juliette, notre adorable voisine, professeure de français au collège, et son mari ingénieur, qui a travaillé sur le projet de relance de la Karenjy, une voiture malgache fabriquée jadis à Fianarantsoa. Ils tiennent absolument à nous montrer les célèbres flamants roses de la baie pour nous changer les idées.

Quand nous parvenons dans la baie de Saint-Augustin, à l'embouchure de l'Onilahy, nous avons le sentiment de franchir une frontière naturelle importante : la porte du Grand Sud ! La vue plongeante depuis une falaise de calcaire nous permet de couvrir du regard tout le paysage.

« Saint-Augustin est un des plus vieux havres du pays, nous explique Juliette. Les premiers Portugais qui ont découvert l'île après avoir contourné le cap de Bonne-Espérance y ont fait relâche et ensuite tous les galions hollandais, anglais ou français sont venus y séjourner ou prendre de l'eau. Il y a très peu d'endroits à Madagascar où l'on peut facilement mettre pied à terre. Vers le sud, le prochain port était Fort-Dauphin, à plus de 600 kilomètres ! Vers le nord, dans le canal du Mozambique, c'était Nosy Bé, à plus de 1 500 kilomètres. Sur la côte est, au nord de Fort-Dauphin, il n'y avait que la baie de Tintingue, à 1 000 kilomètres, derrière l'île de Sainte-Marie, ou la baie d'Antongil, protégée par la péninsule de Masoala qui offrait un abri naturel aux pirates et aux navires de la Compagnie des Indes orientales. Le reste des côtes est un cimetière d'épaves, comme vous le savez ! Cela explique aussi en partie pourquoi le pays est resté isolé si longtemps. »

De toute cette histoire, aucune trace sous nos yeux. De galions à l'ancre il ne reste que des fantômes. Le petit pédiment limoneux au pied de la falaise héberge quelques maigres parcelles arrachées au sable et quelques paillotes. Saint-Augustin, au loin, regroupe des maisons coloniales à varangue autour de son église à la tour carrée blanchie à la chaux. Seul le bac traversier est à l'ancre dans la baie. C'est lui qui, nous l'espérons, va pouvoir nous faire passer sur l'autre rive avec notre charrette.

Nous empruntons sous la gouverne de Juliette un sentier escarpé qui nous conduit au bout de l'incroyable péninsule rocheuse qui, comme une digue artificielle, protège la baie. À l'extrémité nous avons un choc !

« Waow, Sonia ! Ça ne te rappelle pas quelque chose ?

— Si, ça me rappelle le cap de Bonne-Espérance d'où nous avons entamé notre longue remontée à pied du continent africain : il y a quinze ans déjà ! Que ça passe vite !

— Ici aussi ça va être notre point de re-départ pour la suite de notre aventure, quand tu seras rentrée. Tu comptes partir combien de temps ?

— Une dizaine de jours. Je veux soutenir mon père dans son ultime combat. »

J'étreins ma femme devant ce paysage qui marque pour nous, à plus d'un titre, une étape importante de notre existence.

« Vas-y et prends ton temps ! Ton père a besoin de toi. Ne t'inquiète pas pour nous, nous allons nous occuper en ton absence et préparer la suite. *Tsy manino*[1] *!* »

Nous descendons sur les rives de l'Onilahy après une longue marche sur la plage. Et ils sont là, sur l'autre berge, graciles et affairés, les flamants roses, à tricoter de leurs longues pattes un ballet nourricier en faisant des allées et venues la tête en bas dans les eaux saumâtres de l'embouchure. Juliette nous raconte leur arrivée dans les années 1970, en provenance d'Afrique de l'Est.

« En général, les flamants roses sont migrateurs, mais ceux-là sont devenus sédentaires : ils font juste la navette entre ici et le lac salé de Tsimanampetsotse que vous découvrirez un peu plus au sud : une merveille turquoise surréaliste !

— Oui, on en a vu aussi plus au nord à Kirindy Mité ! Mais pas d'aussi près ! »

Sonia est très émue : elle a une passion toute particulière pour les flamants roses. Nous avions d'ailleurs tourné un sujet au Kenya sur une équipe de scientifiques américains qui les baguaient au lac Bogoria. Une féerie rose sur fond de geysers !

---

1. « Ne t'inquiète pas ! »

Nous rentrons dans le soleil couchant. Ulysse et Philae jouent et gambadent sur la plage avec Mario. Une larme coule silencieusement sur la joue de Sonia :

« Ils ne reverront sans doute jamais leur grand-père…

— Claude aurait tant aimé nous rejoindre ici, pour voir une dernière fois ses petits-enfants. Son cancer ne nous en aura pas laissé le temps ! Mon Dieu que la vie est courte ! »

Un troisième tableau, représentant un village vezo, vient orner notre charrette et c'est le peintre Jeannot qui en est le maître d'œuvre. Nous avions pu admirer la qualité de son art à l'Hôtel de la Plage où il avait des tableaux en exposition et Georges Filiu nous avait donné son numéro. Nous tenons à mettre ce peuple de pêcheurs et sa philosophie de vie à l'honneur. Nous lui avons laissé carte blanche. Dans les tonalités rouges d'un ciel enflammé, il nous a représentés tous les quatre assis sur une pirogue vezo à la plage, guettant le retour de la pêche d'une autre pirogue survolée par trois oiseaux :

« Les trois oiseaux, c'est le symbole de la chance. »

À gauche du tableau, une case en *mokoty* dominée par un cocotier, et au premier plan un filet de pêche dans un panier et, surtout, le nouveau venu dans l'équipe : Mario !

« *Alika vezo*[1] *!* C'est aussi un aventurier ! C'est le premier chien malgache qui va faire le tour de son pays ! »

Nous avons en effet tenté de joindre son propriétaire pour lui rendre son chien, mais il a dû rentrer précipitamment à Ankaramifoka. Nous nous sommes croisés.

Le lendemain, la famille Bettex débarque à Tuléar pour fêter le double anniversaire d'Ulysse et de Yoann autour d'un gros gâteau au chocolat et plein de camarades du collège. C'est le deuxième anniversaire d'Ulysse à Madagascar ! Passé les jeux dans la piscine chez des amis qui accueillent la petite fête, vient le temps des cadeaux. Ulysse reçoit un couteau suisse de la part de Laurent :

« Huit ans ! Tu entres dans le monde des grands maintenant ! »

Et un cadeau d'une tout autre envergure :

« Au fait, j'ai appelé Guillaume, pour Mario c'est réglé, vous pouvez le garder ! »

Ulysse et Philaé se précipitent dans ses bras. Je ris jaune…

1. « Chien vezo ! »

Sonia s'est envolée vers Paris sans drame. Ulysse tient le choc. Je l'accompagne à une sortie de classe pour aller visiter les ateliers d'ADES, (Association pour le développement de l'énergie solaire) une ONG suisse qui développe des solutions alternatives de cuisson des aliments : fours solaires et *fatapera* à économie d'énergie. Nous sommes accueillis par un colosse aux cheveux blancs répondant au doux nom de M. Fritz. Il attaque tout de go :

« Il fallait trouver des solutions pour les populations défavorisées. Leur promettre la fée électricité ou même le gaz, c'est leur promettre la lune ! C'est du mensonge pour se donner bonne conscience. Le charbon de bois est ce qu'il y a de moins cher pour eux et de plus pratique, et en plus c'est ce qu'ils aiment utiliser. Alors déjà si on commence par faire des économies de charbon de bois, ce sera un progrès considérable. Notre objectif ce n'est pas de changer leur mode de vie, c'est de lutter contre le déboisement massif de l'île et de leur proposer des solutions peu coûteuses. »

Mme Haja assure la suite de la visite :

« Maintenant les enfants vous savez pourquoi ADES est née. Mais savez-vous que pour avoir un kilo de charbon, on a besoin de dix kilos de bois ? C'est pour cela qu'ADES a fabriqué le four solaire, dans lequel on peut cuire sans utiliser de bois. »

Elle nous montre le four, une caisse en sapin vert clair de 80 x 40 x 30 centimètres, fermée par une plaque en verre. L'intérieur est peint en noir mat. Un couvercle recouvert d'une plaque de tôle réfléchissante permet de concentrer les rayons du soleil dans la boîte hermétique où cuisent des cookies.

Ulysse glisse à un petit camarade :

« Je serais toi, je ne mettrais pas ma main dedans ; regarde la température : 110 °C à l'intérieur, sur le thermomètre. C'est magique ! Et c'est gratuit ! »

M. Friz reprend :

« Dans ce four, on peut faire cuire le riz, la viande en sauce, on peut faire des gâteaux, on peut faire des coquillettes, on peut stériliser l'eau. Ça peut monter jusqu'à 150°. Mais ça ne marche que lorsqu'il y a du soleil, et ça prend un peu plus de temps. Il ne remplace pas complètement le *fatapera*, mais peut venir en complément. »

Le *fatapera* ADES est composé d'un seau métallique, avec une ouverture en forme de bouche dans sa partie inférieure. Il renferme une garniture en terre cuite réfractaire qui conserve la chaleur et est ajustée précisément au diamètre des culs de cocottes malgaches en aluminium. Il n'y a donc pas de déperdition de chaleur. On obtient l'ébullition avec moitié moins de charbon. »

Dans l'atelier, nous assistons à la découpe des tôles métalliques pour fabriquer les seaux dans lesquels les garnitures en terre cuite réalisées à Fianarantsoa vont pouvoir être insérées. Autour d'un massicot industriel, d'un poste de soudure électrique, d'une table d'assemblage et d'une salle de peinture au pistolet, une dizaine d'ouvriers s'affairent autour des machines. Il y a trois tailles de seaux pour les trois tailles de cocottes traditionnelles qui s'entassent le long des murs en d'impressionnantes pyramides. Une idée simple, qui mérite d'être relayée, déjà chez les hôteliers et opérateurs économiques. À Ankasy, l'eau des douches était chauffée dans des bouteilles en plastique disposées dans les fours solaires.

Dans la salle de réunions, Mme Haja nous donne quelques chiffres clés :

« Un ménage malgache brûle en moyenne 330 kilos de bois par mois pour préparer ses repas, soit 33 kilos de charbon de bois. Avec un four solaire mais surtout avec un *fatapera* plus performant, la consommation de charbon est réduite de moitié. Le déboisement est ainsi divisé de moitié mais surtout ces familles réalisent de formidables économies : le coût du *fatapera* fabriqué par ADES est amorti en seulement deux mois. La seule difficulté est de faire évoluer les habitudes culinaires. »

Sur un tableau, elle dessine un arbre symbolisant l'économie d'énergie réalisée.

« En un an, cela fait 200 000 ariary d'économies par foyer, soit un petit arbre épargné tous les jours, soit tous les mois l'équivalent d'un gros arbre de 600 kilos.

— C'est vrai qu'à l'échelle du pays, avec les millions de foyers, ce seraient des millions d'arbres épargnés ?

— Oui et il faudrait simultanément une promotion de ce genre de modèles dont nous proposons le brevet gratuitement et une réelle politique de reboisement de la part du gouvernement. Le cycle du carbone serait ainsi raccourci et on arrêterait de détruire les forêts primaires. »

Nous passons encore une dizaine de jours à Tuléar pour régler des problèmes administratifs et techniques. La force d'inertie qui est à l'œuvre dans cette ville est très puissante. Nombreux sont les *vazaha* « gaspillés » – une expression que nous apprenons ici – que nous croisons qui n'ont pas eu l'énergie ou la volonté suffisante pour s'arracher de sa force gravitationnelle : bières, filles, paillotes, soleil et oisiveté. Et parties de boules aussi. Ici on les appelle, les « PQ », les papy quads, avec infirmière en option. Nous en croisons quelques-uns dans les locaux de Trajectoire, où ils viennent faire réparer leurs engins. Et révisons nos préjugés. L'un d'eux, ancien chef d'entreprise, accidenté de la vie, se confie à moi :

« J'avais une entreprise de soixante-cinq salariés, je roulais en Mercedes, j'étais le patron, mais je bossais beaucoup trop : dès le mercredi soir je dépassais les trente-cinq heures ! Et pendant ce temps-là, ma femme me faisait cocu. Ça s'est reproduit trois fois. Et chaque divorce m'a appauvri un peu plus, car les trois maisons que j'ai construites étaient à leur nom. Je ne vous parle même pas des pensions alimentaires. Elles m'ont rincé ! J'ai fini par mettre la clef sous la porte, et je me suis retrouvé sur la paille. Alors moi je n'ai plus rien. Je vis ici avec l'équivalent d'un RMI et Nadia, qui est gentille avec moi. Et je fais du bien à sa famille. Moi je n'ai besoin de rien, tout part pour eux et ils me considèrent comme leur *dada bé*[1]. Mon seul luxe, c'est ce quad.

— Et vous faites quelques raids ? Vous êtes allés jusqu'à la baie des Assassins chez Pierrot ?

— Non, tout ça, ça ne m'intéresse plus. Je veux juste aller taper des cartons avec mes potes au bar, boire des bières fraîches, faire la sieste, aller faire trempette le soir et tourner en rond dans la ville. Je n'ai besoin de rien d'autre. C'est comme ça que je veux vivre et mourir. »

Les touristes ? On ne les voit pas. Aussitôt atterris, ils disparaissent dans leurs hôtels « tout inclus » en dehors de la ville, où ils passeront une semaine merveilleuse. En vase clos. Il n'y a pour ainsi dire pas de backpackers. On croise ici et là quelques coopérants et jeunes humanitaires qui viennent travailler dans des ONG, des écoles ou des entreprises socialement responsables. Je recroise ainsi dans un bar très sélect les équipes de Blue Venture et de Reef Doctor, en réunion avant des conseils d'administration, et avec lesquelles nous débattons de l'avenir des ressources halieutiques dans le lagon, de la pression sur le milieu et de la dégradation des indicateurs économiques. Ils sont pessimistes. L'un d'eux dresse un bilan noir :

1. « Grand-père ».

« Les moratoires ça ne suffit pas : à l'ouverture de la pêche au poulpe l'autre jour, après un moratoire de trois mois, il y a eu trois mille personnes qui ont débarqué sur le récif de Mangily et ils ont tout défoncé à la barre à mine. Ça a été une razzia, un massacre. En une marée, ils ont pêché 10 tonnes de poulpes. Tout est détruit.

— Les zones protégées ça ne marche pas génial, reprend un autre. Les gardiens se font soudoyer, les gars viennent la nuit, ils mettent leurs lampes de poche dans des préservatifs pour les protéger de l'eau et vont taper les poissons-perroquets endormis dans leurs trous en ramassant au passage tous les concombres de mer. C'est très difficile de lutter contre tout ça. Et qui sommes-nous pour juger ? On a l'impression de leur ôter le pain de la bouche en voulant protéger le récif ! C'est leur métier, ils ne savent faire que ça, et ils doivent nourrir leur famille. »

À la faveur des bières éclusées, le discours se fait plus noir encore.

« Moi ce que je dis, c'est que, quoi qu'on fasse, c'est foutu. C'est la famine qui les guette. La seule chose qui sauvera peut-être le lagon c'est la disparition du *farafatsy* ?

— … ?

— Eh bien oui, le *farafatsy*, le bois dont sont faites les pirogues ! Vous savez combien il y a de pirogues dans le lagon de Mangily ? Il y en a six mille. Et vous savez quelle est l'espérance de vie d'une pirogue que l'on retire de l'eau tous les soirs en l'entretenant bien ? Cinq ans. Les arbres disponibles sont de plus en plus petits, donc les nouvelles pirogues diminuent de 50 centimètres chaque année et sont rapiécées de partout. C'est bientôt la fin des pirogues traditionnelles, faute de *farafatsy*. C'est triste, mais cela va peut-être sauver le lagon. Quant aux pirogues en fibre de verre, bien peu pourront se les offrir. À partir de là, on peut miser sur le fait que la pression va diminuer… et les stocks de poissons se reconstituer, mais rien n'est moins sûr : la nature ne se régénère jamais selon nos désirs.

— De toute façon, tous les professionnels du métier le savent déjà et ils se reconvertissent après avoir vidé la mer : je pense à Copefrito ou à la SPSM. C'est d'ailleurs intéressant ce qu'ils font, tu devrais aller voir : ils ont un élevage de concombres de mer à la sortie de la ville et ils développent la culture d'algues marines à Sarodrano.

— C'est vrai, voilà une source d'espoir pour la survie des Vezo et la régénération du lagon : l'aquaculture ! Je vais te filer les contacts ! »

Un matin, le 16 juin, les conditions du départ sont réunies, nous retrouvons nos chers zébus, Babord et Tribord, ainsi que nos fidèles bouviers Éric et Revelo. Nous les avons peu vus pendant notre séjour. Les rares fois où je les ai croisés, ils avaient les yeux rouges et un peu mal aux cheveux, comme ce matin… Ils n'ont pas beaucoup dormi durant tout leur séjour et pour cause, nous quittons Tuléar *tsy miroro*, la ville qui ne dort jamais.

32

Des concombres et des algues

Je parle tout seul à ma caméra pour me donner de l'assurance en nous éloignant de la ville :

« Nous quittons donc Tuléar en direction du Grand Sud par une piste qui devrait nous conduire en deux ou trois mois à Fort-Dauphin et c'est un peu angoissant car il n'y a que des inconnues à la clef : on ne sait pas si ça passe, on ne sait pas si on va trouver de quoi manger pour nos zébus, on ne sait pas quelle va être la situation en termes de sécurité ! C'est le cœur serré que nous partons, d'autant plus que je n'ai pas ma tendre mie avec moi pour me réconforter et m'encourager ! »

C'est dans la boîte. J'ai décidé de ne pas attendre Sonia dans cette ville déprimante et délétère et de conjurer l'angoisse par l'action. Avant son retour, nous avons deux sujets passionnants à tourner au sud de la ville, cela va nous changer les idées. Le Grand Sud a la réputation d'être sans foi ni loi et d'être le théâtre d'attaques sanglantes. La liste des faits divers qu'on nous a rapportés en témoigne. C'est le pays d'origine des *dahalo*. Plusieurs personnes bien intentionnées à Tuléar ont tenté de nous dissuader de nous engager sur cet itinéraire avec nos enfants, nous accusant presque d'inconscience. Mais c'est sans doute parce qu'ils croyaient que nous allions emprunter la piste officielle qui passe par Betioky, Ampanihy, Beloha et Tsiombe et qu'utilisent les gros 4 x 4 des agences de voyages. Des touristes ont parfois été rançonnés ou rackettés sur cet itinéraire et en sont restés traumatisés. Mais c'était il y a quelques années…

Nous avons pour notre part décidé de continuer à longer la côte, sur la *lalana langosty*, la piste des langoustiers, afin d'éviter les périls de cette piste intérieure et de conserver une vue sur la mer. On nous a objecté que cet itinéraire nous ferait parcourir 200 kilomètres de plus et que le sable y serait si profond que nous ne pourrions pas avancer. Mais nous allons voir : le chemin le plus long, c'est exactement ce que nous recherchons !

Sur le goudron, nous croisons des norias de bicyclettes chargées de piles de sacs de charbon, quatre à cinq, maintenus sur les porte-bagages par des élastiques taillés dans de la chambre à air, et qui dépassent largement au-dessus de la tête des cyclistes, maigres et faméliques. Une armée de gueules noires en campagne. Certains sont très jeunes. D'autres nous dépassent à vide, et s'en retournent à leur grignotage de brousse. Nous nous amusons à compter ces charbonniers sur 5 kilomètres. Quand nous quittons la route nationale pour emprunter la piste de Saint-Augustin, nous en sommes à quatre cent cinquante-huit vélos. Ulysse, dépité, me glisse :

« Le combat d'ADES n'est pas gagné…

— Oui, même si ADES ne s'occupe que d'économies d'énergie, tant que ce charbon viendra de la brousse et non de plantations, c'est la nature qui est perdante, tu as raison. C'est au gouvernement de trouver d'autres solutions… Les ONG ne peuvent pas tout faire. »

Nous ne tardons pas à rallier la société IOT (Indian Ocean Trepang), une écloserie expérimentale de concombres de mer, et nous sommes reçus par son directeur technique, Olivier Avalle. L'endroit est tiré au cordeau, les allées bordées de pierres blanches et de haies de sisal, les bureaux climatisés, nickel !

« Je suis arrivé il y a trente ans à Madagascar. J'ai installé la première ferme expérimentale de crevettes à Nosy Bé, puis une ferme d'artémies, des mini-crustacés, pour les nourrir, et depuis je m'intéresse aux concombres et aux crabes. J'essaie de développer un peu partout les filières aquacoles qui sont une planche de salut pour ce pays. Vous ne pouvez pas imaginer ce qu'était la nature malgache quand nous sommes arrivés : les forêts immenses grouillaient de lémuriens, les lagons grouillaient de poissons, on voyait quelques pauvres bien sûr, mais il n'y avait pas de misère. Et chaque année, cela se dégrade un peu plus. Les forêts ont disparu peu à peu avec leurs lémuriens et les poissons se sont raréfiés. J'ai fêté mes quarante ans à Nosy Bé, mes cinquante ans à Majunga, mes soixante ans à Tana et mes soixante-cinq ans ici, à Tuléar. Au début, l'aquaculture était un luxe, c'est devenu maintenant une nécessité si on veut pouvoir nourrir et fournir une activité à tous ces gens. Il y avait douze millions de Malgaches à nos débuts ici et on présume qu'il y en a aujourd'hui vingt-huit millions : ce n'est pas énorme en soi, mais c'est allé beaucoup trop vite. En outre, se sont produites conjointement la faillite économique de Ratsiraka et les crises politiques, et c'est la nature qui a été la variable d'ajustement. »

Tout ce que me dit Olivier résonne avec ce que nous avons vu en brousse et sur la côte, et avec les premiers témoignages que nous avons récoltés en chemin. Comme lui, nous avons la conviction que les entreprises sont le premier levier de développement, avant les ONG. Mais nous en avons vu si peu depuis notre départ… Ici, comme nous l'avons appris à Tuléar, les investisseurs sont pour partie les mêmes collecteurs de fruits de mer qui sévissaient sur toute la côte et qui se reconvertissent, en partenariat avec les villages de pêcheurs, pour passer du prélèvement en milieu naturel à l'aquaculture. Olivier nous brosse le tableau :

« À l'aide de scientifiques, nous avons mis au point une technologie de reproduction unique au monde. Il faut que vous sachiez que 20 000 tonnes de concombres séchés sont destinées chaque année au marché chinois et le prix du concombre peut dépasser 1 000 dollars le kilo. Ce sont des montants impressionnants, je ne sais pas si vous imaginez ! C'est 20 milliards de dollars qui s'échangent chaque année autour de ce ver de sable ! C'est plus que tout l'alcool vendu en France, vin, champagne et cognac compris ! Les enjeux dépassent l'entendement !

— Ça veut dire qu'ils sont pêchés partout sur terre ? interroge Ulysse.

— Oui, les holothuries sont présentes dans toutes les mers. Dans les pays où la loi est respectée, des quotas annuels limitent les tonnages, c'est pour cela que les Chinois s'intéressent à des pays comme Madagascar où il n'y a pas de moyens pour faire respecter la loi. Et ici, en profitant de la misère, ils raflent tout. Mais tu vois ce pillage du lagon en quelques années est maintenant un facteur de développement, car la demande ne va pas cesser, et nous sommes là pour essayer de la satisfaire. Par ailleurs, les holothuries vivent jusqu'à 80 mètres de profondeur et là ils ne peuvent pas les pêcher, donc, si nous parvenons – nous parmi d'autres – à répondre à la demande, il y a bon espoir que les populations naturelles reviennent dans le lagon par essaimage naturel.

— Et on peut voir à quoi ça ressemble une holothurie d'élevage, car on en a vu quelques-unes en apnée ?

— Justement, Ulysse, tu vas voir, ce n'est pas exactement la même espèce ! J'en ai fait ramasser pour vous dans nos enclos. »

Nous sortons du bureau vers un bassin d'où il tire une cage grillagée. Un ouvrier agricole en extrait des holothuries qu'il nous tend. Les bestioles ressemblent plus à des courges, un peu fripées, grises, légèrement striées de blanc et de jaune, se rétractant au toucher comme un ver de terre, mais bien boudiné. Les enfants gloussent. Philaé n'en revient pas :

« Je ne comprends vraiment pas comment on peut manger cette chose !

— Tu sais, Philaé, en France on mange bien les escargots. Tout est une question de goût ! »

D'un coup de couteau, l'ouvrier incise la bête et en retire les entrailles filamenteuses. Philaé fait la grimace. Ulysse est fasciné.

« En fait, c'est presque creux à l'intérieur ! C'est juste un tube de muscles et un appareil de filtration sous la forme de cet incroyable intestin qui fait des dizaines de mètres. Bien sûr c'est le muscle qui est consommé. Bon, mais vous avez là le produit final : passons dans l'écloserie pour voir où l'aventure commence. »

Dans un grand hangar bien ventilé, une série de huit bassins sépare toutes les étapes de croissance des larves.

« Dans le premier bac, vous avez les embryons, mais vous ne verrez rien, ils font à peu près 60 microns, c'est tout petit : imaginez une tranche de cheveu ! »

Philaé éclate de rire. Olivier reprend :

« Dans le dernier bassin là-bas, ils sont à la fin de leur période larvaire qui dure trois mois : ils font entre 3 et 5 millimètres. Allons voir !

— Oh ! On dirait des petits grains de riz noirs... Ils sont trop chou !

— Ils n'ont pas de prédateurs ? s'inquiète Ulysse.

— Ici, dans l'écloserie, non, mais tu as raison : dans les enclos, ce sont les petits crabes qui en raffolent, alors il y a de la perte, forcément. Dans la nature il faut que tout le monde en profite !

— Et vous leur donnez quoi à manger à vos petits bébés concombres ? reprend Philaé.

— Bonne question : on leur donne à manger tous les jours des micro-algues, des sédiments et de la spiruline, je vais vous montrer comment on prépare ça dans notre laboratoire. »

Sur des étagères sont alignées des bouteilles en plastique oxygénées par des systèmes de bulles d'aquarium. Nous reconnaissons la couleur verte caractéristique de la spiruline. Dans des bacs, des algues brunes flottent en surface.

« Voilà, c'est de la sargasse, vous savez, ces algues qui viennent se déposer massivement sur nos plages. Eh bien on la broie et on leur en donne une cuillerée de purée tous les jours. Sans oublier bien sûr du bon sable blanc plein de bonnes bactéries !

— Et vous semez ces mini-concombres comme des grains de blé dans la mer ?

— Non ! Pas encore ! Les juvéniles sont ensuite transférés dans la trentaine de bassins qu'on a dehors afin qu'ils grandissent. 30 % de l'élevage est redistribué à des villages de pêcheurs, qui les élèvent à leur tour dans des enclos villageois jusqu'à maturité. Nous faisons ça pour qu'ils n'aillent plus prélever des individus sauvages dans l'écosystème. Et pour leur offrir une activité génératrice de revenus. »

Dans une trentaine d'enclos de 1 000 mètres carrés chacun, profonds d'1 mètre, les holothuries peuvent grandir en toute quiétude.

« Nous avons recréé le milieu naturel de la mangrove, mais sans les crabes ! Ici le sable est versé à la pelleteuse et l'eau est pompée dans la mer. »

Un ouvrier se met à l'eau et racle le fond avec ses mains, en retirant une pleine poignée de petites holothuries de la taille et de la couleur de cornichons !

« Ah ! eh bien ceux-là ils me font envie ! glisse Philaé, toujours à l'affût d'une bonne blague.

— Eh bien tu vois ! Ils sont prêts à être relâchés dans nos enclos marins que vous verrez demain !

— Et il leur faut combien de temps entre la taille de grain de riz et celle de cornichon ?

— On a vu qu'il leur faut trois mois en écloserie, puis trois mois dans les bassins, puis un an dans les enclos marins, soit un an et demi pour obtenir une taille commerciale de 400 grammes. C'est comme tout, ça prend un peu de temps ! Mais d'un autre côté c'est assez rapide ! C'est le triple du temps qu'il faut pour produire un poulet, mais avec une plus-value bien plus importante, car on ne paie pour ainsi dire pas ce qu'on leur donne à manger, du sable et des algues, alors que le blé et le maïs pour les poulets coûtent de plus en plus cher ! Qui sait si un jour les concombres de mer ne feront pas partie des aliments les plus démocratiques ! Sur ce, les amis, je vous laisse, j'ai un déjeuner à Tuléar, je vous retrouve ce soir à la mangrove où on va vous accueillir pour la nuit ! À tout à l'heure ! »

Quelques kilomètres après que nous avons repris la route, nous passons à la hauteur d'un drôle de monument avec deux grandes défenses d'éléphant dressées vers le ciel !

« Mais papa ! Il n'y a jamais eu d'éléphants à Madagascar !

— Regarde bien, Ulysse... Ce sont en fait des cornes de zébu hyperboliques ! Et que lis-tu sur le monument ?

— Tropique du Capricorne...

— Et voilà pourquoi l'idée des cornes ! Nous franchissons cette ligne imaginaire à 23° sud 26' et 15'', ça veut dire qu'on quitte la zone intertropicale !

— Ça veut dire qu'il va faire plus froid ?

— Non, on ne va pas sentir de différence, réponds-je en riant. On a quand même de la chance d'être en plein hiver, sinon, nous ne pourrions absolument pas nous aventurer dans le Grand Sud malgache en plein été austral, c'est-à-dire entre novembre et février.

— Alors, elle sert à quoi cette ligne ?

— Elle définit la latitude au-delà de laquelle le soleil ne passe jamais au zénith, c'est-à-dire pile poil au-dessus de nos têtes : plus tu te rapproches des pôles, moins le soleil monte haut dans le ciel, c'est pour cela qu'il fait plus froid, car la lumière est plus rasante. Et comme l'axe de rotation de la terre n'est pas perpendiculaire à ces rayons, on a les saisons. Donc plus on s'éloigne vers le sud de cette ligne, plus la saisonnalité va être importante. »

Quelle joie de pouvoir partager tout cela avec les enfants, de faire des travaux pratiques au quotidien dans tous les domaines : c'est une des raisons d'être de ce voyage. À l'heure du doute, c'est un petit réconfort au moment de nous engager sur cette piste du Grand Sud aux nombreuses inconnues.

La piste grimpe bientôt à flanc de coteau, ce qui nous permet de distinguer dans le lagon, très large et très peu profond à cet endroit, d'immenses enclos marins carrés, délimités par des grillages à fleur d'eau et gardés par de nombreux miradors en pleine mer.

« Ça fait comme des prés dans la mer !

— Oui, tu vois, ici l'aquaculture prend tout son sens ! »

Nous arrivons une heure avant la fin du jour et sommes accueillis dans la « base-vie » d'IOT par Benoît, le chef de la sécurité en train de briefer sa patrouille de gendarmes.

« Alors ce soir, patrouilles renforcées, sur terre et dans l'eau car ça va être marée basse vers 2 heures du matin ! Les ouvriers seront à la récolte. Des voleurs vont tenter de se fondre parmi eux, l'air de rien. Pas question de se faire voler 300 kilos de concombres comme la semaine dernière, sinon ce sera retenu sur votre solde ! C'est compris ? Je veux aussi des prises de quart sur les miradors, vos lampes sont bien rechargées ? »

Au garde-à-vous, ils opinent du chef. Ambiance.

Autour d'une bière ambrée par le soleil couchant et des cacahuètes, Benoît nous fait un point sur la situation :

« Je crois que les actionnaires en sont à 6 millions d'euros d'investissement et on n'a pas encore vendu un seul concombre sur le marché chinois : cela fait quatre ans qu'on a commencé et nos produits arrivent enfin à maturité. On ne peut pas se permettre de se faire voler. Tout peut encore s'écrouler.

— Et qui sont vos voleurs ?

— On sait très bien que ce sont des villageois des deux villages qui nous encadrent. On développe pourtant des enclos villageois avec eux, en leur donnant gratuitement des juvéniles, mais comme eux-mêmes se les font voler, ils viennent se recharger en concombres chez nous… Bref ! C'est un cercle vicieux qu'il faut absolument rompre. Alors oui, ces gendarmes nous coûtent très cher, mais c'est tout le projet qui en dépend. »

Olivier arrive sur ces entrefaites avec son épouse :

« Marie nous a préparé avec amour sa recette de concombres de mer à la tahitienne ! Je vous propose que nous passions tout de suite à table, on a tout apporté dans des thermos. Vous allez enfin voir ce qui met le feu aux restaurants chinois de Hong Kong et d'ailleurs ! »

Sur de belles assiettes de riz, Marie dispose à la louche un sauté que l'on pourrait aisément confondre avec un sauté de champignons.

« J'ai ajouté du porc, vous allez voir, cela se marie très bien.

— Le goût n'est pas très fort, vous verrez, précise Olivier qui défend son produit, c'est très subtil ! Il y en a qui disent que cela n'a pas de goût ! Je ne suis pas d'accord ! C'est juste une saveur nouvelle. Ça n'a pas le goût d'un produit de la mer en tout cas ! Moi je lui trouve un petit parfum de noisette ! »

Je me lance en faisant comme le petit rat du dessin animé *Ratatouille* : je prends simultanément du porc et de l'holothurie. Mastication. Suspense… Surprise ! C'est très inattendu.

« On dirait du pied de porc… sauce gribiche, mais sans la sauce ! Et oui, de la noisette, y'en a, je suis d'accord ! Contrairement à ce à quoi je m'attendais, ce n'est pas du tout caoutchouteux, ça fond dans la bouche, c'est très agréable !

— N'est-ce pas ?! C'est vraiment un plat de fête dont la demande ne fait que croître avec l'augmentation du niveau de vie en Chine et l'apparition de millions de millionnaires ! C'est un plat un peu ostentatoire, comme le caviar a pu l'être. Donc le marché est très porteur pour nous. Si on parvient à régler ces problèmes de vols et de rentabilité, cette activité devrait apporter beaucoup de prospérité dans la région et de devises dans le pays. L'idée sera bien sûr de réinvestir ces bénéfices dans du développement local.

— Et tu as une idée de ce que vaudrait cette assiette si elle était servie dans un restaurant gastronomique de Hong Kong ?

— J'y suis allé en effet pour étudier le marché. Il y a un peu de tout, en fonction de la qualité et de la quantité : ça commence dans les 60 euros mais cela peut aller jusqu'à 100 ou 200 euros en fonction du restaurant.

— Waow ! Je ne suis pas sûr que je mettrais cette somme-là ! Je crois que je me contenterais d'un bon pied de porc ! En tout cas, merci beaucoup pour le cadeau et cette belle découverte ! Dernière question : est-ce que cela a des vertus particulières ?

— C'est excellent pour la circulation sanguine et toutes les articulations car la chair est très riche en collagène. Et donc c'est très bon pour les randonneurs qui font le tour de Madagascar à pied…

— Génial, on en prendra un petit sachet demain matin ! »

Après le dîner, nous allons filmer la récolte avec Zoé, un des contremaîtres, les pieds dans l'eau avec les fermiers. La nuit est d'un noir d'encre, pas un souffle d'air ne vient troubler la surface du lagon. De l'eau à mi-mollet, nous avançons en rang dans les enclos et ramassons tous les adultes de la bonne taille.

« Ils sortent du sable seulement la nuit, se gonflent d'eau pour arriver en surface et afin de se déplacer avec la marée descendante, c'est pour cela qu'on les récolte principalement contre le grillage. Attrapez les crabes, on ne les laisse pas dans les enclos. »

Ulysse et Philaé s'en donnent à cœur joie avec leurs lampes frontales et un seau chacun. En une heure nous avons récolté deux cents concombres. Une dizaine de paniers identiques sont ainsi rapportés au pied des miradors.

« On les cadenasse dans l'eau. Les hommes en armes sont juste au-dessus. On viendra les rechercher à marée haute demain matin pour les traiter, les vider, et les emporter vers le séchoir de Tuléar. Là, il y a deux mille concombres, soit à peu près 1 tonne de matière humide, dont on va tirer à peu près 50 kilos de matière sèche.

— Je fais le calcul… À 1 000 dollars le kilo cela fait 50 000 dollars ! Waow ! L'équivalent d'un lingot d'or ! Je comprends les moyens de sécurité !

— Non, ça c'est le calcul en bout de chaîne. Nous vendons le produit sec entre 120 et 150 dollars le kilo. Ce qui change un peu la donne ! Ça va rapporter, dans le meilleur des cas, 7 500 dollars et la société a énormément de frais énergétiques avec les pompes à eau de mer des bassins qui tournent sur groupes électrogènes et les frais d'entretien, de matériel, de gardiennage et de sécurité. Nous produisons à perte depuis le début et nous sommes loin d'être rentables. Nous espérons atteindre l'équilibre à l'horizon 2020 si tout va bien, et seulement si nous parvenons à doubler ou tripler la production ! Donc, malgré les apparences, ce n'est pas gagné du tout ! En attendant, cela fait vivre des centaines d'employés et leurs familles. Nous espérons surtout que cela va impulser un intérêt dans les villages voisins qui vont s'organiser en coopératives de production. Plus nous serons nombreux sur ce secteur, plus il sera porteur. »

Sarodrano, le 16 juin 2015, Pk 974

Nous sommes accueillis le lendemain à l'hôtel Eden de Sarodrano par Laurence et Jean-Philippe, autres déclinaisons de Français du bout du monde, débrouillards et généreux. Dernier éden avant les rigueurs du Grand Sud ! Ils ont construit une réplique de maison sur pilotis du bassin d'Arcachon : une cabane tchanquée. Une éolienne et des panneaux solaires tentent de réduire la note des groupes électrogènes. Ils ont de très bonnes relations avec leurs employés malgaches et leur communauté villageoise.

« Nous sommes comme une grande famille ! commence Jean-Philippe.

— Nous avons quitté tous nos amis et notre confort du bassin d'Arcachon pour venir ici vivre l'aventure. Ils nous en veulent tous à mort ! Ils ne peuvent pas comprendre..., reprend Laurence.

— Nous, on ne se voyait pas vieillir entre des parties de golf et des parties de bridge ! Mon père, Pierre Jeanson, était un des derniers administrateurs coloniaux du pays : j'ai grandi ici jusqu'à l'âge de 14 ans, et c'est ici que je me sens bien. »

Jean-Philippe, un lémurien sur l'épaule, semble heureux comme un pape épicurien :

« Ce qui est magique dans ce pays, c'est l'espace, la liberté, la nature sauvage, les potentiels ! Ici je me sens vivant ! Dans le bassin je me sentais enfermé ! »

Je tombe en arrêt dans leur restaurant devant un aquarium sans eau qui contient un cœlacanthe séché de plus d'1 mètre de long. Une de mes passions d'enfant ! Quand je rêvais de devenir Cousteau sinon rien ! Le cœlacanthe est un poisson préhistorique qui n'a été redécouvert qu'en 1938, au large de l'Afrique du Sud, dans l'embouchure de la rivière Chalumna, d'où son nom latin *Latimeria Chalumnae* – par une ornithologue sud-africaine, Marjorie Courtenay. Il n'était alors connu que sous la forme de fossiles vieux de trois cent cinquante millions d'années[1]. Et c'est le premier que je peux voir, de mes yeux voir ! Je n'en peux plus de joie et saoule les enfants avec mon enthousiasme ! Jean-Philippe revient avec les entrées :

« Il a été pêché juste devant, dans la baie de Saint-Augustin ! Il y a une fosse qui descend à 800 mètres de profondeur !

— Waaaah ! Je ne regarderai plus la baie du même œil ! En plus d'épaves inconnues, elle abrite des cœlacanthes ! »

Demain, nous avons rendez-vous avec Fred Pascal, de la société Ocean Farmer, qui développe auprès de la communauté villageoise de Sarodrano la culture d'algues à l'abri d'un isthme de sable.

Nous nous endormons à trois dans un grand lit double. Sonia commence vraiment à nous manquer. Ulysse et moi évoquons son absence avec mélancolie, quand Philaé, toujours en décalage, nous balance :

« Moi, j'aime bien le ronronnement des groupes électrogènes, ça me rappelle nos chats... »

---

1. Depuis, en 2010 puis 2013, le plongeur-explorateur Laurent Ballesta a pris des photos spectaculaires de cœlacanthes au large de Sodwana Bay, en Afrique du Sud, à retrouver dans son ouvrage : *Gombessa, à la rencontre du coelacanthe*, Andromède Océanologie, Paris, 2014.

Fred Pascal, barbe noire fournie, casquette vissée sur le crâne, vient nous prendre au petit déjeuner, moulé dans un lycra anti-UV. En un coup de pédale d'accélérateur dans les dunes de la péninsule de Sarodrano il nous propulse dans le village du même nom où se trouve la coopérative qu'il a fondée en partenariat avec Copefrito. Paternel, il tartine les enfants de crème solaire car nous allons griller vifs en plein lagon entre le miroir des eaux et un soleil de plomb. Une bonne entrée en matière :

« Par exemple, dans cette crème, il y a un extrait d'algue qui lui donne son côté onctueux. C'est une sorte de gélifiant très demandé par le marché, c'est pourquoi nous avons développé la culture d'algues.

— Et comment s'appelle ce produit ?

— La carraghénane : c'est une poudre qui entre dans la composition des produits cosmétiques et alimentaires, notamment les glaces ou la bière. Il y en a même dans le dentifrice ! Si tu vois E407 dans la composition d'un produit, c'est qu'il y a de la carraghénane dedans ! »

Nous partons vers le lagon où s'affairent au loin des centaines de dos courbés sur les flots, comme des pêcheurs à pied dans la baie de Somme.

« Depuis quatre ans, je développe la filière algue dans la région avec des fermiers villageois qui ne sont pas des salariés mais des travailleurs indépendants regroupés en coopératives que nous appuyons techniquement et matériellement puisque nous leur offrons tout le matériel. À charge pour eux de produire les algues…

— Que vous leur achetez !

— C'est ça : on se met d'accord sur un prix fixe afin qu'ils ne soient pas victimes de la fluctuation des cours. Au début, les hommes n'étaient pas très convaincus, nous n'avions que des femmes qui allaient cultiver. Et puis, voyant l'argent qu'elles gagnaient, ils ont commencé à s'y intéresser et à délaisser leurs pagaies.

— Et qu'est-ce que c'est comme algue ?

— De la Cottonii, de la famille des Euchema, une espèce qu'on trouve un petit peu partout dans les eaux tropicales autour du monde. Eh bien en voilà justement ! »

Dans 30 centimètres d'eau, attachées à un fil rectiligne, des sortes de salades flottent en suspension comme des laitues dans leur sillon.

Ulysse s'étonne :

« Elles sont rouges normalement ?

— Il y a en a de plusieurs couleurs : des marron, des un peu plus rouges et des vertes. »

Nous nous approchons d'une dame affairée sur une de ses lignes d'algues.

« *Akory madama, ekeo ny hakana sary ary ianao manontany anao izahay*[1] *?*

— *Tsy manino*[2] *!* »

Fred parle couramment malgache.

« Ça aide de parler la langue ?

— Bien sûr, c'est même la première condition si tu veux avancer ! Sinon, il y a trop de malentendus. Beaucoup de *vazaha* ne font pas l'effort et ont des désillusions, mais ils n'ont que ce qu'ils méritent en fait. Ici, on se comprend parfaitement. On se réunit en permanence, on parle beaucoup, tout est fait en transparence, comme dans ces eaux où les algues poussent doucement.

— Alors justement, revenons-y ! Comment ça marche, explique-nous !

— On attache les lignes de culture sur des cordes maîtresses qui sont fixées en rectangle sur quatre piquets en acier galvanisé qu'on fournit aux fermiers pour éviter qu'ils coupent la forêt sèche et utilisent des piquets en bois.

— Combien de lignes par fermier ?

— C'est variable mais ça peut aller jusqu'à deux cents lignes de 10 mètres, soit 2 kilomètres linéaires !

— Donc là, qu'est-ce que la fermière attache sur des petits nœuds ? On dirait qu'ils sont déjà prêts ?

— Oui, elle prélève des boutures sur des grosses touffes d'algues et les accroche à ces petites boucles qu'on appelle les *mane loops*, tous les 20 centimètres sur la ligne.

— Et ça pousse tout seul ?

— Oui, en trois mois, l'algue va atteindre sa maturité. De toute façon, ces femmes ne peuvent venir travailler que tous les quinze jours pendant les grandes marées de pleine lune et de nouvelle lune. Elles en récoltent à chaque fois environ 400 kilos et remettent de l'ordre dans leurs lignes. »

---

1. « Bonjour madame, acceptez-vous que nous vous filmions et que nous vous posions quelques questions ? »

2. « Aucun problème ! »

Je brûle maintenant de recueillir le témoignage de la dame qui a continué à travailler, comme si de rien n'était, pendant que nous parlions. Fred se fait mon traducteur :

« Comment vous appelez-vous, madame ?

— Mituk.

— Êtes-vous contente de faire ce travail ?

— Oui, je suis libre et tranquille, le travail n'est pas difficile, il y a de la place pour tout le monde, c'est calme.

— Et qu'avez-vous pu faire avec l'argent que vous avez gagné ?

— J'ai réparé ma maison. J'ai pu envoyer mon fils à l'école aussi. La dernière vente m'a rapporté plus de 200 000 ariary. La vente précédente m'avait rapporté 150 000 ariary. »

Fred remet en perspective :

« Donc sur un mois, elle a gagné 350 000 ariary. C'est trois fois le salaire de base à Madagascar. Le salaire d'un cadre moyen. Et on espère que bientôt, on aura des fermiers qui développeront leurs propres exploitations, avec leurs propres salariés, avec leur matériel… On fait tout pour les inciter à s'affranchir, mais ils préfèrent travailler avec nous pour l'instant. »

Le mari de Mituk arrive en pirogue en tirant une cuve de plastique moulé.

« Alors là-dedans, on peut charger jusqu'à 400 kilos d'algues. Après séchage au soleil il en restera 40 kilos dont on pourra extraire 20 % de carraghénane, soit 8 kilos. »

Nous laissons Mituk et rentrons à Sarodrano où convergent de très nombreuses pirogues chargées d'algues, puisque la marée monte. Une joie sincère se lit sur le visage de Fred :

« Regarde-moi toutes ces algues qui débarquent !

— C'est une satisfaction ?

— Oui, carrément : ça veut dire que les gens ont pris goût à l'activité et qu'ils y trouvent leur compte aussi. »

Par couples, les pêcheurs remontent de la plage leur récolte sur un long bâton porté à l'épaule, pour la disposer sur des séchoirs devant leur case.

« Les ressources halieutiques dans les lagons s'amenuisant, l'algoculture est une réelle alternative et on observe déjà une reconversion d'une partie des pêcheurs. Il y a un autre effet vertueux de ces immenses plantations : elles deviennent de véritables pouponnières pour les alevins et la biodiversité car il est impossible d'y pêcher. On espère ainsi pouvoir réensemencer tout le lagon ! »

Longue vie à Ocean Farmer !

Le soir à l'hôtel nous parvenons à établir une liaison sur Skype avec Sonia. Claude est assis sur une chaise, en costume, à côté de son épouse Dagmar. Ma femme est belle et radieuse comme un soleil. Nous leur avons réservé une surprise. Le chœur de l'hôtel s'est réuni pour un petit concert à l'intention du malade que Sonia est parvenue à faire sortir de l'hôpital afin qu'il passe l'été chez lui. Ils ont vu nos premiers films et ils ont été très touchés par notre engagement. Savoir Sonia rentrée auprès de son père en fin de vie a suscité de leur part une réelle empathie tant le respect envers les anciens est enraciné dans leur culture. Drapées dans un grand drapeau malgache, les dames entonnent le célèbre « *Veloma* », version *malagasy* de « Ce n'est qu'un au revoir ». De la main elles saluent en rythme cet inconnu en chemin vers le ciel et sont soudain submergées par l'émotion :

« *Veloma !* Mon cœur est triste et lourd et je vous dis adieu ! »

Des flots de larmes coulent sur leurs joues qui n'empêchent pas leurs voix d'atteindre le cœur de notre famille à l'autre bout du monde. L'émotion ne tarde pas à nous emporter tous dans un grand moment de compassion. Philaé est dévastée. Ulysse pétrifié.

Dieu que ce peuple a une belle âme ! Tiraillé qu'il est sans cesse entre les nécessités et les vicissitudes de la survie et le détachement anti-matérialiste intrinsèque de sa culture, mais sans jamais perdre de vue l'essentiel : l'éternité. Nous en avons ce soir une belle démonstration, une encourageante révélation. Et dans mon cœur je sens – et je sais en cet instant – que je ne verrai plus mon cher beau-père ici-bas, et je souffre pour Sonia qui va le quitter demain afin d'entamer son long périple pour nous retrouver. Ce n'est qu'un au revoir...

Anakao, dimanche 21 juin, Pk 999

Pour rallier Saint-Augustin, nous escaladons ce matin un escarpement par la montée la plus pentue du pays, avec un passage à 28 % ! Heureusement, Jean-Philippe a transporté au sommet tous nos bagages en 4 x 4. Norbert et Yakary, deux employés de l'Eden, nous aident à pousser *Fanantenana* dans cette pente dantesque. Babe et Mainty s'appliquent en posant la pointe de leurs sabots sur les deux bandes de ciment parallèles, progressant à petits pas, le plastron arc-bouté vers l'avant. Nous les encourageons.

« *Mora Sada ! Mora Mainty ! Tsara ! Tsara*[1] *!* »

Il ne faut pas perdre le rythme. Nous avons l'impression de grimper à un mur. Nous restons concentrés dans l'effort. J'ai à portée de main deux cales en bois triangulaires à glisser sous les roues en cas de défaillance des bêtes. Je galvanise mes troupes en entonnant le fameux slogan martial qui me rappelle la folle montée de Fiedasina :

« *Maintso ! Fotsy ! Mena ! Saina pirenena*[2] *!* »

Et nous voilà au sommet ! De là, il n'y a plus qu'à redescendre jusqu'à l'embarcadère. Le bac est encore à l'ancre mais un camion-bus et un 4 x 4 ont réservé leur place et attendent l'embarquement. Notre arrivée fait son petit effet : tout le monde vient voir ce drôle d'équipage qui a le projet fou de rallier Fort-Dauphin en suivant la côte. Comme si le capitaine nous attendait, il lève l'ancre et se rapproche de l'embarcadère. Le grand vantail s'abaisse, les véhicules grimpent la rampe d'accès, puis vient notre tour. La foule enthousiaste nous propulse littéralement à bord. La rampe se relève juste derrière nous, et les moteurs nous arrachent de la terre. *Alea jacta est !* Nous passons ainsi *ex abrupto* sur l'autre versant de notre aventure : cette baie de Saint-Augustin était notre Rubicon.

Offert par l'Union européenne, ce bac nous fait économiser 160 kilomètres par l'intérieur des terres, soit environ deux semaines de marche, et il nous ouvre les portes du Grand Sud : 800 kilomètres de pistes de sable bordées de cactus. Le chauffeur du 4 x 4 vient me voir tandis que je suis accoudé à une coursive :

« Vous avez de la chance, c'est la première fois que ce bac opère depuis plus de six mois ! La rumeur dit qu'il a disparu du côté de la baie d'Antongil pour charger le bois de rose à bord des bateaux chinois… Merci l'Europe ! »

Je ne pipe mot. Il enchaîne :

« C'est courageux ce que vous allez faire ! Je l'ai souvent fait avec des clients *vazaha*, ça nous prend trois semaines pour atteindre Fort-Dauphin. Je connais bien la *lalana langosty* ! Je vais vous en

---

1. « Doucement Sada ! Doucement Mainty ! C'est bien ! »

2. *Cf.* page 115.

donner les points clés, et les pièges à éviter si vous vous voulez bien noter ! »

Et voilà comment la chance sourit aux audacieux. Toutes les informations précieuses que je recueille sont autant de viatiques introuvables. Sur mon petit carnet, je griffonne à la va-vite le road-book de notre avenir.

« À Tuléar, tout le monde nous a dit que nous allions au-devant de sérieux problèmes de sécurité ! Et que nous serions seuls au monde ! Qu'en pensez-vous ? »

Notre ami, dont je ne sais même pas le nom, me rassure.

« Nous avons un proverbe malgache qui dit : "Ce qui est loin effraie et ce qui est proche rassure, comme la pluie !" (*Akaiky mahatahotra, lavitra mahamanina, toy ny orana !*) Sur toute la côte les gens sont très gentils et accueillants, vous ne craignez rien avec votre charrette. Tout le monde va être fasciné ! »

Sur l'autre rive, le débarcadère de Soalara a été emporté. Le bac a un des gouvernails coincé car le capitaine vient de toucher un banc de sable et il a du mal à se maintenir perpendiculaire à la plage pendant le débarquement, à cause du ressac. Nous sommes les premiers à devoir débarquer, et cela se bouscule et crie derrière nous, le camion-bus ayant peur de ne pas pouvoir sortir. Nous faisons la manœuvre un peu vite, les zébus hésitent sur la rampe de sortie, et soudain Babe glisse sur le métal mouillé. Il s'écroule en bas, entravé par sa corde qui a échappé des mains de Revelo, à cheval sur la rampe qui donne des coups de boutoir sur le sable et menace de sectionner sa patte avant. Si le joug cède, il va être écrasé par la charrette. Je me précipite pour libérer la corde, il se relève au moment où le lourd panneau de fer tape sur la grève… Ouf ! C'était moins une ! La charrette saute littéralement sur le rivage. Nous avons frôlé le drame. J'en ai les guibolles toutes flageolantes. Nous laissons partir tous les passagers et véhicules, et nous retrouvons dans un village fantôme. En partant, le chauffeur du 4 x 4 nous a glissé :

« Quand j'étais petit, il y avait ici trois cents *vazaha* qui travaillaient dans une grande conserverie de corned-beef et une conserverie de thon. »

Incroyable. Il n'y a plus trace de rien et il nous semble être aux portes d'un grand désert. Le paysage a radicalement changé. Steppe arbustive piquetée de cactus. Et du sable, du sable, du sable.

Au bout de quelques heures d'efforts silencieux, nous voyons une moto venir à notre rencontre. Un colosse blond au crâne dégarni s'arrête à notre hauteur :

« Bonjour, je suis Éric Vezo, de Longo Vezo. Vous venez chez moi ce soir, Jean-Philippe m'a appelé. Je voulais voir si le déchargement s'était bien passé... Qu'est-ce que vous voulez manger ce soir ? Ça vous va, des spaghettis bolognaise ? Un groupe de surfeurs a débarqué, ce sont de vrais morfales ! N'arrivez pas après 19 heures, sinon il n'y aura plus rien. Allez *ciao* ! À tout' ! »

Et il repart en pétaradant comme il était venu. Ce pays est magique !

Nous calons au franchissement de la dernière dune d'accès au Longo Vezo. Il faut tout décharger. Ce n'est pas grave, de toute façon, c'est ici que nous allons attendre le retour de Sonia. La brochette de surfeurs aux yeux rouges et aux cheveux décolorés par le sel nous accueille chaleureusement à une grande table. Eux aussi sont nomades. Il y a parmi eux un Australien, un Hollandais, un Autrichien, un Réunionnais, un Basque, un Irlandais et quelques Anglais. Ils sillonnent la côte à bord de deux petites vedettes rapides surchargées de surfs et de matériel, en quête de vagues secrètes et d'autres à découvrir ! Des allumés !

Nous coulons là quelques jours de repos à recueillir de précieuses informations sur la suite de l'itinéraire. Éric a une excellente connaissance du terrain, qu'il a sillonné en tous sens à moto.

« Vezo c'est un pseudo ?

— Non, c'est breton. »

J'éclate de rire.

« Qu'est-ce qu'il y a de drôle ?

— Euh rien... »

Il est comme ça, Éric. Breton. Comme un bloc de granit.

« Disons que ça tombe bien ! Au milieu des Vezo.

— Oui. On s'entend super bien. Ce sont des gens nobles, libres, généreux, solidaires, la plus belle humanité que je connaisse. Ici il n'y a pas de riches, pas de triche, la nature ne pardonne pas. »

J'évoque quelques problèmes et dysfonctionnements de toute nature dont nous avons été témoins depuis le début de notre aventure, et les injustices dont les pauvres sont victimes. Il rétorque, un brin abrupt :

« Ce pays est dur pour les tendres et tendre pour les durs. Nous n'avons pas de leçons à donner aux Malgaches : qui a inventé la guerre de tranchées, la colonisation, la bombe nucléaire, les camps de concentration, la corruption, la pollution, la prédation, le pétrole ? C'est nous. »

La paille et la poutre. À méditer…

Un matin, depuis notre terrasse, je guette l'arrivée d'une vedette rapide en provenance directe de Tuléar. Une vedette très spéciale.

« On dirait que ce bateau vient vers nous les enfants. À mon avis, vous devriez aller sur la plage. »

Ils se précipitent avec Mario. En effet, le hors-bord ne tarde pas à toucher le sable et ses passagers en descendent. Je reconnais Sonia à sa longue chevelure blonde. Mon cœur bat la chamade. Je vois les enfants se jeter dans ses bras.

« Maman ! »

Puis vient mon tour. Étreinte. Mon Dieu, que j'étais orphelin sans elle et que la vie ne me paraissait pas folichonne. Je suis devenu Soniadépendant.

Les enfants ont réservé une petite surprise à leur mère : ils ont décoré à la craie la dalle en ciment de notre bungalow avec de grandes fresques de sirènes et d'animaux marins, mais aussi des inscriptions entourées de cœurs – l'occasion de faire quelques dictées :

« Regarde ce qu'on a marqué ! »

Sonia déchiffre, émue, le texte de Philaé sur le sol :

« Maman nous t'aimons. Tu nous as manqué. Ensuite, je veux te dire que je suis heureuse pour toi que tu sois allée en France…

— Oh moi aussi, vous savez, vous m'avez manqué !

—… Nous nous sommes bien amusés malgré ton absence, mais je suis heureuse que tu sois de retour parmi nous ! Mario aussi ! »

Puis Ulysse lui chante son poème en gigotant sur un pied :

« Un enfant, ça aime sa maman, et quand elle part, l'enfant est triste, mais il est joyeux car elle va voir sa famille gentille.

— Oh vous êtes si mignons ! »

« Les enfants, maintenant que maman est de retour, vous savez que c'est fini les vacances, les hôtels, la plage et les bons petits déjeuners ! Le Grand Sud nous attend, immense et sauvage, plein de mystères et de tribus farouches, de déserts et d'épines ! L'aventure va vraiment commencer !

— Oh ! Papaaaaaa ! Tu dis ça à chaque fooooois ! »

Remerciements

À tous ces amis qui nous ont apporté une aide ponctuelle ou durable. Sans oublier bien sûr ces centaines de Malgaches anonymes qui nous ont poussés dans les montées, orientés, protégés, rendant notre périple possible : qu'ils en soient éternellement remerciés.

Nathalie Smeir, Marylène Laborde, Tamara et Sylvain Philip, Louis-Marie et Marie-Mathilde Stollsteiner, Florent et Sabine de Boissieux, Philippe et Martine Girard, Philippe Touze, Christophe et Anne-Laure Vanier, Jean-Pierre Badano, Jérôme Bresson, Ségolène de Puineuf, Jean-Luc Iviquel, Michel Dominicini Ramiaramanana, Éric Pillet, Ludwig Noujarret, frère Jacques Tronchon, Annie Ranarivelo, Célia et Adolphe Ernould, Gino Andrianarimanana, Claude et Alexandra Guyot, Éric Ramaroson, Alfred et Oliva Randrianarimanana, Tovo Rakotoarifetra, Michel Rakotoarimanana, Vony Rakotoarisoa, Joëlle Landrier, père Julien Rakotoarinosy, Éric Rakotomalala, Rakotobé, frère Bruno Razafindrabe, gendarmes Isaac Andriamihaingo et Sambatra Rakotonirina, Guenola et Xavier Leroux, Gilles et Suzanne Nedelec, Patricia Soulard, Antoine Candela, David Brigot, Sandrine et Dadou Rafiarenana, Jean-Marc Ney, Nirina et Jean-Louis Reboul, Ndriana et Ada Rakotoson, Christian Gros, Daniel Laenger, Nadine Chevrollier, Dr Bruno Lascols, Dr Élisabeth Lascols, Dr Alain Lorme, Dr Catherine Lorme, Dr Anne Hélène Reboux, Dr Hélène Bocle, Dr Marin Jubre, Dr Juliette Woesnner, Dr Jean-Michel Bouillerot, Dr Christine Bouillerot, Dr Khadija Benyahya, Rémi Chaline, Anaïs Richard, Caroline Chaumont, Gaëlle Thévenin, Marine Giraudet, Claire Dubois, Amélie Müller, Céline Bernard, Marion Renoult, sœur Iwonna Korniluk, Serge Rajaobelina, Paul et Yvonne Rabemazava, Alexandrio et Ranto Rabemazava, monseigneur Marie-Fabien Raharilamboniaina, père Jeremy, Éric Randriamifidy, Revelo, Laurence Ink, Laetitia Wittock, Fred Bouvier, Celin, Prions-Jésus, Dida, Dali, et Tina du *Nofy Bé*, Pierrot Gerber et Diana, Martine Nocart, Éric Chartier, Dominique Plichet, Francesco et Claire, Michèle et Philippe Cotsoyannis, Guillaume Benhaïm, Laurent et Maroussia Bettex, Honoré Nomery, Cityse et Richise Nomery, Georges, Myriem et Yannick Filiu, Éric et Lalao Pillet, Juliette Hiot et Fred, Sandrine Jamet, Hajanirina Ranaivo, Fritz Schellenbaum, Norbert Randrianantenaina, Edgard Martin Flury, Olivier et Marie Avalle, Jean-Philipe Leclercq et Laurence Jeanson, Éric et Carole Vezo.

Et Corsair, Hi-Tec, Aéropartage, *Paris-Match* et Madawatt.

ANNEXES

Bande-son de Madatrek

Dès notre arrivée nous avons été saisis et cnvoûtés par la pop music malgache. Cela a été comme une révélation qui n'a fait que se confirmer au fil des mois. Nous avons découvert une musique unique au monde, parfois à l'origine de grands courants, avec une diversité instrumentale et rythmique fabuleuse, faisant appel à une instrumentation à la fois traditionnelle et éclectique allant de la *valiha* à l'accordéon, en passant bien sûr par la boîte à rythmes. Plus d'un de ces morceaux aurait mérité à nos yeux d'être joué dans toutes les boîtes de nuit du monde, ou mérité d'être un tube de l'été en métropole comme ont pu l'être des morceaux latinos, caribéens, coréens ou africains. Cela reste pour nous une énigme qu'une musique si entraînante, parfois francophone, puisse être ignorée dans notre pays et, plus largement, dans le concert des musiques du monde.

Par cette liste non exhaustive, nous espérons vous ouvrir à cette incroyable pépinière de talents plus que confirmés et participer à leur rayonnement plus que mérité. Nous avons découvert ces tubes au fil de la marche, par hasard, les avons entendus à la radio dans des gargotes ou sur le téléphone de nos bouviers. Et nous les avons ainsi collectés, parfois à contretemps, longtemps après leur sortie. Et ils ont fait swinguer notre charrette ! *Swing Low, Sweet Chariot !* version malagasy !

Ils parlent le plus souvent de l'amour et de ses tourments, bien sûr. Préoccupation au cœur de la vie d'une jeunesse toujours romantique. Quant aux clips vidéo, euh… Comment dire ? Ils n'ont sûrement pas aidé la cause.

Les autres musiques traditionnelles, ethniques, religieuses ou profanes, ont fait notre bonheur au quotidien dans les villages.

Voici donc pour vous cinquante-deux tubes pour cinquante-deux mois de voyage, histoire de vous plonger dans l'ambiance !

En malgache on dit : « *Ambiancée ! Alefa ! Milalao ny mandihy ankehitriny*[1] *!* »

Mai 2014 : « *Mitsonika aminao* » (Je fonds pour toi),
© Erick Manana, février 2012.

Juin 2014 : « *Mahatsiaro* » (Je me souviens),
© Stephanie, juin 2014.

Juillet 2014 : « *Hanambady Aho* » (Je vais me marier),
© Gangsta Bab, juillet 2014.

Août 2014 : « *Tsy misy roiroy* » (Sans rancune),
© Stephanie, juillet 2014.

Septembre 2014 : « *Fisarahagna* » (Séparation),
© Rijade et Jior Shy, octobre 2014.

Octobre 2014 : « *Tanisa* » (Jeu de cailloux),
© Stephanie et Samoela, septembre 2014.

Novembre 2014 : « *Revirevinay taloha* » (Nos rêves d'antan),
© Erick Manana, juin 2012.

Décembre 2014 : « *Nandea* » (Je suis parti),
© Jazz Mmc, décembre 2014.

Janvier 2015 : « *Tsontsoko* » (Heureusement),
© Lianah, février 2014.

Février 2015 : « *Tsara fa marary* » (Ça va, même si ça fait mal),
© Erick Manana, mai 2013.

Mars 2015 : « *Manegny* » (La complainte),
© Khaleba, novembre 2011.

Avril 2015 : « *Tambazako* » (Je l'ai consolée),
© Erick Manana, mars 2012.

Mai 2015 : « *Doudounaka* » (Mon doudou),
© Big MJ, janvier 2015.

1. « Ambiance ! Allez ! Chantez et dansez maintenant ! » (Les traductions de titres en français sont données à titre indicatif.)

Juin 2015 : « *Oh ! Tsô ! Tsô !* »,
© Balita, décembre 2012.

Juillet 2015 : « Face à face »,
© Tence Mena et Black Nadia, octobre 2014.

Août 2015 : « *Ianao iny !* » (C'est toi !),
© Gangsta bab, août 2015.

Septembre 2015 : « *Tsy foiko ianao* » (Je ne t'abandonnerai pas),
© Stephanie, septembre 2015.

Octobre 2015 : « Collé la petite »,
© Franky Coller (chanteur camerounais), septembre 2015.

Novembre 2015 : « *Tara baly* »,
© Cisca, mars 2015.

Décembre 2015 : « *Mivoleza* »,
© Theo Rakotovao, janvier 2015.

Janvier 2016 : « *Tsy atakaloko* » (Je n'échange pas),
© Dadi Love, janvier 2016.

Février 2016 : « *Tsiferana* » (Sans limite),
© Erick Manana, février 2016.

Mars 2016 : « *Magneva* » (On est bien ensemble),
© Arnaah, mars 2016.

Avril 2016 : « *Namana* » (L'ami),
© Tsiakoraka, mars 2016.

Mai 2016 : « *Samy malagasy* » (Tous malgaches),
© DJ Gouty et Odyai, décembre 2015.

Juin 2016 : « *Miss Dago* » (Miss Madagascar),
© Lion Hill, avril 2016.

Juillet 2016 : « *Mila Fanamboarana !* » (On veut des travaux !),
© Les Robert, novembre 2014.

Août 2016 : « *Ataovy hoe dihan Mijah* » (Imite la danse de Mijah),
© Mijah, août 2016.

Septembre 2016 : « *Mila fitiavana* » (Besoin d'amour),
© Stephanie, septembre 2016.

Octobre 2016 : « *Atovo tonga agny !* » (Envoie-les paître !),
© Lion Hill, septembre 2016.

Novembre 2016 : « Satisfaction »,
© Rijade, novembre 2016.

Décembre 2016 : « *Ngoma ngoma* » (Amoureux),
© Arnaah, décembre 2016.

Janvier 2017 : « Économiser »,
© Jazz Mmc, janvier 2017.

Février 2017 : « *Resaka tsaho* » (Rumeurs),
© Stephanie, février 2017.

Mars 2017 : « Calée »,
© Daphné (chanteuse camerounaise), mars 2017.

Avril 2017 : « Donnant donnant ! »,
© Jior Shy, avril 2017.

Mai 2017 : « *Mama jaombilo* » (Mémé gigolo),
© Marcello, mai 2017.

Juin 2017 : « Taxi moto »,
© Les Robert, juin 2017.

Juillet 2017 : « *Mila malandy !* » (Je veux une Blanche !),
© Basta Lion, juillet 2017.

Août 2017 : « JTM BB »,
© Black Nadia et Bartez, mars 2017.

Septembre 2017 : « *Mafana mafana* » (Chaud, chaud),
© Smaven, janvier 2017.

Octobre 2017 : « *Atsika tsy mitovy* » (Nous ne sommes pas pareils),
© Rijade, octobre 2017.

Novembre 2017 : « *Folaka la cle* » (La clef est tordue),
© Mario, novembre 2017.

Décembre 2017 : « *Resimpitia* » (Vaincu par l'amour),
© Shyn, novembre 2017.

Janvier 2018 : « Bois de rose »,
© Les Robert, janvier 2018.

Février 2018 : « *Asio respect !* » (Mets du respect !),
© Les Robert, février 2018.

Mars 2018 : « *Na lingui yo* » (Je t'aime),
© Big MJ, mars 2018.

Avril 2018 : « *Ambaraka ianao* » (Je te le dis),
© Rijade, avril 2018.

Mai 2018 : « *Tô* » (Ah bon),
© Dalvis, mai 2018.

Juin 2018 : « *Magnaniyoh !* » (C'est comme ça !),
© Elidiot, avril 2018.

Juillet 2018 : « *Manakory !* » (Salut !),
© Denise, juillet 2017.

Août 2018 : « *Faka vady* » (Personne à épouser),
© Rak Roots, août 2018.

À vous de continuer !

Vademecum lexical

Plus lexicomique qu'académique : pratique !

Quelques règles simples de phonétique : les *o* se prononcent « ou », sauf quand ils sont précédés d'un *a* – *ao* se prononce « o ». La dernière syllabe ne se prononce pas. *Tr* se prononce « tch ».

Entre parenthèses, le mot en phonétique française approximative.

Ady gasy (« adi gasse ») : « Débrouille malgache ». En toutes circonstances, pour pallier le manque de tout et de moyens. Source de fierté et de rires. C'est une façon habile de complimenter quelqu'un et de mettre en valeur son génie créateur, sa résilience.

Aïna : Énergie vitale avec la dimension spirituelle de l'âme. Vient de Zanahary, le dieu créateur.

Alefa ! (« aleffa ») : « Allons-y ! » « En avant ! » « D'accord ! » Se dit en de nombreuses circonstances pour marquer son assentiment, au même titre que « OK ».

Angady (« angade ») : Pelle malgache unique au monde, dont la lame est droite, étroite (10 cm) et longue (30 cm). C'est souvent le seul outil agricole de la famille et un paysan a toujours son angady à l'épaule.

Brèdes : Feuilles légumineuses cuites que l'on sert avec du riz pour en relever le goût. Chaque région a les siennes, de la feuille d'épinard ou de chou aux feuilles de patate douce en passant par le cresson ou les brèdes mafana, avec leurs petites fleurs jaunes qui provoquent un picotement caractéristique en bouche. Dans les régions pauvres, toutes les feuilles vertes qui ne sont pas toxiques peuvent être servies comme brèdes. Le mot ne vient pas de l'anglais *bread* (pain) mais du portugais *bredo*, qui désignait à l'origine l'amarante, la reine des brèdes.

Caca pigeon : Amuse-gueule de farine frite, à la forme éloquente. Accompagne la bière à l'apéritif.

Dahalo (« dahal ») : Voleur de zébus ; par extension, bandit. Ailleurs, *malasso*, *foroche*, avec des nuances selon la nature des crimes commis.

Fady (« fade ») : « Interdit », « tabou », « sacré ». Souvent, ce tabou s'explique ; parfois, l'explication s'est perdue, mais il est toujours respecté.

Famadiana (« famadine ») : Cérémonie du « retournement » des morts, pratiquée principalement sur les Hautes Terres, mais aussi dans certaines ethnies côtières, qui ne consiste pas en un retournement mais en une sortie du corps d'un aïeul décédé sept ou neuf ans plus tôt, son ré-embaumement, des prières de dévotion, l'entretien du souvenir et le retour du défunt dans le caveau familial. C'est l'occasion de grands banquets familiaux élargis aux amis et voisins, un moment très important d'échanges, de règlement de conflits, de rencontres, à la mémoire du mort vénéré. Il s'y dépense toutes les économies de l'année, ou s'y contracte des dettes que l'on passera sa vie à rembourser.

Fatapera (« fatapère ») : Petit brasero de tôle ou de terre cuite fonctionnant au charbon. Énergivores et peu durables, ils sont pourtant incontournables, car les autres moyens de cuisson – électricité, gaz ou réchauds à paraffine – ne sont l'apanage que d'une toute petite minorité urbaine. Des ONG tentent de développer l'usage de *fatapera* plus économes en énergie.

Fihavanana (« fiavanane ») : « Fraternité », « solidarité familiale ». Ce pilier de la culture malgache est en péril, fragilisé par la paupérisation générale de la population et par les abus au sein des familles. Son principe est par ailleurs trop souvent invoqué et instrumentalisé par les politiques et, de ce fait, décrédibilisé.

Filanzana (« filanzane ») : Chaise à porteurs. Avant l'époque coloniale, il n'y avait pas de route à Madagascar et bourgeois et nobles se faisaient transporter par leurs esclaves. Il existait deux modèles principaux : le hamac suspendu à un bambou – mais gare aux fesses qui touchaient parfois le sol – et la chaise dans les accoudoirs de laquelle étaient enfilées deux barres de bois dur – mais gare aux chutes !

Fokonolona (« fouknoule ») : « Le peuple », « les villageois ». Plus qu'un mot, c'est un concept inclusif d'unité de la famille élargie et solidaire.

Fokontany : Voir Président du *fokontany*.

Fomba (« foumbe ») : La tradition, le rituel. Incontestable, indiscutable, c'est un héritage. Quand on a tout, c'est qu'on a respecté les *fomba ;* quand on a tout perdu, il reste le *fomba*.

Hasina (« hasna ») : Esprit sacré. Sorte de charge spirituelle, d'énergie, qui existe en toute chose, vivante ou minérale, païenne comme chrétienne, « vertu intrinsèque ou surnaturelle qui rend une chose bonne ou efficace » (Richardson, 1885). On peut l'avoir, le perdre, il faut l'entretenir par des rituels et des prières.

In vao vao ? (« innevovo ») : « Quoi de neuf ? » Suit toute salutation. Il est convenu de répondre : « *Tsisy* » (« Rien »), car toute nouveauté est malvenue, c'est forcément une mauvaise nouvelle.

Kabary (« kabar ») : Discours en réunion, consubstantiel à toute prise de décision. On ne décide jamais seul, toute décision est collégiale et soumise à *kabary*. Le débat est en général mené par les anciens, les *ray-aman dreny*, les chefs de famille.

Lamako (lamakou) : Ban d'ovations, de félicitations. Le *lamako* était à l'origine une sorte d'instrument cérémoniel constitué de deux mâchoires de bovins que l'on frappait ensemble lors d'assemblées royales pour appeler l'attention ou ovationner un orateur. Ce ban est aujourd'hui utilisé pour clôturer les discours de victoire, les remises de diplômes, les mariages…

Lamba (« lambe ») : Pièce de tissu rectangulaire en coton blanc, en soie rouge ou tressée de lais de différentes couleurs pour des usages honorifiques. Ceux en soie constituent les linceuls indispensables pour les cérémonies de *famadiana*.

Lavaka (« lavake ») : Trou causé par l'érosion, ravine, le plus souvent dans de la latérite. Marqueur de la déforestation.

Mahagaga ! (« mahagag ») : « Merveilleux ! » « Incroyable ! » « Super ! » « C'est fou ! » Pour marquer la surprise enchantée.

Maimam-poana (« maï maï pone ») : « Gratuit. » Le concept est si étranger à la culture malgache de l'échange et de l'équilibre – un donné pour un rendu – qu'il fait rire, quand il ne suscite pas les soupçons : il y a forcément un piège !

Malasso (« malasse ») : Bandit urbain.

Manao ahoana tompoko ! (« mana-ouna toubko ») : « Bonjour ! » La première formule que vous devez apprendre en débarquant à Madagascar et sur laquelle vous trébucherez. Ne me demandez pas comment les missionnaires anglais se sont débrouillés pour faire si compliqué pour une chose si simple, eux qui disent « *Hello !* » ou « *Hi !* ».

Mandroso ! (« mandrousse ») : « Entrez ! » « Bienvenue ! » Quand vous surprenez quelqu'un en train de manger chez lui, il vous dira par politesse : « *Mandroso !* » La politesse est bien sûr de ne pas entrer et de ne pas répondre à l'invitation. C'est une de ces subtilités paradoxales qu'il faut connaître pour s'épargner des déconvenues. Devant un bar, il s'agira sûrement de vous inviter à payer une autre tournée. En dehors des heures des repas, la formule répondra à votre question préalable : « *Odio ?* » (« Il y a quelqu'un ? »)

Marina ! (« marne ») : « C'est vrai ! » « Exactement ! » « Précisément ! »

Masikita (« massequitte ») ou *moussakiki* sur la côte ouest : Succulentes brochettes de zébu. À consommer sans hésiter, mais sans abuser, le gras de la bosse (*trafo*) ayant des vertus laxatives !

Misaotra (« missotche ») : « Merci. » Et « *Misaotra betsaka* » : « Merci beaucoup. »

Mofo gasy (« mouffegasse ») : Littéralement, « pain malgache ». Petit beignet de farine de riz frit dans l'huile.

Mololo (« mouloul ») : Paille de riz, carburant principal des zébus dans les régions rizicoles. Ailleurs, il faut se procurer du *maintso tsara* (de la verdure) ou du *vil* (de l'herbe), des lianes de patates douces ou du manioc, des fanes de haricot ou de canne à sucre, des feuilles de banane ou même des « frites » de cactus !

Président du *fokontany* (« présida fouktane ») : Littéralement, président de « la terre du peuple ». C'est le chef de la plus petite circonscription administrative, un chef de quartier, élu tous les cinq ans ou parfois nommé par le maire ou le député. Il joue un rôle fondamental à Madagascar où il est respecté par la population. Nous nous placions systématiquement sous sa protection.

Rano vola (« ranovoule ») : « Eau d'argent. » Eau bouillie dans un fond de casserole où du riz collé a noirci : l'eau ainsi parfumée est servie comme un thé fumé. Gustatif et thérapeutique – prévient la tourista.

Ray-aman dreny (« rayaman-djenne ») : Chef de famille (littéralement : père et mère). Titre désignant tout adulte de plus de 50 ans, au premier poil blanc, marque de déférence et de respect. Il ou elle est la personne responsable en l'absence du président du *fonkontany*.

Razany (« razanne ») : « Les ancêtres ». Ils sont réellement vivants et influents dans la vie des gens. On les ménage, on les respecte, on ne fait rien sans penser à ce qu'ils vont en penser. Ils sont l'objet de nombreux rituels. Et peuvent être l'explication de nombreux malheurs. Il ne faut pas les contrarier.

Sakafo (« sakaf ») : « Repas », « manger ». Notre boîte à *sakafo* était une malle en bois fabriquée sur mesure, servant alternativement de banc ou de table et contenant les ingrédients nécessaires aux repas. À Madagascar, le *sakafo* est un moment de convivialité silencieuse. On ne parle pas à table.

Soava dia ! (« soavadi ») : « Bon voyage ! »

Tamboho (« tambou ») : Mur de terre protecteur. Souvent en latérite et souvent doublé d'un profond fossé. Droit en ville, circulaire à la campagne. Servait d'enclos à zébus la nuit et de refuge en cas d'attaque. Il y en avait presque un par village – dans l'Imerina, on en a recensé vingt-cinq mille.

Taratassy (« taratasse ») : Les « papiers ». L'alpha et l'oméga de toute décision et possession. Sans *Taratassy*, on n'est rien et on ne peut rien. Héritage féodal, puis colonial, soviétique, ploutocratique, la paperasse est considérée quasi religieusement, encombrée d'un fouillis de signatures, de témoins et, surtout, recouverte de tampons rouges assenés avec force.

Tavy (« tave ») : « Brûlis ». Cette pratique est censée éliminer l'herbe jaune non comestible pour le bétail et stimuler les pousses vertes mais entraîne l'érosion des sols. Fléau économique et écologique culturellement très enraciné, en principe interdit par la loi.

THB : Three Horses Beer, la meilleure bière industrielle du monde !

Toaka gasy (« tokagasse ») : Tord-boyaux, alcool frelaté distillé à partir de toutes sortes de végétaux fermentés. Très souvent peu recommandable, parfois exceptionnel. Rend aveugles des villages entiers ! Buvez-en une goutte par politesse et rabattez-vous de préférence sur les rhums arrangés.

Tsy manino (« tsimanine ») : « Ce n'est pas grave », « Cela ne fait rien », « Pas de souci ! » Comme *Akuna matata* en swahili. Locution utilisée cent fois par jour, pied de nez à la pénurie, aux problèmes, aux calamités. L'arme du stoïcisme *gasy*.

Tsy mety (« tsimète ») : « Impossible », « Inacceptable ». A valeur de « non », mot qui n'existe pour ainsi dire pas en malgache : c'est trop brutal et fermé. Jusqu'en 1895, dire « non » était passible de décapitation ! *Tsy mety* est utilisé abusivement et préventivement.

Tsisy (« tsisse ») : « Rien », « Il n'y a pas », « Non ». Fin de non-recevoir ou marque d'impuissance très fréquemment utilisée, notamment en réponse à la question « *In vao vao* ? » (« Quoi de neuf ? »).

Vary soasoa (« varisoussou ») : Soupe de riz agrémentée de petits morceaux de brèdes (voir ce mot).

Veloma (« véloume ») : « Au revoir ! »

Vita gasy : « Fait à Madagascar. » Symbole de fierté dans un pays qui va mal mais produit de pures merveilles, uniques au monde et injustement ignorées : café, chocolat, vanille, poivre, clou de girofle, litchis, bananes succulentes, foie gras, caviar, cotonnades, soieries, broderies, paniers, bijoux, marqueterie…

Bibliographie ouverte, en désordre et non exclusive

Madagascar, une culture en péril ?, Sylvain Urfer, Antananarivo, No Comment, 2012.

Jean Laborde, pour l'amour d'une reine, Pierre Sogno, Saint-Denis (La Réunion), Orphie, 2013.

Abrégé d'histoire de Madagascar, Gérard Naal, Paris, L'Harmattan, 2015.

Signes et significations à Madagascar : des cas de communication interculturelle, Øyvind Dahl, Paris, Présence africaine, 2006.

Comprendre les Malgaches : essai et récits interculturels, Loïc Hervouet, Paris, Riveneuve éditions, 2016.

Le Panama malgache, Christine Ranarivelo, Paris, L'Harmattan, 2011.

L'Insurrection malgache de 47, Jacques Tronchon, Paris, Karthala, 1986.

L'Aventure de l'ASA, textes rassemblés par Monique Rey, L'Étrat, Monique Rey (voir www.asa-madagascar.org), 2018.

Ohabolana ou Proverbes malgaches, réunis et classés par le rév. John Alden Houlder, Tananarive, Imprimerie luthérienne, 1960.

Histoire des rois, récits réunis par le R.P. Callet, Tananarive, Éditions de la Librairie de Madagascar, 1974.

Le Tsiny et le Tody dans la pensée malgache, Richard Andriamanjato, Paris, Éditions de l'Herne, 2013.

Lettres de Madagascar, 1907-1910, Jean Paulhan, Paris, Claire Paulhan, 2007.

Chants de corail et d'argent, Laurence Ink, Paris, Robert Laffont, 2001.

Le « Décivilisé », Charles Renel, Paris, L'Harmattan, 2014.

L'Énigme et le Paradoxe : économie politique de Madagascar, Mireille Razafindrakoto, François Roubaud et Jean-Michel Wachsberger, IRD éditions, 2017.

Histoire de la grande isle Madagascar, Étienne de Flacourt, Troyes-Paris, N. Oudot-G. Clouzier, 1661 (consultable en ligne sur Gallica).

Profession explorateur, Alfred Grandidier, 1836-1921, Jehanne-Emmanuelle Monnier, Rennes, Presses universitaires de Rennes, 2017.

Le Riz à Madagascar, Henri de Laulanié S.J., Paris, Karthala, 2003.

L'Europe et Madagascar, Sonia E. Howe, Paris, Berger-Levrault, 1936.

Chez les Hova (au pays rouge), Jean Carol, Paris, Ollendorff, 1898.

France et Angleterre, cent années de rivalité coloniale – L'affaire de Madagascar, Jean Darcy, Paris, Perrin, 1908.

Madagascar, l'histoire de la grande île, Émile Blanchard et Alfred Jacobs, Champholl, Le Mono, 2016.

La Prédiction, ou la Vie de Rainilaiarivony, Annick Cohen-Bessy, Paris, L'Harmattan, 1997.

Madagascar, dahalo, Bilal Tarabey, Antananarivo, No Comment, 2014.

Épaves de Madagascar, Pierre Van den Boogaerde, Saint-Denis (La Réunion), Orphie, 2010.

Légendes des photos

1. Vu depuis le lac Anosy, le Rova Manjakamiadana, palais royal merina, fut d'abord construit en bois selon des plans dessinés par Jean Laborde puis en pierre par James Cameron. Au premier plan, sur l'îlot de la Reine, la colonne de l'Ange : un monument aux morts édifié en mémoire des Malgaches et des Français de Madagascar tombés au champ d'honneur pendant la Première Guerre mondiale.

2. Construction de notre charrette à partir de bois pré-taillés que nous avons rabotés afin de les alléger. Notez les flancs en contre-plaqué marine, plus léger que du bois massif.

3. Construction sur mesure de nos roues par M. Rakoto, charron qui perpétue la tradition. Avec quatorze barreaux, sept morceaux pour les jantes et deux bois différents, l'ensemble pèse 90 kilos. Au mur, des passages de la Bible.

4. Opération cruciale : le cerclage à chaud de la roue par une jante chauffée au rouge. C'est celle-ci qui, en refroidissant et en se contractant, va maintenir toutes les pièces ensemble.

5. La charrette est presque finie ! Il ne manque que la bâche, les panneaux solaires, les freins, le vernis et les options ! J'ai doublé la largeur de la selle de devant pour le confort des enfants qui pourront s'y asseoir.

6. Notre charrette de voyage, d'un concept nouveau, croise ses premières charrettes de travail. À l'arrière, les sacs contiennent de la paille de riz pour nos zébus, comme celle que transporte le paysan qui s'est gentiment rangé pour nous laisser passer.

7. Premiers paysages de l'Imerina. Les collines pelées sont cultivées au moyen d'une araire tractée par des paires de zébus. C'est l'hiver, tout est sec, tout le monde attend la pluie.

8. La barrière du sanctuaire d'Antongona se lève pour la première soirée de notre périple. L'aventure a enfin commencé après cinq mois de préparatifs.

9. Premier bivouac au bord d'une petite rivière, un endroit idéal pour rafraîchir, abreuver et nourrir nos zébus. Premier essai de notre taud qui nous offre un ombrage salvateur. Notez le hayon basculant servant de table à l'arrière et le riz en train de cuire.

10. Les enfants peuvent aller se reposer et lire dans la charrette s'ils le souhaitent. C'est leur refuge, ils y ont chacun un petit bureau et des casiers de rangement. Dans les soufflets latéraux, il y a aussi les livres d'école...

11. Philaé apprend à conduire nos zébus Babord, alias Babe, ou Assad-Assad (noir et blanc), et Tribord, alias Mena (rouge), avec un fouet-*karavassy*.

12. Nos premiers hôtes. Nous nous plaçons sous la protection de maisons traditionnelles et joignons nos zébus à ceux de la famille dans l'enclos familial. Nous dormons tous les quatre sous la tente. Nos bouviers dorment soit dans la charrette vidée de tous ses sacs dans l'abside de la tente, soit chez l'habitant.

13. Philaé assiste un vendeur ambulant de petits cochons. Tout le jour, nous cheminons avec des colporteurs, des charbonniers ou des paysans en transhumance.

14. L'après-midi, quand la piste n'est pas trop cahoteuse, les enfants peuvent faire une petite sieste réparatrice dans la charrette. Ils s'y ménagent un nid sur les bagages.

15. Les anciennes routes royales qui reliaient entre elles les citadelles merina jusqu'aux confins du royaume sont jalonnées de *vatolahy*, des menhirs dressés, bornes et marqueurs du pouvoir.

16. De vieilles églises protestantes ou catholiques rappellent la présence de la religion dans la vie des paysans, dont le quotidien est rythmé par la foi, et par le pas des zébus au diapason desquels nous nous mettons jour après jour.

17. Pour traverser un immense fond de vallée aménagé en rizières, nous sommes contraints de remonter un canal boueux, aidés par des paysans rentrant chez eux.

18. Bien peu de *vazaha* s'égarent dans ces parages. La charrette et les enfants suscitent une vive curiosité. Dans de tels bains foule, il faut toujours s'adresser à la personne la plus âgée.

19. Pour ressortir de fonds de vallée escarpés, nous louons parfois les services de pousseurs à la journée. Ils gagnent en quelques heures le salaire d'une semaine.

20. À Soavinandriana, Philaé se lie d'amitié avec les petits animaux de la paroisse Notre- Dame-de-Lourdes, fondée en 1905.

21. Ulysse n'en peut plus de joie en contemplant son premier furcifer oustaleti, le plus gros caméléon de Madagascar, croisé dans un arbre solitaire sur le bord de la piste.

22. École buissonnière à la faveur de haltes pour reposer les zébus. Dans les cheveux de Sonia grouillent des *vontovorona*, des petits scarabées volants annonciateurs de la saison des pluies qui ont pris ses cheveux pour des herbes blondes dans lesquelles ils prolifèrent. Elle reste zen pour ne pas troubler la leçon.

23. Survivant des *tavy*, ces feux d'herbes qui ravagent les hautes terres, ce petit caméléon terrestre du genre brookesia représente une des quatre-vingt-quatre espèces de l'île. Ulysse, apprenti herpétologue, consigne dans son cahier toutes ces rencontres.

24. Dans le Grand Ouest, les paysages s'ouvrent et les villages se raréfient. Des batholithes granitiques crèvent les épaisses couches de latérite.

25. Dans la région du Bongolava, nous rallions le village d'Ampasipotsy, chef-lieu des vingt villages de l'ASA, une ONG fondée par le frère franciscain Jacques Tronchon qui reloge à la campagne des familles issues de bidonvilles après trois ans de formation aux métiers de la terre.

26. Traversée de la Sakay, notre première rivière, en faisant flotter la charrette sur dix bidons vides de 20 litres, à la grande joie des villageois recrutés pour effectuer l'opération.

27. Les bagages, la batterie et le convertisseur passent à dos d'hommes.

28. Malgré notre isolement, Sonia vient d'apprendre par SMS que son père, gravement malade, ne pourra pas venir nous rejoindre pour Noël. Ulysse console sa maman.

29. Entre le Bongolava et le Menabé, nous avons pénétré une « zone rouge », zone de non-droit où sévissent des bandes de *dahalo*, les redoutables voleurs de zébus. Mais en ce premier jour, nous sommes escortés par un baladin qui nous interprète des airs traditionnels avec son *kabosy*.

Deuxième HT

30. Les longues heures de marche sont des moments privilégiés pour satisfaire la curiosité de nos enfants et avoir de longues conversations sur l'ordre des choses et la complexité du monde.

31. Par tout temps, il faut avancer et apprendre aussi à lacer ses chaussures…

32. Câlin du matin à la gendarmerie d'Ambatotsipihina. Philaé réconforte Babord, elle lui enlève ses tiques et lui chante des comptines. Elle redoute qu'il se fasse voler par les *dahalo* qui viennent d'attaquer le village pendant deux nuits consécutives. Ils ont tué un villageois, blessé un gendarme et volé huit zébus.

Double page de portraits.

Page de gauche.

Première ligne : vieux métis de Soavinandriana ; forgeron merina de Besarety ; fillette de l'Imerina ; Philippe Girard, *Zanatany* de Tana.

Deuxième ligne : Sakalava de Miandrivazo ; angelot de l'Analamanga ; princesse de l'Asa ; jeune paysane d'Itasy.

Troisième ligne : marchande de l'ASA ; jeune fille de Mahasolo ; rigolote de Mahasolo ; fermier de Kambantsoa.

Quatrième ligne : *ray-aman dreny* d'Ampasika ; princesse d'Ataftena ; l'espoir de l'ASA ; belle dame du Bongolava.

Page de droite.

Première ligne : Revelo, notre fidèle compagnon vezo ; sourire des hautes terres ; petite moue massikoro ; charmante fillette vezo.

Deuxième ligne : sœur Iwona Korniluk de Berevo ; petite Vezo de Morondava ; jeune bouvier massikoro couvert de bouse fraîche ; fière Merina.

Troisième ligne : Prions-Jésus le beau gosse du *Nofy Bé* ; jeune Sakalava facétieux ; Sakalava masquée ; jeune princesse sakalava.

Quatrième ligne : Wenceslas, médecin d'Ar-Mada ; femme vezo et son masque de beauté ; belle vendeuse de Tuléar elle aussi avec son masque ; fier pêcheur vezo.

33. Mission médicale Ar-Mada 116, itinéraire Tsi-1 sur le fleuve Tsiribihina. Arrêt à Begidro. Les médecins Bruno Lascols et Hélène Bocle assistés d'une traductrice établissent le diagnostic d'une patiente.

34. Rémi se charge de la pesée et de la mise en confiance des patients à leur arrivée. Il devra lui-même se faire opérer d'un abcès à staphylocoques provoqué par l'infection d'une simple piqûre de moustique.

35. Le docteur Khadija Benyahya administre un médicament à Teza, une petite fille en état de dénutrition critique dont la mère est morte empoisonnée. Amenée par sa grand-mère, cette petite fille repartira vers Belo-sur-Tsiribihina avec trois boîtes de lait en poudre et des médicaments.

36. Philaé devient la petite assistante du docteur Khadija. Elle prend sa mission très au sérieux et mesure le périmètre brachial des nourrissons avec une toise afin de déterminer leur état nutritionnel. Celui-ci est bien portant. Au total près de deux mille patients auront été reçus en consultation. Depuis sa création en 1999 cette association totalise près de quatre cent mille consultations données par six cents groupes de médecins sur quatre itinéraires distincts.

37. Retour à Massiakampy avec des bandages en caoutchouc de ma conception que nous montons sur nos roues pour augmenter la portance sur le sable et dans la boue. Charrette et innovation ne sont pas incompatibles.

38. En notre absence le zébu d'Ulysse s'est noyé dans le fleuve Tsiribihina. Nous décidons tous ensemble que les cornes de Tribord Mena continueront le voyage avec nous, accrochées à l'avant-droit de notre charrette.

39. À l'entrée du parc de Kirindy, nous sommes admirons le passage d'un boa sanzinia, la plus grosse espèce de l'île, menacée par les feux de brousse. On nous dit que cela va nous porter chance !

40. La route nationale 8 s'est transformée en véritable bourbier faute d'aménagements. Des rivières viennent y prendre leurs aises. L'eau corrompue infecte les petites plaies que nous avons aux pieds : nous aurons tous les six des abcès à staphylocoques et devrons prendre des antibiotiques.

41. À l'entrée de la célèbre allée des baobabs de Morondava, nous sommes accueillis par ce titan de pulpe. Cette vision réalise un de nos rêves.

42. Ulysse et Philaé relâchent dans la Kambatomena « Xavier », un petit crocodile récupéré à Morondava auprès de jeunes braconniers qui espéraient le revendre à des touristes.

43. La halte du soir est un de nos moments favoris : l'occasion d'échanger sur les épreuves et les apprentissages du jour en attendant

que cuise le riz, et de jouir d'un repos bien mérité. Il me faut aussi écrire dans mon carnet les péripéties de la journée et sauvegarder nos images sur un disque dur.

44 et 45. Moment béni du repos en famille. Cette aventure est avant tout familiale, née de la volonté de vivre pleinement quatre ans avec nos enfants et de participer activement à leur éducation avant qu'ils volent de leurs propres ailes.

46 et 47. Jour après jour, les liens entre les enfants et leurs zébus se renforcent. Une véritable complicité morale s'établit entre eux. Et nous découvrons la capacité d'empathie des bovins. Ce sont de grands cœurs sensibles parcourus d'émotions.

48. Voici le cadre de notre quotidien sur la côte ouest : pistes sablonneuses et brousse épineuse. Quand les enfants sont fatigués, ils peuvent bien sûr venir se réfugier dans la charrette, faite pour les accueillir. Ce qu'ils n'auront fait finalement que très rarement.

49. Pause soupe aux nouilles à midi à l'ombre famélique de la brousse épineuse. L'occasion de réviser les leçons du jour, de lire ou de dessiner. De rigoler aussi !

50. Un milan noir, un *papango*, vient inspecter ce drôle de bourdon blanc vrombissant sur son territoire du fleuve Maharivo.

51. Nous nous engageons sur la piste inondée de Belo-sur-Mer deux mois avant son ouverture officielle et traversons deux larges fleuves infestés de crocodiles et heureusement peu profonds : la Kambatomena et la Maharivo.

52. À partir de Belo-sur-Mer, la piste du Sud étant coupée pour cause d'opérations militaires contre les *dahalo*, nous sommes contraints d'embarquer notre charrette sur une goélette pour contourner l'obstacle.

53. Depuis le début du XXe siècle, des goélettes bretonnes sont fabriquées à l'ancienne par des charpentiers de marine malgaches dont les aïeux ont été formés par les frères Joachim, venus de La Réunion à la demande du roi Radama II. Par chance notre charrette trouve une petite place sur le pont.

54. Toutes voiles dehors, c'est l'occasion pour nous de découvrir les merveilles de ce pays par la mer et la vie de l'ethnie vezo, les nomades de la mer. Nous passons nos jours de navigation dans le filet du bout-dehors. Quel bonheur que d'avancer sans efforts !

55. Nous faisons notre entrée dans Tuléar sous escorte policière. Grâce aux indications d'une vieille dame croisée en chemin, nous avons pu déjouer une tentative d'embuscade de bandits et prévenir

les autorités. Il y a un nouveau venu dans l'équipe : Mario, un berger des mangroves qui a décidé de suivre notre charrette, pour le pire et pour le meilleur !

56. Le peintre Jeannot de Tuléar pose à côté de son œuvre sur notre charrette : un village vezo dans le soleil couchant. Avant lui, le peintre Riri de Tana avait pu immortaliser le Rova sur fond de rizières et, à Morondava, le peintre Antoine Gabin nous avait exécuté une allée des baobabs plus vraie que nature.

Table